U0139574

A WILD JUSTICE

A WILD JUSTICE: THE DEATH AND RESURRECTION OF CAPITAL PUNISHMENT IN AMERICA

野蛮的正义

美国死刑的死亡与复活

A WILD JUSTICE

THE DEATH AND RESURRECTION OF CAPITAL PUNISHMENT IN AMERICA

〔美〕埃文·J. 曼德利（Evan J. Mandery） 著

曲若菲 译

北京大学出版社
PEKING UNIVERSITY PRESS

著作权合同登记号　图字:01-2022-1221

图书在版编目(CIP)数据

野蛮的正义 / (美) 埃文·J. 曼德利 (Evan J. Mandery) 著; 曲若菲译. —北京: 北京大学出版社, 2023.9

ISBN 978-7-301-34021-9

Ⅰ. ①野…　Ⅱ. ①埃…　②曲…　Ⅲ. ①死刑—研究—美国　Ⅳ. ①D971.24

中国国家版本馆 CIP 数据核字(2023)第 136059 号

书　　　名　野蛮的正义
　　　　　　YEMAN DE ZHENGYI
著作责任者　〔美〕埃文·J. 曼德利(Evan J. Mandery)　著　曲若菲 译
责 任 编 辑　柯　恒　陈晓洁
标 准 书 号　ISBN 978-7-301-34021-9
出 版 发 行　北京大学出版社
地　　　址　北京市海淀区成府路 205 号　100871
网　　　址　http://www.pup.cn　http://www.yandayuanzhao.com
电 子 邮 箱　编辑部 yandayuanzhao@pup.cn
　　　　　　总编室 zpup@pup.cn
新 浪 微 博　@北京大学出版社　@北大出版社燕大元照法律图书
电　　　话　邮购部 010-62752015　发行部 010-62750672
　　　　　　编辑部 010-62117788
印　刷　者　涿州市星河印刷有限公司
经　销　者　新华书店
　　　　　　880 毫米×1230 毫米　A5　17.75 印张　420 千字
　　　　　　2023 年 9 月第 1 版　2023 年 9 月第 1 次印刷
定　　　价　108.00 元(精装)

目　录

第三部分　复活：1972—1976 年

序　言

1972 年,最高法院宣告佐治亚州的死刑法违宪。由于佐治亚州和 ix
其他三十九个仍保留死刑的州有着几乎相同的法律,多数法律专家认为,费曼诉佐治亚州案意味着美国死刑的终结。这一判决占据了《纽约时报》整整六栏的头条报道——它像 1969 年人类登月的新闻一样轰动,也一样令人意想不到。《纽约时报》社论版称赞最高法院治愈了死刑这一"癌症"。

谁也没有想到最高法院会如此判决。仅仅十年前,死刑的合宪性还是无可争议的。1963 年,阿瑟・戈德堡(Arthur Goldberg)大法官主张宪法第八修正案禁止死刑。这一说法震惊了他的同事们,也震惊了整个法律界。人们认为他的提议异想天开,无法实现,就像两年前人们听到约翰・肯尼迪总统提出十年之内登月的计划时一样。肯尼迪的愿景在八年后实现了。而由一群资金不足的民权律师领导的废除死刑的斗争,则在九年后获得了胜利。这不啻为一个奇迹。

四年后,最高法院推翻了自己的判决。

第一部分

一个大胆的想法

1963—1971年

第一章

一个大胆的想法

艾伦·德肖维茨(Alan Dershowitz)出了一身汗。这 3
是1963年8月1日,他开始新工作的第一天,华盛顿一如既往,酷热难耐。他西装革履,从马里兰州海厄茨维尔的家里出发,忍着闷热,坐两段公交才能到达工作的地方。下车之后,他要走上四十四级大理石台阶,穿过一段柱廊。在他的上方,建筑的三角楣饰上刻着一句话:“法律之下,平等司法(Equal Justice Under Law)。”

这可不是什么普通的办公室——此时的德肖维茨,是美国最高法院大法官阿瑟·戈德堡的法官助理。

他在前台填了几张表格,把困意揉出眼睛。德肖维茨和妻子有个一岁的孩子,而这天早上他又起得格外早,以确保自己不会迟到。当阿瑟·戈德堡说想要跟他谈谈的时候,德肖维茨一下子就清醒了。他清楚地知道一个法官叫自己的助理去办公室意味着什么——在过去的一年里,他是华盛顿哥伦比亚特区巡回上诉法院法官戴维·贝兹伦(David Bazelon)的助理。贝兹伦法官是法律界的明星,同时也以喜欢大声训斥自己的法官助理而著称。

德肖维茨希望这次能不一样。他在戈德堡身上下了很大的赌注。一般来说,法学生能收到一封来自大法官的法官助理录用信就已经倍
4 感荣幸了。而德肖维茨,一个实力超群的学生,在同一天收到了两封录用信——一封来自戈德堡,另一封来自雨果·布莱克(Hugo Black)。布莱克是一个偶像式的人物。他在最高法院有二十五年的资历,也是最高法院的两位思想领袖之一。多数年轻的法律人都无法拒绝一个为他工作的机会。但德肖维茨有不同的看法。"布莱克已经形成了他自己的理论,"他后来解释道,"如果我为他工作,我就只能帮助他做他已经做到的事情。戈德堡就不一样了。他是一位新的大法官。"但同时,潜在的机遇也带来了巨大的风险。没有人知道戈德堡的脾气怎么样,也没人知道他是会像布莱克那样成为大法官中的改革家,还是会像汤姆·克拉克(Tom Clark)那样沉闷而谨慎。

德肖维茨惶恐不安地走进了大法官们的办公室。一年多以前的面试之后,他就再也没来过这里。他环顾四周。多数家具都是标准的政府样式——一张木桌子,上面有一张吸墨纸板和一个烟灰缸(尽管戈德堡并不吸烟)。一个引人瞩目的例外就是墙上的画作。这些画作的作者是戈德堡的妻子多萝西·柯根斯(Dorothy Kurgans),一位受人尊敬的抽象派画家。德肖维茨非常喜欢她的作品。他特别留意到一幅悬挂在戈德堡的桌子后面的奥利弗·温德尔·霍姆斯(Oliver Wendell Holmes)巨幅画像。戈德堡在画作的下方重印了霍姆斯的一些经典语录。德肖维茨注意到了其中的一句:

> 法律的生命不在于逻辑,而在于经验。

戈德堡请他坐下。他从桌子的那边扔过来一沓红色封面的、厚厚的诉讼文书。

"你知道这是什么吗?"

“这是一份调卷令申请(cert petition)。”德肖维茨答道,并拿起了文书。“cert”是*certiorari*的缩写,而*certiorari*是拉丁文“进一步了解情况”的意思。一份调卷令会要求下级法院将案卷——庭审记录、证据等——交给上级法院审查。当诉讼当事人希望最高法院审理一个案件时,他就会提出调卷令申请。死刑案的调卷令申请,统一使用红色封面。

“不,”戈德堡说道,“你手中拿着的,是终结美国死刑的一个契机。
第八修正案禁止残酷而不寻常的惩罚。还有什么比国家蓄意决定剥 5
夺一个人的生命更加残酷而不寻常呢?”

德肖维茨会心一笑。他选对人了。

从21世纪的角度看,利用宪法废除死刑的想法没什么令人惊讶的。但是在20世纪60年代初,“死刑是残酷而不寻常的”这个想法像是异想天开。当开国元勋们制定宪法的时候,死刑对于多数重罪是强制适用的,并且每个州都有死刑。第五修正案规定,任何人未经正当法律程序,不得被剥夺“生命、自由或财产”。这样的语言直接也间接地提到了死刑。美国内战之后通过的第十四修正案也使用了同样的语言。最高法院没有任何一位大法官以任何方式表示过死刑可能是违反宪法的。只有一篇法律评论文章暗示过这一观点。戈德堡没有任何理由认为他的想法能够成功。

不过话说回来,幼时的阿瑟·戈德堡也没有任何理由认为他能成为美国最高法院的大法官,但他渴望成为大法官,而且他做到了。戈德堡在最高法院的时间很短,以至于经常被忽视,但这段时间却是最高法院历史上影响最深远的一段。在最高法院的三年中,戈德堡掀起了一场思想的革命:他彻底地改变了人们对于“最高法院应该扮演什么角色”这一问题的看法,这种改变深刻地影响了死刑问题,以及其他关于美国公民自由的问题。

阿瑟·戈德堡小时候就是个胆气非凡的孩子。他的父母来自乌克兰,是从基辅西北方的一个村庄逃到芝加哥西区的。在那里,波兰裔和爱尔兰裔美国人用侮辱犹太人的话骂他,甚至用石头砸他,但他依然茁壮成长。这样的经历完全塑造了年轻的戈德堡。他一生都致力于服务弱势群体。

6 戈德堡的父亲受过很好的教育,但因为找不到工作只能以做小买卖为生,并且在阿瑟 8 岁时就去世了。为了维持家庭生计,阿瑟的七个哥哥姐姐都早早工作了,没能高中毕业。阿瑟作为最小的一个孩子得以上完学,却也不得不做一些工作。在 12 岁以前,他就包装过鱼,卖过鞋,还在芝加哥小熊队的棒球比赛上背着咖啡桶卖过咖啡。

青少年时期的戈德堡梦想做一名律师。"我不知道为什么,"他说,"我的家人亲戚中没有人是律师。也可能这才是我想做律师的原因吧。"16 岁生日后不久,他旁听了轰动一时的利奥波德(Leopold)与洛布(Loeb)谋杀案庭审。庭审中,辩护律师克拉伦斯·达罗(Clarence Darrow)用充满激情的反死刑演讲保住了当事人的性命。戈德堡后来回忆说,达罗的表现给他留下了极深的印象。

在几乎做着全职工作的同时,戈德堡在 16 岁时从本杰明·哈里森中学毕业了。在克兰专科学校学习了一些课程之后,他又进入西北大学学习,并在一年之内毕业。之后,他继续在充满自由派思想的西北大学法学院学习。用他的话来说,他在那里学到了"法律在限制政府权力专断中扮演的角色"。戈德堡以在工地打工来维持生计,但同时他还成为《伊利诺伊法律评论》(*Illinois Law Review*)的编辑,并在 21 岁以优异的成绩从法学院毕业。伊利诺伊州律师协会因为他太年轻而拒绝为他颁发律师执照。他起诉了律师协会,并胜诉了。

芝加哥最好的几家律师事务所都拒绝录用犹太人。即使是担任过著名法律评论主编的犹太人也不被录用。戈德堡能找到的最好的工作在普里兹格与普里兹格律师事务所(Pritzger & Pritzger)。这家由来自德国的犹太家族创立的律师事务所是一家还不错的律所,只是江湖地位要低得多。但回过头来看,在普里兹格工作也算是因祸得福。戈德堡在那里成为一名劳动法专家,为自己的职业生涯奠定了基础。1938 年,他代理了芝加哥报社员工集体罢工案,从而在全国范围内树立了自己的声誉。

第二次世界大战期间,戈德堡以军人身份在战略情报局——中央 7
情报局的前身——工作。美国政府在战争期间的作为进一步加深了戈德堡对于权威的不信任。美国国务院在没有任何证据的情况下拘留了戈德堡的法律秘书伊丽莎白 · 胡(Elizabeth Ho)。戈德堡成功地用他在军队的影响力帮助了胡,但是他知道,其他人就没有这么幸运了。

戈德堡认为工会是保护弱势群体的重要力量。因此,第二次世界大战结束后,他创办了自己的律所,专攻劳动法领域。没过多久,戈德堡就成为美国最著名的劳动法律师。他担任了产业工会联合会的总法律顾问,并且在 20 世纪 50 年代负责监管产业工会联合会和美国劳工联合会的合并。

1960 年,戈德堡早期就宣布支持约翰 · 肯尼迪(John Kennedy)竞选总统,从而开启了自己的参政之路。肯尼迪曾经因为支持麦克莱伦委员会调查工会腐败问题而引起美国劳工运动群体的不满,而戈德堡在修复肯尼迪与劳工运动群体之间的关系方面扮演了关键性的角色。为了答谢戈德堡的忠诚,肯尼迪在 1961 年年初任命他为劳工部长。两个月后,当菲利克斯 · 法兰克福特(Felix Frankfurter)大法官因为健康状况退休之后,肯尼迪满足了戈德堡儿时的梦想,提名他为最高法院大法官,填补后来人们所谓的最高法院"犹太人席位"。

在最高法院的第一年让戈德堡有些不安。由于他长时间以来与劳工运动联系密切,他不得不在一些案件中选择回避。当最高法院宣布禁止公立学校的祈祷活动时,以及当最高法院要求各州为贫困的当事人提供律师时,戈德堡都立场鲜明地表示支持。但是戈德堡在这些斗争中都扮演着比较外围的角色,也没有哪份重要的判决意见是他执笔的。私下里,戈德堡有些担忧。他加入最高法院不是为了做一个默默无闻的合作者:他想要留下自己的印记。

1963 年晚春,戈德堡的思绪无法离开罪行与正义的话题。同年 6 月 12 日,民权运动领袖梅德加·埃弗斯(Medgar Evers)在密西西比遭
8 遇刺杀。接着,在阿道夫·艾希曼(Adolf Eichmann)被处决一周年后不久,汉娜·阿伦特(Hannah Arendt)出版了《艾希曼在耶路撒冷》(*Eichmann in Jerusalem*)。这是她对纳粹战犯庭审全过程的记录,一部影响深远又备受争议的著作。戈德堡认识阿伦特,她是一位死刑的支持者。十年之前,他们还一同参与了美国犹太神学院在纽约市举办的以"道德标准"为议题的五周年纪念会议。

接下来的整个夏天,戈德堡反复思考废除死刑的事情。戈德堡从小就憎恶死刑。他认为种族大屠杀与死刑有着直接的关联。战后被曝光的纳粹暴行让戈德堡震惊而愤怒。他读到了神学家莱因霍尔德·尼布尔(Reinhold Niebuhr)的著作。尼布尔认为"人性本善"的信念在种族大屠杀中彻底地消亡了。和尼布尔一样,戈德堡不相信政治能够带来正义。

不仅如此,戈德堡还认为死刑是一项得不偿失的公共政策。他不相信死刑可以威慑暴力犯罪。他认为各州适用死刑的方式是带有歧视性的:在实际应用中,死刑只被用来处决穷人和缺少政治权力的人。另外,戈德堡还很担心误杀无辜者的问题。在他看来,这些"无辜者"既包括那些没有犯下相应罪行却被定罪的人,又包括那些因为陈旧的法律原则而被判死刑的人。

所有这些原因使得戈德堡决定要利用自己的地位来终结死刑。1963年最高法院的开庭期似乎就是一个合适的时机。在最高法院的第一个年头，戈德堡的法官助理都是法兰克福特在任时挑选的，这让戈德堡感到很受束缚。在最高法院的第二年，戈德堡可以自己选择法官助理了。在他看来，德肖维茨是个完美的人选。德肖维茨曾经为坚决反对死刑的贝兹伦工作过，这一点是有帮助的。此外，德肖维茨对公民自由似乎有很大的热情。确实，戈德堡的提议让他的法官助理备感鼓舞。但同时，德肖维茨也具备学者的头脑。他一直密切关注最高法院，熟知每个大法官的个性。虽然他个人非常厌恶死刑，但德肖维茨明白，在许多人眼中，戈德堡的计划简直是痴人说梦。

* * * *

虽然20世纪60年代的最高法院后来被人称作“沃伦法院”—— 9
因为首席大法官是艾森豪威尔（Eisenhower）总统在1953年任命的厄尔·沃伦（Earl Warren）——但其实，沃伦法院是由美国法律界的两位泰斗雨果·布莱克和菲利克斯·法兰克福特主导的，而戈德堡就是法兰克福特席位的继承者。布莱克和法兰克福特都是罗斯福任命的大法官，却有着截然不同的经历和性格。布莱克曾是美国参议员，他在阿拉巴马的一个贫困家庭长大，接受的教育很普通。而法兰克福特是法律界的明星，曾以第一名的成绩从哈佛法学院毕业，并参与创办了美国公民自由联盟（ACLU）。布莱克取得过的最大成就是调查航空邮件行业的腐败问题。法兰克福特最早在全国出名是因为他在《大西洋月刊》（*The Atlantic*）上发表了一篇文章，为意大利裔美国工人费迪南多·尼科拉·萨科（Ferdinando Nicola Sacco）和巴托罗密欧·范塞蒂（Bartolomeo Vanzetti）辩护。1927年，萨科和范塞蒂因谋杀罪被处以死刑，而这起谋杀案的证据非常模糊。

1963年年初，77岁高龄的布莱克在最高法院依然活跃。法兰克福特因为中风已经退休两年了,却也依然发挥着强大的影响力。两人观点的区别很难用几个词简单地概括,但总体来说,布莱克对最高法院角色的认识更偏向司法能动主义,而法兰克福特却提倡司法克制主义。个人层面上,布莱克极具政治头脑,而法兰克福特更像个专横的学究。1963 年,在某种程度上,九位大法官中的每一位,都以自己和这两个人在意识形态层面或者个人层面上的关系为参照来找到自己的定位。

布莱克的阵营里有首席大法官厄尔·沃伦、威廉·布伦南(William Brennan),还有威廉·道格拉斯(William Douglas)。他们的选择一半是因为对布莱克的钦佩,另一半是因为对法兰克福特的反感。曾任加利福尼亚州州长的沃伦认定法兰克福特在试图颠覆他的权威,因此要求自己的法官助理不要和法兰克福特说话。道格拉斯是罗斯福在 1939 年任命的大法官,是个喜欢打破陈规的自由派。他最看不惯法兰克福特训诫一般的说话方式,以至于他几十年间都没有跟法兰克福特说过话。布伦南是艾森豪威尔任命的大法官,也是一位天才的政客。他同样倾向于布莱克。

10 法兰克福特这一边,最主要的人物是约翰·哈伦(John Harlan),一位著名的法学家。哈伦的祖父也曾是最高法院大法官。和法兰克福特一样,哈伦坚信司法克制主义。自 1955 年被任命到最高法院以后,哈伦几乎在每一个重大的公民自由案件中都与法兰克福特站在同一方。但是,和法兰克福特不同的是,哈伦为人很随和。他们管他叫"温和版的法兰克福特"。他的智慧和处事风格吸引了波特·斯图尔特(Potter Stewart)。同时,法兰克福特跟由杜鲁门任命、曾任美国司法部长的汤姆·克拉克关系也不错。

经常加入这三位的是拜伦·怀特(Byron White)。在戈德堡被任命到最高法院前五个月,肯尼迪任命了怀特。怀特曾在最高法院做过法官助理——他是第一个做过法官助理的大法官——而当时，布莱克的司法能动主义就让他感到不满。怀特成为大法官时说，他发现最高法院十五年间完全没有变化。“1947 年就存在的那些问题现在还存在，而雨果现在依然掌管着最高法院。”他说。怀特心目中的首要原则是，社会政策应该由立法机关制定，而不是由法官制定。他对一个朋友说：“法官们把自己在我们这个政体中的地位看得太高了。”他还对自己的大学同学说：“最高法院的自由派们有一个问题，就是他们以为自己手里有所有社会问题的答案，比如犯罪问题、种族问题等。更可怕的是，他们把自己的意志写入了宪法。”

在四比四的局面下，戈德堡的任命可能会改变最高法院内部的权力平衡。戈德堡将这场斗争理解为哈佛法学院与耶鲁法学院之间长期以来的思想较量。哈佛法学院支持校友法兰克福特。保罗·弗罗因德（Paul Freund）教授认为司法能动主义会威胁到最高法院的声誉。耶鲁法学院则整体上支持雨果·布莱克。耶鲁方面，最坚决的声音来自查尔斯·布莱克（Charles Black，和雨果·布莱克并无亲戚关系）。他认为对声誉的担忧使得最高法院过于畏缩，回避了很多本该处理的重要社会问题。

戈德堡更倾向于查尔斯·布莱克的观点。他在上任前不久读过布莱克和弗罗因德两人的书。他的妻子多萝西在日记中写道：“阿瑟有一本书是哈佛派的，是保罗·弗罗因德写的关于最高法院的书。他 11
还有一本查尔斯·布莱克的《人民与最高法院》（*The People and the Court*）。他是站在耶鲁一边的。”确实，在最高法院的第一年，戈德堡在 85% 以上的案件中都和雨果·布莱克站在同一边。但即使是雨果·布莱克的司法哲学也无法帮戈德堡实现他的想法。虽然法兰克福特和布莱克几乎在所有事情上都持不同意见，但他们在死刑问题上却难得地达成了一致。他们都不认为死刑违反了宪法。

要理解法兰克福特的世界观,我们需要回到1905年一个重要的宪法案件,洛克纳诉纽约州案(*Lochner v. New York*)。约瑟夫·洛克纳(Joseph Lochner)是尤蒂卡一家烘焙店的店主,因为违反了纽约州每周六十小时的法定最高工时标准而被逮捕。在行业协会的帮助下,洛克纳提起了上诉。他的案子一路打到了最高法院,而最高法院以五比四的表决结果判定洛克纳胜诉。最高法院的多数意见认为纽约州的法律侵犯了基本的"合同自由"。烘焙师阿曼·施米特(Aman Schmitter)想要工作,而店主洛克纳想要雇用他。法院认为,既然双方都是自愿的,就没什么需要讨论的了。

这一判决——以及它所招致的反对声音——定义了宪法史上的一个时代。宪法原文中并没有"合同自由"这个词。奥利弗·温德尔·霍姆斯撰写了反对意见,认为"合同自由"原则是多数派的一个诡计,目的是将他们自己的经济理论——自由放任的资本主义——强加给美国人。尽管如此,洛克纳这一判决还是屹立了三十几年没有被推翻,几乎改写了美国历史。从1935年到1936年,最高法院基于洛克纳案的论证逻辑,又推翻了罗斯福新政和纽约州的最低工资法。罗斯福(Franklin D. Roosevelt)对此的回应是,他计划通过任命更多的大法官来填塞最高法院。这个"最高法院填塞计划"几乎引发了一场宪法危机,而最终以毫厘之差避免了这场危机的是欧文·罗伯特(Owen Robert)大法官。众所周知,他在1937年的西海岸酒店诉帕里什案(*West Coast Hotel Co. v. Parrish*)中及时转变态度,支持了华盛顿州的最低工资法。

批判洛克纳案的理论基础主要是由三个人在几十年间奠定的。
12 他们在各自的平台发声,起到了互补的作用。第一位是霍姆斯大法官。第二位是路易斯·布兰代斯(Louis Brandeis),他是一位热心公共事务的律师,后来也成为最高法院大法官。第三位就是法兰克福特，他当时是哈佛法学院的一位教授。

他们在各自的平台发挥作用，共同建构了一套能够支持进步主义改革计划的宪法理论。他们认为法官应该非常遵从立法机关的决定。法兰克福特在《哈佛法律评论》（*Harvard Law Review*）发表了一系列的文章来概述这一理论。他们的观点逐渐成为与美国自由主义密切相关的一种司法哲学。

但是，每一种司法哲学本身并没有自由主义或保守主义倾向。今天人们常常将安东宁·斯卡利亚（Antonin Scalia）大法官与备受争议的“对宪法的解释应该遵从制宪者原旨”的原则联系在一起，但在政治层面上，这项原则表面上看来并不保守。只有当制宪者的原旨体现了政治保守主义时，这项原则才意味着政治保守主义。一个理论是自由还是保守，取决于语境。在法兰克福特推出了他的司法克制主义原则后不久，语境就发生了变化。第二次世界大战期间，最高法院变成了一个进步主义的机构，它保护公民权利，抑制战争期间国会充斥的狂热情绪、对共产主义的恐慌，以及过于激进的犯罪控制手段。在这个语境下，司法克制主义则变成了一种倒退的力量。

但法兰克福特的理论却始终如一。他说，最高法院不该改变它的核心原则，否则它就是在浪费公众对它的信任。在这方面，法兰克福特以身作则。当沃伦法院改变美国的时候，法兰克福特依然坚持他对民主程序的执着。他经常引用霍姆斯九十多岁时说的一句话：“大概在七十五年前，我就明白了一件事：我不是上帝。”法兰克福特补充道：“当人们想做一件事，而我翻遍宪法找不到一句话禁止他们这么做的时候，我会说，‘不管我喜不喜欢，见鬼，让他们做去吧’。”

雨果·布莱克不相信宪法要求法院这样遵从民主决策。他的观点源于他的身世。和法兰克福特不同，布莱克几乎是自学成才的。他是一个贫困的小店店主的儿子，曾就读于阿巴拉契亚（Appalachia）山 13

麓地区的一所名叫阿什兰学院的高中。但是在15岁时,他因为帮着自己的姐妹说话顶撞了一位老师而被开除了。他父母送他去伯明翰读医学院,但一年以后他就辍学了。最终,他设法考上了塔斯卡卢萨的阿拉巴马大学法学院。这所学校与哈佛的差距不能再大了。这所法学院只有两位教授,它甚至不要求学生有本科学位。但是在毕业后,布莱克却成为一名出色的出庭律师。他是一位虔诚的新教徒,性格又平易近人,这使他之后的政治竞选活动非常顺利。但是,即使是在他40岁进入美国国会参议院之后,他依然因为自己的出身而缺乏安全感。于是他开始了高强度的自学计划,读了很多历史方面的书。

1937年,当罗斯福任命布莱克为最高法院大法官时,他还从来没有做过法官,甚至没有写过一篇法律评论文章。他能够被选中的唯一原因就是他支持了罗斯福新政的所有法案。通常来说,参议院通过对法官的任命是很快的,但是布莱克的任命听证会却持续了三天。罗斯福不知道的是,布莱克曾经是罗伯特·E. 李(Robert E. Lee)三K党第一分支成员之一。参议院对于布莱克的三K党成员身份以及他司法经验的欠缺进行了盘问。

法兰克福特是在布莱克之后两年加入最高法院的。当时,法兰克福特早就与最高法院有了密切的联系。他和布兰代斯大法官有着长久而深厚的友谊,又为最高法院挑选过法官助理。另外,他还针对一些重要案件写过很有影响力的法律评论文章。法兰克福特对洛克纳案的批判很大程度上定义了他的整个学术生涯。而相比之下,布莱克在洛克纳案的建构或解构中没有扮演任何角色。事实上,在加入最高法院之前,他甚至没有思考过任何有关宪法解释的基本问题。

司法经验的缺乏给布莱克的任命带来了很多麻烦,但也正是因为没有司法经验,布莱克才得以对美国法作出自己的终极贡献。加入最高法院之后,布莱克延续着他的自学计划,并开始重点攻读宪法史。

法兰克福特形成自己的司法哲学是为了推进罗斯福新政,而布莱克则 14
是从一张白纸开始。由于他并不忠于哪个政治派系,也并没有自己的政治议程,布莱克形成了一套独特的法理学理论。在他看来,最高法院应该永远以宪法的文本为标准。布莱克认为,要正确地解释宪法,必须去思考制宪时期的人们会如何理解宪法。某种程度上,这也是现任最高法院大法官安东宁·斯卡利亚所持的观点。

布莱克的新理论"原旨主义",有很深的宗教渊源。新教徒认为,理解《圣经》并不需要以教堂的解释为准。马丁·路德(Martin Luther)和约翰·卡尔文(John Calvin)主张,对《圣经》的标准解释应该源于福音中词句的原本意思。《圣经》解读中的原旨主义是赋权性的、民主性的:每个人都有能力做到。这样的原旨主义应用在宪法解释中,与布莱克的平民主义政治立场是一致的——他坚决反对把宪法解释看作一个专属于精英阶层的领域。法兰克福特则相反,他认为最高法院大法官的任务就是通过结合宪法史、判例以及法官本人的公平观来寻找答案。只有少数人能做到这点。布莱克和法兰克福特截然相反的写作风格也反映了他们截然相反的哲学。布莱克的语言清晰,力求让普通人能够看得懂。法兰克福特的写作风格则是典型的法学教授风格。

他们之间的冲突非常深远,又无法用简单的标签来描述。仅仅把它理解为自由派与保守派的冲突,或者左派与右派的冲突,是不够的。即使是司法能动主义与司法克制主义之间的对抗也不足以描述这种冲突。布莱克其实认为自己是司法克制主义的支持者。只有当宪法在某件事上非常明确时,最高法院才应该大胆坚定地有所作为。布莱克对《权利法案》(Bills of Rights)字面意义的全面保护有时会带来司法能动主义的倾向。举个例子,布莱克在布朗案中加入了最高法院的一致意见。为了这件事,南方的种族隔离主义者甚至焚烧了布莱克的丑化像来泄愤。另一个例子就是布莱克在第一修正案问题上是一个绝对主义者。他说过一句著名的话:“宪法说不得立法,就不得立法。”
15 但当宪法没有明确地说什么的时候,布莱克又经常偏向保守派一方。例如,最高法院在格里斯沃尔德诉康涅狄格州案(*Griswold v. Connecticut*)中,以隐私权为由推翻了一项针对避孕药的禁令,而布莱克发表了反对意见。布莱克不认可隐私权,因为宪法中没有提到过隐私权。法兰克福特则更愿意保护这项权利。

然而在死刑问题上,法兰克福特和布莱克却达成了一致。布莱克认为,这个问题很简单。制宪者并没有打算禁止死刑,这就够了。而在法兰克福特看来,死刑是一个更为复杂的道德问题,最好是留给各州自己决定。他在 1947 年的弗朗西斯诉雷斯韦伯案(*Francis v. Resweber*)的协同意见中表达了这一观点。威利·弗朗西斯(Willie Francis)因为抢劫和谋杀罪被判死刑,但在执行死刑时,他遭受了两次电击都没有死亡。他的律师说,如果再对他进行第三次电击,那将是一种残酷而不寻常的惩罚。虽然法兰克福特声称他个人是反对死刑的,但是他按照自己的一贯作风,主张最高法院应该服从立法机关。法兰克福特写道:“不论一个人在情感上如何厌恶州政府像《威尼斯商人》中夏洛克坚持索要一磅肉一样的行径,最高法院都不该干涉州政府的行为。”

法兰克福特和布莱克少有的一致使得死刑的合宪性有了更大惯性的保障。在历史上,最高法院曾经推翻过一些死刑判决,但背后的理论并不是死刑本身有什么问题。例如,在 1931 年的斯科茨伯勒男孩案中,九个黑人男孩被控强奸了两名白人女性。最高法院推翻了他们的死刑判决,但原因是他们没有得到有效的律师辩护。最高法院并没有提到州政府是否有权力剥夺生命的问题。在最高法院历史的前 175 年,它讨论宪法中“残酷而不寻常的惩罚”这一条款只有 10 次,而讨论死刑只有 6 次。其中每一次最高法院都认可了死刑的合法性。19 世纪末,最高法院宣布枪决和电椅仍是合法的死刑执行方式。

1963 年,当戈德堡和德肖维茨开始讨论这个问题的时候,连美国公民自由联盟都不认为死刑有可能侵犯任何宪法权利。德肖维茨明白这个,他也向戈德堡复述了当时的通说理论。“在第八修正案被通 16
过的时候,各地的殖民者们都在使用死刑,”德肖维茨说,“很显然,制宪者们并不认为死刑是违宪的。”

“这就是我们这部《权利法案》的精妙之处了,”戈德堡回答道,“它是一部不断演进的文件。它在今天的含义与 1792 年时是不同的。”

德肖维茨赞同戈德堡的观点,但他深知这个想法过于大胆。法兰克福特和布莱克都不会同意这个观点的。戈德堡所基于的、表述得这样简洁的前提——《权利法案》“是一部不断演进的文件”——代表着对最高法院角色的一种离经叛道的解读,它会对每一个重要的公民自由问题造成巨大的影响。德肖维茨明白,若要让戈德堡的观点被广泛接受,需要的是对美国法范式的彻底改变。

尽管困难重重,但艾伦·德肖维茨还是保持着乐观态度。在德肖维茨身上,阿瑟·戈德堡看到了与自己相似的精神。德肖维茨的人生经历在很大程度上像是戈德堡的芝加哥童年在纽约的翻版。德肖维茨的父亲和戈德堡的父亲一样,都曾做过推销员。他的母亲也和戈德堡的母亲一样,是一位聪明的女性,却在大萧条期间不得不为了支撑家庭而牺牲自己的学业。德肖维茨的家庭不像戈德堡的家庭那样贫困,但是德肖维茨和戈德堡一样,在十几岁时就开始工作来支持自己的学业。他的第一份工作是在曼哈顿下东城的一家熟食店捆扎香肠。成年后的德肖维茨还一直为自己切火鸡的手艺而骄傲。

不仅如此,和戈德堡一样,德肖维茨对死刑的憎恶也可以追溯到自己的少年时代。高中时,作为辩论队的成员,德肖维茨就曾经在辩论中反对死刑。他写了一封信给当时的以色列总理果尔达·梅厄(Golda Meir),主张死刑即使对阿道夫·艾希曼这样的人也是不合适
17 的。在耶鲁法学院,他的导师是查尔斯·布莱克。在法学院期间,他对刑法产生了兴趣。担任贝兹伦法官助理的那一年,德肖维茨在一个死刑上诉案中做了很多工作。一个年轻黑人男性因为失手误杀了一个警察而被判死刑。虽然被告人并非故意杀害警察,但是按照颇受争议的"重罪—谋杀规则",他抢劫一家酒铺的意图就已满足谋杀罪的主观要件。德肖维茨和贝兹伦起草了一份使他免于一死的判决意见。

德肖维茨和戈德堡还有着共同的宗教信仰。德肖维茨选择戈德堡而不是布莱克,可能有一半理由是因为他想要参与塑造一位新的大法官,而另一半是因为他们两人都信仰犹太教。提到戈德堡,德肖维茨说:"他是一个能让我产生共鸣的人,一个来自芝加哥的犹太人。"事实上,戈德堡和德肖维茨对犹太人事业作出的共同贡献后来开启了他们之间长远而深厚的友谊。德肖维茨在华盛顿时,戈德堡和德肖维茨曾一同参加犹太教堂活动。每逢周五,戈德堡的岳母在戈德堡去最高法院上班时都会让他带上她自己做的鱼丸和"曼德布罗特"(Mandelbrot)——一种杏仁面包——而戈德堡每次都会与法官助理以及其他大法官分享。每逢假日,她则会做一些糕点。戈德堡后来离开最高法院,成为驻联合国代表——这是一个令他后悔的决定——在那之后,他还经常和德肖维茨在纽约共度犹太节日。他们之间的这种联结延伸到思想层面,表现为共同保护公民自由和宽容精神的决心。在学术领域、政治游说领域,戈德堡余生都与德肖维茨保持合作,共同反对死刑。

不过,在 1963 年,艾伦·德肖维茨的乐观态度并非源于宗教或道德。德肖维茨是个热爱阅读的人,他的手指一直搭在美国知识界的脉

搏上。此时,他感受到了一种强大的暗涌。美国人思考种族、权力和贫困的方式正在改变,而这种改变对于戈德堡想要的法律革命来说,是个好兆头。从一个自由派知识分子的视角来看,德肖维茨与戈德堡面谈的那个夏天之前的十二个月,是美国历史上成果最为丰硕的一个时期。

迈克尔·哈林顿(Michael Harrington)的著作《另一个美国》(*The Other America*)聚焦于贫困问题。哈林顿是纽约市立大学的一位社会学家,他在书中认为,贫困在美国是一个广泛存在的问题,却又经常被 18
忽视,因为它影响的是缺少政治权力的群体。他的书产生了广泛的影响:林登·约翰逊(Lyndon Johnson)后来称之为"向贫困宣战"政策背后的驱动力;同时,受这本书的影响,学生争取民主社会组织(Students for a Democratic Society)发表了《休伦港宣言》(Port Huron Statement),公开批判了贫困问题和少数群体面临的困境。美国社会中那些被遗忘的部分终于被提上了整个国家的议程。詹姆斯·鲍德温(James Baldwin)凭借《下一次将是烈火》(*The Fire Next Time*)——一部包含两篇表达非裔美国人不满之文章的作品——登上了《时代周刊》的封面。贝蒂·弗里丹(Betty Friedan)的著作《女性的奥秘》(*The Feminine Mystique*)表达了女性的不满。蕾切尔·卡森(Rachel Carson)的畅销书《寂静的春天》(*Silent Spring*)则掀起了美国的环境保护运动。卡森的著作封面上还写着著名环保主义者、大法官威廉·道格拉斯的推荐语。

德肖维茨看到了死刑与日渐增长的、对于不平等的担忧之间的直接联系。他认为,如果能把死刑适用中固有的歧视问题加以证实,并戏剧化地表现出来,公众就会认为死刑是不可接受的,而公众意见的变化则会带动最高法院的变化。在与戈德堡谈过之后,德肖维茨对强奸犯被判死刑的案件进行了详尽的统计。他发现在每一个案子中,被害人都是白人，而被告都是黑人。

顶着8月的酷暑，德肖维茨不知疲倦地工作着。最高法院的开庭期通常从10月的第一个周一开始，但德肖维茨必须提前完成他的工作。夏日假期刚刚结束，他想在威廉·布伦南从楠塔基特岛度假回来之后就尽快和他讨论死刑的问题。布伦南是最高法院最立场鲜明的自由派，如果得不到他的支持，戈德堡就打算放弃这个计划了。“戈德堡毕竟是最高法院的新成员，他不愿意一个人去做这件事。”德肖维茨回忆道。在第一次面谈的时候，戈德堡就要求德肖维茨尽快与布伦南联系，好试探他的态度。

总体来说，最高法院大法官们是不会和同僚们的助理讨论案件的。“这是闻所未闻的。”德肖维茨后来说。但是德肖维茨与布伦南的
19 儿子在耶鲁是同学，也是模拟法庭的搭档，而布伦南本人也在和贝兹伦吃饭的时候见过德肖维茨几次。虽然他们没有讨论过什么重要的事情，但布伦南信任德肖维茨。所以当德肖维茨找到他想要聊一聊的时候，布伦南同意了。

他们在夏末见了面，布伦南让德肖维茨概述一下他的调研成果。德肖维茨告诉布伦南，他发现“死刑适用中存在普遍的种族不平等现象”。布伦南听得很仔细。听完报告后，布伦南并没有承诺一定会加入戈德堡的“反叛事业”，但是他鼓励德肖维茨继续调研这个问题。

这次会见之后，德肖维茨变得更乐观了。按照最高法院的规则，只要有四位大法官投赞成票，法院就会签发调卷令。戈德堡那一票已经有了。现在，德肖维茨认为布伦南也一定会赞成。他们只需要再得到两票，而德肖维茨认为他已经想好了一套无法抗拒的法律逻辑。

德肖维茨的理论聚焦于1958年的特罗普诉杜勒斯案（*Trop v. Dulles*）。在这个案子中，在最高法院胜诉的阿尔伯特·特罗普（Albert Trop)是一名在摩洛哥服役的士兵,因为从军事监狱逃跑而被军队除名。1940 年的《国籍法》剥夺了所有逃兵的公民资格,而特罗普也因此失去了他的护照。特罗普认为,按照第八修正案,开除国籍是一种"残酷而不寻常"的惩罚。最高法院在厄尔·沃伦撰写的多数意见中认可了这个观点。"公民资格不是一种可以因为不法行为而失去的特权",沃伦写道,他认为"这种惩罚的严重性本身"就是不恰当的。这种对司法克制主义的背离,意味着本案对于法兰克福特来说是一次失败。他发表了反对意见。"一个人要做到抛弃自己持有的关于如何智慧行事的强烈观点,眼睁睁地看着无知的观点被普遍接受而袖手旁观,这是很难的,"法兰克福特写道,"但是颁布政策并非最高法院的分内之事。"

虽然特罗普案对于法兰克福特来说是一次失败,但它对布莱克来 20
说也并不是一次彻底的成功。布莱克支持本案的判决是因为,在他看来,宪法史中没有任何证据表明军队有剥夺公民资格的权力。但是,沃伦的多数意见却比布莱克更进了一大步。这位首席大法官说最高法院要做的并不限于执行宪法的原旨。沃伦写道:"第八修正案背后的基本概念完全是人的尊严。州政府有权使用刑罚,但第八修正案的目的就是确保这种权力必须在文明的限度内得以行使。"对于第八修正案权利的范围,沃伦说道:"'残酷而不寻常'条款的内涵必然来源于不断演进的文明标准。这种标准是一个成熟社会进步的标志。"布莱克对"不断演进的"这个词表示了强烈反对。在他看来,宪法是不变的。

特罗普案给了德肖维茨很大的希望,但同时也成为他最大的阻碍。表面看来,特罗普案好像很有利,而且也不难想象沃伦会反对死刑。在最高法院任职期间,沃伦为公民自由所作的努力比他之前的任何一位首席大法官都要多。另外,在任加利福尼亚州州长期间,他就表现出了一些反对死刑的迹象。但是,为了赢得雨果·布莱克的支持票,沃伦在特罗普案中的第八修正案部分开篇就做了一个重要的声明。“首先,让我们把死刑问题先放在一边。”他写道。“死刑的使用贯穿我们的整个历史。只要它还广泛地被接受,我们就不能说它触犯了宪法中‘残酷’的概念。”德肖维茨在与戈德堡的夏日会谈中提到了这段历史,而戈德堡也认为这是他们面临的一个巨大挑战。“这是我们最大的问题。”戈德堡说道。“厄尔·沃伦不是个会改变主意的人,所以我们也许只能指望他部分同意我们的观点了。”

在学术界,反死刑声音的缺席也使得德肖维茨的任务变得更加艰难。一般来说,起草一份法律文书的法官助理可以为任何论点找到支持的材料,但是宣告死刑违宪这个想法并没有像其他法律变革的萌芽那样逐渐渗透开来。总体来说,法律是不太容易发生革命性变化的。
21 法律上的范式转变几乎都是以同一种方式发生的。首先,法学教授写文章来呼吁一项变革。然后,在恰当的时候,学者们用研究来支持这项提议。最后,法院开始行动。种族隔离就是这样被取消的。在布朗案——最高法院历史上最具革命性的判决——之前,《哥伦比亚法律评论》(*Columbia Law Review*)和《耶鲁法律杂志》(*Yale Law Journal*)刊登的一些评注就已经提出质疑,认为种族隔离违反了宪法的平等保护原则。不仅如此,最高法院还在认定研究生院和法学院存在种族不平等的一些判决中暗示了布朗案的结局。

相比之下,没有任何判例,也几乎没有任何学术界声音认为死刑可以或应当被宣告违宪。仅有的一个例外是杰拉尔德·戈特利布(Gerald Gottlieb)在《南加州大学法律评论》(*Southern California Law Review*)上刊登的一篇文章,而戈特利布甚至不算是南加州大学的成员。戈特利布是贝弗利山庄的一位反垄断法律师,也是美国公民自由联盟加利福尼亚分支的成员。他说:“如果说在当下的社会环境里,死刑是违宪的,这样的说法可能是站得住脚的。”他主张,依据特罗普案和 1910 年的威姆斯案(*Weems v. United States*)——在该案中,最高法院废除了一项将伪造公共文件者处以十五年监禁的法律——最高法院应当考量“不断演进的文明标准”。按照这样的准则,他认为死刑应该被禁止。戈特利布还说,对于极端刑罚,最高法院已经确立了一项“必要性原则”。他说,判断一种刑罚残酷与否的标准在于这种刑罚是否施加了不必要的痛苦,以及它是否侵犯了人的尊严。按照这两个标准来看,死刑是残酷的。戈特利布的文章远远超前于那个时代;他的很多论点后来在费曼案中被几乎原封不动地引用。但是在 20 世纪 60 年代初,他是唯一一个这么说的人。

直到德肖维茨出现。

在 10 月初,德肖维茨向戈德堡介绍了他调研的最终成果。像戈
特利布一样,德肖维茨也主张特罗普案和威姆斯案重塑了第八修正
案。从这两个判例中,德肖维茨推导出了检验死刑是否合宪的三重审
查标准。他说,如果死刑违反了不断演进的文明标准,或者如果更轻 22
的刑罚也可以达到同样的惩罚目的,或者如果死刑被用于惩罚一种并
不危害他人生命的行为,那么死刑就是违宪的。针对第二点,德肖维
茨向戈德堡展示了证明死刑并不具有威慑作用的证据,以及他对于死
刑的歧视性适用的研究成果。

这份报告让戈德堡感到满意又佩服。他赞同德肖维茨的所有观点。但同时他也在考虑,强调种族歧视的证据在策略上是否明智。有些大法官可能愿意基于伦理的考虑废除一项过重的刑罚,但不太愿意从种族歧视的角度批判整个美国刑事司法系统。德肖维茨却认为这是他的整个论辩中不可或缺的一部分。戈德堡表示他需要再想想。

一周之后,戈德堡决定要将关于种族的论辩缩短,并移到脚注中。这条脚注引用了全国范围内的一些监狱数据,并指出废除死刑将“消

灭在性犯罪的死刑适用中,白人与非白人之间存在的、公认的差距”。但除削弱种族论点之外,戈德堡对德肖维茨的草稿只做了少许修改。其中,多数的修改是为了缓和语气,改掉戈德堡担心可能会被认为过于强硬的部分。

最终稿以低调温和的语气开头。“我向大家传阅这份报告,只是想提出一些相关的考虑因素,并不是为了给出一个确定的答案。我希望提供一个机会,让大家在我们的讨论开始之前能够考虑一下这个问题。”这份文件聚焦于对某些犯罪适用死刑的罪刑相当问题。这也是一个策略性的选择。这样,戈德堡就保留了一个只针对强奸、抢劫等特定犯罪废除死刑的选项,以争取那些不喜欢死刑但希望循序渐进的大法官的支持。他提出了一个问题:“如果州政府剥夺一个人的生命不是为了保护另一个人的生命,而是为了保护其他的某种价值,宪法允许这种行为吗?”

尽管戈德堡承诺不会给出一个确定的答案,但实际上,在法兰克福特和布莱克之间的辩论中,他有着坚定的立场。他说,最高法院不应该因为司法克制主义而躲避死刑的话题。如果第八修正案只禁止
23 那些被舆论所谴责的刑罚,那么它将成为一纸空文,因为被舆论所谴责的刑罚应该早就被立法机关废除了。“第八修正案本身就是反多数主义的,是对政府行为的一种限制。”戈德堡写道。“它应该成为‘不断演进的文明标准’的推动者,而不是阻碍者。”戈德堡还特别提到了全世界范围内废除死刑的趋势。“西方世界的多数文明国家都已经废除了死刑,而废除死刑的国家也很少再恢复它。”

接下来,戈德堡花了很大的篇幅阐述反对死刑的政策理由。如果一个无辜者被错杀了,这个错误将永远没法被纠正。不仅如此,更轻的刑罚可能和死刑一样有效,甚至比死刑更有效。死刑并不尝试改造犯人。而复仇已经不再是一种被广泛接受的刑罚目的。支持死刑唯

一可能的理由是它可以威慑其他可能犯罪的人。德肖维茨对所有关于死刑如何影响谋杀率的主要研究做了一个综述。他和戈德堡的结论是,没有人可以确定地说死刑有或者没有威慑作用,因为这些研究都太初步了。用密歇根大学法学教授弗朗西斯·艾伦(Francis Allen)的话来说,关于死刑威慑作用的研究"很少达到一个像样的科学研究的最低标准"。戈德堡提出,要证明剥夺一个人的生命是有必要的,"举证责任"在州政府。因为没有一个州能提供充分的证据,所以死刑应当被禁止。

在这份报告的结尾,戈德堡明确地阐述了他对宪法作为一部不断演进的文件的认识,并将这种认识追溯到厄尔·沃伦在特罗普案中的观点。"不管过去如何,"戈德堡写道,"在今天,按照标志着社会进步的不断演进的文明标准,这种蓄意的、制度化的剥夺生命的行为是野蛮而不人道的,是应当被谴责的。"这正是他反叛思想的源头:他认为,判断死刑是否合宪,不应该以制宪者的用语或意图为标准,而应该以当代社会的现状和需求为标准。

同布莱克一样,戈德堡的宗教信仰也影响了他的宪法解释理论。 24
1963 年 2 月,戈德堡在举办于华尔道夫酒店的美国犹太人出版协会落成晚宴上发表了演讲。这篇演讲是关于《圣经》的,但也可以理解为是关于戈德堡个人的宪法观念的。"当然,我们读它是因为它有很高的文学价值,因为——有些人可能不知道这一点——它有一定的历史真实性,也是因为它里面有《约伯记》这样优秀的戏剧故事和《诗篇》这样优美的诗。但这些并不是学习《圣经》仅有的或者最基本的理由。"他说。"我们必须学习它,是因为我们需要学习伟大的真理并从中受益。真理就存在于《圣经》有关上帝、宇宙、生命意义的教诲中。"

10 月末,戈德堡在他的同僚之间传阅了他的报告。用德肖维茨的话来说,戈德堡仿佛扔下了一个"重磅炸弹",不仅是因为他所说的内容,更是因为他敢于说这件事本身。最高法院是一个有着深远历史的机构,而很少有哪个大法官会在一个案件尚未定下法庭辩论日期的时候就如此长篇大论地对这个案件发表意见,更不要说像戈德堡这样讨论一个普遍性问题了。这几乎是前所未有的。布伦南在 1986 年回忆这段历史时说道:“极少有哪个大法官会在大法官会议之前,对一个还没有进行法庭辩论,甚至还没有确定法庭辩论日期的案件擅自发表这么长的文字意见,并把报告向所有同僚传阅。这在当时,甚至在现在,都是极不寻常的。”不仅如此,戈德堡甚至表明他打算最终将这篇报告作为一篇文章发表在法律评论上。

戈德堡还在另外一方面打破了最高法院的传统。他建议最高法院在六个待决案件中将死刑的合宪性提上议程,尽管这六名被告都没有提出这个问题。“在当前的大法官会议列表上的六个案件中,没有一个案件的当事人明确向最高法院提出了‘残酷而不寻常’条款的问
25 题。”戈德堡承认。他并没有主张最高法院有义务考虑死刑问题,只是略显牵强地论证了最高法院可以考虑这个问题。“但是,这些下级法院在这六个案件中都维持了死刑,这就不可避免地意味着它们已经将死刑合法性的问题交给最高法院做定夺;而考虑到这个问题的性质,即使上诉人都没有提到这个问题,最高法院也应该有权考虑它。”戈德堡认为最高法院可以决定一个上诉人没有提出的问题,这个想法几乎是闻所未闻的。

戈德堡完全颠覆了传统。

“一开始,人们完全不接受这个观点。”德肖维茨回忆。对戈德堡这种打破成规的行为,沃伦和布莱克是反对最强烈的。他们都觉得这份报告太过胆大妄为了。布莱克感到极其愤怒。在最高法院的二十五年里,他从来没有见过这样鲁莽的行为。同时,作为原旨主义之父,布莱克觉得戈德堡的论证也缺乏法律基础。在与法官助理的一次

午餐上,布莱克嘲讽德肖维茨,说他接受戈德堡的聘用很“明智”。“布莱克说我的决定是正确的,因为他自己是绝不会给我布置这样的任务的。”沃伦从宪法角度的分析与布莱克类似。“死刑当然是合宪的,”沃伦说,“制宪者们就是这么想的。”

不过,布莱克和沃伦的反对背后有着比宪法解释学更深层次的原因。他们的政治直觉告诉他们,美国人是不会接受最高法院废除死刑的。最高法院已经为它的布朗案判决付出了沉重的代价。没有谁比首席大法官沃伦更明白这一点。在布朗案宣判之后,沃伦亲眼看到南方的街头遍布着“弹劾厄尔·沃伦”的广告牌和汽车贴纸。来自密西西比州的参议员詹姆斯·伊斯特兰(James Eastland)曾指责沃伦是“共产主义者”,而支持种族隔离政策的阿拉巴马州州长乔治·华莱士(George Wallace)则嘲笑沃伦“连审判一个小毛贼的头脑都没有”。沃伦还眼看着阿肯色州的州长奥瓦尔·福伯斯(Orval Faubus)在1957年公然违抗布朗案判决。最终,艾森豪威尔总统在不情不愿的情况下派出了联邦军队,保护秋季在小石城中央高中上学的九位黑人学生。 26
法兰克福特将司法克制主义推向极端可能是错的,但他的核心观点有它的价值。沃伦知道,最高法院在20世纪50年代末差点就丧失了它在公众心目中的合法性。

当最高法院强行在公立学校中推动种族融合时,它就已经挑战了公众的接受能力。宣告死刑违宪会被理解为替黑人强奸犯和谋杀犯说话。公众是不会接受的。不仅如此,正如德肖维茨的调研所揭示的一样,最高法院将不仅是在声援黑人罪犯,更是在声援强奸了白人的黑人。虽然相关证据被藏在了脚注里,人们还是很容易看出戈德堡对种族主义的担忧才是他这份报告背后真正的考量。德肖维茨后来回忆:“我觉得沃伦很担心把种族间强奸这个问题带入公众视野。我想他可能希望离这个话题远一点。”

其他大法官也很重视这些政治考量。约翰·哈伦说他认为“现在提这个问题是非常不合时宜的”。已经退休的法兰克福特也没忘对戈德堡的这份报告表示震惊和厌恶。前大法官谢尔曼·明顿(Sherman Minton)写信给法兰克福特说:“他们一定很想念你吧!戈德堡大法官先生简直就是一个行走的制宪会议。天哪,他也太激进了!”法兰克福特则轻蔑地称他的继任者为“学究戈德堡”。

连法官助理都表示了强烈的愤怒。波特·斯图尔特的法官助理之一简·多伊奇(Jan Deutsch)就最高法院的方向问题怒斥了德肖维茨。在埃斯科贝多诉伊利诺伊州案(*Escobedo v. Illinois*)中,最高法院将律师帮助权延伸至侦查讯问阶段。在多伊奇看来,这份判决已经敲响了法兰克福特时代的丧钟,也完全断送了最高法院的克制精神。关于这份报告,他对德肖维茨说:“这会毁掉整个范式。”

戈德堡早已预料到了这些反对的声音。但他没有预料到的是他会这样孤立无援。即使是支持他观点的大法官也都理解沃伦的政治
27 担忧。布伦南在与德肖维茨见面时态度不明确,而现在他看起来似乎并不想像戈德堡那样激进。令人惊讶的是,斯图尔特对这份报告表示了支持,却也并不是热情的、明确的支持。戈德堡怀疑这并不意味着斯图尔特会投票支持他。

道格拉斯也劝戈德堡不要强行推动这件事。这令戈德堡感到很灰心。如果说有谁愿意打破成规做事的话,那就是道格拉斯了。他是一个特立独行的人,又对死刑持严肃的保留意见。在一次讨论中,道格拉斯问戈德堡:“如果一个州立法将所有盗窃 25 美元以上的人处以死刑,这是合宪的吗?”事后回忆这次对话时,道格拉斯说:“他觉得这是违宪的,我也觉得。”但是,当戈德堡向道格拉斯寻求建议时,道格拉斯劝他保持克制。道格拉斯说:“最好让这件事平息一段时间。”

戈德堡慎重思考了很久。他尊重厄尔·沃伦,也明白这件事的政

治敏感性。同时他也相信,如果最高法院不牵头,死刑将永远不会被废除。在这个语境下,司法克制主义是格外不合适的。需要有人在正确的方向上推美国一把。几天之后,戈德堡找到了布伦南。这位朋友的分析与他不谋而合。布伦南也非常尊重沃伦。另外,他也认为死刑是不道德的,应当尽快废除。布伦南建议围绕几个问题重新组织这份报告,让它不再是一篇论辩性的文章。戈德堡觉得这个想法不错,并且更加坚定了自己的决心。

但是,10 月底的时候,沃伦亲自劝戈德堡不要发表这份报告。面对首席大法官,戈德堡无法当面拒绝。戈德堡和沃伦有着深厚的友谊,而在职业生涯中,戈德堡也将沃伦看作一股正向的力量。戈德堡不想削弱沃伦的权威。戈德堡也还没有赢得足够的票数。如果事态发展下去,他不确定道格拉斯或者斯图尔特会不会支持他。连布伦南也可能会出于忠诚而选择支持首席大法官。

所以戈德堡向沃伦妥协了。他不会将报告公之于众。他会就 28
六个案件中的一个,对最高法院拒绝再审的决定发表反对意见。这本身也是很少见的——大法官们很少对调卷令申请发表公开意见——但它造成的震动会比一位在任大法官在法律评论上发表内部报告要小得多。另外,戈德堡还答应将他的论辩修改得更加缓和。他的反对意见将只聚焦于在非命案中适用死刑是否合适的问题,而不是死刑本身合宪性的问题。同时,他将删掉关于种族的部分。沃伦特别坚持这一点,并且强调阴魂不散的布朗案就是教训。他说,公众是不会接受最高法院对强奸犯罪表现出软弱的态度的。白人最害怕的就是来自黑人的性暴力。正是因为这个原因,沃伦还不敢处理跨种族婚姻禁令的合宪性问题。

达成妥协之后,戈德堡开始四处沟通。布伦南支持这个方案。道格拉斯也支持。现在只剩下告诉德肖维茨这件事了。这天下午,戈德堡把他的法官助理叫到办公室,把这个消息告诉了他。他们将不会公开发表这份报告。他们会发表一份反对意见,但它会被大幅地削弱。“艾伦,你会很失望的,”戈德堡说,“比尔·布伦南和我已经决定大幅缩短这份报告,把它变成一份更加隐晦的反对意见。”

德肖维茨感到很泄气。他们决定削弱反对意见,这比决定不发表报告还要令德肖维茨沮丧。德肖维茨希望揭穿问题的本质,希望迫使死刑的支持者对自己的立场负责并作出解释。多年后,他说:“我希望看到对死刑的原则性的、直接的挑战。”

这样的挑战在近十年之内都没有到来。

戈德堡和德肖维茨把注意力转而投向选取六个案子中的一个来发表反对意见。他们选择了来自阿拉巴马的黑人弗兰克·李·鲁道夫(Frank Lee Rudolph)的上诉案,他因为强奸一名白人女性而被判死
29 刑。选好案子之后,他们就与沃伦协商,讨论种族部分的哪些语句可以保留。沃伦的态度很坚决,于是戈德堡发表的反对意见没有直接提到种族问题。首席大法官唯一允许保留的是脚注中对《联合国死刑报告》(United Nations Report on Capital Punishment)的引用。这份报告的作者是法国最高法院的一位大法官马克·安塞尔(Marc Ancel)。脚注只引用了安塞尔报告中一些各州及全国的数据,尽管这份报告本身包含了一些揭示种族歧视问题的数据。德肖维茨和戈德堡希望这个委婉的引用足以暗示种族问题。

最后,戈德堡专注于为他的反对意见寻求足够的支持。有那么一瞬间,他们看起来是有希望胜利的。斯图尔特再一次正面评价了戈德堡的报告,并且他似乎真的为死刑问题感到很困扰。德肖维茨相信斯图尔特正在经历一种他自己的道德观与他所认为的法院职能之间的认知失调,仿佛布莱克和法兰克福特在他的脑海里打架一样。“从情感来说,他是站在我们这一边的。”德肖维茨说,但最后斯图尔特还

是选择遵从司法克制主义。最终，只有布伦南和道格拉斯加入了戈德堡的反对意见。

对于戈德堡在 1963 年 10 月 21 日发表的意见书，德肖维茨感到五味杂陈。它只有短短的四个自然段，怎么看都是一份非常低调的文件。相比他花了一个夏天准备的、详尽的专题论述，更是显得微不足道。从知识和逻辑的角度看，这份意见书也是非常薄弱的。德肖维茨的报告阐述了死刑的历史，也为论证死刑违反宪法提供了严谨的理论框架。但这些成果都被删掉了。反对意见书只聚焦于死刑对于强奸罪来说过重这一问题。在这个被系统性种族歧视所伤害的黑人男性的上诉案中只字不提种族歧视，这对德肖维茨来说是很荒诞的。德肖维茨担心这份反对意见书会被忽视。“它太晦涩难懂了。”他说。

戈德堡则对整个事情有着更切实际的看法。整个夏天，直至初秋，他都在提醒德肖维茨，他们的想法可能无法在当年就被接受。戈德堡把这份反对意见书看成是一个计划的开始，而不是结束。现在他们要鞭策整个法律界，让它行动起来。戈德堡鼓励德肖维茨利用他在 30
法学院时和担任法官助理时的人脉来宣传他的暑期调研。“这份报告是保密的，”戈德堡对德肖维茨说，“但工作成果是你自己的。你应该把它作为你自己的研究成果传播出去。”德肖维茨照做了。他打了很多电话，确保人们都看到了这份反对意见书。然后，他把自己的报告寄给了美国公民自由联盟、几位学者，以及最重要的，全国有色人种协进会的法律辩护基金会。

第二章

美国最重要的律所

31 1963 年 11 月初,在曼哈顿中心区,戈德堡发表反对意见的消息在哥伦布圆环 10 号 26 层的一组办公室内传开。尽管从外表看不出来,但这是美国最重要的律师事务所的办公室。这座俯瞰哥伦布圆环的 26 层大厦是纽约会展中心的一个附属建筑。纽约会展中心是莱昂内尔·利维(Lionel Levy)以国际主义风格设计的,这是一种连纳粹都嫌过于朴素简陋的后现代建筑风格。在 1956 年投入使用时,这个建筑的管道系统是坏的,供暖也不足,整个建筑都显得非常碍眼。在楼里办公的一位建筑师说,在这座楼里工作最大的好处就是可以不用从外面看着它。

更惨的是,对于律所创始人瑟古德·马歇尔(Thurgood Marshall)来说,能找到这间办公室已经很幸运了。当马歇尔试图把他的团队从原来那间位于西 43 街的更破的办公室里搬出来时,房地产开发商甚至不愿意跟他做生意。马歇尔只能向许伦·杰克(Hulan Jack)求助。这位来自哈勒姆的政治家曾是一个纸盒厂的门房,通过自己的努力成为曼哈顿区的区长。杰克找到了当时在三区大桥与隧道管理局资助下控制着这座摩天大楼的著名权力掮客罗伯特·摩西(Robert Moses),迫使他把这间普普通通的办公室租给马歇尔。

但如果你出电梯后左转,踏着破旧的蓝色地毯走进 2030 号套 32
间,你就走进了律师的圣地。在左手第一间办公室里办公的是康斯坦斯·贝克·莫特利(Constance Baker Motley),她毕业于哥伦比亚大学法学院,是布朗案起诉书的起草者。她后来接任杰克成为区长,接着又成为联邦法官中的第一位黑人女性。在第三间办公室里办公的是德里克·贝尔(Derrick Bell),他和莫特利一起领导了密西西比州的反种族隔离运动。他后来成为哈佛法学院的教授,又为了抗议学校的招聘措施而辞职,改任俄勒冈大学法学院院长,并参与开创了种族批判法学领域。在这里办公的还有杰克·格林伯格(Jack Greenberg),马歇尔亲选的继任者。他已经在最高法院出庭辩论了四十个案件。

全国有色人种协进会的法律辩护基金会有时被称作“基金会”或者“LDF”,它创办于二十三年前,已经打赢了无数场法律战役。LDF 的律师在 1944 年赢了史密斯诉奥尔莱特案(*Smith v. Allwright*),该案判决要求得克萨斯州允许黑人在初选中投票。他们在 1946 年赢了摩根诉弗吉尼亚州案(*Morgan v. Virginia*),废除了州际巴士的种族隔离政策。他们还赢了其他一系列案件,保护了黑人成为陪审员的权利,废除了禁止将不动产销售给黑人的不动产买卖合同,保障了黑人教师同工同酬的权利。当然,他们还赢了布朗案。

1957 年,面对美国国税局对 LDF 独立性的质疑,马歇尔将 LDF 从全国有色人种协进会分离了出来。此后,这个已经成为传奇的组织变得更加著名。1958 年,它保障了阿肯色州学校的种族融合。1961 年,它赢了霍姆斯诉丹纳案(*Holmes v. Danner*),在佐治亚大学实现了种族融合。1962 年,贝尔和莫特利赢了梅雷迪斯诉费尔案(*Meredith v. Fair*),使密西西比大学向黑人开放。1963 年,当戈德堡的报告被送达办公室时,LDF 的律师们正忙于为马丁 · 路德 · 金(Martin Luther King)辩护。他因为抗议伯明翰的种族隔离政策而被控藐视法庭罪。很快,在 LDF 的努力下,最高法院决定驳回所有因民权运动静坐示威而产生的刑事指控。

33 在很多人眼中,这个组织的力量是无穷的。负责 LDF 的老式打印机的工人曾遇到一点小的法律问题,格林伯格主动提出可以帮助他。他回答说:“格林伯格先生,我只是不想交罚款而已。我可没想去最高法院。”

早春的一天,LDF 的三位律师从第七大道的一家熟食店买了三明治,带到中央公园的草地上坐下,讨论戈德堡的反对意见意味着什么。这三位“饭友”的人生经历大相径庭。

勒罗伊 · 克拉克(Leroy Clark)和弗兰克 · 赫弗朗(Frank Heffron)都毕业于哥伦比亚大学法学院,但这是他们唯一的共同点了。克拉克是黑人,对美国的种族主义充满了愤怒的批判。赫弗朗是白人,他表达自己的方式总是冷静得多;克拉克管他叫“老实人”。迈克尔 · 梅尔茨纳(Michael Meltsner)也是白人,却不同于赫弗朗,是个独立不羁的人。梅尔茨纳是纽约本地人,先后毕业于史岱文森高中、欧柏林学院、耶鲁法学院,看起来正走着一条传统的道路。但是,从法学院毕业后,梅尔茨纳选择了一个基布兹式的地方,而不是在一家律所工作。他一生中写过一部小说和一部喜剧,上过表演课,还拿到了家庭心理咨询师的资格证。他还曾担任东北大学法学院的院长,并参与发起了一场法学教育的改革运动。但他从来没有收费代理过客户,一次都没有。

尽管他们的背景各不相同,这三个人都看到了同样一个契机:戈德堡的反对意见造成了一场轰动。《纽约时报》(*New York Times*)赞扬了这份意见，认为它提出了一个“可能有着深远影响的想法”。《华盛顿邮报》（*Washington Post*）认为它“在呼唤法律的忧思精神，在与未来某天的知识界对话”。不仅如此，公众对死刑的支持正在减弱。1953 年，68% 的美国人支持死刑。但此时，一份盖洛普民调显示这个数字已经降到了 53%。死刑的势头已经消失。

但同时，这三个人也明白，死刑是不会轻易被废除的。戈德堡的
反对意见书也招致了很多反对。新罕布什尔州的保守派杂志《曼彻斯 34
特联合社论》（*Manchester Union Leader*）的出版人威廉 · 洛布（*William Loeb*）认为废除死刑“只会鼓励更多的人成为强奸犯”。斯坦福法学院教授赫伯特 · 帕克（Herbert Packer）直接点出了戈德堡的真正动机。“如果让我猜一下的话，”帕克写道，“戈德堡大法官真正疑虑的可能不是强奸罪的死刑，而是死刑本身。”如果死刑要被废除的话，他说，这个改变必须要来自于人民，而不是最高法院。帕克写道：“我们必须和其他的社会力量更加密切地合作，才能使来自司法系统的最后一击不只是一纸命令。”《哈佛法律评论》的编辑们认同这个观点。他们写道：“如果说第八修正案完全禁止死刑作为一种惩罚存在，那是混淆了立法的可取性和合宪性。”

此外，戈德堡对种族只字未提，这也是一个问题。LDF 的首要宗旨是消灭种族歧视。如果种族歧视不是问题所在，那么 LDF 有什么理由反对死刑呢？戈德堡对问题的回避让克拉克很愤怒。他认为死刑判决中种族歧视问题是不得不提的。而赫弗朗则在想，发表这份报告的决定本身是否恰恰证明了最高法院对种族歧视的担忧。毕竟，鲁道夫是一名被控强奸白人女性的黑人男性。但现实是没有人知道最高法院或者戈德堡是怎么想的。另外，梅尔茨纳还在担心歧视可能很难证明的问题。美国的刑事司法系统是一个很复杂的体系，其中有太多的变量，而且法院大多不认可用统计数据证明歧视的做法。

虽然面临这些挑战，但梅尔茨纳和克拉克还是觉得LDF应该接手这个问题。就连一贯比较谨慎的赫弗朗也觉得这样做不会有任何损失。LDF收到过很多来自被判死刑的黑人被告人的求助。虽然死刑案诉讼的代价非常高昂，LDF的资源也很有限，但他们还是经常接手这些案子。律师们只是觉得实在没办法对这些求助者说“不”。赫弗朗告诉同事们：“如果我们没法拒绝这些案子，也许我们应该集中精力解决根本问题——死刑。”

35 接着，这三个人把他们的想法告诉了杰克·格林伯格。格林伯格明白事情的复杂性，但还是安排赫弗朗去研究强奸案判决中的种族歧视问题。关于这是否标志着LDF政策的一次转变，人们有一些争议。梅尔茨纳后来在他的回忆录中写道，在这次关键性的午餐会之前，“死刑问题并不在基金会的议程上”。格林伯格却不同意，他说他考虑向死刑提出异议已经有一段时间了。不过，梅尔茨纳与格林伯格究竟谁对谁错已经不重要了。从1963年起，LDF影响了美国的每一个重大死刑案，并且成为废除死刑运动的主导性的、最具影响力的声音。

死刑问题原本理所应当是ACLU关注的事情。ACLU在20世纪20年代由包括克拉伦斯·达罗和菲利克斯·法兰克福特在内的一群人创办，民权领域的很多重要胜利都有它的功劳。1931年，耶塔·斯特龙伯格(Yetta Stromberg)因为悬挂共产主义旗帜而触犯了加利福尼亚州的法律，ACLU成功地为她辩护。1943年，“耶和华见证人”教派的2000名学生因为信仰原因拒绝向美国国旗宣誓效忠，被学校开除，ACLU的律师们说服法院撤销了学校的开除决定。当田纳西州的法律禁止教师教授进化论时，是ACLU鼓励了约翰·斯科普斯(John Scopes)反抗这项法律。ACLU在种族相关案件中也发挥了重要作用。它与NAACP一同反对将初选投票权限于白人，又在布朗案中发表了“法庭之友”意见书。ACLU有5000名成员，它是美国最有影响力的民权保卫组织。但是,在 1963 年,ACLU 在死刑问题上并没有立场。组织官方认为死刑并不属于民权问题。

ACLU 拒绝在死刑问题上表态,部分原因是这个组织很不喜欢被人与某个政治立场联系在一起。在很多人看来,因为与 20 世纪 30 年 36
代的劳工运动联系过于密切,这个组织已经吃了苦头。1964 年夏天,"学生非暴力统一行动委员会"(Student Nonviolent Coordinating Committee)策划了"自由之夏"(Freedom Summer)运动,在密西西比州用白人学生的身份为黑人选民注册投票。ACLU 领导层对是否要参与这项运动产生了分歧。亚利桑那州的民权领袖乔治·帕普昆(George Papcun)号召 ACLU"全面支持黑人革命"。而 81 岁的民权运动传奇领袖奥斯蒙德·弗伦克尔(Osmond Fraenkel)则说服大家保持谨慎。弗伦克尔说,ACLU 必须将自己的活动限制在争取公民自由的范围内,不要参与政治事件。这一原则的确立使得 ACLU 更加不可能支持废除死刑运动了,因为组织领导层认为死刑不是一个民权问题。纽约公民自由联盟的法律顾问伊曼纽尔·雷德菲尔德(Emanuel Redfield)认为,人们把程序滥用问题和公民自由问题混淆了。雷德菲尔德还认为种族问题是一把双刃剑。他认为种族歧视本身并不能成为废除死刑的理由,因为"逻辑上,只要你能证明某一个种族中有更高比例的人被惩罚,这种论辩就可以作为废除任何刑罚的理由"。在他看来,种族歧视的论点事实上削弱了反对死刑的理由。

不久之后,ACLU 的态度就发生了转变。在 20 世纪 60 年代中期,ACLU 委托纽约大学的法学教授诺曼·多尔森(Norman Dorsen)起草一份报告,对死刑问题双方的观点进行概述。多尔森陈述了雷德菲尔德的观点,但他认为,不论种族论点在技术上胜算如何,死刑都"与公民自由的精神不相符",并且会"剥夺一个社会的人性"。在多尔森的竭力主张下,ACLU 在 1965 年表明了反死刑的立场,批评死刑“与民主制度的基本价值不符”。但即使是在发表这项证明之后,ACLU 也将更多的努力付诸立法机关,而不是法院。那时,ACLU 正忙着为因信仰原因反对越南战争的人辩护。它的领导层认为它没有足够的资源在另一个领域发起大规模的诉讼活动。在 20 世
37 纪 70 年代,ACLU 将会更加激烈地反对死刑。但是在当时,LDF 还是这场诉讼运动的毫无疑问的领导者。没有任何人或任何组织——包括 ACLU——会去挑战它在这件事上的权威。

LDF 占据领导地位,产生了两个深远的影响。一个影响是,LDF 将死刑理解为一个种族问题。它对死刑的理解在后来会产生变化,但在它参与此事的前几年,LDF 对死刑的异议主要是基于它所造成的歧视后果。在中央公园的那次午餐后,格林伯格提出的第一步计划就是指派赫弗朗去对南方各州强奸案判决中的种族歧视问题进行初步的研究。格林伯格还尝试从一些民间的基金会筹集资金来支持种族研究,但效果不佳。这种观念的缺点就在于种族歧视是很难被证明的。LDF 的第一个主要的死刑案件就说明了这件事的困难性。此案的时间线提醒我们,一个死刑案在刑事司法系统的迷宫中走完全程需要多久。

威廉·马克斯韦尔(William Maxwell)是一名因强奸白人女性被判处死刑的黑人男性。他在 1961 年犯罪时是 21 岁。1962 年,一审结束后,马克斯韦尔向阿肯色州最高法院上诉,但败诉了。于是他开始走另一个独立的程序,名叫“人身保护令申请”。他在人身保护令申请中对州法院判决的合宪性提出异议。马克斯韦尔的律师提出,陪审员挑选程序收到了种族偏见的影响,并且阿肯色州有关强奸的法条在适用中存在歧视。1964 年,联邦地区法院的一名法官戈登·扬(Gordon Young)驳回了这一申请。马克斯韦尔将这一判决上诉到联邦第八巡
38 回上诉法院,败诉而归,又在 1965 年向美国最高法院提出调卷令申

请，再遭驳回。1966年，LDF成为他的代理律师后，他又基于新的种族歧视证据提出了第二次人身保护令申请。第二名联邦地区法院法官杰西·亨利（Jesse Henley）驳回了申请。第八巡回上诉法院未经开庭便维持了原判。马克斯韦尔上诉到美国最高法院，最高法院命令第八巡回上诉法院开庭审理。开庭审理之后，第八巡回上诉法院在1968年夏天驳回了马克斯韦尔的所有主张。马克斯韦尔又一次上诉到美国最高法院。最高法院在1969年3月开庭辩论，决定将案件延期至下一年审理。次年5月，最高法院再次开庭辩论，并在6月将案件再次发回第八巡回上诉法院重审，就陪审员挑选程序是否合法的问题进行裁决。终于，在1971年1月，阿肯色州的改革派州长温思罗普·洛克菲勒（Winthrop Rockefeller）在离任前不久签署了马克斯韦尔和其余十四名阿肯色州死刑犯的减刑令。马克斯韦尔的案子从开始到结束经历了十年。除这个幸运的结局外，马克斯韦尔的案子就是一个很典型的死刑案。每个死刑案从一审到执行死刑平均要经过十一年的时间。

在整个曲折而煎熬的过程中，法院对马克斯韦尔提供的所有种族歧视的证据都拒绝采纳。他的第一个律师提供了阿肯色州一名监狱长的证言，称死刑的适用不成比例，黑人被过多地处决。阿肯色州法院不假思索地拒绝了这一证据。当LDF提交了赫弗朗的研究作为证据时，联邦地区法院法官认为研究并没有确定的结论。赫弗朗的研究主要包含了对法院的一些法官助理的访谈。LDF后来又在宾夕法尼亚大学社会学家马文·沃尔夫冈（Marvin Wolfgang）的帮助下改进了之前的研究。沃尔夫冈指挥LDF聘请了法学生民权研究会的一些学生，让他们在1965年的夏天到南方去收集数据。学生们研究了南方 39
十二个州从1945年到1965年强奸案的记录，发现在被判处死刑的119名被告人中，有110名是黑人。他们发现，在阿肯色州，强奸了一名白人女性的黑人男性有大约 50% 的可能性被判处死刑,而强奸了一名同种族女性的男性则只有 14% 的可能性被判处死刑。考虑到这种不均衡也可能是其他原因导致的,学生们又研究了其他二十九个加重或减轻情节——如被告人年龄、使用了多少暴力等——对判决的影响。基于这些证据,沃尔夫冈的结论是,种族不均衡现象只是凑巧的可能性小于千分之一。但就连这种更加精密的分析也没有被法院采纳。艾森豪威尔任命的共和党法官杰西·亨利开庭审理了第二次人身保护令申请,他质疑了这项研究的样本量和变量的选择。根本上,他质疑统计数据的司法运用。他认为统计数据“在最好的情况下也是难以理解的”,并且引用马克·吐温(Mark Twain)的话,认为“统计学可以证明任何东西,这是不言而喻的”。

在最高法院要求第八巡回上诉法院对马克斯韦尔的上诉作出判决后,当时任上诉院法官的哈里·布莱克门(Harry Blackmun)又否认了马克斯韦尔的统计学证据。沃尔夫冈教授的研究是“引人深思而又大胆的”,布莱克门写道,但是“我们还没有准备好基于社会学和统计学理论意义上的不公平而推翻阿肯色州每一个涉及黑人被告人的强奸案判决”。布莱克门说他理解 LDF 的痛苦。“我们理解马克斯韦尔的律师一定会感到失望和挫败,因为这个更加精密的统计学方法也没有得到法院的认可。”但布莱克门并没有为律师们带来希望:“我们觉得,统计学可能永远也救不了马克斯韦尔。”历史将证明他是正确的。

20 年后,最高法院在麦克莱斯基诉肯普案(*McCleskey v. Kemp*)中否认了有史以来关于死刑判决中的种族歧视问题最详尽、最精密的分析。爱荷华大学的戴维·鲍尔达斯(David Baldus)、他的同事乔治·伍德沃思(George Woodworth)以及亚利桑那州立大学的查
40 尔斯·普拉斯基(Charles Pulaski)研究了 20 世纪 70 年代佐治亚州的 2400 起谋杀案,编码了 230 个可能加重或减轻刑罚的变量。鲍尔达

斯、伍德沃思和普拉斯基发现,谋杀了一个白人的被告人比谋杀了一个黑人的被告人被判处死刑的可能性要大 4.3 倍,并且这种基于种族的区别对待既存在于检察官建议判处死刑的决定中,也存在于陪审团判处死刑的决定中。但是,第十一巡回上诉法院和最高法院还是拒绝将这项研究作为证据采纳。

法院这样做是因为,基于种族歧视废除一种刑罚将会动摇整个刑事司法系统的权威。如果种族歧视的系统性证据足以废除死刑,那么同样的证据为什么不能用来质疑不得假释的终身监禁,甚至更短的监禁刑罚呢？如果像鲍尔达斯研究证明的那样,种族因素影响了检察官和陪审团在死刑案中的决策,那么它一定也影响了非死刑案中的决策。没有哪一个法院敢基于统计学证据废除一种刑罚,因为如果开创了这样一个先例,那么整个现存秩序就会在根本上被动摇。所以,法官们要求,要想证明种族歧视,必须证明在一个具体案件中存在歧视。至于歧视的系统性证据,法院会说它是模糊的、不够好的,就像阿肯色州最高法院在马克斯韦尔案中说的那样——“强奸罪的法条适用于所有公民”——然后就不再理会了。

在整个反死刑运动中,法院不愿承认种族歧视的态度一直在对 LDF 造成困扰。LDF 不得不努力向人们说明它并不是在试图彻底颠覆整个体制。保守派们和州政府、联邦政府的检察官们一直在努力让人们相信 LDF 在试图颠覆体制,而 LDF 则一直在竭力反对这个说法。这种较量将会成为费曼案中的一个重要议题,并定义 1976 年几个案件的发展过程。

LDF 占据领导地位产生的另一个影响就是,它使得安东尼 · 阿姆斯特丹(Anthony Amsterdam)加入了这场运动。在当时,如果说 LDF 是美国最重要的律师事务所,那么托尼 · 阿姆斯特丹就是美国最重要 41
的律师。在美国历史上,没有其他哪位律师在民权领域产生了这样大的影响。从1965年起,阿姆斯特丹在最高法院的每个重大的死刑案件中都发挥了重要作用。不仅如此,他还在限制警察拦截盘查的权力、保卫言论自由、保护黑豹党成员博比·西尔(Bobby Seale)的公民权利等问题上取得了关键性胜利。他在最高法院出庭辩论了几十个案子,甚至曾在一周内辩论三个案子。阿姆斯特丹有着非凡的耐力。最有可能与他争夺“20世纪最重要的律师”这一称号的瑟古德·马歇尔,最终离开了LDF,进入司法领域。而阿姆斯特丹一辈子都没有转行。他的影响持续了六十多年,直至今天。他在米兰达案中为ACLU撰写了法庭之友意见书,又帮助美国前司法部副部长赛思·韦克斯曼(Seth Waxman)为最终废除了未成年人死刑的罗珀诉西蒙斯案(*Roper v. Simmons*)在最高法院开庭辩论做准备。

阿姆斯特丹在西费城长大,那里住着中产阶层的犹太裔、非裔和意大利裔美国人。他的父亲古斯塔夫(Gustave)在第二次世界大战期间是军事律师,后来做了一个公司的行政人员。阿姆斯特丹的儿子、费城的教育改革者乔恩(Jon)在回忆他的祖父时说道:“他是罗斯福新政的拥护者,也是个实干家。他相信解决问题的关键在于做好细节。他像他的儿子一样,非常勤奋,但与人有一点疏远。”阿姆斯特丹的母亲瓦拉(Valla)不仅养着整个家庭,而且还在多个机构做志愿者。尽管他们的祖辈曾是拉比,但这个家庭却不信教。他们给孩子取的名字安东尼也使得他和附近的意大利人——而不是犹太人——走得更近。托尼年轻时喜欢运动,尤其是篮球。他有时会和威尔特·张伯伦(Wilt Chamberlain)一起打球。

42 满12岁后不久,托尼感染了脊髓灰质炎病毒。这是攻击脑干的病毒中罕见的一种。虽然阿姆斯特丹有幸免于瘫痪,但他有几天时间是依靠呼吸机存活的,并且被隔离了几个星期。这段经历的很多细节他都不愿再想起,但经历本身明显塑造了他。在他缺席期间,托尼的队友们选举他为方盒球队队长。阿姆斯特丹在赛季的末尾回到队里,“竭尽全力想要打得更好”。

从那以后,他似乎每件事都做得更好了。在哈弗福德学院,他选择了比较文学专业,如饥似渴地学习着17世纪的法国诗歌,最终以优异成绩毕业。“我给了自己很大压力,”他回忆道,“但并不是为了像那些试图成就什么的人一样学习。”毕业以后,他去了宾夕法尼亚大学法学院学习,却并不清楚自己为什么想做律师。在法学院,他花了很多时间旁听布林莫尔学院(Bryn Mawr College)的艺术史课,并对16、17世纪欧洲的矫饰主义绘画风格产生了特别的兴趣。儿子乔恩说道:“托尼不是个法律书呆子。他是个很有审美的人。”托尼喜欢在大自然中散步。他还写过诗,画过水彩,甚至考虑过成为一名艺术史学家。但他被法律吸引了,并取得了极大的成就。在追求艺术之外的时间里,他成为法律评论的主编。1960年,他以年级第一的成绩毕业,来到最高法院,成为菲利克斯·法兰克福特的法官助理。

当阿姆斯特丹来到最高法院时,法兰克福特已经80岁了,身体每况愈下。于是,阿姆斯特丹承担了比其他法官助理更多的实质性职责。虽然阿姆斯特丹不承认,但他其实起草了法兰克福特在贝克诉卡尔案(*Baker v. Carr*)中的反对意见的很大一部分。这是一个影响巨大的投票权案件,而法兰克福特大法官对它极其重视。国会的选区划分问题恰恰是法兰克福特认为法院最应该回避的那种问题。1962年,布伦南撰写的判决意见推翻了田纳西州不公正的选区划分方案。这一判决标志着法兰克福特对最高法院的统治结束了。两周后,法兰克福特患上了中风。阿姆斯特丹认为是这个案子让法兰克福特病倒了。那时,阿姆斯特丹还不知道他在贝克案中所作的工作将与他后来的努 43
力相悖。正因为最高法院摒弃了法兰克福特的司法克制原则,阿姆斯特丹后来在死刑案中的主张才可能被法院接受。

一年的法官助理工作结束后,法兰克福特将阿姆斯特丹推荐给了华盛顿哥伦比亚特区的联邦检察官。用阿姆斯特丹自己的话说,“为了从内部视角学到点东西”,他在那里做了一年的公诉人。然后,26岁时,阿姆斯特丹回到自己的母校,成为一名法学教授。由此,他逐渐建立起了无与伦比的声誉。

阿姆斯特丹成功的秘诀就是他比任何人都努力。他瘦高个子,高鼻梁,光亮的头发梳到一边,常常坐在他堆满了书的办公室里,一支接着一支地抽着细雪茄,大口地灌着黑咖啡和无糖汽水,疯狂地工作。迈克尔·梅尔茨纳曾说,他在 LDF 时工作非常勤奋,但和阿姆斯特丹还是完全没法比。周围的人都觉得阿姆斯特丹好像读过每一个巡回上诉法院案件的判决,而且每晚睡不了几小时。

而阿姆斯特丹的能力居然比他的勤奋更让人称道。关于他惊人的记忆力,流传着许多故事,听起来就像假的一样。有一次,阿姆斯特丹在哥伦比亚特区巡回上诉法院出庭辩论一个案子时,引用了一个很古老的最高法院判例,并凭着记忆说出了页码和案卷号。法官不太赞同他的说法,于是派了一名助理去查找这个案子。助理没有找到,怀疑阿姆斯特丹记错了案号。“法官大人,”这位年轻的公诉人说道,“您的案卷一定是装订错了。”事实果然如此。

关于托尼·阿姆斯特丹,好像每个人都有个传奇故事要讲。一个说法是,某天的凌晨 4 点,阿姆斯特丹曾在一个公用电话亭打着电话,凭着记忆背诵了一份上诉意见书。还有一个故事简直要把优等生们逼疯。据说在离法学院毕业只有两个月的时候,阿姆斯特丹还没有开始写他毕业所必需的法律评论评注。他最终草草写成的论文——《“法不明确即无效”原则在最高法院的适用》(Void for Vagueness Doctrine in the Supreme Court)——重塑了宪法第一修正案的理论体系。

44 每个人对阿姆斯特丹的终极评价似乎也是一致的。为自己担任哈里·布莱克门法官助理那一年时光撰写回忆录的爱德华·拉扎勒斯(Edward Lazarus)称阿姆斯特丹为“那一代人中最优秀的律师”。来自加州大学的律师、犯罪学家富兰克林·齐姆林(Franklin Zimring)说:“早在1968年,阿姆斯特丹就已经成为美国学术界名副其实的、唯一的、真正的巨星。他是很多人的偶像,也是我的偶像。他是个举世无双的天才诉讼律师。”德肖维茨称阿姆斯特丹是“一个杰出的律师,一个当代的榜样”。赛思·韦克斯曼说:“上帝创造托尼时,就把他造得与众不同。”

阿姆斯特丹是在那次中央公园午餐后不久开始与LDF有接触的。LDF早期接手的死刑案之一是黑人查尔斯·汉密尔顿(Charles Hamilton)的上诉案,他因为“以强奸为目的私闯民宅”的罪名被判死刑。加州大学伯克利分校教授、社会活动家凯莱布·福特(Caleb Foote)帮助LDF一同代理这个案子。由于他本人无法参加在纽约的一次战略会议,所以他请阿姆斯特丹替他出席。

阿姆斯特丹此前从未参与过死刑的辩论,在这个问题上也没有立场。“我一开始并不是个主张废除死刑的人。我其实没太想过这个问题。”他回忆道。吸引阿姆斯特丹的是把死刑问题作为种族问题看待的思路。他真正感兴趣的是不平等问题。用他自己的话说,他奉行的是“弱者保护主义”。阿姆斯特丹对《时代周刊》的记者说,一个自由的社会必须关注不同的观点。“在革命结束以后,我就会开始代表资本家说话了。”他说。

在那次汉密尔顿案的会议上,阿姆斯特丹给LDF留下了很深的印象。“他们好像觉得我的想法挺有用的。”阿姆斯特丹回忆。他一贯都是这样轻描淡写。LDF在新奥尔良的迪拉德大学为合作律师们举办了一场研讨会,格林伯格邀请阿姆斯特丹在研讨会上发言。他的发言使在场的所有人赞叹不已。很快,他开始为LDF提供更多的咨询。

45 阿姆斯特丹对种族问题的兴趣和LDF对死刑的认识一拍即合,相得益彰。阿姆斯特丹主张LDF应该在赫弗朗研究的基础上继续深入。聘请社会学家马文·沃尔夫冈研究南方强奸案的量刑就是阿姆斯特丹的主意。阿姆斯特丹与沃尔夫冈密切地合作,很快就成为最了解种族歧视统计学证据的律师。当第八巡回上诉法院开庭审理马克斯韦尔的上诉案时,阿姆斯特丹理所当然地就成为出庭辩论这个案子的律师。

从LDF的角度看,法庭辩论进行得非常顺利。就在辩论开始之前,布莱克门的一个法官助理悄悄告诉梅尔茨纳和阿姆斯特丹,他的老板"个人非常厌恶死刑,对接下来的几个案子感到很为难"。在法庭辩论中,阿姆斯特丹重点阐述了死刑的歧视性适用问题。布莱克门对阿姆斯特丹提出了几个尖锐的问题,而阿姆斯特丹回应得很好。当布莱克门问阿姆斯特丹为什么他觉得宪法会禁止处死一个强奸了白人女性的黑人男性,而不禁止处死一个强奸了黑人女性的白人男性时,阿姆斯特丹答道:"一旦我们解决了黑人面临的问题,白人面临的问题就会自然而然地解决。"当布莱克门质疑沃尔夫冈的研究规模太小,且不包含来自马克斯韦尔所在的县的任何数据时,阿姆斯特丹指出,统计学方法只要求样本具有代表性,而不要求它具有全面性。"我不得不向他解释他不懂数学这件事。"阿姆斯特丹后来回忆。

阿姆斯特丹的"他不懂数学"这句话的讽刺之处在于,布莱克门曾经从哈佛取得了数学学位。虽然马克斯韦尔案的法庭辩论在LDF看来可能是成功的,但它却使阿姆斯特丹和布莱克门之间的关系变得复杂起来。阿姆斯特丹激怒了布莱克门。从此,布莱克门的个人笔记里开始出现对这位LDF首席律师的一些轻蔑评价。"我大概是离开学校太久了,理解不了这种学者的头脑吧。"布莱克门在读了阿姆斯特丹的一份上诉意见书后写道。在法庭辩论中,他有一次在笔记中抱怨阿

姆斯特丹“声音尖细刺耳”,还有一次在阿姆斯特丹发言时随手写下 46
一个词“呕(Ugh)”。但同时布莱克门也佩服阿姆斯特丹。作为法官,布莱克门对每一个在他的法庭出过庭的律师都做了笔记。在马克斯韦尔案的法庭辩论结束后,布莱克门写道:“高个子,28,精明圆滑。”他给阿姆斯特丹的评分是 A-。在退休之后,布莱克门对阿姆斯特丹的回忆满是愉悦。

LDF 还没有见过这样沉着、冷静又敏锐的律师。因为这次优异的表现,阿姆斯特丹成为废除死刑运动事实上的领袖。此后,他将继续领导这场运动,历经费曼案的胜利和后来推翻了费曼案的格雷格诉佐治亚州案(*Gregg v. Georgia*)的惨败。在那之后,他又在幕后领导这场运动,持续了四十年。他指挥的这场法律战争,其漫长性和复杂性只有非裔美国人的民权之战可以与之相比。其实,在很多方面,反死刑之战要更加复杂。种族隔离的消除并不容易,但至少布朗案是建立在一个明确的宪法原则之上的,而且最高法院在之前的一些判决中也暗示了它愿意考虑这个问题。阿姆斯特丹和 LDF 并没有这样的优势。

历史证明,今天还在持续的这场反死刑之战,就像一场军事上的持久战一样漫长、复杂而又令人心碎。这场战役在所有的战场都在进行,从遥远的阿拉巴马州最基层的法庭,到最高法院的神圣殿堂,从联邦层面到几乎每一个州,从大街上到学术的象牙塔。仅学术方面的战役就可以耗费很多人一生的心血,因为反死刑主义者一直在努力收集、整理数据,来回答能够塑造公众和司法机构观点的几个事实问题。死刑有威慑作用吗?死刑的收益是否高于成本?死刑能够被公平地适用吗?

这是一项艰巨的挑战,在美国历史上是绝无仅有的。没有人觉得
它是可以完成的,包括 LDF 的律师。他们深知要想战胜几个世纪积攒 47
下的判例有多困难。如果阿瑟·戈德堡都没法说服他的同僚,他们又

怎么能做到呢？“法律对死刑的接受和死刑的历史动力被看作是理所当然的，”LDF 的一位年轻律师杰克·希梅尔斯坦（Jack Himmelstein）说道，“是托尼·阿姆斯特丹的思想和心灵所带来的能量告诉了人们，‘死刑的存在并非必然的’。”

第三章

悲伤的终结

1966年夏天,托尼·阿姆斯特丹从根本上改变了反 48
死刑运动的状况。那年7月,福伯斯州长签署了六份死刑执行令,将于9月2日执行。签完执行令后,州长离开阿肯色州去开会了。福伯斯曾反对布朗案的判决,因此LDF对他很熟悉。不过,虽然福伯斯支持种族隔离,但他已经很多年没有签署死刑执行令了。因此,他此次行动令LDF猝不及防。阿姆斯特丹和LDF的另一位律师诺曼·阿梅克尔(Norman Amaker)匆忙为马克斯韦尔和他们在阿肯色州的另一位当事人卢瑟·贝利(Luther Bailey)提交了人身保护令申请。拜伦·怀特在最后一刻签署了缓期执行令,暂时保住了马克斯韦尔和贝利的性命。而被福伯斯处死的另外四个人却没有律师。阿姆斯特丹对此感到不能容忍。“当时我说:‘不会吧!难道我们要眼睁睁看着这些人死吗?’那就像路边有人在流着血,而你手上刚好有止血带。”LDF介入了这些案子,帮他们拿到了暂缓执行令。LDF曾拿到过很多暂缓执行令,但这次不一样:被福伯斯处死的其他四个人,都是白人。

在那之前，LDF 的所有死刑上诉案都与黑人有关。总体来说，LDF 只接与肤色歧视有关的案子。“种族永远是需要考虑的因素。”格林伯格说道。阿姆斯特丹想要改变这一点。这种量子跃迁式的转变
49 会带来潜在的优势和风险：它可能为这场事业赢来关注，但它却威胁到了 LDF 的资金来源。LDF 的多数捐款人都是为了这个组织的使命才为它捐款的。将代理范围扩大到白人会带来很大的风险。

但迈克尔·梅尔茨纳喜欢冒险。他先后在洛克威半岛和曼哈顿长大，有时会和父亲一起在赛马和拳击赛中下注赌博。但是，面对是否要将代理范围扩大到白人的问题时，梅尔茨纳并没有像赌博一样权衡胜算。“对我个人来说，显而易见，我当时并没有基于成本效益分析划出明确的界限。”他回忆。“一旦你开始参与代理死刑犯，你就会继续这项事业直到你干不动了为止。为最多的人争取最大的利益，这是一个考虑因素，但只是众多因素中的一个。更重要的其实只是，我是一个什么样的人。”LDF 的主席杰克·格林伯格也有同感。“大家觉得，死刑的可怕显而易见，你根本无须去计算那些数字。”阿姆斯特丹和 LDF 将代理白人看作是一种道义上的责任。“一旦我们有了获得缓期执行令的能力，我们就感到一种法律上和道德上的义务，迫使我们将代理范围扩大到其他的当事人。他们中的很多人都遭遇了一样的不公正。”阿姆斯特丹说道。LDF 的另一位律师詹姆斯·纳布里特（James Nabrit）说：“我们的法律论辩为人们提供了一辆救生艇。每个人都在这辆救生艇上，所以我们有义务帮助每一个人。”从那以后，LDF 开始在死刑案中同时代理白人和黑人。

北卡罗来纳大学的埃里克·马勒（Eric Muller）教授认为，LDF 当时应该更加审慎，应该权衡利弊。在他看来，代理白人的决定将 LDF 推到了一个站不住脚的立场上。LDF 的核心主张是，因为系统性种族歧视的存在，死刑应该被废除。而代表白人提出这个论点则会显得很

奇怪。马勒认为,这样做会降低 LDF 的可信度。“对于任何一个旁观者来说,种族问题在 LDF 的议程上一直都是首要问题,”马勒说道,“但现在,种族问题被‘州政府是否有权剥夺特定公民的生命’这个更大的问题所淹没,甚至完全遮盖了。”这些宏大的哲学问题超出了 LDF 的专业领域,也将这个组织的注意力从种族主义这个“毫无疑问的恶” 50
转向了“政府能否合法地剥夺一个人的生命”这个模糊的道德问题。

但梅尔茨纳认为,LDF 的决定所带来的这些责任恰恰使这个决定变得更值得钦佩了。LDF 明白代理白人会使它偏离它的历史角色,但它还是决定加入战斗。“看吧,这是一个民权组织,”梅尔茨纳在 1985 年说道,“它的捐赠人和工作人员是代表黑人发声的。在舞台拓宽之后,我们所代理的当事人却可能会来自于社会中种族主义之风最盛的那些群体。但这个组织从不让这些因素阻碍它为当事人发声,这是它的良好品质。”

虽然 LDF 将代理白人当事人看作是道德要求,但更加充足的资金也是影响它决策的重要因素。在此之前,死刑问题从来不会吸引资金投入。这一点在 1966 年也发生了变化。在新任主席麦乔治·邦迪(McGeorge Bundy)的领导下,福特基金会征集了支持贫困法领域工作的建议。勒罗伊·克拉克(Leroy Clark)建议成立一个名叫“全国贫困人口权利办公室”的分支,来代表穷人提起影响性诉讼。梅尔茨纳提议在申请中包含刑事司法问题。LDF 最终得到了这笔 100 万美元的拨款。虽然申请中并没有明确提到死刑问题,但格林伯格批准将一部分钱用于反死刑运动。很重要的一点是,福特基金会的款项是针对贫困问题的,而不是针对种族问题的。因此,代理白人并没有什么问题。

相对来说,福特基金会的拨款是一笔巨款。LDF 在 1960 年一整年的预算还不到 50 万美元。它一直以极小的成本运作。那个时候,梅尔茨纳和同事们基本上是用业余时间在做死刑诉讼。现在,他们开始设想聘用一个执行律师来监督所有死刑案的诉讼,并收集数据来支持反死刑论点。LDF 希望吸引一些主流媒体关注它的工作。LDF 终于有了足够的资源来聘请一个人全职做这些工作。

51 梅尔茨纳建议格林伯格聘请 26 岁的杰克·希梅尔斯坦,他毕业于哈佛法学院,暑期曾在 LDF 实习。当时,希梅尔斯坦正拿着一笔奖学金在英国的安娜·弗罗伊德诊所(Anna Freud Clinic)学习精神病学与法律。希梅尔斯坦紧紧抓住了这个为 LDF 工作的机会,甚至在还不知道工作内容的情况下就接受了这份工作。当他得知他的工作内容是反死刑运动时,他以为他的职责是募捐,这让他有点失望。当他明白真相以后,他立刻放心了。

聘请希梅尔斯坦的讽刺之处在于,尽管 LDF 仍然认为反死刑运动是个种族问题,但参与运动最主要的四位律师却都是白人。如果放在今天,这几乎是不可思议的。但 20 世纪 60 年代的民权运动与今天的不同之处太多了。

那时,像梅尔茨纳、希梅尔斯坦和格林伯格这样靠公益诉讼谋生的律师很少。在那个年代,民权律师并没有一条畅通的职业道路。当梅尔茨纳还是个法学生的时候,他尝试过在 ACLU 找份工作,却被告知它的全国办公室已经有一位律师了。梅尔茨纳的岳母、一位联邦法官,以及他的一位教授都建议他换个方向。当他奇迹般地在 LDF 找到了工作时,他与自己在耶鲁法学院的同学分享了这个好消息。同学感到很奇怪,觉得“为一个黑人组织工作似乎更像社会工作,而不是法律
52 工作”。今天,很多法学生毕业之后从事民权工作。ACLU 有超过四十名全职律师,并且在全国范围内形成了一个包含五千名律师的志愿律师网络。LDF 也有几十名全职员工。它的办公室也比之前的要好得多。

1967 年春天,当希梅尔斯坦开始在 LDF 工作时,他的工位是设置

在梅尔茨纳装修朴素的办公室前半间的一个服务台。他将自己的椅子背对窗户,以免因为哥伦布圆环嘈杂的交通分了心。入职之后,他就开始满负荷地工作。他的第一个项目是帮助阿姆斯特丹制作一个“绝境锦囊”,全面收集各种文书工具,包括人身保护令申请草稿、缓期执行令申请模板,以及列举了各种能想到的反死刑论辩的诉讼文书。他们的目标是提高 LDF 的知名度,并建立一个更大规模的合作律师网络。

希梅尔斯坦取得了巨大的成功。1967 年年底,当他和阿姆斯特丹分发了这些“绝境锦囊”之后,向 LDF 寻求法律援助的人迅速增多。1966 年,LDF 只代理了几个死刑犯的上诉案。而 1967 年年底,LDF 直接代理了五十多个被判死刑的人,同时间接参与了另外几十个案子。

随着 LDF 接下更多的案子,它逐渐扩大了工作范围。很快,它开始代理谋杀犯,而不仅仅是强奸犯。就像代理白人的决定一样,LDF 代理谋杀犯的决定也是基于它所认为的道德义务,而不是基于成本效益分析。这又一次违背了 LDF 惯常做事的习惯。

历史上,LDF 在推动变革时总是循序渐进的。例如,布朗案就是一个策略长期累积取得的成果,它背后的策略是引导法院先关注研究生院招生的歧视问题。在那之后,再去挑战中小学的种族歧视问题。 53
如果粗略地做个类比,在死刑的语境中,类似的策略应该是先聚焦于强奸案。针对黑人强奸犯存在种族歧视的证据是压倒性的。而针对黑人谋杀犯是否存在种族歧视还无法被证明。因此,将强奸犯与谋杀犯放在一起可能对强奸犯不利。梅尔茨纳曾说:“人们针对死刑整体提出质疑时,很容易把那些杀过人的人和没杀过人的人混为一谈,导致没有杀过人的人的命运与整体的命运被紧紧捆绑在一起。”正是因为这个策略原因,戈德堡在撰写报告时才将研究范围限制为强奸犯。但是,LDF 没这么有耐心。“有些人马上就要被执行死刑了,我们可不愿意在此时投身到一个长达四十年的漫长策略中。”梅尔茨纳说道。“布朗案是个成就,但它的时间线太长了,不适用于这种随时都有人被处决的情况。”

反死刑运动已经发生了演变。此时,LDF 反对死刑的执行不再仅仅是为了帮助个体当事人,而是为了让公众了解死刑犯的困境,迫使法官作出有利的判决。他们想让这些案件淹没法院。梅尔茨纳说,这些上诉起到的作用就像“往一个机器里倒沙子”。1967 年,阿姆斯特丹提出了一个大胆的提议:LDF 要阻止美国境内所有死刑判决的执行。

阿姆斯特丹的计划后来被称作“暂停策略”,这个概念对 LDF 来说起到了很大作用。它会成为募款时的一张名片,会吸引律师和民众
54 加入这项事业,也会成为法庭辩论中的一个重要论点。在很多方面,暂停策略已经变成了反死刑运动的同义词。它对于 LDF 取得的成功来说极其重要,以至于人们都以为 LDF 从一开始就有一个精心计划的策略,而不是出于对它眼中的不正义的本能反应。“在事后回头看,很容易以为这是一场有计划的运动,但其实不是。”阿姆斯特丹说。“因为福伯斯事件,我们开始接手所有的死刑案,那是一个很重大的决定。但哪怕是作出这个决定时,我们也是循序渐进的。”

从操作角度来说,阻止死刑的执行是一项艰巨的挑战。在很多方面,它甚至比梅尔茨纳在午餐时提出的说服最高法院宣告死刑违宪的任务更加艰巨:毕竟,那只需要梅尔茨纳和同事们在一个法院获得胜利。而阿姆斯特丹提出的是在所有地方阻止每一个死刑判决的执行。这就意味着他必须直接或间接地参与美国的每一个死刑案件。要达到“暂停”的效果,需要的是不知疲倦的精神和超出人类极限的努力。

暂停策略还有一个潜在的缺点,那就是有些被告人的个人利益可能会被牺牲,以换取整体利益。在 20 世纪 80 年代领导 LDF 死刑项目

的约翰·博格(John Boger)曾说,法官对运动是很警惕的。当一个法官知道自己的决定会影响其他类似的被告人时,他会更不愿意接受被告人提出的主张。在这一点上,LDF 做了成本效益分析。它认为效益高于风险。

阿姆斯特丹相信,如果他能用缓兵之计,阻止整个美国的死刑执行,就像用手指堵住堤坝上的孔洞,那么法院——最重要的是最高法院——就会在批准死刑执行时更加迟疑,害怕打开闸门放出洪水。法官不希望自己手上沾上那么多鲜血。“我们之所以采取暂停策略,是因为我们知道,让一个法院停止一个正在运行的死刑系统,与让一个法院在没有死刑被执行时维持现状,其难度是不同的。”2010 年,阿姆斯特丹在自己的办公室说道。此时,他的周围环绕着各种两升装的汽水。“我们希望改变势头,让惯性站在我们这一边。”

* * * *

事实上,势头确实在慢慢地转变。LDF 取得的第一个重大成功是 55
佛罗里达州的一场集体诉讼。托拜厄斯·西蒙(Tobias Simon)这位迈阿密的律师,也是 ACLU 佛罗里达分支的主席,在共和党候选人小克劳德·柯克(Claude Kirk, Jr.)赢了 1965 年的州长竞选之后发起了这场诉讼。柯克和加利福尼亚州的罗纳德·里根(Ronald Reagan)一样,是靠着“法律与秩序”的宣言来竞选州长的。在去佛罗里达州监狱视察时,柯克曾对囚犯们说:“如果我当选了,我可能就要签发你们的死刑执行令了。”佛罗里达有超过五十名死刑犯。西蒙担心,如果柯克开始签发死刑执行令,他可能无法“密切关注”每一个死刑犯的情况。

西蒙找到了 LDF,分享了就“绝境锦囊”中提到的程序问题提起集体诉讼的想法。阿姆斯特丹对这个方案心存疑虑。集体诉讼一般是那些因缺少资源而无法独立进行诉讼的人在民事案件中采取的诉讼方式;在刑事领域,还没有人成功地提起过集体诉讼。但是在 1967 年

4 月,西蒙不顾阿姆斯特丹的反对,提交了集体诉讼申请,并成功地从一个联邦地区法院法官那里争取到了一份暂缓执行令,震惊了 LDF。肯尼迪任命的法官小威廉·麦克雷(William McRae, Jr.)认为这场诉讼有一定的法律依据,值得将这些死刑判决暂缓执行,直到他就“囚犯们能否在州法院得到充分的听证”这一问题作出决定。如果他们在州法院能够得到充分的听证,那么联邦法院就没有管辖权。但如果他们不能,那么联邦法院可能就应该进行干预。

LDF 在这个时候加入了。阿姆斯特丹、格林伯格和西蒙一起乘飞机到波士顿,同哈佛法学院的本杰明·卡普兰(Benjamin Kaplan)和阿尔伯特·萨克斯(Albert Sacks)两位教授讨论集体诉讼的问题。其中,萨克斯是联邦民事诉讼规则的起草人之一。他们觉得西蒙的主张胜算很小,但在法律上似乎又没有什么行不通的理由。回到纽约后,阿姆斯特丹起草了一份上诉意见书,结合了西蒙和一些志愿者的研究成果。这些志愿者对囚犯们进行了采访和测试,发现他们平均每人上过八年的学,平均智商是 88。阿姆斯特丹指出,受到这些因素的
56 限制,他们只有在集体诉讼中才能维护自己的权利。“他们要么一起提出诉求,要么分头被送上电椅,”阿姆斯特丹对麦克雷说,“没有第三种可能。”

麦克雷被 LDF 说服了。他将佛罗里达州的全体死刑犯认定为一个合格的集体诉讼主体。这并不意味着他最终会采信这些原告提出的宪法主张,但在死刑案中,为自己的当事人争取到更多时间就是成功的一半。麦克雷的决定使得佛罗里达州所有的死刑执行进入暂停状态。事实上,佛罗里达的这个案子拖了足够长的时间,以至于囚犯们在几年后成为最高法院费曼案判决的受益人。

差不多在同一时间,LDF 在加利福尼亚州还支持了第二个集体诉讼案。在那里,罗纳德·里根签发了加州四年以来的第一份死刑执行

令。加州的罗伯特·佩卡姆(Robert Peckham)法官并没有将死刑犯认定为集体诉讼主体,但他要求州政府在确定死刑执行日期后通知LDF。这样,LDF就有时间提交人身保护令申请。这一程序上的改进在LDF看来是一个重大胜利。

当LDF开始尝到胜利的滋味,它开始更加自信地坚持它对反死刑运动战略的设想。这个组织采取的行动将"暂停策略"从一个策略提升为一场运动。不过,这种策略有时会将LDF推到一个尴尬的境地,使它不得不反对一些原本是用来帮助死刑犯们的法律主张。

这种冲突首先体现在进一步提起集体诉讼的问题上。佛罗里达州和加利福尼亚州让人们看到了这种诉讼的可能性。此时终于加入反死刑运动的ACLU和全国各地的律师们希望提起更多的集体诉讼。但LDF劝阻了他们。在多年后回忆起此事,梅尔茨纳和阿姆斯特丹各自都给出了反对进一步提起集体诉讼的现实理由。"我们很害怕这样的诉讼增多。"梅尔茨纳在2010年说道。但是,这样的诉讼增多所带来的最主要的问题似乎是LDF将不再是反死刑运动唯一的掌控者。1967年7月,当杰克·格林伯格恳求ACLU的法律总监梅尔文·伍尔夫(Melvin Wulf)不要再提起其他的集体诉讼时,他并没有给出任何实质性的解释,只是说:"在加利福尼亚州和佛罗里达州的案子出结果之 57
前,在其他州采取行动可能时机还不成熟。"阿姆斯特丹也对ACLU的另一位律师威廉·弗里德兰(William Friedlander)表达了同样模糊的观点。"我对集体诉讼的态度就像传说中豪猪对待交配的态度一样——非常谨慎。"

当路易斯安那州的一位律师建议在那里提起一个集体诉讼时,阿姆斯特丹用一封措辞强硬的信解释了LDF担心的理由。"在佛罗里达州和加利福尼亚州的两个案子里,我们只是在浅滩上涉水。如果有人在第三个州提起了第三个诉讼,并且刚好遇到了一个持相反意见的法官，作出了关键性的‘不予受理’的判决并给出理由，那将是一个巨浪，将我们全部打湿。那是我们最不希望发生的。对于这涉及一百一十条人命的两个案子来说，那将是悲剧性的。”阿姆斯特丹认为这样做成本超过了收益。如果路易斯安那州的案子败诉，则可能会殃及 LDF 在佛罗里达州的案子，因为这两个州属同一个联邦巡回上诉法院管辖。相比之下，路易斯安那州已经连续三年没有处决过一个犯人了。“道理很简单，冒险精神在死刑诉讼中是不合适的。”阿姆斯特丹继续写道。“试验性诉讼固然很好，但不能用在人命关天的时候。在这个时候提起集体性诉讼，我只说那是无谓的冒险。”

当然，在佛罗里达和加利福尼亚的两个案子中，LDF 就是在冒险。在某种意义上，整个反死刑运动都可以被称作“试验性诉讼”。

LDF 的立场在威廉・威瑟斯普恩（William Witherspoon）的上诉案中表现出了更大的问题。威瑟斯普恩在伊利诺伊州因为谋杀一名警察而被判刑。他对定罪提出了异议，称陪审团存在偏见。本案的法官在选定陪审团成员时，将所有对死刑持任何保留意见的候选人排除在外。这个程序有个可怕的名字，叫“死刑资格审查”。在每一个保留着死刑的州，死刑资格审查的形式都是差不多的。接下这个案子的阿尔伯特・詹纳（Albert Jenner）是芝加哥一位著名的律师，曾任伊利诺伊州律师协会主席、沃伦委员会法律顾问。詹纳指出，通过死刑资格审
58 查选出的陪审团比一般的陪审团更容易作出有罪判决。为了证明这一点，詹纳引用了当时还未发表的一项研究。在研究中，心理学家费伊・戈德堡（Faye Goldberg）和科迪・威尔逊（Cody Wilson）让大学生在模拟法庭中担任陪审员，发现支持死刑的大学生们明显比其他人更倾向于作出有罪判决。威瑟斯普恩的案子一直打到了最高法院。

阿姆斯特丹起草了一份 94 页的法庭之友意见书，主张最高法院**不应该**处理死刑资格审查的合宪性问题。他认为现有的证据是“不确

定”的,要求法院把这个问题交给下级法院进一步审理。阿姆斯特丹还提到,LDF 已经安排民意调查员路易斯·哈里斯(Louis Harris)进一步研究这个问题。实际上,阿姆斯特丹担心的是最高法院会不接受詹纳的主张。这样的失败会削弱“暂停策略”的势头。梅尔茨纳在回忆录中写道:“是对其他五百名死刑犯的担心迫使他们选择了这个立场。”他说,更好的方案是等待更加成熟的科学证据,等待一个由 LDF 代理被告人的案子。“这是关乎控制权的问题,它决定了我们能否以正确的顺序将这些法律问题摆在最高法院面前。”梅尔茨纳说。

但是在布朗案中,LDF 却毫不心虚地依赖了心理学家肯尼思·克拉克(Kenneth Clark)和玛米·克拉克(Mamie Clark)所作的著名的“娃娃实验”(两位心理学家向小孩子展示了四个穿着尿布的塑料娃娃,四个娃娃除颜色不同之外都是一样的。研究者发现,在小孩子们眼中,白色娃娃拥有更正面的特点)。虽然克拉克的研究还没有被人们广泛接受,但瑟古德·马歇尔和罗伯特·卡特(Robert Carter)还是以它为依据,证明种族隔离对黑人孩子的成长有害。这种权衡利弊后的赌博是律师们的日常。同样是赌博,LDF 的做法和詹纳又有什么区别呢?

LDF 认为,布朗案是不同的。如果他们输掉了布朗案,那将是一次沉重的打击,但是黑人小学生的境况并不会变得比原来更差。反之,如果他们输掉了威瑟斯普恩案,那将会破坏整个“暂停策略”。美
国境内的每一个死刑犯都是经过和威瑟斯普恩案中类似的陪审员挑 59
选程序而被判死刑的。如果最高法院认可这种挑选方式的合宪性,那么 LDF 将会失去它武器库中的一样重要武器。公众也可能会觉得最高法院已经解决了死刑制度中存在的问题。

但是很明显,在这场精密的计算中,缺席的是威廉·威瑟斯普恩的个人利益。威瑟斯普恩已经被判死刑,如果在上诉中提出陪审员挑

选问题,这对他来说并不会带来任何损失。不仅如此,如果法院认可了这一主张,那么威瑟斯普恩的案子将会得到一次完整的重审,而不仅仅是重新量刑。LDF 的法庭之友意见书让詹纳感到极其愤怒。他们对他的态度像是对待一个反动的讼棍。在他看来,LDF 的立场只能用自负来解释。他给格林伯格写了一封愤怒的信,指控 LDF 牺牲当事人们的利益来壮大自己。而阿姆斯特丹也回了一封信。梅尔茨纳管它叫“去你 X 的信”。

詹纳的愤怒是有道理的吗?美国律师协会为律师规定的义务类似于希波克拉底誓言对医生提出的关于如何对待病人的要求。按照《职业行为示范规则》(Model Code of Professional Responsibility),律师必须“在法律限度内积极地代理自己的当事人”。但复杂之处在于,对于一个医生来说,谁是病人——或者对于一个律师来说谁是当事人——往往取决于看待问题的视角。比如说,一个传染病学家更关注的是整个人群的健康,而不是一个人的健康。一个私人医生会采取最激进的抗生素疗法来治疗他的病人,而一个传染病学家则会更有策略性地使用药物。解决这种伦理困境的关键在于一个清晰的标示系统。毕竟,没有人会来疾控中心治感冒。

詹纳愤怒的根源在于,在整个反死刑运动中,LDF 常常同时担任传染病学家和私人医生两个角色。格林伯格承认“某些个体的某些主张可能会被淹没”。这一点在宪法第八修正案的论点上体现得尤为鲜明。一个看起来有悖常理的现象就是,“死刑是残酷而不寻常的”这个
60 主张并非 LDF 核心策略的一部分。LDF 的律师们认为这个主张应该留到最后再用。在此之前,他们必须用“暂停策略”来积累势能,并且通过不停地诉讼来让最高法院了解死刑存在的问题。但对于一个马上就要被执行死刑的人来说,这个主张就像一种新开发的药物。在新药的试验中,哪个癌症患者愿意成为对照组,吃下无效的安慰剂呢?

如果 LDF 代表的是**这个人**的利益,那么他们就应该提出第八修正案的论点。就算失败了,对于**这个人**来说,情况还能差到哪儿去呢?

但是话说回来,LDF 代理的几百个当事人原本是请不起律师的。像阿尔伯特·詹纳这样愿意接死刑上诉案的志愿者不多。LDF 提供的辩护比全力以赴的辩护只差了一点——这一点在于,LDF 不会提出那些他们觉得最高法院不会接受的主张——这对于这些当事人来说已经是最好的选择了。

一方面,LDF 对每一个当事人个人负有义务;另一方面,它渴望控制反死刑运动,以确保它按最佳的设想开展。这两者之间的冲突会一次又一次地重现。它甚至还出现在了“暂停策略”被“官宣”的现场:1968 年 3 月 3 日在曼哈顿举办的全国死刑会议。LDF 邀请了一百多名反死刑律师和学者参与会议。梅尔茨纳说,会议的一个核心目的是为“反死刑法律运动带来它所缺少的凝聚力”。同时,这场会议也是 LDF 为了控制律师们所作的一次努力。

1967 年年初,在讨论是否要进一步提起集体诉讼的时候,ACLU 的梅尔文·伍尔夫向格林伯格提出了举办一次死刑会议的想法。阿姆斯特丹建议格林伯格听从伍尔夫的想法,但背后的原因却不那么简单。阿姆斯特丹认为这次会议可以起到阻止潜在竞争者行动的作用。“这样一场会议至少能在**某种程度上**控制住那些在我们不知道的角落不停地敲着键盘、写着上诉意见书的人。”阿姆斯特丹对格林伯格写道。“而且,我们越早举办会议,就能越早地协调好各方面的力量,并阻止那些应该被阻止的行动。”ACLU 是 LDF 首要的担忧之一。“我 61
们必须确保梅尔文·伍尔夫本人支持我们的遏制政策,这很重要。他对 ACLU 的各个分支有相当大的掌控权。对于那些我们最需要遏制的人来说,他掌握着他们的去留权,可以要求他们不要发起新的诉讼。”阿姆斯特丹觉得这次会议可以永久地拖住竞争对手们。“关于会议形式、参会者以及发出邀请和收到回复流程的讨论就可以耗费掉很多时间。”

于是会议就这样展开了。参会者听到了来自凯莱布·福特、耶鲁刑法学专家史蒂文·杜克(Steven Duke)以及格林伯格的激情演讲。LDF的主席讲述了这个组织反死刑的历史,并且提醒听众,就在不久之前,南方的每一场死刑审判背后都隐藏着一场可能的私刑。接着,格林伯格进行了一场关于死刑之罪恶的、激情澎湃的演讲:“关于死刑的斗争,是那些相信暴力可以解决社会问题的掌权者和反对暴力的人之间的冲突的缩影。在战争中,我们见过这种冲突。在政客们‘严惩犯罪’的承诺中,我们见过这种冲突。适当的武力有时可能是制止暴力的唯一方法。但是,在事情发生之后使用过度的暴力,这种解决问题的方法与一个正义的社会对正当程序的要求是相悖的。”

“我们不知道如何解决社会的所有问题,尤其是关于犯罪的所有问题。但是我们知道,无谓的杀戮并不是解决问题的方法。如果这次诉讼的目的达到了,我们就能救下一些人的生命,而这些人的余生将在监狱里度过。如果在几年后,某些案件的被告人被证明是无辜的,我们也许可以让他们重获自由。最重要的是,我们可能会为人类依靠理性和劝说而不是暴力解决问题的那一天的到来作出一点小小的贡献。”

但是,在鼓舞了士气之后,格林伯格又劝人们保持克制。他恳求律师们不要再提起新的集体诉讼了。他说:“在那些死刑犯人数非常少的州,采取集体诉讼的方法被认为是不合适的。”阿姆斯特丹上台
62 后,花了一多半的时间劝说人们不要在自己代理的案件中提出第八修正案问题,而是建议他们聚焦于程序问题。会议结束的时候,每个人都对“暂停策略”的走向有了清晰的认识,更是清楚地认识到谁是控制这场运动的人。

不论“暂停策略”在哲学上是否有道理，它确实稳步地为反死刑运动积攒着势能。公众舆论开始发生变化。在 1936 年，盖洛普民调第一次统计了人们对“你是否支持将一个谋杀犯处以死刑？”这个问题的回答。那一年的民调显示，59% 的人回答了“是”，38% 的人回答了“否”。在接下来的几次民调中，对死刑的支持一直在 50% 左右浮动。在 20 世纪 60 年代中期，这个数字开始发生变化。1965 年 1 月，盖洛普民调显示 45% 的人支持死刑。这是当时有记录以来最低的数字。1966 年 5 月，这个数字又掉到了 42%。至今为止，这依然是美国历史上有记录以来最低的死刑支持率。接下来的一年，死刑支持率回升到了 54%。盖洛普民调认为，导致死刑支持率激增的是一个名叫理查德·斯佩克（Richard Speck）的人。1966 年夏天，他在芝加哥奸杀了八名实习护士。的确，在接下来的民调中，支持率再次降低了。

死刑支持率在这段时间内的下降是非常值得关注的。传统观点认为，对死刑的支持是出于对犯罪行为的恐惧。如果真是这样的话，那么当时的死刑支持率应该是急剧上升的。这是动荡的 20 世纪 60 年代。报纸头条上都是城市暴乱、校园动乱和政治暴力。在 1968 年，绝大多数的美国人认为犯罪问题是国内的首要问题。一份调查显示，85% 的受访者同意美国的执法系统已经“失灵”这个说法。马丁·路德·金和罗伯特·肯尼迪在短短三个月之内先后被刺杀。但是，在 63
他们死后进行的第一次民调中，死刑支持率还是下降了。

在各州，死刑似乎也开始崩塌。1965 年，西弗吉尼亚州和艾奥瓦州废除了死刑。在此之前，夏威夷州、阿拉斯加州和俄勒冈州就已经废除了死刑。纽约州和佛蒙特州规定，死刑只能适用于极端犯罪的情况，例如已经被判终身监禁的在押囚犯又犯谋杀罪的情况。在 20 世纪 60 年代末，二十个州都在考虑废除死刑的提案。在新墨西哥州，废除死刑几乎是确定的事。

死刑执行的频率也在降低。在20世纪50年代,各州加起来,平均每年会处死七十二个人。1965年,一共有七个人被执行死刑。1966年,只有一个人被执行死刑。1967年,有两个人被执行死刑,其中包括科罗拉多州的路易斯·蒙格(Luis Monge)。在蒙格之后,直到1977年,美国境内不再有人被执行死刑。

国际舆论也逐渐归于反对死刑。到了1968年,七十多个国家已经废除了死刑,其中包含多数西欧国家。美国最亲近的盟友英国、澳大利亚和加拿大都在20世纪60年代末停止了死刑执行。在一些人看来,死刑的终结似乎是不可避免的。1967年6月,《时代周刊》在报道中称,美国顺从这一世界潮流是早晚的事。《时代周刊》写道:“慢慢的,死刑在美国正在走向死亡。”

1968年,最高法院作出的两个判决进一步鼓舞了LDF。4月,最高法院废止了《联邦绑架法案》(Federal Kidnapping Act)的一部分。这一部分规定,要判处一个人死刑,必须通过陪审团审判。也就是说,如果一个被告人放弃要求陪审团审判的权利,那么他面对的最高刑罚只能是终身监禁。波特·斯图尔特撰写的判决意见认为,这条规定会诱
64 使被告人放弃宪法第六修正案规定的陪审团审判权,这是违宪的。这个判例——美国诉杰克逊案(*U.S. v. Jackson*)——为LDF进攻州法律提供了另一样武器,因为许多州法律中都有类似的规定。另外,斯图尔特只废止了法案中涉及量刑的部分,这也鼓舞了LDF。囚犯们会被重新量刑,但不会被重新定罪。LDF认为这体现了斯图尔特对公众认知的关注,这一点与LDF是相通的。如果人们觉得LDF的工作会使危险的罪犯们重获自由,这样的认知对LDF是极其不利的。

LDF开始希望将斯图尔特培养成同盟。虽然斯图尔特是艾森豪威尔任命的,而且在包括米兰达案在内的几个沃伦法院里程碑式案件中都发表了反对意见,但总体上,他算得上是民权的坚实捍卫者。

1968 年,他执笔的一份判决意见认定因种族歧视的原因而拒绝售卖房产的行为是违法的。他的决定似乎更多是基于每一个案件或问题所涉及的事实,而不是基于哲学或者政治观点。

同年 6 月,斯图尔特又撰写了一份判决意见,推翻了威廉·威瑟斯普恩的死刑判决。他给出的理由是,一个“将所有对死刑的可取性持有任何保留意见的人排除在外”的陪审团“只能代表一个特定而又逐渐式微的少数群体”。这样看来,斯图尔特显然对死刑的合宪性是持有很大的保留意见的。他引用了厄尔·沃伦在特罗普案里使用的“不断演进的文明标准”这个表述,并表示赞同。此外,在一个关于死刑问题舆论分歧的脚注中,斯图尔特引用了匈牙利小说家、散文家阿瑟·凯斯特勒(Arthur Koestler)的反死刑短文《反思绞刑》(Reflections on Hanging)中的一段话:“真正的区别不在富人与穷人之间,不在阳春白雪与下里巴人之间,也不在基督徒与无神论者之间,而在有仁爱之心的人和没有仁爱之心的人之间。决定一个人是否有人性的,是这个人能否接受一个事实——不只是嘴上接受,而是颤抖着承认一种归属感:我降生于世上,完全仰仗上帝的恩典。”

当时,很多人认为威瑟斯普恩案意味着美国死刑的终结。检察官们觉得在陪审团未经过死刑资格审查的情况下,争取到死刑判决是不可能的。得克萨斯州威奇托福尔斯的地区检察官斯坦利·柯克(Stanley Kirk)说:“我太生气了,气得都说不出话了。我们不知道该怎么
办。”佐治亚州司法部长威廉·博尔顿(William Bolton)说,他觉得威 65
瑟斯普恩案会“永久地终结佐治亚州的死刑”。《达拉斯早报》(*Dallas Morning News*)报道称威瑟斯普恩案“可能会消灭死刑”。

即使是对于那些相信陪审团仍会作出死刑判决的人来说,威瑟斯普恩也是一个不好的兆头。明尼苏达州司法部长乔·帕特森(Joe Patterson)说:“看起来,最高法院似乎已经开始着手废除各州的死刑法

律了。”俄亥俄州司法部长威廉·萨克斯比(William Saxbe)说:“这是在为死刑制度准备好的棺材上又钉了一颗钉子。”在最高法院宣布威瑟斯普恩案判决后不久,林登·约翰逊的司法部长拉姆齐·克拉克(Ramsey Clark)要求国会废除死刑。这是美国历史上第一次(也是最后一次)有总统表现出这一立场。此后不久,加利福尼亚州最高法院宣布它将开庭审理关于死刑是否违反州宪法的案件。

到了夏天,暂停策略似乎已经占据了压倒性优势。到1968年6月为止,美国已经满一年没有执行任何死刑了。阿姆斯特丹认为,已经积压起来的、待执行的死刑判决给最高法院施加了很大的压力。他和LDF将死刑执行暂停的时间越久,最高法院重新启动执行的难度就越大。“一旦我们使死刑执行暂停了,最高法院就不得不面临一个可怕的事实,那就是任何一个支持死刑的判决都会重新掀起一场血雨腥风。”阿姆斯特丹说。梅尔茨纳觉得暂停策略向人们揭露了死刑的不必要性。他说:“在没有死刑执行的情况下,每过一年,‘美国人离不开死刑制度’这个说法就显得愈发空洞;死刑犯等待执行的时间越长、人数越多,法院批准第一个死刑执行的难度也就越大。”享有最高法院内部视角的德肖维茨也称赞了暂停策略,认为它向最高法院表明,“一旦他们支持死刑,那就相当于杀掉了数百个人”。阿姆斯特丹说:“我们在迫使各个法院直面宪法问题。”

66 果然,最高法院在1968年10月批准了博伊金诉阿拉巴马州案(*Boykin v. Alabama*)的调卷令申请。这是一个27岁的黑人男子提起的上诉,他在承认犯持械抢劫罪后被判处死刑。这是最高法院历史上第一次考虑死亡作为一种刑罚是否罪刑相当的问题。LDF并没有代理博伊金,但最高法院准许LDF提交一份法庭之友意见书,这让LDF感到很欣慰。案件的选择也让LDF感到满意。梅尔茨纳认为这个案子“可能会影响深远”。德肖维茨和戈德堡都认为博伊金“为一个认定死刑‘残酷而不寻常’的判决奠定了最强有力的事实基础”。最重要的是，托尼·阿姆斯特丹终于可以向最高法院——也是间接地向美国人民——论证“死刑是一种残酷而不寻常的惩罚”这一论点了。

接下来要做的就是写辩论稿了。

在博伊金可以主张的论点中，有两点是显而易见的。博伊金的认罪行为看起来毫无道理，因为正是对罪行的供认使他面临着被判死刑的危险。阿拉巴马州最高法院的三位大法官怀疑博伊金在认罪时可能并不明白自己的行为意味着什么。LDF 打算将这个作为第一个论点。

第二个论点，LDF 会强调，博伊金的量刑缺乏标准。法官只是给了陪审团两张表格——一张用于终身监禁，一张用于死刑——然后告诉陪审团，“当你们作出决定后，请使用其中一张表格”。在每一个保留死刑的州，死刑案程序都大致如此。“无标准的量刑违反宪法”这一论点源于 1966 年的贾乔诉宾夕法尼亚州案（*Giaccio v. Pennsylvania*）。杰伊·贾乔（Jay Giaccio）被起诉“非法向他人开枪罪”。陪审团裁定他无罪，因为涉案的武器是一把只能发射空弹的发令枪。但同时，陪审团判处了 230 美元的罚金，依据的是一条一百年以前制定的法律。这条法律允许陪审团以无限制的自由裁量权决定谁来支付公诉的费用。最高法院认为，标准的缺失是致命问题。雨果·布莱克在多数意见中写道：“如果一项法律太模糊，太缺乏标准，以至于公众不确定它所禁 67
止的行为究竟是什么，那么这项法律就违反了正当程序条款的规定。”

贾乔案并不是一个死刑案，但 LDF 觉得，它的逻辑适用在死刑案中反而更加有力，因为死刑案的陪审团既负责定罪又负责量刑。这种“合并式审理”程序使被告人陷入了一种两难境地。如果被告人要引入一些能够引起陪审团同情的背景证据，如良好品格证据或曾受到虐待的证据，那么他就需要出庭作证。可一旦被告人出庭作证，那就意味着他放弃了第五修正案权利,在定罪阶段就将自己暴露于被交叉质证的危险中。更糟糕的是,想要通过上诉推翻一审量刑几乎是不可能的。

12月中旬,第八巡回上诉法院驳回了威廉·马克斯韦尔的第二次人身保护令申请,给LDF的这些主张造成了一定的阻碍。在童年好友沃伦·伯格的鼓励下,哈里·布莱克门写下了一段个人声明作为判决意见的开篇。"本判决意见的作者个人并不相信死刑是正义的,并且怀疑死刑可能并不会有效地威慑犯罪。"但布莱克门还是觉得死刑是一个"政策问题",应该由立法机关而不是由法官来决定。关于分别式审理,布莱克门说这种审理方式非常少见,而且不是必需的,"除非最高法院说它是必需的"。至于标准问题,布莱克门认为贾乔案在这里并不适用。贾乔当时确实无法知道宾夕法尼亚州的法律禁止的是什么。但本案中,没有人会不知道阿肯色州的强奸法律禁止的是什么。

布莱克门对贾乔案的解释比较不利,但是这还不是最终定论,并且LDF认为最高法院可能会得出另一种结论。在贾乔案的一份协同意见中,斯图尔特写道,这一判决对"将一个被刑事定罪的人应该判处何种类型和程度的刑罚的问题完全交予陪审团无限制的自由裁量权"这种惯常的做法提出了质疑。斯图尔特表现出了对公众如何认知最高法院这一问题的敏感度:因为缺乏标准的量刑是一个普通人也能理
68 解的问题。同样,LDF也对公共关系时刻保持关注。当《时代周刊》就死刑的合宪性问题采访阿姆斯特丹时,他也聚焦在了量刑标准缺失的问题上。

博伊金案法庭之友意见书中的最后一个论点是,死刑有违于当代文明标准。这一论点的论证更为复杂,也带来了公关方面的一大挑战。LDF要主张的是,他们这一小群常青藤名校毕业的律师比美国一半左右的民众更知道什么在道德上是更好的。要想说清楚这一点

但又不显得过于精英主义是很难的。为了做到这一点,LDF 又一次仰仗了托尼·阿姆斯特丹独一无二的天才智慧。

阿姆斯特丹有着独特的工作习惯——这是比较客气的说法。当他需要写法律文书时,他会变得神出鬼没。他会带着成堆的判例消失,然后,通常是几周后,带着成品重新出现。在 1968 年 12 月,阿姆斯特丹开始"闭关"写作 LDF 在博伊金案中的法庭之友意见书。在此期间,他阅读了英国 19 世纪关于死刑的辩论。英格兰对很多罪名都保留了死刑,但很少执行死刑。多数罪犯都因为各种原因被赦免了,其中有正当的原因,也有捏造的原因。这段历史让阿姆斯特丹茅塞顿开。美国人之所以容忍死刑的存在,是因为他们相信美国的刑事司法系统像以前英国的一样,保留了死刑的威慑作用,却又很少执行死刑。阿姆斯特丹写道,关键问题是"公众良知能够允许法律**说**什么和能够允许法律**做**什么之间的区别——是公众的文明标准能够允许刑法做出什么威胁和能够允许法律执行什么之间的区别"。

阿姆斯特丹的法庭之友意见书列出了四个论点。第一点,数据表明,各州对死刑的适用只针对那些"不幸的少数群体,他们的人数太少,他们的苦难太隐秘,他们的成员太不受欢迎,以至于社会能容忍他 69
们受到那样的折磨,却绝不能允许同样的折磨作为刑罚被广泛地适用"。第二点,因为这种刑罚的适用是偶发性的、歧视性的,我们并不能认定公众对这种刑罚是容忍的。第三点,我们甚至有理由推断,公众是不能容忍死刑被频繁适用的。第四点,也是最后一点,"如果死刑被一致地、经常地、平等地适用的话,当代文明标准将不会允许死亡成为一种刑罚手段。"

博伊金案鲜明地体现了死刑适用的随机性。1967 年发生了二十多万起抢劫案,但只有少数几个人被判死刑,博伊金就是其中之一。这就好像博伊金在抽签时不幸抽到了死刑一样。如果美国人民知道真相的话,他们一定不会容忍这样的死刑制度。阿姆斯特丹写道:“在这里,我们看到了立法者出于对公众良知的**政治**回应而作出的判断与法院出于对公众良知作出**理性**回应的责任而必须作出的判断之间的区别。换句话说,政治进程中并没有什么机制能够保护一个孤零零的个体免受州政府残酷对待,而法院的职责恰恰是禁止那些过于残酷的刑罚。要不是因为这些刑罚的适用过于随机,公众良知一定会被它们的残酷所震惊。”

当梅尔茨纳读到这份法庭之友意见书的初稿时,他觉得它简直是革命性的。博伊金案给了最高法院一个理由,让它可以在废除死刑的同时又不会冒犯美国人民。不仅如此,阿姆斯特丹还采取了极端的方法来清楚地表明 LDF 并不要求最高法院在所有案件中都废除死刑。提交给法院的上诉意见书中,通常有一节的标题为“本案涉及的法律问题”。而阿姆斯特丹的草稿中有一节的标题为“本案不涉及的法律问题”。本案不涉及的第一个法律问题是“死刑对于谋杀罪来说是不是残酷而不寻常的惩罚”。本案不涉及的第二个法律问题是,“除本案所主张的理由外,能否以其他的理由论证死刑是残酷而不寻常的惩
70 罚”。阿姆斯特丹解释道,LDF 已经在其他法院就死刑的物理和心理作用要求了证据听证,这些有待进一步发掘的证据还没有被呈现在最高法院面前。在这片未知的领域,阿姆斯特丹继续小心地摸索着。“如果,像我们所主张的那样,本案并不涉及这些问题,”他写道,“那么,我们知道,最高法院一定不会希望在不经意间阻碍这些问题在将来得到解决。”

梅尔茨纳认为,阿姆斯特丹别出心裁的策略成功地对本案涉及的问题作出了限制。即使是在第一次在最高法院出庭之际,LDF 也还是着眼于全局的。它并没有反对将死刑适用于谋杀罪,这和它在之前的案子中强调程序性问题是出于同样的原因。最高法院可能还没有准

备好宣告死刑违宪。如果输掉博伊金案,那将是彻底的失败。而如果以一些更窄的理由获胜,则可以延长死刑执行的“暂停”状态,让压力继续累积。“有时候,当你没有足够的证据时,主张一个论点可能反而会削弱你的立场。这就是框架效益的本质。”梅尔茨纳说道。他认为阿姆斯特丹将问题描述得非常巧妙,并且相信 LDF 有成功的机会。

接下来,最高法院居然传来了更好的消息。12 月 6 日,最高法院宣布它还要受理威廉·马克斯韦尔的上诉案。大法官们没有把种族问题“确认”为本案涉及的问题之一,但它要求双方针对无标准量刑和合并式审理程序是否合宪的问题进行辩论。暂停策略的效果超乎任何人的想象。它直接把死刑问题提到了最高法院议程的首位,并且提前几年给这些纽约街头的斗士们带来了一展身手的机会。同时,阿姆斯特丹和同事们不知道的是,他们差一点就在首轮比赛中一举获胜了。

第四章

近在咫尺的胜利

71 1969 年 3 月 6 日清晨,春意初漾。威廉·布伦南不到 6 点就起床了。他穿着便服,在乔治敦的街道间步行。自从被医生诊断出心脏病以来,他保持每天散步的习惯已经十三年了。医生说快走可以帮助布伦南减重、缓解压力。但是,这一天早上,布伦南却感受到了成为大法官以来从未有过的焦虑。稍后,在法院,他们将开会讨论死刑案,而布伦南完全不知道他们会作出什么样的决定。

对于布伦南来说,死刑是一个拷问良知的问题,但并非从一开始就是。布伦南出生于纽瓦克一个信奉天主教的爱尔兰移民家庭。他的父亲原来是啤酒厂的一名员工,又先后成为一名工会组织者和地方政府官员。老比尔·布伦南(Bill Brennan, Sr.)是一个传奇人物,他经常对政府权力对个人的侵犯表示担忧。布伦南继承了他父亲的社交型人格。同时,他也继承了他对弱势群体的同情,但这种同情在一段时间以后才在他的职业生涯中有所体现。

1931 年,从哈佛法学院毕业后,布伦南开始为新泽

西州一家律所工作。在那里,他靠着在劳动争议中代理经营者一方出
了名。新泽西州一家名为“联合颜料与染料公司”(United Color &
Pigment)的工厂被指控违反了集体谈判制度,而布伦南凭借代理这家 72
工厂挣得了名气。很快,他成为律所里的《全国劳动关系法》(National
Labor Relations Act)专家。

1949年,当布伦南被任命到最高法院时,他没有对民权问题表现出特别的敏感度。在他还是上诉法院法官的时候,他曾经写过一份判决意见,认定刑事被告人在陪审团宣读判决的时候并没有在场的权利。对于死刑,他当时并没有太多的思考。布伦南开始做律师时正赶上大萧条。为了多挣一点钱,他曾经代理过几个贫困的当事人。在一个案件中,布伦南代理了一个女人。这个女人发现自己的丈夫和另一个男人躺在一张床上,便走到厨房拿了一把刀,杀了自己的丈夫。布伦南担心,陪审团可能会把她走到厨房的时间看作是她有杀人预谋的证据,从而判处她死刑。这样的担忧迫使布伦南开始思考这个问题。但是当他成为法官之后,他却没有准备好将自己对死刑的保留态度付诸实践。在法兰克福特和布莱克之间旷日持久的辩论中,布伦南明显是站在法兰克福特一方的。作为新泽西州最高法院的一名大法官,他主张司法克制主义。

1956年,当德怀特·艾森豪威尔任命布伦南到最高法院时,这位总统坚信他任命的是一个保守派的民主党人。布伦南引起总统的注意是在1954年。当时,有着强大影响力的纽约总主教弗朗西斯·卡迪纳尔·斯佩尔曼(Francis Cardinal Spellman)向艾森豪威尔强调了在最高法院成员中保留天主教徒的重要性。两年后,布伦南在司法部组织的一次会议上发表了关于司法效率的演讲,给司法部长赫伯特·布朗维尔(Herbert Brownwell)留下了深刻的印象。1956年,当谢尔曼·明顿退休时,布朗维尔建议将布伦南提拔到最高法院。总统同意了。

一开始,布伦南让艾森豪威尔感到很满意。在最高法院的第一年,在一个因入室盗窃而可能面临死刑的黑人男子的上诉案中,布伦南加入了法兰克福特撰写的协同意见。在该案中,被告人没有受过教育,也没有律师,在接受了五天的讯问之后两次表示认罪。该案的多数意见将这两次认罪作为非法证据排除了。而法兰克福特和布伦南
73 则表示,只有在警方违反了“基本公正”时,最高法院才能干预州的司法程序。布伦南和法兰克福特还有一点共识,就是最高法院不应该插手死刑问题。1960 年,布伦南投票反对最高法院受理来自堪萨斯州的迪克 · 希克考克(Dick Hickock)和佩里 · 史密斯(Perry Smith)的上诉案。这两人在杜鲁门 · 卡波特(Truman Capote)的《冷血》(*In Cold Blood*)一书中所描述的四连杀人案中被判谋杀罪,曾获得假释。

不过很快,布伦南就变成了我们所知道的布伦南,变成了沃伦法院对公民自由进行革命性扩张的主力。很多学者认为布伦南是 20 世纪最有影响力的大法官,也是最伟大的自由派领袖。到了 1969 年,最高法院受理博伊金案和马克斯韦尔案的时候,布伦南已经是一个坚定不移的反死刑者了。

人们经常误认为,布伦南的世界观发生变化是因为他的天主教信仰。造成这个误解的一部分原因可能是,布伦南强调“人的尊严”是宪法所保护的基本价值。这个说法与神学家约翰 · 瑞安(John Ryan)如出一辙。瑞安在 1906 年出版的书《基本生活工资》(*A Living Wage*)对布伦南的父亲产生了很大的影响。但是,当布伦南成为最高法院大法官后,宗教在他的生活中已经变得不那么重要了。他既没有引用过天主教思想家们的话,也不经常参加弥撒。他鼓励自己的孩子交一些非天主教徒的朋友,且三个孩子都与非本教派的人结了婚。布伦南的母亲不接受“教皇无误论”的原则。作为法官,布伦南竭尽全力将个人的宗教信仰与他的司法哲学分隔开来。在 1962 年的恩格尔诉

瓦伊塔尔案（*Engel v. Vitale*）中，他投票支持了多数派的判决意见。在这个饱受非议的案件中，纽约州教育理事会要求在每个上学的日子都要进行一次不分宗教派别的祷告，而最高法院废止了这项要求。斯佩尔曼主教批评了最高法院对于第一修正案中“禁止立法设立国教”规定的解释。阿拉巴马州的民主党人乔治·安德鲁斯（George Andrews）说出了数百万美国人的心声：“他们已经把黑人放进学校，现在又把上帝赶了出去。”

布伦南对自己所扮演的角色的认知使得他多次受到了来自教派 74
的批判，而这反过来又让他对宗教感到更加疏远。1963 年，最高法院认定，宪法禁止学校强制要求学生阅读《圣经》。布伦南发表了一份 70 页长的协同意见，阐述了最高法院处理宗教问题的历史。他的目的是向天主教徒们说明，法律使他不得不在学校祷告问题上违背教会的意愿。但是布伦南的这份意见并没有实现这个目的。里士满的主教约翰·拉塞尔（John Russell）在举办于华盛顿圣马修大教堂的红色弥撒责骂了布伦南。布伦南的妻子马乔里（Marjorie）对这种指责感到非常愤怒。

后来，在主显节教堂的一次礼拜日弥撒上，只有布伦南一个人拒绝起身进行道德宣誓，因为他的司法职责要求他审查一些不雅的内容。这样的经历似乎让他感到非常惊慌和苦恼。第二天，当他的法官助理罗伯特·奥尼尔（Robert O'Neill）问起这件事时，布伦南说道：“你根本不知道，作为唯一一个拒绝起立的人是什么感觉。每个人都转过身来看着我。那种感觉简直太可怕了。”到了 20 世纪 70 年代早期，布伦南和教会已经彻底决裂了。在罗伊诉韦德案（*Roe v. Wade*）中，布伦南支持了多数意见，尽管“在个人生活中，他本人在任何情况下都不会纵容一次堕胎”。但他并不觉得有什么矛盾。他回忆道：“我从来没想到过——从来，一点也没想到过——我的信仰会跟我怎样判决一个堕胎案有一丁点儿的关系。”

实际上，如果说宗教对布伦南的转变有什么影响的话，那更可能来自犹太教。布伦南在华盛顿结识了最亲近的朋友戴维·贝兹伦以后，犹太教就成了他生活的一部分。布伦南和贝兹伦是在威廉·道格拉斯的 58 岁生日聚会上认识的，当时布伦南才加入最高法院不久。从那以后，两人就成为很好的朋友。他们通过棒球运动建立了友谊，并且一起看过很多比赛。有时，他们会约道格拉斯还有林登·约翰逊一起去。贝兹伦住得离布伦南很近，经常在早上和布伦南一起散步。

75 贝兹伦人脉很广，成为布伦南进入华盛顿自由派政治圈子的引路人。他们经常一起在第五大道上米尔顿·克龙海姆（Milton Kronheim）酒庄里著名的餐馆吃午餐。客人们坐在塑料椅子上，克龙海姆的大厨安妮·罗斯（Annie Ross）为他们做一些汤、炸鸡、玉米面包之类的简餐。只不过，这些客人中包括首都华盛顿最重要的政客们和法官们。

通过贝兹伦和克龙海姆，布伦南结识了埃德蒙·马斯基（Edmund Muskie）、亚伯拉罕·里比科夫（Abraham Ribicoff）和 J. 斯克利·赖特（J. Skelly Wright）。当布伦南还在路易斯安那州做联邦地区法院法官时，这些人为布朗案的判决提供了至关重要的支持。贝兹伦还使布伦南和阿瑟·戈德堡之间的关系更加密切了。同为伊利诺伊州人、来自俄罗斯的犹太移民的后裔，贝兹伦和戈德堡之间关系非常要好。这些人组成了布伦南的朋友圈和职业关系网。贝兹伦和赖特还成为给布伦南介绍法官助理的中间人。布伦南甚至和贝兹伦、赖特、戈德堡还有他的同僚阿贝·福塔斯（Abe Fortas）一起投资了几笔房地产生意。

贝兹伦从一开始就非常活跃地参与着死刑问题的辩论，他在明里暗里都影响了布伦南的观点。是贝兹伦让德肖维茨第一次接触到了死刑案的工作。在克龙海姆的餐厅,贝兹伦将德肖维茨介绍给布伦南。德肖维茨在1963年之所以敢于主动联系布伦南,既是因为他认识布伦南的儿子,也是因为这一层关系。这继而又使布伦南迈出了和另一位大法官的助理深入讨论一个待决案件这颇不寻常的一步。

贝兹伦经常就犯罪和罪犯的话题发表演讲,并把讲稿寄给布伦南。布伦南会仔细地阅读这些讲稿,并标记出重点篇章。贝兹伦公开地对罪犯们所遭遇的社会和经济困境表示同情。很快,布伦南开始在自己的演讲中引用贝兹伦的话。到了20世纪60年代中期,来自贝兹伦的影响以及布伦南对自己角色的日益增长的信心已经改变了这位大法官的世界观。1963年5月,他在华盛顿特区巡回上诉法院的年会上发表了关于刑事司法系统的演讲,听起来非常像是贝兹伦会讲出来的话。“真正的问题,”布伦南说道,“其实就是,对于那些最需要保护 76
的人——那些因为太愚昧、太贫穷、受到的教育太少而无力保护自己的人——我们是否要继续削弱对他们的保护。”第二年在纽约,布伦南在美国犹太神学院发表演讲:“法律正在重获新生,成为一个动态的过程,随着人类需求的变化而变化。它的变化永远朝着正义的方向,而远离那些过于琐碎的程序性细节和抽象的规则。”具体到死刑问题上,布伦南在1965年有过一次“出柜”一般的坦白。他向纽约废除死刑委员会的诺曼·雷德利奇(Norman Redlich)写了一封信,说这个组织为废除死刑所作的努力是“振奋人心、令人感激的”。20世纪60年代末,他已经准备好让最高法院直面这个问题了。他开始在幕后做大法官同僚们的工作,并密切地关注反死刑运动。

1968年春天,一切看起来都进展顺利,但是到了夏天,情况开始恶化。6月,厄尔·沃伦提出了退休。虽然沃伦只有77岁,但他想要确保将来继任首席大法官职位的是一名民主党人,而他对1968年的总统大选不太乐观。林登·约翰逊选了自己的朋友、当时已经是大法官的阿贝·福塔斯来接替沃伦。但福塔斯遭遇了强烈的反对。他被查出帮林登·约翰逊起草了1966年的国情咨文——当时他已经就任大法官几个月了——并且因为在美利坚大学开设一门暑期讨论课期间收了很多酬金,违反了最高法院的规定。共和党和南方民主党人士阻挠了福塔斯的提名,并利用这个机会痛斥了沃伦法院。当福塔斯意识到自己并没有获得足够的支持来担任首席大法官时,他主动退出了。此时,最高法院新一年的工作已经开始。约翰逊要求沃伦继续担任首席大法官。在理查德·尼克松(Richard Nixon)以微弱优势击败了休伯特·汉弗莱(Hubert Humphrey)之后,他同意让沃伦继续任职,直到年底。沃伦这种即将卸任却尚未卸任的状态使得最高法院陷入了很大的不确定性之中。布伦南感受到了一种无助感。“你真的什么也做不了,”布伦南回忆,“什么也做不了。”

针对死刑问题,尼克松新任命的司法部长约翰·米切尔(John
77 Mitchell)在上任后不久就表态,说他“不反对死刑”。1969年1月底,加利福尼亚州最高法院认定死刑并不违反该州的宪法。布伦南对此感到很失望。加利福尼亚州的法院在全国是自由派倾向最强的,而在这个四比三的判决中,决定性的一票来自斯坦利·莫斯克(Stanley Mosk)。这是一位自由派的前司法部长,也是死刑的公开反对者。反死刑主义者们对莫斯克寄予了厚望。莫斯克在司法领域的偶像,就是曾与他一同在纽约大学一个委员会任职的布伦南,以及和他交往密切的戈德堡。即便如此,莫斯克还是选择了和布莱克门类似的立场,认为是否要保留死刑的问题应该由立法机关来决定。“我的本性让我很想以司法的方式终止这种过时的刑罚。”莫斯克写道。他列举了他作为司法部长时做过的反死刑工作。“但是,作为一个法官,我受到的是我所看到的法律的约束,而不是我所想要的法律的约束。”

在1969年3月的那个早上之前,连布伦南都没法猜测最高法院接下来的走向。两天前,托尼·阿姆斯特丹就阿肯色州的无标准量刑程序过于随意这一主张向最高法院进行了有力的论证。阿姆斯特丹说:"我认为,本院一定不会容许这样一种量刑程序,即让每一个犯强奸罪的人掷骰子,如果扔出的数字是 7 或 11,他就会被处死;如果是其他的数字,他就能活下来。而阿肯色州的量刑程序比这还要糟糕,因为我想,骰子至少不会以种族为标准来作决定。"他用了一种很有力的修辞技巧,但多数大法官并没有被说服。福塔斯问阿姆斯特丹,怎么可能制定出量刑标准?怀特则指出,法官一直都是在没有标准的情况下决定被告人量刑的。斯图尔特和沃伦看起来更关注死刑资格审查的问题,尽管上诉意见书中都没有提到这个问题。这些问题使布伦南感到很气馁。如果连斯图尔特和沃伦的支持都得不到,那么这个目标是无法实现的。

散完步之后,布伦南洗了个澡,吃了早饭,阅读了《纽约时报》和
《华盛顿邮报》,然后开车去了法院。在他的办公室,他和其他的法官
助理还有他的秘书玛丽·福勒(Mary Fowler)打了招呼。10 点钟,办 78
公室的蜂鸣器响了,意味着大法官会议开始了。布伦南吃了一小块巧
克力(这是他的一点罪恶的爱好),穿过大厅来到会议室。他像往常
一样和每一位同僚握手,却显得比平时少了些活力。

他对这次会议的期望并不高。

这间会议室是最高法院的珍宝之一。它的每一个细节都渲染着庄严肃穆的气氛。三盏双层水晶吊灯悬挂在四十英尺高的屋顶上。深玫红色的窗帘遮盖着与屋顶同高的三扇落地窗,光线透过窗户,照在白橡木的书柜上,书柜里放着装订成卷的最高法院判决书。在黑色大理石壁炉的上方,悬挂着约翰·马歇尔的画像。他是任期最长的首席大法官,也是司法审查原则的创造者。按照司法审查原则,如果一条法律违反了宪法,那么法院就有义务宣告这条法律无效。这项原

则把最高法院从一个仪式性的机构变成了美国政府中一个平等的合作方。

多数家具的历史都可以追溯到1935年法院大楼建成的时候。会议室中央是一张红木长桌。长桌摆在一张巨大的地毯之上,周围是九张高背皮椅,每一张椅子上都有一位在任大法官的名字。那天早上,像每天早上一样,服务人员在桌子的每个席位上都摆好了一个木质铅笔盒、一张绿色吸墨毛毡以及足够多的黄色的法律拍纸本。按照传统,首席大法官坐在桌子的首席。沃伦的对面是最年长的大法官布莱克。这已经是布莱克在最高法院的第三十二个年头了。其余的大法官们围着桌子坐下,三位坐在靠窗的一边,四位坐在靠书柜的一边。服务人员用小车推进来几个托盘,一个托盘里是装着咖啡的银桶,其余托盘里是当天所有案子的上诉意见书。

这个国家历史上最重要的对话中,有一些就发生在这个房间里。布朗案、米兰达案,还有是松丰三郎(Korematsu)案——在第二次世界
79 大战期间允许囚禁日裔美国人的案子——都是在这里被决定的。此前三十五年的每一个重大案件,不论结果如何,都是在这里被决定的。每周五,大法官们会聚在一起讨论这一周开庭辩论过的案件,然后投票。按照惯例,首席大法官先发言,然后其他大法官按照从年长到年轻的顺序发言。到了投票环节,顺序则会反过来,由最年轻的大法官先表态。接下来,首席大法官会指定一位大法官来撰写多数意见。如果首席大法官不在多数派中,那么这项特权就会转移到多数派中最年长的大法官手中。对多数意见执笔人的选择可能会决定一个案子的成败。一个正确的人选能够在看似不可能建立联盟的情况下建立一个联盟,而一个错误的人选却能使一个看似牢固的多数派分崩离析。每个大法官都认真地对待这项职责。

10点过不久,厄尔·沃伦宣布大法官会议正式开始。布伦南和沃

伦的关系出了名的好，但即使是他也不知道沃伦会怎样选择。沃伦有时声称自己反对死刑，并且在威瑟斯普恩案和杰克逊案中都站在了多数派一方，但他对于最高法院接手这个问题一直持很大保留意见，就像他在鲁道夫案中向戈德堡表明的那样。再说，这也不像一个留任的首席大法官会接手的问题。

不过，让布伦南惊讶的是，沃伦居然态度鲜明地对死刑发起了抨击。“陪审团不能享有这种不受任何标准引导的、决定人生死的绝对权力。”他说。“死刑似乎常常是专属于穷人和弱势群体的。从来没有过哪怕是稍稍有钱的人被执行过死刑。陪审团应该有一些基本原则可以依据。现在，他们拥有的是绝对的自由裁量权。”布伦南当时的感受，就像是福伯斯球场上的球迷们在 1935 年那梦幻一日的感受一样。当时，贝比·鲁斯（Babe Ruth）从混沌低迷的状态中缓过来，打出了四个安打，包括他职业生涯中的最后三个全垒打，震惊了球迷们。看起来，沃伦并没有被自己即将卸任的状态所限制，反而更加放得开了，并且开始重申自己的核心原则。首席大法官唯一的保留就是，不能把博伊金和马克斯韦尔从监狱里放出来。“我们应该遵循威瑟斯普恩案的方案，不要把每个案子都发回一审法院重审。”他说，“现在有争议的只是死刑而已。我的主张是不要推翻定罪部分，而只是把死刑改
为终身监禁。”布伦南把这一切当成一场棒球赛，在心里默默地打分。 80
就这样，布伦南队拿到了一比零。

在桌子对面，雨果·布莱克摇了摇头。自 1963 年以来，沃伦的思想发生了变化，但布莱克的思想却没有。布莱克依旧奉行原旨主义，并坚信死刑是合宪的。“我不同意首席大法官的观点，”布莱克说，“最高法院正在篡夺立法机关的权力。现在唯一的问题是死刑是否合法。我们没法制定出标准。它们太模糊了。政策问题不是我们该回答的。宪法给了各州政府权力，我们不能否定这些权力。”现在比

分是一比一平。

而威廉·道格拉斯让反死刑派赢回了领先地位。道格拉斯说,他赞同首席大法官的观点,以及加利福尼亚州最高法院的马修·托布里纳那份反对意见书中的观点。托布里纳(Matthew Tobriner)大法官是由民主党州长埃德蒙·“帕特”·布朗(Edmund “Pat” Brown)在1962年任命的。他写道:“如果一个文明社会不能说清楚为什么一个人应该被处死,而另一个人不应该,那么它对生命的剥夺就不是理性且符合逻辑的。相反,它严重违反了正当法律程序,用一种反复无常的、歧视性的、充斥着猜测的审判程序来决定死刑的适用。”

接下来发言的是约翰·哈伦。他穿着在伦敦定制的西装三件套,坎肩上挂着一条金表链,那是曾在最高法院工作过的、与他同名的祖父留下来的。布伦南和哈伦的关系也不错。他们一起抽烟,一起打高尔夫,还在彼此的家中度过夏日假期。但布伦南还是不知道他的这位朋友会说些什么。哈伦曾经反复表明,他不喜欢沃伦法院的走向。他格外反对布伦南在标志着法兰克福特时代终结的投票权案件——贝克诉卡尔案——所作的工作。1963年,哈伦对美国律师协会说道:“有些原本出于善意的人好像认为司法程序比立法程序更擅长解决棘手的问题。这是对司法系统的赞赏,却是对民主原则的不忠。”不过话说回来,哈伦一直引以为豪的一点就是他会对具体案件具体分析。而且,布伦南隐隐有种感觉,哈伦对死刑可能是反感的。

81 当他发言的时候,哈伦对推翻马克斯韦尔的定罪表示出了温和的支持。他只是不确定该以什么理由推翻它。哈伦觉得合并式审理程序是合宪的,但同时他又说:“我在量刑标准这个问题上不敢苟同。”对标准的要求会破坏陪审团制度的根基。“有一些法律规定被告人必须被判处死刑,除非陪审团建议宽恕。”哈伦说。“这将陪审团的同情心引入了量刑程序。在我看来,这是反对要求量刑标准最强有力的理由。陪审团行使宽恕权的时候需要标准吗？标准应该是什么呢？我不明白，这些标准为什么不适用于行政长官的减刑权。为什么不为减刑权的行使也设立标准呢？但如果那样的话，我们在标准问题上要走多远才收手呢？我们不会陷入不停的猜测中吗？这是属于立法机关的问题。”最后，哈伦表示，用死刑来惩罚抢劫是否过重的问题并没有困扰他。接下来，轮到布伦南发言了。他表示，他和道格拉斯一样，在两个案子中都同意首席大法官的观点。现在，马克斯韦尔案是四比一，博伊金案是三比二。接下来的一票是至关重要的。现在准备发言的是波特·斯图尔特。

布伦南和斯图尔特关系也很好。他们多年前在一次司法会议上认识，并成为朋友。当艾森豪威尔提名斯图尔特担任最高法院大法官时，斯图尔特打电话向布伦南寻求建议。不过，作为法官，斯图尔特却以哈伦而不是以布伦南为榜样。他把自己看作是“法官的法官”。这意味着他和哈伦一样，依据每个案子本身的事实来作决定。斯图尔特从不信奉什么普适性的哲学原则，也不喜欢那些意识形态的标签。在他看来，布伦南过于“本能地信奉自由主义”了。

不过，在死刑问题上，斯图尔特却释放出了一些乐观的信号。对此，LDF 和公众只知道一部分。他们不知道，也不可能知道的是，威瑟斯普恩案几乎是斯图尔特一手包办的。最开始，大法官们投票决定驳回威瑟斯普恩的调卷令申请。但斯图尔特威胁说要写一份反对意见，于是沃伦重新看了一遍调卷令申请，改变了立场。后来，首席大法官称赞了斯图尔特，认为他“对案卷的研究更深入”。斯图尔特写的判决意见情感色彩过于浓厚，还引用了凯斯特勒的《反思绞刑》，这在最高法院内部造成了分裂。雨果·布莱克公开表示：“如果本院要宣告死刑违反宪法，我认为它应该直截了当地说出来，而不是通过让各州 82
无法选出能够执行死刑的陪审团来实现这一目的。”私下里，布莱克对他的妻子说,他觉得斯图尔特写的判决意见糟糕透了。拜伦·怀特表示深有同感。“如果最高法院提不出比判决书中更好的宪法论据了,”他说,“那么它就应该克制住自己对死刑的反感,将这一问题交给政府的其他分支来作决定。”

斯图尔特在大法官会议上的发言让布伦南很失望。斯图尔特说,他主张推翻马克斯韦尔的死刑判决,但只是基于陪审员挑选程序中的问题。LDF 并没有提到这些问题,但斯图尔特觉得最高法院还是可以对这些问题加以处理。斯图尔特在法庭辩论阶段还就这些问题提问了 LDF。现在,斯图尔特说:“本案中确实存在‘威瑟斯普恩问题’,所以我的主张是基于威瑟斯普恩案来处理本案。”这对马克斯韦尔来说可能是个好的结果,但如果最高法院采纳了斯图尔特的观点,那就意味着它不会处理那些更重要的问题了。斯图尔特告诉同事们,LDF 在量刑标准这一问题上的论辩没能说服他。他觉得量刑标准的问题和合并式审理程序的问题是无法分割开来的。“在我看来,”斯图尔特说,“如果你有量刑标准,你就必须采用分别式审理程序,因为在合并式审理程序中,陪审团不能知道关于被告人的任何信息。一旦陪审团有了偏见,那么法官对陪审团的任何指示都无法抑制这种偏见。”斯图尔特似乎并不担心死刑作为抢劫罪的刑罚是否过重的问题。

83 拜伦·怀特同意斯图尔特的观点。他觉得用死刑作为抢劫罪的惩罚并不违反宪法。至于马克斯韦尔案,怀特只是说:“我主张依据威瑟斯普恩案推翻马克斯韦尔的判决,但不要再进一步了。”到了这个时候,很明显,博伊金关于罪刑不相当问题的主张是不会得到支持了。对马克斯韦尔来说,有六个人愿意推翻他的死刑判决,一个人反对。但在这六个人中,有三个人希望仅以威瑟斯普恩案为依据来判决本案,从而回避更重要的问题。

几位年轻的大法官也没能帮到布伦南。福塔斯说,他同意哈伦的观点：宪法对量刑标准并没有任何要求。私下里，福塔斯和马歇尔都觉得，如果最高法院要求各州列出量刑标准，这些标准会对检方更有利。但与此同时，福塔斯认为宪法要求采用分别式审理程序。他说：“合并式审理程序违反了正当程序原则，这是显而易见的，因为禁止陪审团知晓的那些信息，恰恰是陪审团在作出死刑与否的决定时最需要知道的信息。”最后，马歇尔说：“我主张按威瑟斯普恩案来判。在合并式审理的问题上，我同意约翰·哈伦的观点。这对被告人的第五修正案权利形成了过重的负担。我主张推翻原判。”这段发言的具体含义含糊不清。

最终，博伊金只得到了三票。支持马克斯韦尔的有八票，但八人在推理过程上并没有达成一致。怀特和斯图尔特主张仅仅依据威瑟斯普恩案来推翻本案的原判。哈伦、马歇尔和福塔斯主张基于分别式审理的问题推翻原判。而斯图尔特认为，如果最高法院打算处理分别式审理的问题，它就必须同时提到量刑标准的问题，尽管他本人希望法院两个问题都不要处理。只有道格拉斯、沃伦和布伦南希望在量刑标准和分别式审理两个问题上都推翻原判。

总之，这次会议使人无比茫然。道格拉斯回到自己的办公室后写道，这次讨论“没什么结论，也没有太多启发性”。雪上加霜的是，第二天，哈伦写了张纸条给沃伦说：“我昨天主张在分别式审理问题上推翻原判。但现在，我对自己的立场产生了一点怀疑。”哈伦提议将这个案子暂时搁置，以待后续讨论。

布伦南知道，沃伦对多数意见执笔人的选择会决定这两个案子的成败。只有一个掌握着绝佳斡旋技巧、性格机敏的天才政客才能在大 84
法官们四分五裂的观点之间进行调和。虽然布伦南自己不会这么说，但布伦南本人就是一个这样的人选。但是，沃伦没有选择他，而是选择了比尔·道格拉斯。

对于这项工作来说,没有比他更差的人选了。

没人能够否认,威廉·O. 道格拉斯是个天才。他来自华盛顿州的亚基马,那是只有六千人口的一个铁路小镇。道格拉斯就读于沃拉沃拉的一所文理学院——惠特曼学院——并获得了奖学金。在那里,他是一名优秀的学生,也是一名出色的辩论手。在做了一段时间教师之后,他被哥伦比亚法学院录取,并以年级前几名的优异成绩毕业。

在法律界,道格拉斯成名很快。他唯一的阻碍——如果这个词可以用来描述一个成为最高法院大法官的人的话——就是他那种哈姆雷特一般的选择恐惧症。1925 年从法学院毕业后,道格拉斯到了全国名列前茅的律师事务所——凯威律师事务所(Cravath, DeGersdorff, Swaine & Wood)工作。四个月之后,道格拉斯觉得他并不喜欢凯威,于是回到了亚基马。然后他又觉得他也不喜欢留在亚基马,所以他返回东部。他又试着重归凯威,却发现自己还是不喜欢那里。最终,他成为耶鲁法学院的一名教授。但他的折腾并没有停止。在教了几年书之后,道格拉斯又瞄准了政府工作。他把自己塑造成了一个证券法专家,试图在罗斯福政府中获得一席职位。1934 年,他领导了证券交易委员会的一次调查行动。一年之后,他就成了证交会的主席。在华盛顿,道格拉斯与富兰克林·罗斯福的密友汤米·科科伦(Tommy Corcoran)、哈罗德·伊克斯(Harold Ickes)、约瑟夫·肯尼迪等人结成了政治联盟,从此加入了这位总统名声不佳的权力游戏中。1939 年,罗斯福任命道格拉斯接替路易斯·布兰代斯担任最高法院大法官。如果是一般的律师,一定已经心满意足了,但道格拉斯的眼光还要更高。在当时,最高法院对于具有更大野心的政客来说,往往只是一个跳板。那年刚刚 40 岁的道格拉斯相信自己有一天能成为总统。

85 但他并没有成为总统。他的判断失误——他戏称自己是“软骨头”——又一次害了他。罗斯福在 1944 年差一点儿就要提名道格拉斯做副总统了。而在1948年,哈里·杜鲁门则真正向道格拉斯提出了邀请——而且提了三次——但道格拉斯一直磨磨蹭蹭地不肯答应。他在考虑自己竞选总统,并且担心一旦杜鲁门输了的话,自己未来的财务状况可能不妙。对于赚不够钱的恐惧,使得道格拉斯在职业方面作出了很多奇怪的决定。道格拉斯的父亲是一位牧师。他在比尔·道格拉斯6岁时就去世了,给道格拉斯的母亲留下了很少的钱。为了读书,道格拉斯干过很多杂活。他做过门房、服务生,还在樱桃园采摘过水果。他甚至说,在他刚开始读法学院的时候,他为了从亚基马去纽约,曾在火车上护送过一群羊。最终,道格拉斯告诉杜鲁门,他不打算接受提名。这让杜鲁门总统感到非常诧异和失望。在1960年,几乎同样的剧情再次上演了。如果道格拉斯及时加入,他本来可以成为林登·约翰逊的竞选伙伴。并且,他的加入可能会帮助林登·约翰逊在初选中获胜。但是,道格拉斯一如既往地想要不冒任何风险就登上宝座。显然,在政治斗争中,这基本上是不可能的。

于是,道格拉斯只好屈居最高法院。他在最高法院工作了三十六年,是美国历史上任期最长的大法官——也是最高产的。在任大法官期间,道格拉斯写了1186份判决意见。业余时间里,他写了32本书,涉及从环境保护到国际关系,再到正义的本质等各种话题。雨果·布莱克曾对自己的法官助理说:"我只是一个普通人,而比尔是一个天才。我要花一周做完的事情,他在一小时之内就能做完。"

道格拉斯是一位很有远见的法学家。1952年,在一场反对有轨电车公司大声播放广播节目的诉讼中,道格拉斯首次提出了自己关于隐私权的观点。当时,只有道格拉斯一个人认为宪法保护一种"不受干扰权",并基于这项权利支持隐私权。后来,道格拉斯关于隐私权的观点成了罗伊诉韦德案的起源。此外,他是言论自由和宗教自由的坚决守护者,对于任何限制色情出版物的法律,以及任何规定商业场所在

礼拜日不得营业的“蓝色法规”,道格拉斯都持绝对的反对态度。他对
86 于平等保护原则的认知是非常超前的,他认为宪法不仅禁止基于种族的歧视,还禁止基于阶级的歧视。作为一个徒步爱好者和一个坚定的环保主义者,道格拉斯在1972年提出了一个新奇的观点,认为像森林和河流这样没有生命的物体也有资格在法院提起诉讼。性格傲慢的——也可以说有着傲慢的资本的——道格拉斯把自己看作路易斯·布兰代斯的继承人。他是最高法院历史上最重要的几个公民自由主义者之一。在那个年代,只有布伦南可以与之相比。

但是,在为人层面上,道格拉斯却糟透了。首先,他撒谎成性,总是言过其实。他的回忆录中到处都是不准确的地方,错误之多让人很难相信这仅仅是因为他年纪大了记性不好。为道格拉斯写传记的优秀作家布鲁斯·艾伦·墨菲(Bruce Allen Murphy)曾说,在采访时,“甚至找不到一个人来确认道格拉斯写的书中哪怕有一个相关事件是真实的”。在描述这项工作挑战有多大时,墨菲写道:“道格拉斯的人生就像是小说中的内容。但对我来说,不幸的是,他把这些小说以回忆录的形式写了下来。”

道格拉斯对家人也极差。他离过三次婚(除了他,最高法院其余大法官还从没有人离过婚),有过数不清的婚外情,跟自己的两个孩子也很疏远。他在阿勒格尼学院认识了他的第三任妻子琼·马丁(Joan Martin)。当时,他已经63岁了,而她还是名大四学生。两年后,他们结婚了,但道格拉斯几乎立刻就对马丁产生了不满,并开始找人取代她。68岁时,他第四次结婚,新娘是22岁的酒吧服务生卡西·赫弗南(Cathy Heffernan)。当时,他认识赫弗南才不过两天。当道格拉斯认识赫弗南的时候,他正和在亚基马一家旅行社工作的年轻艺术家埃琳娜·莱昂纳多(Elena Leonardo)谈着恋爱。和赫弗南结婚后不到一周,道格拉斯就后悔了,并重新开始追求莱昂纳多。道格拉斯有时会

殴打妻子,还辱骂自己的学生。他在学生们、法官助理们和秘书们的印象中就是一个“刻薄的混蛋”。助理们和秘书们还时时回忆起被办
公桌上的蜂鸣器支配的恐惧。蜂鸣器的声音听起来就像牙医的电 87
钻,道格拉斯用这些机器把他们叫到办公室,然后无情地斥责他们。一位前任法官助理斯科特·波(Scot Powe)曾在半夜“突然直挺挺地站起来,就因为在梦里听到了那个蜂鸣器的声音”。道格拉斯将法官助理看作“人类生命的最低形式”。

道格拉斯和最高法院同僚们的关系也好不了多少。他和法兰克福特从很早开始就互相仇恨。法兰克福特和前大法官罗伯特·杰克逊(Robert Jackson)的友谊很大程度上是建立在一起嘲笑道格拉斯的基础上的。而道格拉斯则戏称法兰克福特为“小巨人”“元首”。道格拉斯的脾气还日益增长。他的毒舌没有放过任何人。他公开与沃伦·伯格叫板,曾多次当面嘲讽他;他指责波特·斯图尔特是贵族公子;他还说瑟古德·马歇尔是“面条一样的软骨头”。

道格拉斯的风格和布伦南截然相反。布伦南和最高法院几乎所有人都保持着不错的关系,包括那些持不同意见的人。尽管哈伦是个保守派,但他却一直是布伦南最好的朋友之一。同理,虽然布伦南和布莱克在意识形态上渐行渐远,但他们一直都是很好的朋友。布伦南一次次地证明了自己是最高法院的天才政治家。他在贝克诉卡尔案、《纽约时报》诉沙利文案(*New York Times v. Sullivan*,关于涉公众人物诽谤诉讼最有影响力的案子)和库珀诉艾伦案(*Cooper v. Aaron*,该案取缔了奥瓦尔·福伯斯在小石城动用国民警卫队的行为)中都排除万难地维护了多数派的团结。通过谈判、巧妙的操纵和妥协,布伦南成为沃伦法院最具影响力的人物。在某些意义上,他甚至比首席大法官本人影响还要大。

道格拉斯可不愿意如此。他的整个职业生涯都表明,他只在乎是

非,而不在乎成败。在最高法院的 36 年间,他写了 486 份反对意见。这意味着他作为反对派的概率是其他大法官的两倍。更惊人的是,在他作为反对派的所有案件中,一半以上的场合他都是仅代表自己一个人写的反对意见。这个数字太离谱了。不管道格拉斯的立场是否正确,他都没有说服任何人。一个支持道格拉斯观点的人可能会觉得这是可以理解的,是坚守一个不受欢迎却正确的立场所要面临的必然后
88 果。但即使是在戈德堡被任命为大法官,从而给了沃伦一个可以组成多数派的自由派阵营之后,道格拉斯还是与他的自由派战友们很合不来。他指责他们的判决意见不够进步。关于道格拉斯,布伦南曾说:"他最大的错误就是太过固执——而且他一次又一次地重复这个错误——'只要我洁身自好,我无意去拯救别人的灵魂'。"

道格拉斯在最高法院期间表现出的决不妥协,其实挺奇怪的。当他还在学术界和政府工作时,道格拉斯在建立政治同盟方面表现出了娴熟的技巧。他的传记作者墨菲猜测,没有成为总统的遗憾一直缠绕着道格拉斯,严重影响了他在最高法院的工作。这也许是因为,他将自己的后半生奉献给最高法院,需要给自己一个合理的解释,而唯一的方法就是把自己看作一个超越了所在时代的、有独特远见的人。也有可能是因为过分溺爱他的母亲给他留下的满满的自负和缺失的父亲给他留下的无尽的野心,让他无法与同等地位的人很好地相处。不管他不满的真正原因是什么,在他做高官的梦想破灭之后,道格拉斯就将自己定位成了一个孤独者。

1969 年,道格拉斯的脾气和在最高法院的失范感都达到了顶峰。上一年的春天,他开始失眠,经常半夜在心率过快中醒来。6 月初,他在一次法庭辩论中当场晕倒。在沃尔特 · 里德医院,医生给他装上了心脏起搏器。道格拉斯开始感受到死亡的临近。对于一个一直以自己身体素质为骄傲的男人来说,对于一个不论是在旅途上还是在情感

的征途上都永远在寻找青春不老泉的人来说,这样的真相是不可接受的。威廉·道格拉斯开始回顾自己的人生,而他看到的东西却并不令他满意。那一年,在道格拉斯和法官助理们一起吃午饭的时候,沃尔特·德林杰(Walter Dellinger,此人后来成为司法部副部长)问道格拉斯,如果重新来过,他是否还会选择做大法官。“绝对不会!”道格拉斯大喊。“最高法院无法成为一个推动者。这个机构太外围,太与世隔绝了。在这里,你离行动的世界太远了。”他说。法官助理们又追着他问,沃伦法院的那些革命性的判决呢?“它们根本不重要,”道格拉斯答道,“真正有能力影响行动的人根本不在这儿。”道格拉斯指责自己所作的事业没有意义,在法官助理们面前流露出了浓浓的、深远的悲伤。

要想在 1969 年终结美国的死刑,最高法院需要一个将自己的才 89
华施展到极致的居中调停者。不巧,被选中的道格拉斯却是不满到极致、孤独到极致的特立独行者。

对于道格拉斯来说,要想在马克斯韦尔案中形成一个能够获胜的联盟,最稳健的策略就是将该案的焦点集中在合并式审理程序的违宪性上。在大法官会议上,马歇尔、福塔斯、沃伦和布伦南都对这一主张表示了支持。加上他自己的那一票,道格拉斯就能刚好获得多数票。如果哈伦坚持自己最初的立场,那么票数就会是六比三。如果哈伦能够加入的话,斯图尔特甚至也有可能加入。这是最稳健、最符合常理的做法。

而道格拉斯却选择了孤注一掷。3 月底,道格拉斯把自己的判决意见草稿发给了布伦南。这份草稿基于合并式审理和无标准量刑两个问题推翻了对马克斯韦尔的定罪。布伦南强烈建议道格拉斯聚焦于合并式审理的问题。道格拉斯的回复是,在缺乏标准的情况下,仅有分别式审理程序解决不了什么问题。“如果没有标准来引导陪审团的讨论,那么只让陪审团聚焦于量刑问题又有什么用呢?"他问道。布伦南认为这还是会有一定效果的。无标准情况下的分别式审理依然要好于无标准情况下的合并式审理。并且,这一决定要放在当时的情境中考虑。此时,基于任何理由的胜利都能维持暂停策略的势头。但道格拉斯并没有听从布伦南的主张。

布伦南只好试着减少损失。4 月 1 日,布伦南恳求道格拉斯把合并式审理部分的论述修改得更清晰一些。道格拉斯需要将被告人的两难境地阐述清楚。如果被告人选择出庭,那么他就会在定罪环节遭遇交叉质证;如果他选择不出庭,那么他就无法在量刑环节为自己作证。更重要的是,布伦南恳求道格拉斯在判决书中说明,只有当法院认为合并式审理程序合宪时,它才需要考虑量刑标准的问题。"我认为,如果说清楚量刑标准问题对于本案的判决来说是一个需要独立分析的问题,那么这一方面的论述就会更清楚一些。"布伦南写道。如果两个问题分开,那么马歇尔、哈伦和福塔斯就可以在不同意道格拉斯
90 对量刑标准的论述的情况下依然选择推翻马克斯韦尔的死刑判决。道格拉斯部分听从了布伦南的意见——将判决分成几个部分,但几个部分的论述之间又相互关联引用。

4 月 4 日,道格拉斯将判决意见的草稿在大法官会议上传阅。他对于量刑标准问题的论述依靠的是常识逻辑:对于像"交通事故中哪一方存在过错"这样的问题,"法律通常都会给陪审团一些标准",他写道。给予一个陪审团或法官毫无限制的自由裁量权,就是"将赤裸裸的霸权交到它的手中"。这个论述本身不错,但它让人不禁怀疑道格拉斯到底有没有参加那次大法官会议。他的草稿中唯一回应同僚们担忧的部分,就是明确了即使马克斯韦尔的量刑被推翻,他也不会得到一次全新的审判。

在判决书草稿随附的备忘录中,道格拉斯解释了自己为什么要在

判决书中同时包含两个论点。“这个案子令我非常苦恼,”他写道,“如果我没记错的话,我们当中认为宪法要求必须有量刑标准的人不超过四个。但是,我们中的多数却同意宪法要求分别式审理。而当我更加深入这两个问题,我却发现它们之间是密不可分的。”

但道格拉斯以个人名义作出的解释并没有什么效果。没有人改变观点。福塔斯在 4 月 7 日写信给道格拉斯——并抄送了整个大法官会议——坦言道格拉斯关于量刑标准的论述并没有说服他。“在合并式审理的缺陷这一问题上,我当然是同意你的,”福塔斯写道。“但我还是觉得,要求确定量刑标准是不明智的,可能会导致我不愿看到的后果。”福塔斯宣布:“至少对我来说,一个简单的事实就是,没有什么样的量刑标准能够让死刑获得正当性。”此外,他还提出了他的立场背后一个策略性的原因。“我认为,如果立法确定了量刑标准,一个后果就是死刑判决的数量会大大增加。”

如果换作是布伦南,他此时一定已经妥协了。但是道格拉斯不仅没有妥协,反而暴躁地回应了福塔斯。“我已经陈述了我的观点,”他写道——并且再次抄送了整个大法官会议——“也许那些坚称在评估费用时必须有标准的人”——这里指的是贾乔案——“可以解释一下为什么评估费用时必须有标准,而评估死刑时却不需要。不过这件事可能超出我有限的理解能力了。”

道格拉斯这种任性的坏脾气在任何场合下都是不合适的,但在福 91
塔斯面前格外不合适,因为福塔斯是他在最高法院最好的盟友。福塔斯在耶鲁时曾先后是道格拉斯的学生和同事。道格拉斯在证监会委员会工作时,福塔斯曾是办公室主任。此外,福塔斯也是促使罗斯福任命道格拉斯为最高法院大法官的重要人物之一。后来,福塔斯又支持了道格拉斯竞选副总统和总统的尝试。在此时攻击福塔斯是没有任何道理的。不过,道格拉斯就是道格拉斯。

很快，支持道格拉斯的多数派开始解体。4 月 9 日，哈伦宣布，他认为阿肯色州的法律因为没有量刑标准而“存在合宪性问题”。在合并式审理的问题上，他保持开放的态度，但他表示需要更多的时间考虑，并且还“没有想明白在这一问题上，正当程序要求的确切范围是什么”。4 月 21 日，马歇尔表示他在量刑标准问题上同意福塔斯的观点。“在这个问题上，”马歇尔说道，“我们还没有能力用语言来描述什么样的犯罪应当适用死刑。”斯图尔特则向大家传阅了自己写的意见书，认为本案应当按照威瑟斯普恩案的先例来处置。怀特加入了斯图尔特的意见书。

最终，道格拉斯放弃了量刑标准这方面的论述。4 月 22 日，他向大家传阅了一份新的判决意见草稿，仅基于合并式审理一个问题推翻了对马克斯韦尔的量刑。福塔斯加入了这份意见，于是道格拉斯又重新获得了多数派支持。布莱克则传阅了一份尖刻的反对意见，重申了他在威瑟斯普恩案中的态度：“如果最高法院决心要废除死刑，那它就应该直截了当，而不是一点点地蚕食掉死刑制度。”然而，布莱克的反对意见和道格拉斯的判决意见最终都没有得以发表。道格拉斯的拖延已经使他输掉了这个案子。

在道格拉斯传阅他的判决意见修改稿之后两周，《生活》（*Life*）杂志刊登了一份报道，称福塔斯曾从拉斯维加斯的金融家路易斯·沃尔夫森（Louis Wolfson）开办的一个基金会那里接受了两万美元的款项。两年前，沃尔夫森曾被判伪证罪和妨害司法公正罪，在联邦监狱服刑一年。专家猜测，沃尔夫森向福塔斯支付的款项可能是用来贿赂福塔斯，取得他在证交会的帮助。这件事对于沃尔夫森来说只
92 是个小麻烦，但对于福塔斯来说，这就意味着他职业生涯的终结。5 月 13 日，在巨大的政治压力下，福塔斯辞职了。

现在，确定支持马克斯韦尔的只有四票了。要想得到多数票，道

格拉斯必须获得哈伦或者斯图尔特的支持。福塔斯辞职的第二天，布伦南向大法官们传阅了一份协同意见书，将量刑标准问题额外增加为一个推翻马克斯韦尔量刑的独立的理由。“正当程序要求必须有预先存在的量刑标准。”布伦南写道。“如果没有这些标准，被定罪的犯罪行为人就会面临一种卡夫卡式的困境：他命悬一线，却不知道什么样的辩词是对自己有害的，什么样的又是有利的。”其实，布伦南这份意见书的实质内容不是最重要的。最重要的是，布伦南传阅的是一份协同意见书，这就暗示着马克斯韦尔案的多数派并没有解体。这是布伦南的一项策略，其目的是在福塔斯的丑闻曝光之后，尽量让人们感觉一切如常。在一段时间内，这是有效的。九天后，沃伦加入了这份协同意见。很快，道格拉斯也加入了。

但是最终，布伦南的策略失败了。尽管哈伦在合并式审理的问题上曾试探性地表示支持，但他说他不愿意“在这么重要的案子里成为决定性的第五票”。哈伦说，他认为这个案子应该等到福塔斯的继任者就职以后再做处理。不久，斯图尔特也表示了同意。如此一来，获得多数票的希望就破灭了。此时，连道格拉斯都提出了要暂时搁置本案。于是，5 月 26 日，最高法院决定将马克斯韦尔案推迟到下一年。一周后，最高法院公布了博伊金案的判决，虽然支持了被告人的主张，但选择了尽可能保守的理由，即被告人的认罪是非自愿的。

到了马克斯韦尔案第二次法庭辩论的时候，最高法院已经有一位新的船长在掌舵了。1969 年 5 月 21 日，理查德 · 尼克松任命沃伦 · 伯格为首席大法官，目的是在最高法院、在整个国家恢复法律与秩序。

同道格拉斯一样，伯格也是白手起家。他是在明尼苏达州圣保罗
郊外的一家农户长大的。伯格被高中同学们选为学生会主席，又被普 93
林斯顿录取。但他却没有钱去读普林斯顿，而是先后在明尼苏达大学和圣保罗法学院读了夜校。在本科和研究生期间，伯格靠卖保险来维

持生计。从法学院毕业后，他在明尼苏达州的一家律所工作。业余时间，他开始参与政治，成为哈罗德·史塔生（Harold Stassen）的支持者。他先后负责了史塔生1938年成功的州长竞选和1948年失败的总统竞选。在1952年的共和党大会上，他对艾森豪威尔表示了支持，并赢得了总统的注意。总统将伯格带到了华盛顿，让他在那里做了三年的助理司法部长。之后，在1956年，艾森豪威尔又任命他为华盛顿特区巡回上诉法院法官。

在巡回上诉法院期间，伯格不断与戴维·贝兹伦发生争执。他们之间的宿怨可以追溯到贝兹伦在德拉姆诉美国案（*Durham v. United States*）中写的里程碑式的判决书。这份判决扩大了精神失常抗辩的范围。伯格认为，这一判决为违法犯罪行为打开了大门。伯格管贝兹伦叫“姓贝的”，并在同僚们面前称他是错误的、可悲的，是社会的危险分子。而贝兹伦对伯格也充满了鄙视。“那是一种血海深仇，”布伦南回忆道，“这一点毫无疑问。”布伦南自己也和伯格有过一段不愉快的经历。当时，他们在纽约大学为上诉法院的法官们开设了一门两个星期的讨论课。他们就刑事诉讼程序问题发生了争吵，因为伯格公开批判了沃伦法院。布伦南觉得，伯格在明知道布伦南和贝兹伦是好朋友的情况下，放任自己对贝兹伦的仇恨影响这场讨论，有些太过分了。

伯格被选为首席大法官，让布伦南极为沮丧。他明白，形势已经出现了逆转。就死刑问题来说，伯格的立场显而易见。而福塔斯的继任者态度也差不多。在先后尝试任命克莱门特·海恩斯沃思（Clement Haynsworth）和G.哈罗德·卡斯韦尔（G. Harrold Carswell）并失败后，尼克松又提名了伯格的童年好友哈里·布莱克门。在当时负有审查法官人选职责的助理司法部长威廉·伦奎斯特对布莱克门进行了评估，认为他是一个可靠的保守派。在1970年4月29日的法官任命
94 听证会上，布莱克门向参议院司法委员会表示，他个人不喜欢死刑，但

作为一个法官,他会投票维护死刑。由于布莱克门在第八巡回上诉法院时就撰写了马克斯韦尔案的判决书,所以他必须在该案中回避。然而,他的任命对于全局来说不是个好兆头。

1970 年 5 月 4 日,当马克斯韦尔案第二次法庭辩论的时候,布伦南对结果没抱太高的期望。而同僚们提出的问题则让他更加悲观。在阿姆斯特丹完成他的开庭陈述之后,伯格问他:“你现在的责任并不是证明你所请求的这些程序是更明智、更合理的,而是证明它们是宪法所强制要求的,不是吗?”斯图尔特问道:“阿肯色州将强制死刑制度改成了酌定死刑制度,这难道不纯粹是扩大了陪审团的宽恕权吗?”而怀特则质疑为什么死刑案必须要有量刑标准,其他案件却不需要。“在非死刑案中,没有标准的量刑难道不是一样有问题吗?”他问道。“你是在抨击所有的陪审团量刑决定吗?”

阿姆斯特丹尽了最大的努力。“人命关天的时候,正当程序的要求也就更高。”他回答怀特。“我认为陪审团不应当拥有决定生死的绝对权力。从街上找来的这十二个人以前从未做过量刑工作,以后也不会再做。我们有什么理由相信他们能够公平公正地处理好这件事呢?”

伯格问道:“可是,陪审员们在事故纠纷中判定过失责任时,采用的不是同样的程序吗?”

“在这一类案件中,法官会就法律上的注意标准对陪审团作出指示。”阿姆斯特丹回答。“如果对这一类案件的研究没有发现刹车失灵和陪审团判定过失之间有很强相关性的话,我会感到很意外的。但是,我们对阿肯色州的强奸罪做了一个研究,发现死刑判决的唯一相关因素是种族。”

“所有这些关于种族歧视的统计数据难道不是恰恰表明了立法机关在这个领域比法院更有优势吗?”

“这就是为什么我们认为宪法要求必须有量刑标准。”

“可一旦有了量刑标准,你们难道不会接着要求我们去审查这些标准吗?”

那天的情况大抵如此。

* * * *

95 接下来,5 月 6 日的大法官会议更是让布伦南本就渺茫的希望彻底破灭了。伯格首先指出,他“不知道怎样才能制定出具体的量刑标准”。他说:“我倒希望有这样的方法,但实在是太难了。陪审团就是用来缓和法官的严厉的。”接着,伯格又提到了美国法学会的《模范刑法典》(Model Penal Code),那里面阐述了一些量刑的指导原则。他说:“《模范刑法典》有一些有价值的地方,却经不起分析。要明确列举所有相关的因素是不可能的。陪审团代表着社会的良知,仅此而已。”伯格很简单地否定了分别式审理程序。“我觉得这不是个有效的方法,对被告人也没什么帮助。对被告人来说,这不是什么好事。这也不是正当程序的要求之一。”对马克斯韦尔来说,这全都是坏消息。伯格甚至觉得本案都不涉及威瑟斯普恩案的问题。

布莱克重申了他在一年前说过的话:“如果一个人想要陪审团审判,他一定是想要陪审团提供的多元视角。不管怎样,这只是一场试图废除死刑的斗争罢了,而死刑并不违反宪法。这是立法机关的事,不是法院的事。”

伯格在此时插了一句:“如果我在国会的话,我会投票废除死刑。”

其他人或多或少都保持着各自一年前的立场。道格拉斯说:“我在量刑标准和分别式审理两个问题上都推翻原判。”哈伦则说量刑标准不是必要的。“在陪审团放下了个人偏见的情况下,如果授予陪审团视情况作出非标准化的决定的权力,这违反宪法吗?”他问道,然后自己回答了自己的问题:“我觉得不违反。”在分别式审理的问题上,哈伦的观点变得明确了。“两种想法我都曾有过。去年年底的时候,我觉得分别式审理并不是必需的。但现在我觉得它是必需的。”他说道。“如果不允许被告人将所有与量刑有关的因素都准备好待用的话,那是违反最基本的正当程序的。这是我见过最明显的违反基本公正的情形之一。”

布伦南主张就量刑标准和分别式审理两个问题推翻原判。针对
量刑标准问题,他在自己的笔记中写道:“要不要以陪审团的视角写 96
一段。十二个人被从街上请到这里,被要求扮演上帝。他们能依靠什
么呢?这种生与杀的决定是完全超出他们正常的个人经历的。”

斯图尔特表示,他认为宪法既不要求分别式审理,也不要求量刑标准。“但是,”他说,“和约翰不同,我认为一旦你选择了分别式审理,你就必须制定标准。”斯图尔特又一次表明他希望基于威瑟斯普恩案的判决来决定本案。怀特则表示,他认为,由于马克斯韦尔并没有提供任何与量刑相关的证据,他有关分别式审理的论点也就彻底失去了说服力。但哈伦觉得,这一因素不应该对判决结果产生影响。“他确实没有提供证据,但那是因为现行的法律让他无法提供证据。”哈伦说。“如果他想要,他就应该得到分别式审理。”最后,马歇尔表示他改变了自己在量刑标准问题上的观点,决定在两个问题上都投票支持推翻原判。布莱克门在本案中回避,因此没有发表意见。

计票时,大法官们在分别式审理问题上四比四平票,而在量刑标准问题上以五比三的票数决定不要求量刑标准。但是,斯图尔特已经表明,如果分别式审理程序是必需的,那么他就认为量刑标准也是必需的。这使得问题变得复杂了,于是大法官们决定将两个核心问题留到下一年的一个新案子中解决,这样布莱克门就可以参与决策了。

6 月 1 日,最高法院以威瑟斯普恩案为依据撤销了马克斯韦尔的死刑判决,并将案子又一次发回地区法院重审。在这份简短的、匿名

的集体判决意见中，大法官们明确表示，他们“并没有对我们最初签发调卷令时指定的两个问题发表任何意见”，并宣布他们将签发麦高萨诉加利福尼亚州案（*McGautha v. California*）和克兰普顿诉俄亥俄州案（*Crampton v. Ohio*）的调卷令。“我们将于 1970 年年初在这两个案件中考虑上述两个问题。”克兰普顿在他的上诉意见书中提到了有关第八修正案的论述，但最高法院选择了无视这一点。

最高法院选择了麦高萨案和克兰普顿案两个案子，这令布伦南感到失望。这两个案子都是情节特别恶劣的谋杀案。丹尼斯·麦高萨（Dennis McGautha）在抢劫一家商店的过程中枪杀了店主。詹姆斯·
97 克兰普顿（James Crampton）是一个吸毒的瘾君子，他在妻子上厕所时枪杀了她。最高法院选择了谋杀案而不是强奸案或抢劫案，这就使 LDF 更加难以用一种能够引起同情的方式来进行程序上的论述。不仅如此，加利福尼亚州还是少数的几个实行分别式审理程序的州。梅尔茨纳说：“这两个案子的事实对于反死刑律师们想要的结果来说都不是好兆头。”更糟的是，LDF 在这两个案子中都不是被告人的代理律师，也并没有太多地参与这两个案子。因此，它只能提交法庭之友意见书。马克斯韦尔案的所有努力都白费了。布伦南说，这一判决“最终只是成为威瑟斯普恩案一个小小的脚注”。

在梅尔茨纳看来，马克斯韦尔案和博伊金案体现了反死刑势头的脆弱性。多年后，当他终于得知了他和 LDF 当年离成功有多近，他开始将这两个案子看作是一个转折点。他说，马克斯韦尔案原本是最高法院“向废除死刑迈出谨慎一步”的机会，可以让最高法院试试水，看看公众对最高法院介入这一问题有什么反应。但现在，这两个案子与死刑作为谋杀罪的刑罚是否合理的问题紧紧联系在一起，而多数美国人支持以死刑作为谋杀罪的刑罚。这就形成了一个孤注一掷的局面。一旦克兰普顿案和麦高萨案输了——而布伦南和 LDF 都认为这是很有可能的——那么死刑的执行就会恢复。这样,LDF 仅剩的武器就是第八修正案的论点了。而最高法院对这一问题的反复回避已经表明了第八修正案并不能帮到 LDF。仅仅在一年之内,暂停策略所达成的所有成效似乎都悄悄溜走了。

第五章

开洗衣房的权利与生命权

98 1970年11月9日,麦高萨诉加利福尼亚州案在最高法院开庭辩论时,死刑的支持者们也有自己的明星律师来为他们发声。加利福尼亚州司法部常务副部长罗纳德·乔治(Ronald George)年仅三十,却有着超出这个年纪的杰出资历和经验。他的父亲是个成功的投机商人,母亲是毕业于索邦大学的全职妈妈。乔治以名列前茅的成绩毕业于贝弗利山高中,然后就读于普林斯顿大学的伍德罗·威尔逊学院。

乔治原本想从事外交工作,却在去西非过了一个夏天之后改变了方向。乔治一位朋友的父亲被派驻在拉各斯,于是他和这位朋友一起去了尼日利亚。他在那里待了几个月,与游客们、传教士们和外交官员们一起搭顺风车旅行。这次经历打破了乔治的幻想。他发现外交官们其实很少与当地人互动。回家后,他去了斯坦福法学院读书。“去那读书的理由并不怎么崇高,”他回忆,“我只是暂时还没想好这辈子要做什么,想推迟这个决定而已。”

斯坦福教授杰拉尔德·冈瑟(Gerald Gunther)的

一门课改变了乔治的人生方向。冈瑟是宪法领域的一位权威专家，是
传奇法官勒尼德·汉德(Learned Hand)的弟子，也是20世纪最重要的
法学教材的作者。冈瑟鼓舞了许多年轻律师，包括露丝·巴德·金斯
伯格(Ruth Bader Ginsburg)和戴维·苏特(David Souter)。上过这门 99
课之后，乔治对公益法律事业越来越感兴趣。尽管做商业律师挣的钱
要远多于做公益律师，但乔治说他想做一些有“社会意义”的事。当加
利福尼亚州司法部长斯坦利·莫斯克提出愿意在他毕业后录用他
时，乔治欣然地抓住了这个机会。

在司法部，乔治很快成为备受关注的后起之秀。1968年，美国最高法院签发了基梅尔诉加利福尼亚州案(*Chimel v. California*)的调卷令。这是一个关于逮捕附带搜查的合理范围的案子，乔治曾参与此案的工作。乔治费了好大力气才把案子从一位更年长的律师那里夺过来，但他成功了，于是他28岁就在最高法院辩论了他的第一个案子。这次机会让乔治的神经极其紧张，以至于他收拾行李时忘了带袖扣。于是，当他第一次面对大法官们时，他的衬衫袖子是用曲别针夹住的。虽然最高法院在基梅尔案中判决加利福尼亚州败诉，但乔治的表现还是让他的领导们印象深刻。第二年，他们又交给他一个案子。最高法院在此案中限缩了基梅尔案的适用范围。于是，有着最高法院两次出庭辩论经历和一次成功经历的乔治在司法部赢得了宪法专家的名声。当最高法院签发了麦高萨案的调卷令时，司法部理所当然地把案子交给了他。

多年后，乔治将成为加利福尼亚州死刑制度以及死刑本身的公开批判者。1991年，他将成为加利福尼亚州最高法院的一名大法官，并在五年后成为首席大法官。担任大法官期间，乔治特别批判了人们所称的“死囚区现象”，即死刑犯在被执行死刑之前所经历的长达多年的、酷刑一般的等待。他对自己的家乡加利福尼亚州的死刑运作方式

曾有过一句精辟的阐述,被选为《纽约时报》"今日名言":"在加利福尼亚州的死囚区,囚犯死亡的首要原因是衰老。"

100 但是,1970 年的罗纳德·乔治几乎完全是另一个人。"我对死刑的思考发生了变化——也许那时候我还没有足够的洞察力,后来才有。"乔治在 2010 年退休后说道。在麦高萨案的年代,他在死刑是否道德的问题上还没有坚定的立场。这对他来说可能是件好事。显然,在这一点上,他和其他参与死刑案的律师都不一样。在乔治看来,自己仅仅是代表着一个民主决策的结果罢了。"任何政府机构都有权获得有力的法律辩护,这一直是我的态度。"他说。

虽然最高法院准许 LDF 在本案中提交一份法庭之友意见书,但它拒绝了阿姆斯特丹出庭辩论的请求。所以,乔治在麦高萨案中的对手是赫尔曼·塞尔温(Herman Selvin)。66 岁的塞尔温毕业于伯克利法学院,是乐博律师事务所(Loeb & Loeb)的诉讼部负责人。他在本案中无偿代理麦高萨。乔治非常尊重塞尔温。"他是一个很棒的律师,是加利福尼亚州名声最好的律师之一。"他回忆道。但塞尔温不是托尼·阿姆斯特丹。那天,乔治略胜一筹。

每个一年级法学生都学过类似这样一句古老的入门诀窍:"如果法律对你不利,就用事实说话;如果事实对你不利,就用法律说话;如果事实和法律都对你不利,就用宪法说话。"本案的事实对塞尔温不利,因此他选择了用法律说话。为了将大事化小,塞尔温首先说明了他的论述并不"关乎死刑本身的合宪性问题",而只是关于加利福尼亚州"缺乏标准的量刑程序"是否合宪的问题。他将本案与最高法院作出的一系列要求各州明确界定犯罪行为的判决进行了类比。他说,如果一条法律规定"任何致人死亡的行为,只要陪审团在完全自由裁量的情况下认为这种行为应当得到一定的处罚,就是谋杀行为",最高法院一定会认定这条法律违宪。但塞尔温不会知道,道格拉斯在写给福塔斯的那份愤怒的备忘录中曾说过一样的话，而正是那份备忘录最终断送了马克斯韦尔案。

最高法院并不买账。沃伦·伯格为塞尔温埋下了一枚地雷，问他如果将死刑作为谋杀罪唯一的、强制性的刑罚，会不会违反宪法。

“我倾向于认为，那样基本上不会违反宪法。”塞尔温答道，并提到 101
这是殖民时期普遍存在的做法。

塞尔温中计了。伯格最喜欢这样突然设置陷阱。“噢，如果死刑曾经是强制性的，并且不违反宪法的话，那么你今天来这里是因为加利福尼亚州的死刑制度过于仁慈了。”

塞尔温笑了。他意识到自己中计了。“嗯，它确实更加仁慈了，但也更加反复无常了。”他回答道，试图挽回局面。“现在的问题是，法律并没有确定谋杀罪的刑罚。”他解释道。“如果说它的刑罚就是死刑，但在此之外，有人拥有宽大处理的权力，那完全是另一回事了。在那种情况下，你可以说对于标准的要求并不适用，因为宪法并没有规定获得宽恕的权利。但是宪法保护每个人知道自己能做什么，不能做什么，以及做了会有什么后果的权利。”

基本可以确定，这在当时的局面下已经是最好的回应了。从被告人的角度来说，陪审团随意地施加刑罚跟随意地行使宽恕权有什么区别呢？法律要么同时允许这两种随机性，要么同时禁止这两种随机性。但是，伯格和布莱克门都没有接受这个论点。布莱克门在自己的笔记里给塞尔温打分“B-”。

当乔治站到讲台前开始陈词，他的自信昭示着事实和法律都站在他这一边。“我认为我们应该把这个案子当作活生生的现实来看待，而不是脱离它的事实背景，这一点很重要。”他说道。“我们并不是在做形而上学的思维训练。我们是在讨论该个体的权利和本案的具体情节。”乔治提醒法院，本案的情节非常恶劣。“这是一次毫无必要的、冷血的预谋杀人。这名店主对被告人不构成任何威胁。他没有武器。他身高只有 5 英尺 3 英寸,体重 135 磅,年龄 52 岁。要抢劫他根本不需要武器。”

乔治说,更重要的是麦高萨已经得到了程序上的充分保护。他经历了加利福尼亚州为了降低量刑的随意性所采取的一系列措施。“第
102 一”,他说,法官已经对陪审员们作出指示,要求“他们不得受到被告人种族的影响、个人偏见的影响,不得受到任何影响。第二,针对证据的可采性也有具体的规定”。例如,“如果检方提供的证据只能起到煽动陪审团情绪的作用,它就会被排除在外。第三,辩方可以提供多种多样的证据用于减轻罪行。第四,在量刑问题上,不得采信任何传闻证据”。

乔治讲到,就连检方的结案陈词都受到了限制。例如,“检方不得提到类似‘如果被告人被判处终身监禁,他可能在七年后就能得到假释’这样的事实。检方不得声称一些人认为死刑具有威慑犯罪的作用。检方不得声称一审法院、州最高法院或者州长可能会减轻刑罚。人们认为这样说可能会冲淡陪审团的责任感”,他解释道。他又补充说,加利福尼亚州还有一项特别的规定,那就是“如果审理过程中存在任何实质性错误,不管是什么样的错误,判决都会被推翻”。乔治深吸了一口气,说道:“在加利福尼亚州,死刑是一件非常挑剔的事。”

因此,乔治说,如果在这样的死刑制度中还存在任何随意性的话,这种随意性就是陪审团制度的产物。陪审团拥有绝对的自由裁量权,且决策过程严格保密。有时,陪审团会作出一些随意的或令人困惑的决定,但“在任何制度下,陪审团都有权这样做”,乔治说道。“即使在一个有着明确标准的制度下,他们还是可以这样做。你尽可以告诉他们不要考虑被告人的种族,不要考虑他的面部表情,但他们还是可以这样做。没有人能发明出一个制度,可以排除这种可能性。”布莱

克门在自己的笔记中用横线标出了这一论点:“**即使在有确定标准的情况下,陪审团依然可以随心所欲**。”

乔治说,如果标准能起到任何作用的话,那也是不利于被告人的作用,因为“在一个列表中穷尽所有减轻量刑的情节是不可能的”。因此,他讲道:“陪审团会倾向于说,嗯,我们发现了两个加重情节,被告人有犯罪记录,并且枪杀了不止一个被害人,看来我们大概不该在本案中行使宽恕权。”

这种拉锯战在死刑案中一次又一次地重现。LDF 呼号着:“这个制度太随意、太反复无常了。”而死刑的支持者们会回答:“陪审团制度
是随意的,但随意和不公平是两码事。陪审团施与的是宽恕,而宽恕 103
本身就注定是随意的。”然后他们就会质问阿姆斯特丹,或者任何一个案子的出庭律师,“你反对陪审团制度吗?”对于这个问题,反死刑主义者一直都没能给出一个令人信服的答案。

乔治的陈词确实让大法官们沉默了。布莱克门问,麦高萨是否说明了宪法要求的是什么样的标准?“他并没有给出一个明确的标准,”乔治回答,“但是我想给您读一下上诉人提出的建议。我引用如下:‘量刑的考量因素应该以刑罚的目的为核心,在考虑到案件的具体情况以及被告人特点和性情的前提下,力求选择一种最能达成目的,而不是起到相反作用的刑罚。’”乔治放低了声音。“现在,我想问的是,这能算是一种标准吗?我不知道一个陪审团在试图遵守这个标准时会怎样做。”乔治的陈词终结了量刑标准的问题。布莱克门给他打分“B+”。

当詹姆斯·克兰普顿的律师约翰·卡拉汉(John Callahan)站到讲台前,大法官们只提了几个问题,主要是关于分别式审理程序的。卡拉汉在这个问题上的表现并不比塞尔温在量刑标准问题上的表现好。卡拉汉描述了被告人所面临的两难选择。“他的性命掌握在陪审员们

的手中,但如果他提出要行使第五修正案权利,陪审团就会在没有听到他本人证言的情况下决定他的生死。而如果他放弃第五修正案权利,那么他的可信度就会面临质疑。而在俄亥俄州,检方可以提出各种各样的问题来质疑证人的可信度。”

伯格依然认为这不是一个死刑独有的问题。“每一个刑事案件中的每一个被告人,或多或少都会因为恐惧或其他原因而不愿出庭作证,不是吗?”他问道。

“不是每一个,先生,但多数是这样没错。”

斯图尔特追问了一句:“卡拉汉先生,本案的被告人提出过分别式审理的请求吗?”

“在本案中没有提出过,法官大人。”

到了梅尔文·雷斯尼克(Melvin Rensick)代表俄亥俄州发表陈词的时候,大法官们看起来似乎已经有了主意。在雷斯尼克陈词的最后
104 十分钟,没有一个人向他提问。布莱克门给雷斯尼克打分“C”,这是本场最低的分数。梅尔茨纳说,这是“法院安静的一天——过于安静了”。他和希梅尔斯坦猜测最高法院会判他们输,于是他们开始为输掉的后果做准备。格林伯格建议举办第二次全国会议。有几位律师觉得太麻烦了,意义不大,但这一次,格林伯格想要的不是一场表演。他希望集思广益,并引起舆论的注意。目前,除了福特基金会的捐款,LDF 还没有为自己在死刑方面的工作筹集到任何资金。格林伯格觉得他可以说服洛克菲勒基金会出钱举办这次会议,而这次会议引发的关注则可能会吸引更多的支持。

LDF 需要这些钱。它预见到前方是漫漫险途。

法庭辩论后的第四天,在麦高萨案的大法官会议一开始,伯格就揭露了他所看到的两个上诉背后的动机。“这是对死刑的一次间接的攻击,”伯格说,“这个案子背后的真正目的是废除死刑。”这位新任首

席大法官的观点在过去的一周里并没有什么大的变化。“律师在法庭辩论时并没能给出一套量刑标准,”伯格说,“分别式审理程序是靠不住的。一些州已经废除了这种程序,而只有一个州决定改用这种程序。对我来说,这就已经足够说服我不要把分别式审理作为一种宪法上的要求了。我维持原判。”

布莱克的立场和一年前一样:“分别式审理并不是宪法所要求的,而且我也认为它对被告人来说并不是更好的选择。我维持原判。”福塔斯在马克斯韦尔案中就量刑标准问题曾发表过类似的意见。而布莱克是第一个就分别式审理提出这种意见的。虽然 LDF 一直把量刑标准和分别式审理带来的好处当作是理所当然的,但也不难想象这两者反而都有可能会对被告人不利。量刑标准对被告人是好是坏,完全取决于具体标准是什么。宽容的标准会对被告人有帮助。严格的标准则会对他们不利。

分别式审理就不好说了。对被告人来说,分别式审理可能的好处
在于当陪审团决定被告人是否有罪时,它不会接触到任何有关加重情 105
节的证据——尤其是被告人的犯罪记录。但同时陪审员们也不会接触到有关减轻情节的证据,而这些证据原本可能会让陪审员们认定被告人无罪。最高法院面临的问题是,分别式审理带来的好处是否大于它的代价。作为一名曾经的出庭律师,布莱克知道,关于加重情节的证据常常会悄悄溜进审判的定罪环节,但关于减轻情节的证据却很少这样。因此,被告人可能会更希望将所有的证据一次性提供出来。

道格拉斯表示自己在两个案子中都会选择推翻原判。接下来,哈伦提出,他认为整个案子可以归结为一个问题:“宪法是否规定了被告人进行最终陈述的权利?”他故意问道。在普通法中——普通法是英格兰的古老法律,是基于社会习惯和判例形成的——重罪案的被告人有一项名为“最终陈述权”的权利。也就是说,被告人有权解释自己为

什么不应当被判处刑罚。在马克斯韦尔案中,哈伦在分别式审理的问题上曾拿不定主意。现在他想明白了。分别式审理权就是最终陈述权,而最终陈述权只在普通法中有规定,在美国宪法中并没有规定。“这就是分别式审理的全部含义。”哈伦说,“司法部的意见书说服了我。这两个案子都应该维持原判。”

布伦南简短地发表了意见。“两个案子我都推翻原判。”他说。

斯图尔特则没有一年前那么举棋不定了。本案中并没有违反威瑟斯普恩案判决的情况,而且因为支持量刑标准要求的人很少,他也不需要再强调自己“如果标准是必需的,则分别式审理也是必需的”这一意见了。“两个案子我都维持原判。”斯图尔特说。“在俄亥俄州,只要在定罪方面存在任何怀疑,任何陪审团都不会给出死刑判决。而当被告人有罪的事实非常清楚的时候,你可以提供任何你想提供的证据。”怀特接着表明他也选择维持原判。

马歇尔说:“我和道格拉斯一样,在两个案子中都推翻原判。”

106 布莱克门觉得这两个案子没什么难的。在法庭辩论前五天,布莱克门给自己写了一份备忘录,其中说道:“我读了法官备忘录和上诉意见书之后,多少有点惊讶,因为目前看来,这个案子似乎比我预想中少了一些内容。很明显,他们并没有提到第八修正案的问题。”当然,这是因为最高法院没有将第八修正案问题“确认”为本案所涉及的法律问题。布莱克门对同僚们说道:“麦高萨案比我想象中的要简单。加利福尼亚州的刑事诉讼程序中已经有很多保护被告人权利的措施了。我维持原判。克兰普顿案要更难一些。它涉及最终陈述权是不是一项宪法权利的问题。我认为不是。我打算维持原判。”

这次大法官会议远远不像马克斯韦尔案那样令人感到茫然。很明显,支持在两个案件中都维持原判的人以六比三占据了多数。伯格指定哈伦来撰写判决意见。

1971 年 2 月 25 日,哈伦向大法官们传阅了他的草稿。按照他一贯的做法,他写的判决意见强调了最高法院角色的局限性。“我们的职能并不是将我们所认为的处理死刑案件的最佳方式强加给各州,”他写道,“而是决定宪法是否禁止当前死刑案所适用的程序。”哈伦解释了为什么无标准的量刑并不违反第十四修正案,“虽然不可否认这个主张表面上看似乎有些道理”。这个问题必须放在历史背景中理解。普通法并没有对各种不同的杀人行为作区分,任何杀人行为都可能适用死刑。于是,当陪审团认为一些案件不应当适用死刑时,它常常会选择直接宣判被告人无罪(律师们将这种行为称为“陪审团否决”)。面对陪审团否决的现象,各州的回应就是将杀人罪划分为不同等级,并且规定,只有一级谋杀才可以适用死刑。但陪审团否决的现象依然存在。从那以后,每当陪审团认为检察官滥用了自己的权力,它就会直接将被告人按低一级的杀人罪定罪。最终,各州妥协了,它们将陪审团的宽恕权变成了一项明文规定的权力。简而言之,陪审团在量刑中的自由裁量权是对陪审团在定罪中的自由裁量权的一种回应。

这段历史表明,克兰普顿和麦高萨的论点都是狡猾的律师想出来 107
的把戏。他们的律师深知,最高法院是永远不会限制陪审团的宽恕权的。为了把限制宽恕权的问题转变成限制惩罚权的问题,他们强调了陪审团适用死刑的罕见性。而哈伦揭穿了他们的诡计。即使陪审团在 99% 的情况下都选择了宽恕,这也并不能改变他们行为的本质。仅有的解决方法就是取消陪审团的自由裁量权——但这个方法不会有人支持——或者控制陪审团的自由裁量权。哈伦说,这种控制是无法实现的。没有人能用通俗的语言描述该死的人和不该死的人之间有什么区别。

宽恕是一种赦免行为,它本身就是不能用法律语言来规定的。想象一下,谁能解释清楚当自己决定给一个乞丐而不给另一个乞丐钱时,或者决定在一种情况下罚自己的孩子面壁思过而在另一种情况下不罚时,所考虑的全部因素呢？哈伦写道:“要在事前列举出所有应当适用死刑的刑事杀人案案情与被告人的特点,并且将这些特点用量刑机关能够理解并适用的语言描述出来,这似乎不是人类能完成的任务。”他又说道:“在这样一个难以捉摸的领域,若要让一个法院试着列举所有需要考虑的因素,那可能会让量刑的考量范围受到限制,因为任何加重、减轻情节的列表都不可能做到滴水不漏。面对千变万化的案件,概括性的标准要么会成为毫无意义的形式,要么会成为陪审团完全用不到的废话。”

至于分别式审理,哈伦认为两个被告人都没有因最终陈述权被剥夺而受到损害。“被告人可以向陪审团提供很多背景证据,哪怕这些证据与被告人是否有罪的问题之间只有很微弱的联系。克兰普顿案的案卷中没有发现被告人提供了证据却因为证据只和量刑有关而被排除的情况。”即使证据被排除了,克兰普顿也没有因此而处于相对其他被告人更不利的地位。从某种意义上说,审判总是残忍的,哈伦附和了伯格的观点。被告人总是会面临着出庭作证和行使第五修正案
108 权利之间的两难选择。最终,哈伦说,克兰普顿的主张可以归结为是在抱怨“陪审团在从未听到过他的声音的情况下就判处了他死刑”。哈伦认为这一主张“在很大程度上是象征性的”,不该予以采信。

在草稿的结尾,哈伦重申了他的第一项论点。“在下结论之前,”他说,“我们应该谨记一个更大的前提。实行分别式审理,为陪审团的量刑裁量权设定标准,确实有可能是处理死刑案件的更好的方式——如果我们要保留死刑的话。但是我们在死刑案中的权力以宪法为限度,而宪法并不保证我们的审判程序必须是世界上最好的审判程序,或者必须符合犯罪学这门年轻科学中最先进的观点,或者必须符

合本院每一位大法官的偏好。宪法仅仅要求公平地进行审判,并严格尊重被告人的法定权利。显然,从这两起谋杀案骇人听闻的案情事实来看,并不存在审判不公正的情况。”

哈伦的判决意见让法官助理们比大法官们更感到恐慌。丹尼尔·埃德尔曼(Daniel Edelman)毕业于哈佛法学院,他从布莱克门在第八巡回上诉法院时起就是他的法官助理了。他向布莱克门写道,哈伦的“判决草稿的确是一部极佳的作品,也经过了精细的修改”。但是,他说,“这一判决一旦公布,可能会有数百个人因此被执行死刑。这对我个人来说是非常可怕的,我想,对于这个国家来说,这也是非常可怕的”。但布莱克门并没有改变立场,他的同僚们也没有。

布莱克则向大法官们传阅了一份言简意赅的协同意见。因为制宪者们支持死刑,所以死刑是合宪的。“第八修正案禁止‘残酷而不寻常的惩罚’,”布莱克写道,“在我看来,这几个词不能被理解为禁止死刑,因为在这一条修正案被通过的时候,死刑在美国是合法且被广泛使用的。如果是制宪者们的意图是用这一条修正案来废除死刑,这在我看来是无法想象的。虽然有些人认为,本院应该用解释的方法来修改宪法,使它能够跟得上现代人的观念,但我从不相信终身任职的法 109
官可以享有这样的立法权力。”布莱克的反对意见并没有得到其他大法官的共同签署,这可能会让 LDF 感到松了一口气。但其实更可能的原因不是其他大法官不同意布莱克的观点,而是最高法院本来就没有将第八修正案问题“确认”为本案所涉及的法律问题。

道格拉斯和布伦南非常不满地发表了两份反对意见。道格拉斯提醒了布莱克,他三十年前在钱伯斯诉佛罗里达州案(*Chambers v. Florida*)中说过什么。那是布莱克写的第一份重要的判决意见,恰巧也是瑟古德·马歇尔作为律师在最高法院打赢的第一个案子。本案中,四名黑人在经过了一个星期的审讯后承认谋杀了一名白人。在审讯过程中，曾出现过十名警官同时在一个房间内询问被告人的情况，并且被告人未曾有机会与律师沟通。布莱克推翻了对这四名黑人的定罪，并写道："残暴的政府从来都会利用专制的刑事司法程序和刑罚来让弱者，让无助的政治、宗教、种族少数群体，让那些与众不同的、不服从的、反抗暴行的人成为替罪羊。"道格拉斯一字不差地引用了这段话。

布伦南则强调，哈伦对问题的表述是错误的。哈伦告诫人们，最高法院必须尊重立法机关的决定，但这与本案无关，因为本案并不涉及立法机关的任何决定。"我们并不是要决定立法机关所设计的某个特定的程序是否足以确保死刑量刑的合理性，"布伦南写道，"因为事实很简单，加利福尼亚州和俄亥俄州根本没有尝试制定这样的程序。我们没看到有哪个州尝试制定了标准，然后当事人认为这样的标准是违法的或者不合格的。我们也没看到有哪个立法机关尝试从实践中获取经验。我们甚至没看到立法机关在让死刑量刑更加理性的方面作出任何哪怕是一点点尝试。我们看到的只是立法机关对这一职责的彻底放弃。"

同道格拉斯一样，布伦南也提起了最高法院的过往。他引用了1886年的益和诉霍普金斯案（*Yick Wo v. Hopkins*）。在该案中，最高
110 法院认定，表面中立的法律如果在适用的过程中存在歧视，那么它同样违反平等保护条款。旧金山市授予监事会颁发或拒绝颁发洗衣房经营许可证的权力，并且没有针对这项权利制定相应的标准。监事会无一例外地拒绝了所有华裔申请人的经营许可申请。经营洗衣房多年的益和起诉并打赢了这场官司。布伦南指出了两个案子之间的联系。"到今天为止，在最高法院的历史上，我们还从来没有过一次认定这样不受指导、不受控制、不受审查的权力的行使是符合正当程序要求的。"他写道。"近一个世纪以前，加利福尼亚州用几乎一模一样的

程序来决定洗衣房经营许可的颁发，我们尚且认为那是违宪的。而今天我们却认定，用这样的程序来决定一个人的生死是合宪的。”

对于哈伦认为人类没有能力制定这种标准的观点，布伦南也进行了同样激烈的反驳。“我认为可以这样说：本院在没有进行任何解释的情况下就得出了‘死刑的量刑问题天生就无法用理性来对待’这一结论。”他写道。我们可以轻易想出简单而明确的标准。比如，立法机关可以规定，只有谋杀了警察的人才可以被判处死刑。任何一个陪审团都能理解这个清楚、客观的标准。“我们通常会用很多保护措施来制止那些随意的、违法的行为。我认为，我们完全没有理由相信死刑量刑的本质就是它不适用这些保护措施。”

多数派只是不愿意跳出现状来看问题罢了，布伦南说道，并引用了菲利克斯·法兰克福特在 1956 年写的文章《死刑的问题》（The Problem of Capital Punishment）。“至于所谓的不可能，我只能说，法律界最大的真相就是，在过去的一百年中，这个领域中最杰出的那些人曾经以十足的把握作证说某些事情是不可能的。而当人们真正开始尝试这些事情之后，就发现它们其实是非常容易执行的。”布伦南说，他并不反对裁量权，“只是要当得起‘裁量’这两个字，这项权力就不能是一种完全不受约束的权力；它必须是一种受到理智的引导和制约的裁判权。否则那就成了暴君的法律。它永远是未知的。它适用在每个人身上都是不同的。它是随意的，取决于每个人的格局、脾气和情绪”。

最后，布伦南否认了一种观点，即这两个案子要求最高法院划定
州权力的边界。“在这两个案子中，我们需要决定的仅仅是正当程序 111
条款对各州提出了什么要求”——这里，布伦南又一次借用了布莱克自己的话——“以确保统治人们的是法律，而不是当权者或当权者们的命令”。

道格拉斯赞扬了布伦南写的草稿。“你的反对意见写得太漂亮了,”他写道,并在这份反对意见上签了名。几天后,马歇尔也加入了他们。连哈伦也对这份反对意见表示了敬意。其中的很大一部分是布伦南的法官助理迈克·贝克尔(Mike Becker)写的。他毕业于哈佛学院和宾夕法尼亚大学法学院。他在法学院担任过法律评论的主编,后来又做过戴维·贝兹伦的法官助理。贝克尔在写这份反对意见时一直想着斯图尔特、布莱克和哈伦。在反对意见中多次引用这几位大法官写过的意见也是他的主意。哈伦开玩笑地让法官助理在自己的判决意见中加一句:“如有冲突,以本判决书为准。”

1971 年 5 月 3 日,最高法院发布了麦高萨案的判决。虽然 LDF 已经预料到了最坏的结果,但这一判决依然是个沉重的打击。距离科罗拉多州用毒气室处决路易斯·蒙格已经过去三年了。LDF 现在面临着死刑执行重新开始的可能。包括罗纳德·里根在内的几位州长表示他们会暂缓死刑的执行,直到最高法院就第八修正案的问题作出裁判,而法院至此还没有作出裁判。即便如此,暂停计划还是处于命悬一线的状态。

5 月 15 日,当 LDF 的领导者们和一百多名律师聚集在哥伦比亚法学院时,气氛是沉郁的。会议开场时,格林伯格仪式性地说了一些鼓励的话。希梅尔斯坦展示了一份很长的报告。从 2 月起,他就开始准备这份报告,以备他们在输掉麦高萨案之后使用。但阿姆斯特丹告诉在场的所有人,他们不能指望最高法院会帮助他们。LDF 会继续它手中所有死刑案的诉讼,并且会积极地提出第八修正案的问题——他们现在已经没有理由再保留这件武器以待后用了——但阿姆斯特丹觉得很难取得重大的胜利。新任的大法官们已经表明了立场。

112 阿姆斯特丹说,律师们能期望的最好的可能性就是为他们的当事人赢得发回重审的机会。很多囚犯当初被审判时,陪审员挑选程序都是违反了威瑟斯普恩案判决的。LDF 还可以提出类似博伊金案的主张。在上一年的 12 月，第四巡回上诉法院作出裁判，认定将一个没有危及被害人生命安全的强奸犯判处死刑是违宪的。也许律师们能说服最高法院将针对特定犯罪和罪犯的死刑宣告违宪。不过阿姆斯特丹觉得，若是主张死刑违反第八修正案，成功的希望不大。

引人注目的是，阿姆斯特丹呼吁大家转向草根战术。他和同事们简述了 LDF 新的三点计划。第一，LDF 将支持在国会提出提案，对死刑的执行颁布两年的中止令。第二，他们将尝试鼓励各州州长更加重视赦免程序。第三，塔夫茨大学哲学教授、美国废除死刑联盟主席雨果·贝多(Hugo Bedau)将组织一个用于公众教育和政治游说的合作网络。

LDF 在过去的一年中仅有的几次成功都是在州的层面上取得的。在上一个圣诞节前不久，希梅尔斯坦和阿姆斯特丹曾与阿肯色州州长温思罗普·洛克菲勒见面，力劝他给威廉·马克斯韦尔减刑。会面结束时，洛克菲勒说，其实他在和他们见面之前就已经下定决心了，只是阿姆斯特丹讲得太精彩，他不忍打断。洛克菲勒不仅给马克斯韦尔减了刑，还给阿肯色州所有死刑犯减了刑。LDF 相信这次胜利是可以在其他地方复制的。

果然，在洛克菲勒颁布全面减刑令后的第三周，宾夕法尼亚州即将卸任的司法部长弗雷德·斯皮克(Fred Speaker)也效仿他，并直接将电椅从行刑室中移除了。“我相信，处决罪犯是一种极其糟糕的罪恶，而任何一个容忍这种行为的社会都是在自降身份。”斯皮克说。当新的州长米尔顿·沙普(Milton Shapp)上任后，他声称斯皮克并没有权力移除电椅。但这只是虚张声势罢了。电椅在任何时候都可以重新装回去，而沙普承诺在自己任职期间不会执行任何死刑。

几乎是在同时，由前任加利福尼亚州州长埃德蒙·“帕特”·布朗 113

任主席的国家联邦刑法改革委员会公布了它的联邦法规修改草案,建议废除死刑。此后不久,阿拉巴马州上诉法院在解释一个古老的法条时认定,该法条规定任何死刑执行都必须在一所特定的监狱中执行,而这所监狱在四年前已经拆除了。这一判决实际上是停止了阿拉巴马州所有的死刑执行。LDF 认为草根策略是有潜力的。

六个月前,戈德堡和德肖维茨也得出了同样的结论。废除死刑运动的重心应该转移到州的层面上,转移到立法机关而非法院上。即使在最高法院公布马克斯韦尔案的判决之前,他们就已经看到了这个显而易见的事实。在 1970 年 6 月的《哈佛法律评论》中,戈德堡和德肖维茨批评了最高法院,认为它不应该回避博伊金案和马克斯韦尔案,不应该拒绝处理死刑的合宪性问题。不过,他们的主要目的其实是劝告各州不要太满足于现状。他们认为,州法院和州立法机关不应该简单地认为"司法系统是进行法律解释唯一合适的平台"。

很快,布伦南也开始在对各州律师协会的演讲中强调同样的主题。最高法院是美国宪法的最终裁判者,但没有什么能阻止一个州法院通过解释本州的宪法来扩大对公民自由的保护。当然,更没有什么能阻止一个州的立法机关进一步扩大这种保护。任何州——或者国会——都可以随时废除死刑。戈德堡和德肖维茨的文章促使密歇根州的参议员菲利普·哈特(Philip Hart)和纽约州的众议员伊曼纽尔·塞勒(Emanuel Celler)提出提案,建议对所有州和联邦政府的死刑执行实行为期两年的中止。哈特和塞勒说,这一法案能让各州有机会在恢复执行死刑之前来个深呼吸,冷静一下。

到了 1971 年夏天,所有废除死刑主义者已经达成了一致结论:他们仅有的希望在人民身上。戈德堡和德肖维茨在文章的末尾提到,"第八修正案的基本问题现在处于一种令人不适的、悬而未决的状
114 态"。他们和其他人一样,都对最高法院会如何回答这个问题不抱有

任何幻想。

在最高法院,自由派大法官们或多或少也是这样想的。布伦南感到非常沮丧。多年后,他回忆:"说实话,我必须承认,当麦高萨案被决定时,我们不只是输掉了一场小战役,而是完全失去了对最高法院宣告死刑违宪的全部希望。"

在布伦南看来,麦高萨案判决是局势转变的主要体现。沃伦法院获得的成就似乎正在一个接一个地溜走。在哈里斯诉纽约州案(*Harris v. New York*)中,伯格撰写的多数意见宣布,对于以违反米兰达案的手段非法获得的被告人的坦白,如果被告人在庭审中出庭作证,警方在庭审时可以用这类坦白来质疑被告人的可信度。布伦南在反对意见中认为这一判决是"骇人听闻的"。在拉比内诉文森特案(*Labine v. Vincent*)中,布莱克维持了路易斯安那州一条规定非婚生子女不得继承父母遗产的法律。在罗杰斯诉贝利案(*Rogers v. Bellei*)中,布莱克门支持了一条法律,该法律规定,出生在美国境外的孩子如果不能在 14 岁到 28 岁在美国连续住满五年的话,就会丧失美国国籍。在整个 20 世纪 60 年代,布伦南写了 67 份反对意见。而仅 1970—1971 年和 1971—1972 年两个开庭期内,布伦南就写了 72 份反对意见。他的愤怒渗透到了他写的意见书中。《纽约时报》称他写的意见书"越来越尖酸了"。

而雨果·布莱克日益恶化的健康状况也让布伦南的心情雪上加霜。布莱克开始走路颤颤巍巍,并且患有慢性头痛。失去布莱克并不会对死刑的合宪性有什么影响,但是很难相信理查德·尼克松会提名一个能像布莱克那样捍卫公民自由的继任者。

很快,布伦南就是孤身一人了。在夏天过后不久的一次大法官会议上,大法官们就如何处理在审的死刑案件以及是否能恢复死刑执行进行了讨论。斯图尔特认为不能恢复,因为很多上诉都提到了第八修

115 正案问题,而最高法院还没有解决这个问题。但在所有大法官中,只有布伦南表示,他认为死刑是“残酷而不寻常的惩罚”。而如果最高法院受理一个有关第八修正案的案子,结果将是显而易见的。因此,布伦南建议法院不要再拖延了。最高法院应该直接驳回剩余所有死刑案的调卷令申请,而他会附上一份简短的反对意见。道格拉斯和马歇尔同意布伦南的意见。他们都表示不会支持第八修正案的主张。道格拉斯清楚地表示,他对博伊金案所持的立场完全在于那是一起抢劫案。如果换成谋杀案的话,道格拉斯说他会改变立场。故事原本到这里就可以结束了——如果不是因为雨果·布莱克的话。

85 岁的布莱克是不会满足于让最高法院低调地认可他的观点的。很久以来,他一直都预测最高法院会在某一天废除死刑,并不是因为反死刑者的法律主张多么有道理,而是因为最高法院会屈服于对处决死刑犯的恐惧。他希望最高法院明确地认可他一直以来的观点,即死刑是合宪的,因为制宪者们的意图就是如此。布莱克一手扭转了大法官会议的局面。他认为,伯格应该珍惜自己占上风的时机,“一劳永逸地向整个国家表明,死刑以及死刑的所有方面都是符合宪法要求的”。他如何能预见到接下来将发生的事呢?

显然,道格拉斯是没有预见到的。大法官会议达成一致,将由布伦南和怀特“找出四个比较清晰的案子”来审理。道格拉斯向同僚们传阅了一份愤怒的备忘录,他威胁要在最高法院签发调卷令时发表反对意见。在法院**签发**调卷令时发表反对意见,这样的做法在最高法院的历史上几乎是没有先例的。道格拉斯同意布莱克的基本观点,但他在布莱克的提议中看到了一种思维上的不诚实,这是他无法赞同的。最高法院没有按布伦南的提议行事,这令道格拉斯感到极其愤怒:“我无论如何也想象不出,一个人怎么可能会认为在一个简单的、事实清楚的一级谋杀案中,死刑是违反宪法的。”

道格拉斯花了大半个6月的时间,执着地思考这个问题。在这个月里,他向同僚们先后传阅了自己写的反对意见的九份草稿。最早的几份草稿将死刑的合宪性当作是不证自明的。“这几个案件并不涉及什么重要的联邦法律问题。”他在第五份草稿中写道。“生与死的问题自然是最重要的,但那是属于行政和立法机关的问题,不是司法机关的问题。仅仅为了说清楚这一点,我们居然要浪费所有人一年的时间,这令人难以置信。”道格拉斯总结道:“从个人的角度,我认为只因被告人曾夺走过一个生命,社会就要夺走被告人的生命,这样的做法是非常残暴的。但是在我看来,宪法完全没有要求法官成为死刑智慧或愚蠢、道德或野蛮这一问题的裁决者。如果我们不想止步不前的话,那么我们的任务就是放手这些案件,让它们不要在这里继续溃烂了。” 116

在第六份草稿中,道格拉斯强调,制造这样一种虚假的希望对被告人是不公平的。“如果我们驳回了这些案件,被告人还有很多其他的路可以尝试。”道格拉斯写道。“在第八修正案问题之外——而他们中的多数人甚至没有提到这一问题——他们的案件完全不可能有机会得到本院的受理。实现他们诉求的更好方式是驳回调卷令申请,让他们能够在下级法院中提出任何他们能提出的新主张。”

在另一份草稿中,道格拉斯提出,为这些死刑犯制造虚假的希望本身就是“残酷而不寻常的”。在第九份也是最后一份草稿中,道格拉斯对同僚们的动机提出了指责。他写道:“在这些案件中签发调卷令的目的并不是要从宪法学、社会学和刑罚学各个方面探索这一问题,而是要以一种极端残忍的方式宣布,死刑是符合宪法要求的。”

像往常一样,道格拉斯没能说服任何人。

布伦南和怀特从两百份尚未处理的、红色封面的调卷令申请中选择了四个案子。他们的职责之一是让选出的案件覆盖足够广的范

围,以便最高法院能够技巧性地处理它们。因此,两人选择了两起强
奸案、两起谋杀案。在为大法官会议准备的一份备忘录中,布伦南和
117 怀特提到,他们对案件的选择让法院有机会在宣告谋杀罪的死刑合宪
的同时,认定强奸罪的死刑是“残酷而不寻常的”。

在所有尚未处理的强奸案上诉中,布伦南和怀特选择了杰克逊诉佐治亚州案(*Jackson v. Georgia*)和布兰奇诉得克萨斯州案(*Branch v. Texas*)。LDF 代理了卢修斯 · 杰克逊(Lucius Jackson)。布伦南和怀特认为,只有让 LDF 参与才是公平的,且 LDF 的参与能够确保第八修正案问题得到有力的论述。而埃尔默 · 布兰奇(Elmer Branch)的案子之所以引起布伦南和怀特的注意,是因为虽然布兰奇案的被害人是一位老年黑人女性,但用他们的话来说,她“没有受到特别的伤害”。言外之意是,如果最高法院认为死刑对于布兰奇来说都不过分的话,那么死刑对任何强奸犯都不过分。而杰克逊的案子情节较为恶劣。他从监狱逃出来,闯入了一户人家,强奸了户主。布兰奇和杰克逊都是黑人。

在布伦南和怀特选择的两起谋杀案中,第一起的情节非常可怕。欧内斯特 · 艾肯斯(Ernest Aikens)在加利福尼亚州的文图拉县犯了两起强奸杀人案。艾肯斯的代理律师是杰罗姆 · 福尔克(Jerome Falk),他是加利福尼亚州一位著名律师,也曾是道格拉斯的法官助理——而 LDF 也为本案提供了帮助。我们并不清楚大法官们所说的“干净的”死刑案是什么意思,但是艾肯斯案大概是不符合要求的。艾肯斯案的两名被害人中,一位是怀胎五月的孕妇,一位是他六十多岁的邻居。检方在庭审中还提供了证据证明艾肯斯枪杀了一位让他搭便车的同性恋男子。《时代周刊》称本案“以令人不寒而栗的方式向我们展示了另一种恐怖”——与反死刑主义者所强调的死刑执行的恐怖相对——并评价艾肯斯是“残酷的、无情的”。《时代周刊》还警告人

们,"精神科医生一致认为,他的神志清醒到可怕的程度,很可能永远也无法被改造"。

最后,布伦南和怀特还选了费曼诉佐治亚州案——另一个由 LDF 代理的案子。案情事实没有艾肯斯案那样骇人听闻,但也很恶劣。1967 年 8 月 11 日,米克夫妇——两名白人——在萨瓦纳的家中被一阵很响的噪声吵醒。威廉 · 米克(William Micke)想那可能是他们 11 岁的儿子在梦游,便下了楼,打算送儿子回去睡觉。很快,他的妻子听到一声巨响,以及丈夫的尖叫声。她叫醒了五个孩子,把他们锁在卧室,然后大声呼救。一位邻居听到呼救声前来帮忙,然后两人一起 118
报了警。警察赶到时,在地上发现了米克先生的尸体,他被一枚子弹贯穿了胸腔。在警察搜查附近区域时,威廉 · 费曼(William Furman)——一名黑人男性——从米克家附近茂盛的树林里跑了出来。警察捉住费曼,搜查了他,并在他身上找到一把点 22 口径的手枪。那正是杀死米克的那把手枪。

费曼辩称,这场枪杀是一个意外。他说自己在米克下楼时试图逃跑,但在逃出房子的路上绊到了后廊上一根松了的电线,无意间让枪走火,子弹穿过后门击中了米克。一个仅由白人组成的陪审团只花了两个小时讨论就定了费曼的罪。我们无法知道他们是否采信了费曼的陈述。也许他们信了,但还是定了他的罪。刑法中的重罪—谋杀规则规定,一个犯了重罪的人要对自己的行为所造成的全部后果负责,包括意外后果。按照重罪—谋杀规则,即使费曼说的是真的,他也可以被判处死刑。LDF 认为,这一点体现了无标准量刑的又一大缺陷:上诉法院无从得知陪审团究竟是相信米克死于故意杀人还是相信他死于意外。

但这个问题要放在日后再论了。所有大法官都认同布伦南和怀特的选择。道格拉斯甚至收回了他的反对意见——他的虚张声势一旦与暑期的度假计划产生冲突,就总是会逐渐停歇。6 月 28 日,最高法院签发了费曼案、艾肯斯案、杰克逊案和布兰奇案的调卷令,并将法庭辩论的日期定在 1971 年 10 月 12 日,那是新一年开庭期的第一个法庭辩论日。很明显,大法官们终于要直面这个无法忽视的问题了。最高法院仅将一个问题“确认”为这几个案件所涉及的法律问题:“在本案中,死刑的判决与执行是否构成违反第八和第十四修正案的‘残酷而不寻常的惩罚’?”

虽然道格拉斯决定放弃发表反对意见,但在他启程去华盛顿州的
119 古斯大草原度假之前,还是给自己的法官助理们留了“暑期研究项目”。他每年 6 月都会这么做,就是为了让他的法官助理们不能好好休假。今年的研究项目聚焦于死刑。“死刑问题多年来一直是我的业余爱好,”道格拉斯写道,“我一直觉得,它作为一项公共政策来说是极其不明智的。当然,这和认为它构成第八修正案所说的‘残酷而不寻常的惩罚’完全是两码事。”因此,道格拉斯说:“这个夏天,我们需要从社会学、刑罚学、精神病学和立法学的角度对这个问题进行扎实的研究。”对道格拉斯来说,“扎实”意味着要有原创性思考。他明确表示,他“并不想要一系列的判例来说明法官们在这个问题上是怎么决定的,因为法官基本上都是一些很愚蠢的人”。显然,道格拉斯相信,这些研究成果顶多会用于写一份反对意见,而最高法院的多数派一定会支持布莱克想要的结果。

布伦南并不知道道格拉斯所作的工作。如果他知道的话,他至少能稍微得到一点慰藉。伯格正在毁掉他加入最高法院以来所获得的所有成就,而与此同时,布伦南患咽喉癌的妻子在刚完成术后恢复之后又遭遇了癌症复发。上一轮的化疗使她无法正常进食。同时,她因为持续的疼痛而无法入睡。虽然布伦南天生是个乐观外向的人,但当他在 7 月 1 日离开最高法院准备开始夏日假期的时候,他的情绪是很

消沉的。在前往楠塔基特岛之前,布伦南指示迈克·贝克尔起草一份备忘录,阐述死刑为什么是残酷而不寻常的。贝克尔在写麦高萨案的反对意见时表现得非常出色,因此布伦南理所当然地将这个任务也交给了他。但布伦南并不幻想贝克尔的研究成果能改变 1971 年这四个案子的结果。布伦南打算在秋天返回最高法院时用这些研究成果写一份反对意见。他并未指望能有其他大法官加入这份反对意见。

从任何意义上来说,布伦南都是孤身一人。

第二部分

死亡

1971—1972年

第六章

年轻的律师们

对于要成为法官助理的人来说,1971 年夏天是最好 123
的时机,也是最坏的时机。成为一位大法官的法官助理是多数年轻律师的梦想。在 1971 年,法官助理的年薪只有 15000 美元,而且这份工作非常辛苦。但是,很多法官助理在回忆那段经历时都会认为那是他们人生中最精彩的一段时光。这份工作让他们能坐在观众席前排见证历史,甚至能有机会影响里程碑式的宪法判决。

不出意外,法官助理职位的竞争非常激烈。在每年 8 月就读法学院的五千名学生中,只有大约三十名能够进入最高法院成为法官助理。对于女性应聘者来说,这个概率要更小。在今天,虽然约有一半的法学生是女性,但只有 30% 的法官和 20% 的律所合伙人是女性。在 20 世纪 50、60、70 年代,法律职业对于女性来说完全是残酷的。1959 年,当露丝 · 巴德 · 金斯伯格从哥伦比亚法学院毕业时——她和另一名学生并列年级第一——她甚至很难找到工作。最终她的教授、著名的杰拉尔德 · 冈瑟出手帮了她。冈瑟向纽约一名联邦地区法院法官承诺,如果金斯伯格表现不好,他就会找一名

124 男性法官助理来替代她。最高法院的情况也并没有更好。1971 年,最高法院的二十六名法官助理中只有一位是女性。虽然威廉·布伦南支持女性的选择权,并写下了可以说是最高法院在女性平等法律保护方面最重要的判决书,但他直到 1974 年才第一次聘用女性法官助理。布伦南曾经对朋友说,如果一位女性被任命为大法官,他会选择辞职。

同样不出意外的是,经历了这场残酷筛选的幸存者们都是最卓越的那一批人。1971 届的法官助理们后来在法律界、商界和学术界成为重量级的人物。斯图尔特的法官助理本杰明·海涅曼(Benjamin Heineman)后来成为通用电气公司的总法律顾问。怀特的法官助理戴维·肯德尔(David Kendall)在白水事件的调查过程中以及总统弹劾听证会上成为比尔·克林顿(Bill Clinton)的代理律师。他也是美国最有名的诉讼律师之一。马歇尔的法官助理保罗·杰尔维茨(Paul Gerwitz)成为耶鲁法学院的教授。他的同事巴巴拉·安德伍德(Barbara Underwood)是那届唯一的女性法官助理,后来成为纽约州司法部副部长。布莱克门的法官助理乔治·弗兰普顿(George Frampton)后来成为美国的环保主义领袖。

在法官助理中,自由派格外多。威廉·伦奎斯特在 20 世纪 50 年代指出并批评了这一趋势,那时他刚为罗伯特·杰克逊大法官做过法官助理。伦奎斯特曾在《美国新闻与世界报道》(*U.S. News & World Report*)上发表过一篇文章,描述了他"思维极度活跃"的前同事们的热情与偏见。"他们中的一些人满怀着对于何为正确、何为错误的根深蒂固的观念,"伦奎斯特写道,"有些人在年轻、精力旺盛的时候,放任自己的这些观念影响自己,使自己对包括观点不同的大法官在内的任何人的能力都产生了愤世嫉俗般的不尊重。"伦奎斯特认为法官助理们左倾的政治观点对最高法院产生了负面影响。"所谓的'自由派'观点主宰着我认识的多数法官助理。这种观点的一些基本原则是:对于共产主义者和其他刑事被告人提出的诉求格外关心,扩大联邦权力,限制州权力,以及赞同政府对商业所作的任何监管——简而言之,就是首席大法官厄尔·沃伦领导下的最高法院所推崇的政治哲学。”而1971年的这一批法官助理也不例外。

但是,对自由主义者来说,这个夏天过得很不好。7月,雨果·布 125
莱克因血管炎在贝蒂斯达海军医院住院了。几周后,约翰·哈伦则因剧烈的背部疼痛住到了布莱克的隔壁。很快,哈伦得知,他患上了脊柱癌。9月17日,布莱克从最高法院辞职。六天后,哈伦也辞职了。又过了两天,布莱克因为中风导致的并发症去世了。而哈伦也只比他多活了三个月。

他们的继任者更倾向于保守。理查德·尼克松想要一个南方人来取代布莱克。他首先考虑了西弗吉尼亚州的参议员罗伯特·伯德(Robert Byrd)。这是一名三K党人,曾经阻挠1964年《民权法案》的通过。但约翰·米切尔告诉尼克松,国会和公众都不会接受一个从未考过律师考试的人,而伯德就是如此。于是,尼克松又考虑了弗吉尼亚州的众议员理查德·波夫(Richard Poff),他曾经为了抗议布朗案判决而参与签署了《南方宣言》(Southern Manifesto)。但波夫因为个人原因选择了退出。接下来,尼克松又找到了赫谢尔·弗莱迪(Herschel Friday)。他是阿肯色州的一名市政债券律师,而他的律所曾代理小石城,帮助它阻止种族融合。但美国律师协会的遴选委员会又认定他不符合条件。接着,尼克松又考虑了加利福尼亚州上诉法院的一名法官米尔德里德·利莉(Mildred Lillie)。但美国律师协会的遴选委员会认为她也不符合条件。伯格劝尼克松不要选择这些候选人。他提醒尼克松和米切尔,至少在他看来,“在过去的十年里,最高法院作为一个机构已经遭到了严重的破坏”。伯格也表示,如果尼克松任命一位女性,他会选择辞职。

最终,尼克松找到了刘易斯·鲍威尔(Lewis Powell)。他是美国律师协会的前任主席,得到律师协会强有力的支持。但是,鲍威尔在种族方面也有过不好的记录。他曾是里士满教育委员会的主席。当时,用鲍威尔日后回忆时的话来说,废除种族隔离的进度“比民权运动领袖们想要的要慢一点”。这话说得太委婉了。在民权运动领袖们看来,委员会的行为是对布朗案判决的公然违抗。不管这样的描述是否准确,鲍威尔都是明显不支持民权运动的。1966 年,他发表了一篇题
126 为《公民不服从:革命的序曲》(Civil Disobedience: Prelude to
Revolution)的文章——同样是发表在《美国新闻与世界报道》上——并批判了马丁·路德·金和公民不服从。“所有宣扬、实践和容忍违法行为的人都是社会改革和自由本身的敌人。”他写道。鲍威尔是个不能再“白”的白人。他是菲利普·莫里斯公司的董事会成员,拥有一栋殖民建筑风格的豪宅,又是“弗吉尼亚乡村俱乐部”这一私人组织的成员。但从自由派法官助理们的角度来看,很不幸,鲍威尔还算是被提名的两位候选人中更温和的那一个。

尼克松为哈伦选择的继任者威廉·伦奎斯特,也是到后期才走进了尼克松的视野。作为司法部常务副部长,伦奎斯特在尼克松为布莱克挑选继任者时参与了审查遴选工作。当约翰·米切尔的副手理查德·克兰丁斯特(Richard Kleindienst)告诉他不用参与会议,因为“我们会讨论到你”时,伦奎斯特还挺惊讶的。伦奎斯特的学术背景非常杰出——他在斯坦福法学院时曾是毕业典礼上的应届毕业生代表——但他在种族问题上同样表现出了麻木性。当他还是杰克逊大法官的法官助理时,他曾写过一份备忘录,题为“浅谈种族隔离案件”。他在这份备忘录中为“隔离但平等”原则辩护。伦奎斯特写道:“我知道这是一种不受欢迎的、不人道的立场,为此我也被我那些‘自由派’的同事严厉地指责过,但我认为普莱西诉弗格森案的判决是正确

的,并且应当被重申。有一种论调是,多数派不能剥夺少数派的宪法权利。对此,我的回应一定是,虽然这在理论上是正确的,但是长远来看,只有多数派才能决定少数派的宪法权利到底是什么。”

这份备忘录在伦奎斯特的任命听证会上成为争议的焦点。伦奎斯特在作证时说,这份备忘录只是描述了杰克逊的一些“试探性的观点,是留给他自己用的”。长期担任杰克逊秘书的艾尔西·道格拉斯(Elsie Douglas)称伦奎斯特的这段证言为“一个杰出的人身上的一个污点”。她说,她的老板杰克逊并不会去问法官助理的观点。不论事实如何,克兰丁斯特认为,若不是因为尼克松决定将鲍威尔和伦奎斯特的名字一同交到国会,伦奎斯特是不会被任命为大法官的。国会的民主党派知道,如果他们否决了这个组合,那么尼克松再提名的候选人可能就没有那么“温和”了。自由派的法官助理们感到很绝望。显 127
然,最高法院要开始右倾了。艾伦·德肖维茨告诉《纽约时报》,民权组织们知道即将要面对“一段艰难的时光”了。

死刑问题的前景也不乐观。许多法官助理非常关注死刑问题,而死刑的合宪性问题在当时也变得前所未有的重要。七百多名死刑犯正等着最高法院就“死刑是不是残酷而不寻常的惩罚”这一问题作出决定。费曼诉佐治亚州将是那一年最重要的案子,但对于这些法官助理来说,这个案子几乎是必输的。当法官助理们在午餐时间聊起这个问题,他们的一致意见是 LDF 不可能赢下这个案子。算一算数字就知道了。鲍威尔、伦奎斯特、伯格和布莱克门都会支持死刑。这就意味着 LDF 需要赢得剩下的全部五位大法官的支持。

但这看起来不太可能。只有布伦南这一票是确定的。有些法官助理觉得道格拉斯和马歇尔也许可以被说服。也有些人觉得斯图尔特可能也会加入,但是他自己的法官助理们根本不敢猜测。其中一名法官助理是威廉·杰夫里斯(William Jeffress),他后来成为华盛顿的顶尖诉讼律师,代理过的人包括副总统迪克·切尼(Dick Cheney)的助手 I. 刘易斯·利比(I. Lewis Libby,外号"滑板")。杰夫里斯说,事实一次又一次地表明,斯图尔特的态度是很难预测的。不管怎样,即使有了斯图尔特的支持,票数也只是四比四平而已。LDF 还需要拜伦·怀特的支持,而这看起来是完全不可能的。怀特在威瑟斯普恩案中发表了反对意见,在马克斯韦尔案中主张依据威瑟斯普恩案来作决定,在博伊金案中拒绝支持第八修正案的主张,又在麦高萨案中和哈伦站在了一边。现在,他又有什么理由改变立场呢?

夏天过后不久,迈克·贝克尔向他的老板布伦南展示了他按要求准备好的备忘录。贝克尔写道,死亡是一种特别的刑罚,因为它并没有将一个罪犯作为一个人来对待,而是当作"一个可以随便丢弃的东西"。虽然他的表述很有感染力,但布伦南已经接受了将独自一人发表反对意见的事实。他说,他打算在 1 月份的法庭辩论之前都不去想死刑问题。这个问题太令他抑郁了。

* * * *

128 同样,对于想要成为民权律师的年轻人来说,1971 年夏天是最好的时机,也是最坏的时机。像在最高法院工作的同龄人一样,杰克·希梅尔斯坦也挣得很少。他的年薪只有 6000 美元。考虑到他每周工作超过 80 个小时,平均下来,他的时薪只有 1.5 美元,甚至比 1.6 美元的最低工资标准还要低一点。这份工资只能勉强在当时还很破败的格林尼治村租一间小公寓。但是希梅尔斯坦丝毫不抱怨。他知道自己有多幸运。

迈克尔·梅尔茨纳在耶鲁的同学们问他为一个黑人组织工作是不是更像社会工作而不像法律工作,这已经是十年前的事情了,但是,民权工作这条职业道路依然很窄。希梅尔斯坦在找工作时几乎和梅尔茨纳当年一样艰难。当希梅尔斯坦加入 LDF 时,他是办公室里的第八名律师。希梅尔斯坦对自己的幸运非常感恩,而且他对每一位同事的热爱仅次于对这份工作的热爱。他同样在这场法律界的世纪之战中坐进了前排观众席。

但在夏天过去之后,这场战斗进行得却并不顺利。和法官助理们一样,在 LDF,几乎所有人都觉得费曼案是必输的。梅尔茨纳感到很绝望。他曾在马克斯韦尔案之前和布莱克门的法官助理有过一次对话,而这次对话让他对布莱克门抱有一点希望。“当他机缘巧合般地被任命到最高法院时,我天真地以为他会站在我们这一边。”梅尔茨纳说。而麦高萨案熄灭了这一点希望。布莱克门这一票注定是拿不到了,而伯格、伦奎斯特和鲍威尔也一样。费曼案的选择让梅尔茨纳备感苦恼。因为费曼的谋杀行为似乎是一次意外,所以看起来最高法院想说的是,即使是在情节最不恶劣的案件中,它也能够允许死刑的适用。希梅尔斯坦对本案也是这样猜测的。格林伯格亦如此。

只有托尼·阿姆斯特丹满怀希望。“我当时的预期是赢下这个案子。”他在 2010 年回忆。考虑到同事们悲观的态度和局势的总体走向,阿姆斯特丹作出这样的预测似乎是毫无道理的。这与麦高萨案之 129
后他在哥伦比亚法学院的会议上说过的话也不一致。也许是夏日假期让他恢复了活力。两年前,阿姆斯特丹搬到了斯坦福法学院,而北加州的夏日总是有着神奇的魔力。但更大的可能性是,阿姆斯特丹不得不向自己灌输必胜的信念,因为只有当他相信自己一定会赢的时候,他才能继续这样废寝忘食地工作。

阿姆斯特丹将希望寄托在怀特和斯图尔特身上。对于斯图尔特,阿姆斯特丹将威瑟斯普恩案视为一个风向标。当斯图尔特选择推翻威瑟斯普恩的量刑却没有推翻他的定罪时,斯图尔特其实是创造出了一种前所未有的法律救济手段。阿姆斯特丹相信,这反映出斯图尔特对死刑有着潜在的不满。阿姆斯特丹还相信,斯图尔特怕的是刑事诉讼程序的宪法化。“他担心的是社会主义逐渐渗透到正当程序原则中，”阿姆斯特丹说，“作为法兰克福特的法官助理，我能理解这种担忧。”

在阿姆斯特丹看来，赢下这个案子的关键在于想出一种既能激发斯图尔特对死刑的反感，又能符合他对最高法院角色定义的理论。阿姆斯特丹说：“我们认为斯图尔特对宽泛的正当程序原则非常戒备，但我们相信，斯图尔特反对的是麦高萨案的分析过程，而不是其结果。如果我们能给他一个确凿的法律依据，他会愿意废除死刑的。”于是，阿姆斯特丹作出了一个战略决定，那就是不要试图推翻麦高萨案。“我们觉得斯图尔特尤其不会改变立场。”阿姆斯特丹说。

但是，若要试图在不推翻麦高萨案的同时赢下费曼案，LDF 就面临着一个尴尬的局面。LDF 对于合并式审理、无标准量刑以及歧视的批判都是程序上的论点，自然应该以第十四修正案的正当程序条款为首当其冲的法律依据。在麦高萨案中，最高法院已经判定死刑不违反第十四修正案。LDF 要如何说服斯图尔特死刑违反第八修正案却不违反第十四修正案呢？

面对这个问题，阿姆斯特丹又一次灵光乍现。他提出，第十四修
130 正案要求的是程序公正，而第八修正案要求的是结果公正。这样的区分有些狡猾，却也极其巧妙。它为斯图尔特在维持麦高萨案判决的同时废除死刑提供了一个基础。同时，它还保留了 LDF 在程序方面所提出的问题的相关性。

“第八修正案要求结果公正”这种想法几乎没有任何法律依据，但阿姆斯特丹认为这是理所当然、不言自明的。“我们认为，我们在费曼案中主张的想法——即不要看法律规定的是什么，而要看现实发生的是什么——自然地指向第八修正案。我们之间还有一个没有对外公开的说法，那就是我们对抗死刑的终极武器是奥卡姆剃刀。”阿姆斯特

丹解释:“我们逐个列举刑事司法程序中死刑案与非死刑案共有的一些方面,然后,我们主张这些程序在死刑领域会产生不可接受的结果。”这就会引导法官去思考:“真正的问题到底是什么?难道是死刑案程序的每一个环节都各自出了问题?抑或真正的问题是死刑本身——它是一个无理智的、充满复仇心的怪兽,以至于任何为了用正常、公平、理性、平等的程序对它加以限制的努力都会不可避免地失效?”

整个夏天,阿姆斯特丹都在为费曼案和由 LDF 代理被告人的另外两个案子——艾肯斯诉加利福尼亚州案和杰克逊诉佐治亚州案——撰写上诉意见书。此时的阿姆斯特丹已经开始全盘负责意见书的起草环节。LDF 的律师们有时会写一些备忘录交给阿姆斯特丹,但这些都只能算建议而已。“托尼会说,‘你写得很棒’,然后完全重写一份意见书。”杰克·希梅尔斯坦回忆。阿姆斯特丹在提交一份法律文书之前已经不再需要 LDF 的签字了。用美国联邦检察官办公室的话来说——阿姆斯特丹曾在那里工作过一年——阿姆斯特丹已经是 LDF 死刑部的主管了。杰克·格林伯格说:“显然,阿姆斯特丹太有创造力,太聪明了,所有人都遵从他的意见。”向法院提交上诉意见书的截止日期是 8 月 26 日。在 7 月,阿姆斯特丹大致列出了为撰写上诉意见书所需要做的调研的内容提纲。阿姆斯特丹喜欢在动笔之前充分思 131
考,而不喜欢在写完之后做太多修改。“我写第一稿时总是很慢,”他说,“但是第一稿就很接近最终成品了。”所以,还有很多准备工作需要做。

第一项调研是要证明死刑是违背公共政策的,也是违背充分知情前提下的公众舆论的。这项任务交给了雨果·贝多这位在上次会议中扮演了重要角色的塔夫茨大学哲学教授。贝多对有关威慑作用的社会学文献进行了综述,就国际上废除死刑的趋势起草了一份 10 页的备忘录,又阐述了科学家和学者在废除死刑运动中发挥的作用。

应阿姆斯特丹要求,公民反对谋杀合法化联盟(Citizens Against Legalized Murder,CALM)主席道格拉斯·莱昂斯准备了一份关于死刑犯所遭受痛苦的概述和一份对于骇人的死刑执行现场的详尽描述。莱昂斯年仅 26 岁,但阿姆斯特丹认为他是这项工作的最佳人选。CALM 在 20 世纪 60 年代非常活跃。这个组织在监狱门口举行过静默抗议,在国会发表过证词,并且密切关注着每一个死刑犯的现状。伯特·兰开斯特(Burt Lancaster)、杜鲁门·卡波特(Truman Capote)和史蒂夫·艾伦(Steve Allen)都曾是它的成员。以这个组织的活跃程度,人们会以为它至少有几十名工作人员。但事实上,这个组织是由莱昂斯一个人运营的,而他的工作地点就是他在加利福尼亚大学的宿舍。他借助的仅仅是他父亲伦纳德(Leonard)作为一位著名联合专栏作家和影评人的信誉。莱昂斯曾一次又一次地展现了他坚韧不拔的意志和出色的能力,而这一次也不例外。

最后,LDF 的律师们负责研究第八修正案的历史和法律解释。其中的一项任务是展示哪些刑罚种类在 1791 年是被接受的。另一项则是对最高法院就第八修正案作出的每一份判决的语言表述和裁判要旨进行综述。阿姆斯特丹想要表明,被害人所遭受的痛苦是有法律意义的。同一种刑罚,适用于一种类型的犯罪或罪犯是可以接受的,而适用于另一种类型的犯罪或罪犯则可能是不可接受的。阿姆斯特丹猜测,最高法院选择受理布兰奇案和杰克逊案,可能是想表明它对宣告针对强奸罪的死刑违宪持开放态度。

132 8 月 18 日,在距离截止日期还有八天的时候,阿姆斯特丹开始动笔写上诉意见书了。在斯坦福的一间会议室里,他将这些研究报告摊开在桌上,和自己曾经的学生杰弗里·明茨(Jeffrey Mintz)一起开始工作。无论是写什么样的法律意见书,要想在八天之内写下三份都是很困难的，更何况这是关于死刑合宪性的三份上诉意见书。但这是托尼·阿姆斯特丹。阿姆斯特丹靠咖啡和雪茄维持着生命，不分昼夜地以正常人永远无法企及的速度工作着。他的秘书已经跟不上了。当她筋疲力尽地回到家之后，明茨和阿姆斯特丹终于打完了这三份意见书。阿姆斯特丹并不擅长打字，这几份可以居于美国历史上最重要的法律文书之列的文件是用“一指禅”打出来的。他的儿子乔恩(Jon)还记得父亲在挑灯夜战时会在桌上并排摆上两台雷明顿(Remington)打字机——“一台用来打正文，一台用来打脚注”。8月25日10点30分，截止日前的最后一个晚上，明茨将几份文书拿到旧金山机场，送上了飞往华盛顿特区的最后一架飞机。到了早上，阿姆斯特丹的另一位学生取走了这些文书，将它们交到了最高法院。

艾肯斯案的主意见书引用了LDF做的历史背景研究来证明第八修正案必须与时俱进。“如果我们否认第八修正案的这一动态特性，就会造成难以想象的结果。”阿姆斯特丹写道。一份长达30页的附录列举了18世纪人们曾使用过的刑罚。阿姆斯特丹写道。“如果仅仅因为死刑在1791年曾被法律和实践所允许，就认为宪法在今天也不禁止死刑，那么同理，第八修正案在今天——甚至永远——也不能禁止手足枷、颈手枷、公开鞭刑、肉体鞭打、黥刑、木桩刑、髡刑、钉刑、刵刑。关于第八修正案的静止理论似乎没有必要再讨论下去了。”

正确的标准应该是“不断演进的文明标准，这种标准是一个成熟社会进步的标志”，正如沃伦在特罗普案中所写的。接下来的难题就是如何解释为什么当美国公众中的大多数都支持死刑时，文明标准却不接受死刑。在这一点上，阿姆斯特丹依靠的是他在博伊金案的上诉意见书中所提的论点。美国人支持将死刑作为一种威胁，但不支持真 133
正适用死刑。LDF在呼吁废除死刑时，特别向公众强调这一点。“如果一种刑罚得到了普遍的、公平的、一致的适用，那么一旦公众不再接受它了，它就会被立刻从法条中废除。”阿姆斯特丹在1月份接受《时代周刊》采访时说道。“但是当一种刑罚歧视性地被适用在少数人身上时，那些通常能够促使人们废除一项不恰当的刑罚的舆论压力就不存在了。”他补充道。“简而言之，如果一种刑罚如此野蛮，以至于它只有靠罕见的、随意的、歧视性的适用才能获得公众的支持，那么很明显，它已经冒犯了社会整体的文明标准。”

为了在上诉意见书中彻底讲清楚标准的问题，阿姆斯特丹把任何能想象得到的论据都提了出来。他说，国际社会已经抛弃了死刑。他说社会中最有知识的那部分人都谴责死刑，并列举了从阿尔贝·加缪（Albert Camus）到坎特伯雷大主教等各类名人作为例子。他还指出，死刑在美国的适用正在逐渐变少——当然，他的“暂停策略”大大促进了这一变化。最后，他将死刑执行的秘密性作为美国公众内心反感死刑的终极证据。“我们把死刑执行的现场隐藏起来，是因为我们不愿看到它们，因为这些场景使人恶心。”他写道。“难道法院今天能说，公开执行死刑不违反第八修正案吗？”

上诉意见书甚至探讨了列支敦士登和摩纳哥的刑罚制度，却对种族问题这个诱使阿姆斯特丹进入死刑领域的问题没有太多讨论，直到这份长达100页的意见书的最后一部分。在这一部分，阿姆斯特丹展示了4页的统计学证据，证明涉及强奸和谋杀的死刑案中存在的种族歧视。“那些被选择处死的人，”他写道，“都是贫穷的、没有权力的、长相丑陋的和不被社会所接受的人。同时，黑人在其中的比例也格外高。”

于是，种族歧视问题主要体现了美国死刑的核心悖论。死刑之所
134 以被认为是合宪的，是因为公众不反对它，但公众之所以不反对它，是因为它太少被适用了。而这又恰恰使得种族歧视的证明变得非常困难，因为统计学需要大量的数据才能得出显著的结果。阿姆斯特丹写

道:“如果一个州只是零星地处死几个人,它就可以实行种族歧视而不被抓到。”

最后,阿姆斯特丹提出,第八修正案的作用就是在其他宪法保障失灵的时候阻止明显不公正的情况。他写道:“如果一个州适用某种特定刑罚的频率足够低,以至于这种刑罚的适用没有形成一种常规的模式,那么这个州**可能**在歧视性地适用刑罚;它**很可能**在对穷人和弱势群体适用更重的刑罚;但它**一定**在以一种逃脱了宪法保护措施的方式适用刑罚。”除非由第八修正案来填补这种空缺。

这最后一种论调在法律上是否成立,是值得商榷的。当然,没有任何判例表明第八修正案如阿姆斯特丹所说那样具有万能补丁的功效。不过,作为一种策略性的招数,这种论调毫无疑问是非常有用的。它保留了 LDF 在程序方面提出的异议,给了大法官们一个渠道来表达他们对种族歧视的担忧,也为他们在不推翻麦高萨案的前提下宣告死刑违宪提供了又一个理论基础。美国死刑史最权威的记述者、加利福尼亚大学洛杉矶分校教授斯图尔特·班纳(Stuart Banner)认为阿姆斯特丹的论辩是“极为巧妙的”。

完成了上诉意见书后,LDF 又开始准备 10 月 12 日的法庭辩论。阿姆斯特丹做好了出差去纽约的准备。在那里,他将同希梅尔斯坦和格林伯格开两天的会。格林伯格会在杰克逊案中出庭辩论。总体来说,阿姆斯特丹并不太依赖于预先排练或者被律师们称为“模拟辩论”的练习环节。到了此时,他已经对相关法律和论点倒背如流了。不过,阿姆斯特丹在费曼案中的对手是罗纳德·乔治,也就是麦高萨案的出庭律师。毫不夸张地说,乔治在麦高萨案中就已经证明了自己是个很难对付的对手。

此外,几个重要问题还没有得到解决。在杰克逊案中,格林伯格会提出,针对强奸罪的死刑是“不寻常”的,因为它只在美国的一些地

135 区对黑人被告人适用。强奸案中种族歧视的证据比谋杀案中要更加确凿,这就导致了阿姆斯特丹和格林伯格的论点之间可能会出现矛盾。他们必须小心,不要成为彼此的绊脚石。此外,虽然阿姆斯特丹知道文明标准不应该以制宪者的意图为准,但他还没完全想好要怎样回答"如何丈量文明标准"的问题。还有很多问题需要他们思考,但在哈伦和布莱克辞职后,最高法院将法庭辩论推迟到了来年的 1 月 17 日。在疯狂工作了两周之后,阿姆斯特丹忽然无事可做,除了等待。

与此同时,佐治亚州司法部常务副部长多萝西 · 比斯利(Dorothy Beasley)简直不敢相信自己的好运。1967 年,她随丈夫从华盛顿特区附近搬到了佐治亚州,并在那里读了法学院。不断有律师告诉她,亚特兰大的律所是不会聘用女律师的,她根本没必要申请。但是,比斯利还是找到了工作,并在此后鼓起勇气向州司法部长阿瑟 · 博尔顿(Arthur Bolton)申请在他的部门工作。博尔顿录用了她。然后,在 1971 年 12 月,在罗伊诉韦德案的关联案件多伊诉博尔顿案(*Doe v. Bolton*)中,年仅 33 岁的比斯利第一次在最高法院出庭。现在,她又要出庭辩论费曼案了。在两个月的时间里,比斯利就出庭辩论了 20 世纪最重要的几起案件中的两起。

比斯利后来成为佐治亚州上诉法院的首席法官,也成为一名反死刑者。不过,1971 年的她却支持死刑,并且坚信宪法站在她这一边。"我当时认为,最高法院认定死刑是'残酷而不寻常'的惩罚并废除死刑是毫无可能的。"她后来回忆。"那时,我觉得死刑会被认为是一种必要之恶。"

罗纳德 · 乔治也同样热爱他的工作。就像最高法院的法官助理和 LDF 的律师一样,乔治也觉得他得到的高质量的工作经历远远弥补了薪水的不足。在上诉部,乔治有充足的时间来思考各个案件,这是很奢侈的。他可以就辩论思路进行透彻的研究,并打磨、润色自己的

写作成果。最棒的是，相比于大律所的工作，这里的工作能让他提早 136
很多年在最高法院出庭。年仅 32 岁的他已经在最高法院出庭辩论了五个案子。他的父母去看了两次辩论，并且他赢下了除第一个以外的全部四个案子。

不过，乔治对这几个死刑案的预期和比斯利有些不同。虽然乔治赢下了麦高萨案，但这次他却没有那么自信了。他很敬佩托尼·阿姆斯特丹。在乔治看来，LDF 的上诉意见书是一部“关于死刑问题的意义深远的作品”。此外，他认为最高法院签发调卷令这件事本身就是个不好的兆头。“总体来说，我的观点是，如果最高法院为被告人签发了调卷令，那么这场战斗对你来说就比较艰难了。”他在 2010 年说道。“我当时有种感觉，最高法院想要在程序上做些改变。”

在待审的几个案子中，乔治认为他的案子在事实方面是最有利的。艾肯斯案的庭审中并没有陪审团参与。主审法官杰罗姆·贝伦森（Jerome Berenson）是位备受尊敬的法官，与多数法官不同，他甚至列出了自己在量刑时所考虑的所有加重和减轻情节。乔治想，最高法院选择艾肯斯案，可能是为了举例说明符合宪法要求的死刑制度是什么样子。他急切盼望着出庭辩论这个案子，但是在最高法院为了等待伦奎斯特和鲍威尔而决定推迟此案后，乔治同样做不了任何事情，只能等待。

然后，在 12 月，加利福尼亚州最高法院出人意料地对一个名叫罗伯特·安德森（Robert Anderson）的死刑犯的上诉表现出了兴趣。最高法院通知阿姆斯特丹和乔治在很短的时间内提交艾肯斯案的上诉意见书并准备法庭辩论。安德森案是个恶名昭著的案子。1965 年，在一个阴雨天的早晨，安德森走进一家当铺，要求看看一支步枪。61 岁的当铺经理路易斯·理查兹（Louis Richards）给他拿了一支雷明顿山地步枪，并准备开账单。正在他写账单的时候，安德森拿了一盒弹药,开始给枪装上子弹。理查兹让安德森直接拿走这把枪,但安德森的反应却是枪杀理查兹并试图追杀另一名店员。警察包围了当铺,接着便展开了圣迭戈历史上持续时间最长的枪战。在庭审中,安德森并
137 没有辩解太多,只是模糊地声称店主是种族主义者。陪审团讨论了九个小时,最终判处安德森死刑,使用毒气室执行。

在乔治看来,安德森案令人毛骨悚然的案情在死刑案中是非常典型的。但另外,这个案子在加利福尼亚州的司法系统中已经停滞了六年没有取得进展,而此时加利福尼亚州最高法院忽然对它产生了兴趣,这是很反常的。1 月 7 日,在距费曼案的法庭辩论还有不到十天的时候,加利福尼亚州最高法院听取了安德森案的法庭辩论。代理安德森的阿姆斯特丹和杰罗姆·福尔克提出了他们通常会提出的那些论点:陪审员挑选程序不合法,无标准量刑违反州宪法和联邦宪法,以及死刑对穷人和少数群体产生不公平的影响。但是,加利福尼亚州的大法官们似乎对“残酷而不寻常的惩罚”这一问题最感兴趣,尽管 LDF 在上诉意见书中并没有将此作为一个核心问题。

乔治察觉出了不对劲。加利福尼亚州法院此举唯一合理的解释就是它在考虑宣告死刑违宪。如果备受尊敬的加利福尼亚州法院迅速地废除了死刑,那一定会引起美国最高法院的重视。当乔治飞往华盛顿时,他感到风向已经变了,变得对他不利了。

但乔治甚至没有意识到他的预感有多准。当他前往东部准备参加法庭辩论时,瑟古德·马歇尔正在为一份宣告死刑违反第八修正案的判决意见草稿做最后的润色。连布伦南也没有想到此前认为死刑合宪的马歇尔态度会发生 180 度的大转变。

马歇尔在巴尔的摩的街头长大,对街头的犯罪分子非常戒备。他曾对一位法官助理说:“我痛恨死刑。但我也痛恨那些因为我们不适用死刑而得以逃脱的混蛋们。”迈克尔·梅尔茨纳为马歇尔工作过。

他曾对马歇尔说,他认为上诉法院应该有重新量刑的权力。马歇尔回答:“我赞成,但前提是我既能减轻量刑,又能加重量刑。”梅尔茨纳说: 138
“马歇尔不像有些白人自由主义者那样,对罪犯有一种情感上的联结。”

但是,这个夏天,马歇尔改变了观点。这段时间使马歇尔自然而然地开始反思自己的人生和司法生涯。6月,马歇尔做了阑尾切除术。这是他两年内第二次住院。整个夏天,他都在弗吉尼亚北部的家中休养康复。马歇尔家是第一个住进巴克罗夫特湖富人区的黑人家庭。但这个地方对马歇尔来说却是一种折磨。马歇尔里里外外都是个城里人。在LDF工作时,马歇尔住在晨边花园,那是哈勒姆边缘的一栋复合式公寓。当他搬到华盛顿去做司法部副部长时,他和妻子茜茜(Cissy)在朗方广场(L'Enfant Plaza)附近租了一套小的联排别墅。马歇尔喜欢这套位于G街64号的房子,不过在华盛顿期间他更常去喝酒,在街道间漫步。1968年,茜茜决定把家搬到城郊。他们借了52000美元,买了一套五居室的独栋房子。一个邻居曾对《华盛顿明星报》(*Washington Star*)的记者说,他们并不欢迎马歇尔一家搬到巴克罗夫特湖来,因为“这可能会鼓励更多类似的行为”。不用说,马歇尔在这里大概不太有归属感。

从各种意义上来说,这个说法都是对的,因为马歇尔在最高法院也不太有归属感。作为LDF的首席律师,马歇尔曾在整个国家巡回演说,面对的都是大批崇拜他的听众。在约翰·肯尼迪将他任命到第二巡回上诉法院之后,马歇尔几乎立刻就意识到了自己不喜欢那里。他感到法官的生活是单调而孤独的。他常常坐在办公室,连续几个小时地看着窗外,看着街对面的工地,陷入白日梦。1965年,当他成为司法部副部长后,情况在短时间内好了一点。约翰逊总统任命马歇尔,就是为了当年轻人来到最高法院,好奇那个正在出庭辩论的“Ne-

gro”是谁时,有人可以回答:“他是美国司法部副部长。”他很少处理民权相关的问题,但至少他回到了前线,做着自己最擅长的事情,并且赢下了他在最高法院出庭辩论的三十二个案子中的二十九个。1967
139 年,当林登·约翰逊提出要任命他为大法官时,马歇尔希望成为那个能促进最高法院融合的人,但同时,他也担心自己可能会再一次陷入孤立。

正如他所料,马歇尔又一次感到被隔绝了。作为一个享乐主义者,马歇尔一直很努力地生活着。他对美食、红酒和烟草有着惊人的热爱。在LDF工作时,马歇尔常常打牌到凌晨,并且是夜总会的常客。法官职业让他暂别了这种生活方式。在做司法部副部长期间,马歇尔靠着波旁威士忌和胡椒博士饮料巩固着自己和林登·约翰逊的友谊。而成为最高法院大法官后,马歇尔则永远告别了这样的生活。

随着马歇尔和朋友们之间的距离越来越远,他的健康状况也开始恶化。由于缺少足够的社交来吸引他的注意力,马歇尔天天吸烟,喝酒也更多了,常常在午饭时喝上三杯马蒂尼。他的体重也长了。20世纪70年代初,马歇尔的体重已经超过了230磅。一些担心他的公民给他写信,让他关注自己的健康问题。他给其中一个人回信时写道,他已经减到每天三支烟了。“这样的话,我觉得应该不用太担心了吧。”他说。马歇尔很少去探索最高法院外面的世界。他把自己手中的尼克松第二次就职典礼的门票送给了别人。他开始过度地看电视。他被困在了郊区,也被困在了自己的身体里。在术后恢复期间,马歇尔有很多时间可以思考。毫无疑问,他想起了曾经塑造他死刑观的三个案子。

第一个案子发生在1933年,那时马歇尔正在法学院读三年级。霍华德法学院的院长查尔斯·汉密尔顿·豪斯顿(Charles Hamilton Houston)请马歇尔帮他一起代理乔治·克劳福德(George Crawford),一个在弗吉尼亚被控谋杀了两名白人女性的黑人男性。马歇尔欣然同意了,但接下来发生的事令他感到震惊。所有陪审员候选人都是白人。在庭审期间,检方既没有拿出谋杀所用的凶器,也没有提供哪怕一位证人。然而,陪审团还是认定克劳福德有罪,并且巡回上诉法院驳回了他的上诉。在豪斯顿看来,他们的代理还算成功,因为克劳福德没有被判死刑。马歇尔后来说,他从这位导师那里学到了一点,那就是“在弗吉尼亚,如果你为一名被控谋杀白人的黑人被告人争取到了终身监禁,你就已经赢了”。

在巴尔的摩做律师的第一年,马歇尔代理了詹姆斯·格罗斯 140
(James Gross)。格罗斯和两名同伙一起被控谋杀了乔治王子县的一名烧烤摊老板。这次庭审又一次震惊了马歇尔。他的当事人所作的仅仅是在两名同伙逃跑时充当司机而已,但陪审团丝毫不在意这一点,而是将三人都判处了死刑。这个三人团伙的头目唐纳德·帕克(Donald Parker)后来得到了减刑,被改为终身监禁,而格罗斯却在1935年被执行了绞刑。马歇尔觉得,这种不公平背后唯一的解释就是,帕克的律师们是白人。马歇尔为这次失败感到耻辱,并且对整个制度的随意性感到非常愤怒。

后来,马歇尔在全国有色人种协进会接手的第一个刑事案件中,代理了黑人佃农 W. D. 莱昂斯(W. D. Lyons)。莱昂斯被控在1939年的新年夜谋杀了一对夫妻。两个白人男子承认自己是这起谋杀的凶手,但他们的认罪给俄克拉何马州州长利昂·蔡斯·菲利普斯(Leon Chase Phillips)带来了一个问题。这两名认罪者都是在押犯人,他们得到批准在无人监管的情况下在监狱外过一个周末。两人利用这次假期去了酒吧和妓院。如果他们被定罪,州长会很没面子。菲利普斯让行事残忍的助手弗农·齐特伍德(Vernon Cheatwood)来收拾这个烂摊子。齐特伍德下令释放这两名认罪者,将他们送到得克萨斯州,然后宣布开始搜寻真正的凶手。几天后,警察逮捕了莱昂斯。莱昂斯说,他一直在被害人的居所附近打野兔,与这起谋杀案没有任何关系。于是,齐特伍德开始用一根皮革包裹的、被他称作"打黑鬼棍"的硬木警棍反复地、残忍地抽打莱昂斯。在连续几天虐打莱昂斯并禁止他吃饭、睡觉之后,齐特伍德又强迫莱昂斯面对被害人烧焦的残骸。有些迷信的莱昂斯对这些人骨感到极度恐惧,竭力想要爬走。齐特伍德板着他的脸让他面对残骸,并告诉他,只有认罪才能停止这场折磨。此时,莱昂斯终于认罪了。一个完全由白人男性组成的陪审团只花了五个小时就定了他的罪。陪审团判处莱昂斯终身监禁,但马歇尔完全不知道他们为什么没有判处死刑。这次经历让马歇尔确信,死刑的适用是非常随意的。同时,开始将死刑看作是美国法律系统内种族主义最糟糕的残余。

但是,马歇尔对于用法律推动社会变革是持怀疑态度的。1961
141 年,在他刚刚成为法官的时候,他并没有反对死刑。在第二巡回上诉法院期间,马歇尔维持过一个死刑判决。做法官的第一年,他审理了内森·杰克逊(Nathan Jackson)的上诉。杰克逊因在一起抢劫后的枪战中谋杀了一名警官而被定罪。杰克逊自己也受了伤,并做了手术。在手术前,他被注射了德美罗,并在五分钟后承认了自己的罪行。而他的有罪判决很大程度上是基于这份认罪的供词。杰克逊辩称,由于他被注射了药物,他的认罪行为是非自愿的。第二巡回上诉法院维持了原判,理由是德美罗需要十五分钟才能生效。马歇尔加入了这份判决意见。他当年的法官助理拉尔夫·温特(Ralph Winter)说,"当我为他工作的时候",马歇尔"并不反对死刑"。

尽管马歇尔彻底改变了美国的民权状况,但在他看来,法院不该领先公众舆论太多。在布朗案之后,马歇尔不顾同事们的反对,强烈呼吁人们对种族融合的过程给予充分的耐心。他不是个理论家。马歇尔认为自己拥护的是人权，而不是非裔美国人的权利。他曾公开谴责马尔科姆·艾克斯（Malcolm X）的种族隔离主义和马丁·路德·金急于求成的态度。用他自己的话来说，他是一个“最彻底的渐进主义者”。马歇尔相信人民会反对过于激进的决定。他还相信，法院没有能力对复杂的社会问题进行微观细致的管理，并且法官们对他们试图帮助的人群缺少基本的了解。

马歇尔并没有向他的法官助理或家人解释过他是怎样改变的，但很显然，布伦南对他的想法产生了深刻的影响。在最高法院，他们是最好的朋友。他们拥有相似的生活轨迹，常常在克龙海姆那里一起午餐。因此，通过布伦南、贝兹伦和戈德堡，我们可以大致描画出马歇尔的转变轨迹。多年以来，很明显是在贝兹伦的鼓励下，布伦南常常劝说马歇尔作为最高法院大法官不要像上诉法院法官那样局限自己。布伦南认为，最高法院的职责是不同的、独一无二的，因为它是被告人最后能够提出申诉的地方。

那个夏天，当马歇尔反思自己生命的有限性时，他忽然想通了什么。他悄悄让自己的法官助理们起草了一篇论辩稿，主张继特罗普案 142
之后，文明的标准已经发生了演进，以至于死刑已经不再符合第八修正案的要求了。马歇尔把这份秘密写下的草稿看作是送给他最好的朋友的一份“礼物”，并且决定在布伦南情绪最低沉的时候——费曼案法庭辩论的那天早上——把这份礼物送给他。

第七章

烹　刑

143 1972年1月17日上午10点刚过，身着晨礼服的法警宣告开庭。“肃静！肃静！肃静！”他高声念道。“所有在光荣的美国最高法院有诉求的人们，请前排就座，专心听好，法院即将开庭。愿上帝保佑美国和光荣的最高法院！”

八名律师已经在庭前聚齐。艾肯斯诉加利福尼亚州案是第一个开庭辩论的案子。托尼·阿姆斯特丹在右侧的律师席就座。按照传统，那是上诉人一方的位置。他的左边坐着杰克·希梅尔斯坦，他正紧张地翻阅着一份卷宗。对面的席位上坐着罗纳德·乔治，他正搓着双手。这是寒风刺骨的一天，但为了按时赶到法院，乔治竟忘了穿外套。

在律师席后方，多萝西·比斯利和其余几个案子的律师在红色的长沙发椅上就座。在他们右边，法官助理们坐在折叠椅上，散布在法庭的锡耶纳式大理石柱之间，急切地等待着见证历史。在法庭后方，屋檐下的雕饰描绘了正义与邪恶之间的斗争。但每个人的目光都聚焦在巨大的红木法官椅上。法官席之上悬挂着两面美国国旗,周围环绕着巨大的红色幕布。

在这些巨大的幕布后面,刘易斯·鲍威尔也在为自己的第一次露 144
面而紧张不已。就在十天前,鲍威尔和伦奎斯特与他们的妻子约瑟芬(Josephine)和南(Nan)在等候室里一起喝了咖啡,接着就宣誓就任了大法官。伦奎斯特欣然接受了任命,而鲍威尔却有一些疑虑。约瑟芬很不愿意离开里士满,而刘易斯也并不确定自己有能力胜任大法官。他从来没有做过法官,而他的法律专业知识也主要集中在铁路行业的公司合并领域。不管是宪法还是死刑问题,鲍威尔都没有过太多的思考。

鲍威尔明白,死刑会是这一年度最受关注的问题。在鲍威尔就任的第一天,马歇尔来到他的办公室,拍了一下他的背,问他是否已经准备好自己那份死刑意见书了。鲍威尔并没把这个当玩笑。显然,马歇尔已经拿定主意了。“我妻子茜茜不同意我的观点,她觉得我们应该把他们全都送上绞刑架,”马歇尔说,“但是你会看到我是怎么写的。”

不久,伯格对他进行了更强有力的游说。这位首席大法官给了鲍威尔一份道格拉斯写了却没有发表的、反对签发调卷令的意见书。鲍威尔把这份来自上一年度的文件归档备用,并标注了它可能会“具有一定的历史意义”。尽管伯格立场鲜明,但鲍威尔确信他的新同事中有一多半都想宣告死刑违宪。这让他感到担忧。鲍威尔的直觉告诉他,这件事应该交给各州自己决定。

站在鲍威尔右边的威廉·布伦南也感到很紧张,却是因为不同的原因。和乔治一样,布伦南也察觉到了局势的变化。他曾发誓不去想这个问题,但此时他根本无法克制。假期结束后不久,道格拉斯的法官助理告诉布伦南的法官助理,道格拉斯会投票废除死刑,而且他这一票从一开始就是确定的。几乎在同时,怀特告诉布伦南他“不确定他会怎样决定”。布伦南开始期望组成一个三人的反对派。每一票都很重要。即使最高法院选择维持死刑,法院内部的巨大意见分歧也可能会促使立法机关采取行动。

那天早上,来自马歇尔的礼物也让局面看起来更好了一点。这份
145 意见书对布伦南来说完全是个惊喜。通常来说,布伦南的雷达非常敏锐,但这次他完全没有听说马歇尔改变了立场。当布伦南把马歇尔的草稿拿给自己的法官助理们看时,他们纷纷表示完全不知道这件事,也不知道马歇尔为什么改变了立场。更棒的是,马歇尔告诉布伦南,他还把自己的草稿给了斯图尔特一份。这给了布伦南一点希望,让他觉得斯图尔特也许可以被说服。至少马歇尔相信斯图尔特是可以改变立场的。受这种乐观主义的影响,布伦南开始琢磨他是否能说服布莱克门也改变观点。他已经和布莱克门建立了很好的关系。当伯格指示大法官们走上法官席时,布伦南第一次怀抱着能够组成一个反死刑多数派的希望。

10 点 09 分,大法官们三人一组,从幕布的隐藏缝隙中忽然冒出来,让人觉得这九位穿着黑色长袍的人好像是凭空出现的一样。大法官们入座之后,伯格宣布第一个案子开庭。"阿姆斯特丹先生,"他说,"你准备好就可以开始了。"

阿姆斯特丹没有拿任何笔记作为精神依靠。他深吸了一口气,准备放手一搏。"谢谢您,首席大法官先生。本案和接下来的三个案子所提出的问题是,死刑是否属于第八和第十四修正案所说的'残酷而不寻常的惩罚'?"作为一个曾多次在最高法院出庭的老将,阿姆斯特丹用清晰、自信的声音说道。"上诉意见书和答辩意见书中详细讨论了诸多需要考虑的因素,但我认为,争议的真正核心是司法审查的范围问题。被上诉人支持死刑,主要是因为死刑是由四十一个州和联邦政府的立法机关制定的,而在刑法方面,这些立法机关是国家良知最主要的守护者。"

“以上种种,我完全同意。”阿姆斯特丹说。但是,最高法院尊重立
法机关的行为是一回事,屈服于立法机关则是另外一回事。“虽然司
法机关对立法机关的决策充分尊重、谨慎对待,这一点很重要,”他接
着说道,“但是司法机关自身不能放弃决策,因为第八修正案的存在本 146
身就证明了立法机关并不享有决定刑罚方式的绝对自由。如果说有
什么是显而易见的,那就是这个条款是对立法权力的一种约束。问题
是,它具体对立法机关的决策作出了哪些限制?这些限制有多严格?”

对于这个问题,曾经的答案一直都是“不太严格”,因为除了在特罗普案中,最高法院一直都以制宪者的原意作为标准。如果最高法院依然坚持这种观点,那么这场战斗不用开始就已经结束了。阿姆斯特丹必须要说服大法官们接受厄尔·沃伦的观点,即文明的标准是随时间变化的。

“历史是一个需要考虑的因素,但一定不是决定性因素,因为宪法的这一保障本质上是不断演进的。”阿姆斯特丹说。“被上诉方加利福尼亚州、佐治亚州和得克萨斯州都提到,在第八修正案写成的时候,死刑还是一种广泛使用的刑罚。但这其实是对我方意见的一种误读。我们并没有主张第八修正案在签署时的目的就是废除死刑,就像它当时的目的也不是废除鞭刑、烙刑或刵刑一样。同理,当平等保护条款最早被写入宪法的时候,它的目的也不是给穷人或女人平等的权利。”他又说道:“我认为,被上诉方各州所提出的维持死刑的理由,同样也可以用来维持在诈骗犯的额头上烙上字母‘C’或是砍掉小偷的双手这样的刑罚。”

但如果制宪者的原意不应当被作为标准的话,什么才是合适的标准呢?早在两百年前,人们就认识到了“残酷而不寻常”这一说法的模糊性。在《权利法案》辩论期间,来自南卡罗来纳州的威廉·史密斯就以语言模糊为由对第八修正案提出过反对。但是,在那时,没有人提

出过一个切实可行的标准。最容易想到的两种选择,公众舆论和司法意见,都对 LDF 没有帮助。很多学者已经指出,以民意作为宪法保护的依据是很荒唐的。哈佛法学院的宪法学者约翰·哈特·伊利(John
147 Hart Ely)说:“用多数派的价值判断来保护少数派不受多数派价值判断的侵害,这是毫无意义的。”而如果请求法官们适用自己的道德判断,对 LDF 也没有好处,因为有四位大法官都是尼克松任命的。

阿姆斯特丹找到了第三条路。“我想,烙刑或砍掉小偷双手的刑罚很显然是第八修正案所不允许的。但是,我们有必要问问这是为什么。”他说。“难道只是因为我们厌恶这类刑罚吗?我觉得不是。我认为,那是因为所有依据第八修正案作出的判断都是建立在一个客观基础之上的。”“客观”这个词是革命性的——在此之前,从来没有人提出过这个标准。

阿姆斯特丹为这个新提出的标准辩护。“在解释第八修正案时,法院面临的问题是标准从何而来?类似于某种刑罚可能会‘挑战良知’这样的说法难免会要求法官进行主观判断。本案中各方有一个共识,那就是宪法的目标绝不是让法官们把自己的刑罚学观点写入宪法。具体来说,我们认为第八修正案的根本问题是,从全部现有的指标来看,一种适用在某个特定个体身上的刑罚,如果普遍地、一致地、成比例地适用于因犯了该罪而受到惩罚的所有人的各个群体,是否会被当代良知和文明标准所不接受。”

最后两句话将托尼·阿姆斯特丹的非凡才华展现得淋漓尽致。这两句话可能已经帮他赢下了这个案子。至少可以肯定的是,这两句话改变了美国死刑的历史。要求最高法院对社会规范的有形的证据进行考量,这就将第八修正案的问题变成了一个准科学问题,表面上使得法官个人的观点变得不重要了。

费曼案判决的很大一部分内容并没有被保留至今,但这种用“客

观指标”来度量残酷程度的概念却留存了下来，虽然接下来四十年的
判例法将会表明，这只不过是用一个主观标准取代了另一个主观标准
而已。谁来决定哪些社会规范算数、哪些不算数呢？这个问题的答案
无可避免地取决于法官对于死刑的看法。支持死刑的法官总体上会 148
更强调州立法机关和公众舆论的重要性。而反对死刑的法官则更关
注国际社会的观点。1988 年，安东宁·斯卡利亚说，死刑的合宪性归
根结底取决于大法官们的看法和直觉——就像费曼案之前一样。

一些学者认为，阿姆斯特丹的回答从长远来看其实对废除死刑运动是**不利**的。现实是，从大多数客观迹象来看，公众是**支持**死刑的。对此，阿姆斯特丹的策略是主张只有当这种刑罚被以一个合理的比例一致地适用于各个群体时，各项客观指标才能算数。由于美国不满足这一条件，美国的民意就不能算数。但是，若要让阿姆斯特丹的论点成立，最高法院必须采纳阿姆斯特丹所支持的那些指标，即国际观点和精英的看法。如果最高法院扩张社会规范的范围，将民意包含在内，那么死刑的合宪性似乎就是无可争议的了。不过，站在阿姆斯特丹的角度来看，他完全有理由相信伯格法院原本就认为死刑的合宪性是无可争议的。如此，提出这种论辩又能造成什么损失呢？

阿姆斯特丹提出的标准——即最高法院只对以合理比例被适用于各个人群的刑罚的相关证据予以考量——基本上是凭空捏造出来的。但即便如此，道格拉斯还是紧紧抓住了这个想法。“在本案的案卷中，有什么证据可以表明死刑被适用于什么样的人群吗？”他问道。“我是指他们的年收入，他们的种族，他们的宗教信仰，他们的社会地位。还是说我们对这一方面还没有任何了解？”

“案卷中并没有这方面的信息，”阿姆斯特丹回答，“但是一些公开出版的资料提到了这一问题，而我认为这些资料值得法院采取‘司法认知’。”

“在案卷中或这些公开资料中,有没有法官或陪审团行使自由裁量权的标准?”

“没有,道格拉斯大法官先生。自由裁量权的行使完全是随意的。”

149 阿姆斯特丹感受到了一股有利的势头,于是紧紧抓住这个机会,针对道格拉斯对程序问题的兴趣进行了更详细的阐述。“我认为,我们的标准能使第八修正案在一个民主国家的宪法中发挥恰当的功能。”他说。“一个民主国家面临的问题是,某些立法可能会被随意地、选择性地、不一致地适用于少数被社会抛弃的人。这些人政治地位太低、个人处境太孤立或样貌太丑陋,以至于同样的刑罚如果一致地适用于整个社会可能会引起公众的反感,而适用于这些人则不会。”

“你们不打算提出第十四修正案中正当程序条款的相关问题吗?”道格拉斯问道。

“法院签发的调卷令并没有涵盖这个问题,而且这个问题在之前的程序中也没有被提出。”

“从来没有被提出?”

“是的。”阿姆斯特丹说。道格拉斯表现出的执着是个好兆头。他要么是在考虑推翻麦高萨案,要么就是打算重新探讨之前曾被提到过的程序问题。

此时,斯图尔特换了个话题。他提出了一个显而易见的问题。“这几个案子中很困扰我的一点——我觉得这不只是个语义学的问题——就是正当程序条款明文规定了生命是可以被剥夺的。在宪法全文中,至少有其他三个地方提到了死刑。”

“我同意,这不只是个语义学问题。”

“而且我们说的不是在宪法被通过的年代人们是怎么做的,”斯图尔特继续说道,“我说的是宪法的文字本身。”

对于这个问题，阿姆斯特丹是有所准备的。“法官大人，我认为，不能因为我们从宪法的语言中能够推断出死刑是允许的，就认为宪法的本意是长期、持续地允许死刑存在。”他答道。“我并未主张宪法中的这些语言的本意是放弃死刑。我认为，它们的本意是要保障某些权利，而这些权利会随着社会的成长和演进而成长和演进。”

“谢谢你。”斯图尔特说。

阿姆斯特丹感觉越来越好了。连斯图尔特似乎也保持着开放的 150
态度。阿姆斯特丹受到了鼓舞，开始将法院的注意力引到死刑执行的罕见性上。他说这是社会规范最好的证明。“法律所规定的死刑适用范围之广，与实践中死刑判决和执行数量之稀少形成了强烈的对比。即使是在全国反死刑运动开始之前，在 20 世纪 60 年代，美国全国死刑执行的数量就已经降到了平均每年 20 多次。在此前的几十年，这个数字通常高达 175 或 150。现在我们有两亿人口，针对某些犯罪保留死刑的法域有 43 个，而只有 100 人被判处死刑，其中只有 20 人真正被执行死刑。”

法官席上的一盏红灯亮了，意味着阿姆斯特丹的发言时间快要用完了。“如果法庭不介意的话，我希望将这一主题留到费曼案的法庭辩论中再行讨论。”阿姆斯特丹说道。接着，他把讲台让给了罗纳德·乔治。

乔治意识到了情况的危急。显然，阿姆斯特丹已经赢下了几分。他很狡猾地将程序问题整合到了关于第八修正案的辩论中。道格拉斯很明显已经接受了阿姆斯特丹在种族歧视和不平等问题上的论点，这一点乔治并不意外。但斯图尔特居然也被阿姆斯特丹的立场所吸引，甚至表现出赞同，这让乔治感到惊讶而失望。

乔治需要转移法院的注意力。即使在最完美的条件下，这也不是件容易的事，而在本案中，乔治还处于一个显著的劣势。由于 LDF 还代理了威廉·费曼和卢修斯·杰克逊,他们的律师还享有再次发言的机会。而乔治只有这一次机会:他必须充分利用好每一秒。

一开篇,乔治就提醒大法官们不要忘记最基本的原则。“法院今
151 天面对的问题不是死刑在社会、道德或政治方面是否可取,而是宪法中是否有明确规定,禁止加利福尼亚州决定将死刑作为谋杀罪的一种刑罚。”乔治继续说道:“加利福尼亚州的立法机关认为,要保护社会的安全,就必须要保留死刑,用于惩罚最严重的犯罪——即故意地、恶意地剥夺他人生命的犯罪。上诉人在这里承担着一个很重的举证责任,那就是要证明立法机关得出的这一结论是完全没有合法性基础的。阿姆斯特丹教授的观点是——至少在十天前,当他和我在加利福尼亚州最高法院辩论时,他是这样认为的——即使立法机关有确凿的证据认定死刑有威慑犯罪的作用,它也依然是残酷而不寻常的惩罚。”

波特·斯图尔特打断了他。“嗯,但威慑作用并不是决定一种刑罚是否残酷而不寻常的唯一标准,这一点你一定同意吧?”

这又是一个不好的兆头。关键性判例本来是站在乔治这一边的。如果最高法院发表一份简短的判决意见,仅仅依据麦高萨案来判决本案,那对于乔治来说就是彻底的成功了。乔治最希望的是大法官们对他的辩论表现出友好态度却又没有过多兴趣。而事实上乔治面对的却是律师们口中的“热庭”。而更糟糕的是,领头的是斯图尔特——而不是比如说布伦南或马歇尔。显然,斯图尔特很重视麦高萨案所涉及的第十四修正案和本案所涉及的第八修正案之间的区别。

乔治试图回答斯图尔特的问题,但他却完全插不上话。如果把这场辩论比作庭审的话,斯图尔特已经展开了一场尖刻的交叉盘问。

“换句话说,”斯图尔特继续问道,“我猜想剖腹刑、火刑、四肢裂解刑可能都会有威慑犯罪的作用,哪怕你用它们来惩罚轻微的盗窃罪。但这些并不能回答我的问题,对吧?”

“刑罚必须以人道的方式执行。”乔治说。“我认为，这个术语的核心含义之一在于，我们必须以**不必要的**残酷和**不必要的**痛苦来定义‘残酷’这个词。”

“你的意思是，只要能够证明一种刑罚有威慑作用，并且在一个理 152
智的人看来，刑罚所施加的痛苦和折磨并没有超出必要的范围，那么这种刑罚就一定是合宪的？”

“是的。”

“那么，鞭刑也符合这一标准？”

“并不。那属于不必要的残酷，在我看来。”

“不，不，”斯图尔特说，“如果理智的人们得出的结论是，对于轻微盗窃罪最好的威慑是 50 下鞭刑，那么只要不超过 51 下，鞭刑就不是残酷而不寻常的？”

“如果理智的人会这样认为的话，”乔治用怀疑的语气答道，“我们首先有一个前提，那就是在第八修正案被通过的年代，死刑毫无疑问是合宪的。所以人们一定会提出这样一个反问，那就是，宪法本身会因为认可了死刑而违宪吗？”

马歇尔加入了讨论。“你认为，‘不寻常’这个词的含义应该是它在当时的含义还是它在今天的含义？”局面开始有些四面楚歌了。

“‘残酷’这个词暗示着一定的野蛮性，而不仅仅是生命的消灭这么简单。”乔治回答道。“宪法禁止人们对罪犯实施的那种‘残酷’是指刑罚方式本身所固有的残酷，而不是任何用来终止生命的人道的方法都会导致的必要的痛苦。”

“恕我冒昧，乔治先生，我说的是‘不寻常’这个词，而不是‘残酷’这个词。”马歇尔说。

“‘不寻常’这个词，我认为它的意思是‘通常不会用于某种犯罪行为’。”

“在当时,还是在现在?”

“在 1791 年。”

“只要在 1791 年不是不寻常的,在今天就不是不寻常的,是吗?”

“我是说,只要在当时不是不寻常而残酷的。有些刑罚在 1791 年可能是寻常的,但却是残酷的。”

“你就是不肯专注于讨论‘不寻常’这个词。你总是要把它和‘残酷’这个词紧紧捆绑在一起。”

153 “我认为这两个概念是密不可分的。”乔治别无选择,只能这样回答马歇尔的问题,否则会使加利福尼亚州看起来好像支持鞭刑一样。

“那宪法为什么还要使用‘不寻常’这个词呢?”

“威姆斯案是个很好的例子。”乔治答道。他引用的是 1910 年的一个案子。在此案中,最高法院推翻了一项以伪造文件罪判处被告人 15 年监禁的判决。“您可能会说这是残忍的,但最高法院当时似乎更加强调这种刑罚是很不寻常的。”

“显然,1791 年还没有毒气室。”马歇尔说。

“没错。”

“嗯,那我要如何对毒气室作出判断呢?照你所说,我需要考虑某种事物在 1791 年是不是不寻常的。但我无法用这种方式来分析毒气室。”

“我认为我们现在讨论的不是执行死刑的方法。我们讨论的是某种罪刑相当性的问题。”乔治说。“就死刑来说,显然不存在残酷而不寻常的惩罚,至少在我们人道的执行方法之下肯定不存在。事实上,死刑犯面临的这一种死亡,甚至可能还不如我们每个人最终都要面对的自然死亡残酷。”

“不过,没有人知道事实是否真的如此。”道格拉斯说。不过,乔治说得确实有道理:每个人都会死,而且每个人都会遭受或多或少的痛苦。相比之下,有些执行死刑的方式可能会显得相对仁慈一些。

“没有人知道。”乔治重复道。“但是,以我们当下的医学知识现状,我认为我们可以假定这一点成立。”

“毒气室的方式比以前枪决的方式要快吗?”道格拉斯问道。他非常关注死亡这个话题。

“我认为速度不是唯一的指标。正确的标准是‘不必要的残酷’。而仅仅因为在第八修正案被制定时,人们曾使用过一些更为原始的肉刑,这并不意味着这些刑罚必须和死刑同时被保留或废除。”乔治说。“宪法从来没有正式认可任何酷刑,但却正式认可了死刑,因为第五修正案明确使用了‘死罪’和‘剥夺生命’这些词。”

斯图尔特说,“但显然,第五修正案在禁止双重危险的规定中还提 154
到了‘肢体的危险’。我想你大概不会用这一条来说明政府在今天可以砍掉窃贼的手臂吧?”

“不会。但我想制宪者们想要认可的不是这种刑罚。”

“那你觉得‘肢体’这个词在当时是什么意思呢?”

“我觉得它不一定意味着剥夺一部分肢体。我觉得它的意思可以是,比如说,一些被保留下来,甚至在今天也可以继续保留的身体刑。”

“比如?”

“我认为并不是任何形式的鞭刑都一定是违宪的。比如说,用 20 下鞭刑来惩罚谋杀罪在今天可能也不算残酷而不寻常的。”

终于,斯图尔特放松了态度。这场盘问已经持续了十分钟,不过对乔治来说仿佛还要更长一些。乔治意识到辩论进行得并不顺利。于是,他像一个优秀的指挥官一样中途改变了策略。他不再就宪法的用词继续争论,而是承认了阿姆斯特丹在“文明标准必须不断演进”这一点上是正确的,但坚称文明标准还没有演进到抛弃了死刑的地步。

“即使我们假设‘残酷而不寻常’的含义每十年都会产生变化,”

乔治说，“我还是认为，我们的标准还没有演进到会禁止以死刑来惩罚谋杀罪的程度。”乔治指出，LDF 所采取的立场不过是一种诉讼策略。“阿姆斯特丹教授对‘不断演进的文明标准’这个说法的执着是完全可以理解的。死刑在这个国家已经作为合法的刑罚方式存在了 300 年。要想回避这一历史事实，唯一的方法就是强调文明标准是‘不断演进的’。”

乔治认为，所谓“客观”标准这一概念完全是个骗局。“我们并不清楚在上诉方看来，我们应该凭借哪些因素来确定文明标准。显然，他直接无视了 41 个州依然保留着死刑这个事实，这未免也太过省力了。”他说。“那么，阿姆斯特丹教授选择关注哪些因素呢？他花很
155 大篇幅介绍了莫桑比克和列支敦士登的做法。这些与我们的宪法的含义有什么关系呢？”

乔治继续说道：“这可不是靠人数来体现正当程序的时候。最荒唐的是，上诉方竟然试图用死刑执行数量的稀少来证明公众对死刑的接受度正在降低。死刑执行的数量顶多可能可以体现出司法系统不断演进的标准。它绝不是舆情的体现。更能体现我们这个时代不断演进的标准的‘晴雨表’应该是陪审团，而陪审团一直在持续地、稳定地作出死刑判决。在加利福尼亚州，陪审团作出死刑判决的频率甚至增加了。”

斯图尔特重新加入了辩论。“有人说，现在的陪审团相对更加敢于作出死刑判决的原因之一是，他们相信他们作出的死刑判决最终不会被执行。”

“我个人的经历和我读过的资料都不支持这种说法。”乔治答道。“如果整体的趋势是逐渐抛弃死刑的，这种趋势为什么没有反映在我们民主选举产生的立法机关里呢？”他问道。“我认为，阿姆斯特丹教授根本就是把他自己当作了‘不断演进的文明标准’的某种自告奋勇

的守卫者。他们掌握了真理,于是其他所有这些指标就都应该被忽视了。”

“我还要对举证责任的问题提出异议。”乔治补充道。“我们已经提供了关于死刑威慑作用的证据。我们并不承担威慑作用的举证责任,但我们还是证明了立法机关有合理的依据认定死刑有威慑作用。”乔治继续说道:“当然,我现在还要主张,如果死刑判决得到了执行的话,死刑的威慑作用还会更强。”

最终,乔治回到了案件本身的事实上。“对于艾肯斯先生犯下的罪行,我无须赘述了。他的行为极其残忍。没有悔意。没有精神问题。他很聪明,也受过教育,但他犯下了三起谋杀。那么,我想用霍姆斯大法官的一句话来结束我的发言:‘如果一种实践已经在所有人的共识之下持续了 200 年,那么要想撼动它,就必须要有充分的理由。’ 156
而上诉方并没有给出充分的理由。他根本没有给出任何理由。”

乔治总结道:“我们恳求法院基于宪法考虑问题——不要受到政治、个人或道德层面上关于死刑是否可取的情绪化修辞所影响。我们认为,本案应当维持原判。”

这又是一次精彩绝伦的表现。在这样危急的时刻,面对最高法院的大法官们,乔治及时察觉到了形势的转变,改变了策略,最终翻盘。伯格对乔治表示感谢,并请阿姆斯特丹再次站到讲台前。现在,轮到阿姆斯特丹采取行动了。

站在讲台前,阿姆斯特丹也在作出自己的临场判断。斯图尔特提出的几个问题已经揭露了政府方立场存在的问题。如果最高法院只是遵从立法机关的决定,那么第八修正案就没有任何意义了。乔治用他的辩论掩盖了这一点。而阿姆斯特丹面对的问题是如何夺回这个策略上的优势。一种可能的途径是,向法院说明乔治是如何声称自己作出了让步却同时歪曲了法律的。但阿姆斯特丹选择的是另一种途径。他请大法官们顺着乔治的思路走，看看这种思路会导致哪些自相矛盾的地方。

“针对斯图尔特大法官先生提出的问题，即如果能够证明一种刑罚有合理的立法基础，是否就不存在第八修正案的问题了，我想我应该澄清一下我方的立场。在我看来，答案显然是否定的，”阿姆斯特丹解释道，“我们并不认为立法机关对烹刑这样的刑罚找不出任何依据。我认为这个例子明确地体现了问题的本质。乔治先生的立场是，如果最高法院面对的是烹刑，虽然立法机关可能会认为这种刑罚具有威慑作用，但是不知为什么，最高法院就是不能说它是残酷而不寻常的惩罚。”

“我只是想让法院看清楚，在这里，谁是主张主观标准的一方，谁
157 是主张客观标准的一方。”阿姆斯特丹说。乔治控诉阿姆斯特丹专门为了宣告死刑违宪而发明了一个法律标准。但事实上，乔治自己也创造了一个法律学说，目的就是避免让自己走向“酷刑折磨是合宪的”这一令人难以接受的立场。阿姆斯特丹问道：“如果立法机关认为，只有利用烹刑这种可怕的刑罚才能威慑某种特别严重的犯罪，那么法院又怎么能说烹刑不是必要的呢？我认为，要求法院用本能作出判断的是被上诉方，而不是上诉方。我认为，我方所主张的标准才是更客观的标准。它关注的不是这个社会是怎么说的，而是这个社会是怎么做的。我们并不否认有 41 个州都在法律条文中保留了死刑。但我们必须要问这样一个问题：‘他们在实践中是如何适用死刑的？’”

阿姆斯特丹回应了乔治对他过于关注其他国家做法的嘲笑。“现在，如果可以的话，让我们稍微花一点时间来看看世界格局。我们讨论的不是莫桑比克或者列支敦士登。”他强调着这些国家名称的每一个音节，模仿着乔治发言时轻蔑的语气。“我们讨论的是一个进步的潮流，它已经促使西半球几乎每一个国家都废除了死刑。这个进步

的潮流已经促使除美国一些州和澳大利亚四个州以外的所有英语国家废除了死刑。”

伯格问:“这些地方是通过什么程序废除了死刑呢?”

“不同的地方使用了不同的程序。”阿姆斯特丹答道。

“但是在这些国家,死刑的废除通常不是由法院完成的,对吗?”

“没错,没错。这是毫无疑问的。”

伯格似乎很看重这一区别,尽管公众对死刑的摒弃应该比法院对死刑的摒弃更能体现文明标准的变化。他继续问道:“如果本院总体上接受了你的主张,我们可以将一些罪名排除在外吗?还是说,我们一旦废除死刑,就必须对所有犯罪都废除死刑?”

阿姆斯特丹默认伯格想问的是法院能否针对某些罪名宣告死刑违宪,但对另一些罪名保留死刑。“我认为法院可以这么做,这样做本身不可谓不合理,”阿姆斯特丹回答道,“但我觉得,基于现有的各项指 158
标,法院不应该也不能这么做。”

“但本院能不能,比如说,将已经被判终身监禁的在押囚犯所犯的杀人罪作为一个特例?我们能创造这样狭窄的特例吗?”

“这就是另一个问题了。”阿姆斯特丹说。“我认为,面对像加利福尼亚州的法条一样概括的法条,法院并不能说:‘嗯,它们在一些案子里可以适用,在另一些案子里不能适用。’但是,如果法院面对的法条本身范围就很窄的话,那就是另一个问题了。”

一般来说,法院是不应该改写法律的,但伯格好像并没把这当成一个问题:“包括美国联邦监狱管理局前局长在内的很多死刑支持者其实都对死刑抱有强烈的负面态度,但是却宁愿保留死刑,用于惩罚那些谋杀其他囚犯或者谋杀狱警的犯罪行为。这你一定知道吧?”

阿姆斯特丹知道伯格想说什么了:他想要让人们觉得 LDF 反对任何死刑,哪怕是适用范围非常有限的死刑。很多人相信,对于在押囚犯——尤其是那些已经被判终身监禁，不得假释的人——是有必要使用死刑的。除了被处决的威胁，还有什么能威慑到他们呢？

马歇尔向阿姆斯特丹伸出了援手。“纽约就有这样的法条，不是吗？”这就是大法官们在法庭辩论时互相对话的方式。马歇尔提出这个问题，其实就是为了告诉首席大法官，这种细微的区分是可以做到的；只是加利福尼亚州和佐治亚州选择不这么做而已。

在阿姆斯特丹对马歇尔表示同意之后，伯格并没有放过他。“你认为，我们有没有可能在整体上接受你的论点，但同时认定这样一个法条不违反宪法？”

“我认为我们可以划出这样一条界限，但我认为，在当前的几个案子里，我们没有这样的机会，因为这些案子并不涉及这一类法条。对于这一类适用范围较窄的法条，我们面临的问题是我们在这方面还不够有经验。”阿姆斯特丹对伯格说。“但我们非常清楚，对于那些概括
159 性地对谋杀罪适用死刑的法条，公众舆论表现出的态度是怎样的。对于所有可以适用死刑的案件，陪审团可能在每十二个或十三个案子中才会适用一次死刑。而在被判死刑的人中，只有一半甚至三分之一最终会被执行死刑。”

伦奎斯特第一次加入了讨论。“你刚才说每十二个或十三个案子中会出现一个死刑判决。你指的是所有检方要求死刑的案子，还是所有按照法律规定如果检方要求的话可以适用死刑的案子？”

“我们无从得知。”阿姆斯特丹承认。

“有多少个州是让法官来作出判决的？”布莱克门问道。

“据我所知，在马里兰和伊利诺伊这两个州，死刑判决需要法官和陪审团达成一致意见。”阿姆斯特丹答道。“在其他所有州，死刑判决都是由陪审团决定的。”

“请注意，我的家乡明尼苏达州就不是这样的。”布莱克门说道。

这又一次体现了他和阿姆斯特丹之间尴尬的关系。

“哦,那我得到的消息大概是错误的。”阿姆斯特丹答道。他很有分寸地避开了明尼苏达州早在 1911 年就已废除死刑的事实。“我还以为它也是这样呢。马克斯韦尔诉毕晓普案(*Maxwell v. Bishop*)的上诉意见书中比较全面地阐述了这个问题。”

阿姆斯特丹只剩下不到十分钟了。在最后的时刻,大法官们都回到了他们各自最关心的问题上。道格拉斯再次问道:“案卷中有任何证据能证明佐治亚州处死的是哪一类人吗?”

“本案中我们没有提交任何证据,但是数据非常清楚:佐治亚州处决的是黑人。”阿姆斯特丹又补充了很重要的两点:第一,案卷中没有这些证据,是因为 LDF 没有被允许提交这些证据。“很长时间以来,我们在所有这些法院中都一直要求针对这些事实问题举行证据听证。但没有一家法院举行了证据听证。”第二,因为各州处死的主要是贫困的黑人,所以这个问题并没有引起公愤。“现实就是,当受苦的是这一群人时,立法机关面临的压力是不同的。”

伯格回到了他最关注的问题。“你刚才说到立法机关面临的压 160
力。现在死刑犯总人数是多少?”

“据我所知,最新的数字是 697 人。”

“哦,近 700 人面临着死刑,这应该会对公众舆论形成挺大的压力吧,不是吗?”

“我不这样认为。”阿姆斯特丹答道。“我认为公众舆论在很大程度上已经被近些年死刑不被执行的现状所麻痹了。我认为,公众在很大程度上已经停止思考这个问题了。”

“嗯,”伯格说,“我的意思是,如果你在本案中败诉了,至少这种压力会重新出现,不是吗?”

“我很确信,在你真正开始杀死这些死刑犯之前,这种压力是不会恢复的。公众思考问题的方式是非常依赖于画面的。如果你执行了一份死刑判决，并把执行过程公之于众，人们就会受到很大的震动。但如果你只是告诉他们，有人可能会在明天被处死，鉴于上次有人被处死还是 1967 年 6 月 2 日，人们完全不会关注这件事。”阿姆斯特丹说道。“并且，即使你激起了公众的情绪，你也无法引起公众对这种刑罚方式的反对，因为它的适用对象是丑陋的、少数群体的人。”

时间到了。“很好，阿姆斯特丹先生。”伯格说。

阿姆斯特丹离开了讲台，但斯图尔特又把他叫了回来。“在你坐下之前，阿姆斯特丹先生，我想确认一下我是否真正明白了你的基本论点。你的论点是，即使我们假设报应是一种正当的刑罚要素，即使我们假设一个理智的人可能会认为死刑是对犯罪最大的威慑，即使我们假设我们讨论的是那种根本无法被改造的罪犯，是那种无可救药的人，即使我们假设一个理智的人可能会认为这种刑罚方式是最有效的，最低成本的，最能保证一个有罪的人能够完全隔绝、不再回到社会的——即使在所有这些假设的前提下，你依然认为它违反了第八修正案，对吗？”

“正是这样，法官大人。”

161 “这就是我所理解的你的论点。”

阿姆斯特丹没有再说什么。他已经有力地阐明了自己的观点。

在首席大法官请她上台之前，多萝西・比斯利非常紧张。等待的过程是最难熬的。多年后，她回忆道：“我这辈子都没有感到那样孤单过。没有人能帮你。”而在阿姆斯特丹之后发言则让她更加紧张。“我被他的论辩和言谈举止所征服。他是一个非常强大的人物。”不过，当红灯亮起的时候，比斯利内心的平静感油然而生。她感觉最高法院是一个神圣的地方，而这个话题的意义也非常重大。

一开篇，她就提出了一个文本主义的论点。“如果要宣告死刑是残酷而不寻常的惩罚,”她说,“我们就必须要修改我们的宪法。第十四修正案和第五修正案必须被改写为:‘任何州不得剥夺任何人的生命,也不得在未经正当法律程序情况下剥夺任何人的自由或财产。’”

马歇尔打断了她的发言,并且顺着斯图尔特之前提问的思路继续发问。“各州可以使用烹刑吗?”

“我认为不可以,法官大人。”比斯利说。“建国伊始,我们就有一个共识,那就是政府不能使用酷刑。烹刑当然属于酷刑,鞭刑也是。”

“你采用的标准是什么?”

比斯利对这个问题的回答与乔治不同。“我认为标准应该与最高法院在许许多多涉及正当程序条款的案子中使用的标准一致:这种做法是否符合基本公正?”她说。“我认为,只要州政府运用了基本公正的标准,这些刑罚就是可以使用的。”

接着,比斯利又讨论了对于残酷的定义是否随时间而变化的问题。“马歇尔大法官先生,您刚才问‘不寻常’的含义是否发生了变化。我认为没有。”她说。“我认为,对于死刑本身来说,我们根本不需要考虑这个问题,因为第十四修正案特别保留了各州使用死刑的权力。不
过,如果我们要衡量当代社会是否认为死刑是残酷而不寻常的,我认 162
为上诉方使用的标准是错误的。”她说,阿姆斯特丹“谈到了国际社会的观点,但我们并不知道这些国家废除死刑的理由是什么”。

“如果是这样的话,文明标准应该从何而来呢?”道格拉斯问道。

“我认为它应该和‘基本公正’的标准很接近。在我看来,这是最基础的标准。”

“如果一条法律只允许对年薪 6 万美元以下的人适用死刑,你对这样的法律怎么看?”

“这样的法律是歧视性的。它关注的不是犯罪本身。”

“你认为‘残酷而不寻常’这个说法隐含了禁止歧视的意思？”

这是个圈套：道格拉斯的问题接纳了阿姆斯特丹的观念，即第八修正案要求程序公正。

“哦，当然，”比斯利答道。“它的适用方式不能是歧视性的。”比斯利没有预料到最高法院会关注这个问题。“我理所当然地认为歧视并不存在。”她在 2011 年回忆。“这些人犯下了他们犯下的那些罪行。我们以为问题是死刑是否违宪。”

“对于佐治亚州处死的通常是哪一类人，有相关的统计数据吗？”道格拉斯再次问道。

“我认为，并不能说有哪个群体遭受了歧视。而且，即使有证据证明存在歧视，”她说，“这本身也不意味着死刑应当废除，而只是违反了平等保护条款。”她补充道：“我认为，他们提供的证据没有达到最高法院曾审理过的同类案件的标准。”

“你们州的最高法院考虑过这个问题吗？”

“它还没有机会考虑这个问题。”比斯利回答。“在费曼案中，这个问题在下级法院甚至没有被提出。”不仅如此，她还指出 LDF 的统计
163 数据是关于 1930 年到 1968 年这段时间的，并没有考虑到佐治亚州刑事司法系统发生的巨大变化。“现在，我们已经为罪犯们提供了更好的正当程序保障。”她解释。“他们之中有多少人因为陪审团歧视问题或非法口供问题而免予被执行死刑呢？”

比斯利开始做总结发言。“我们认为，这个问题应该交给立法机关来决定。”她说。“在很多案件中，最高法院都应该进行合法性和合宪性推定。这一点在本案中被忽视了。”她指向阿姆斯特丹。“他有责任证明这项立法是违宪的，而我认为他没能证明这一点。至少针对他认为违反了宪法的、抽象意义上的死刑，他没能证明这一点。”

阿姆斯特丹留了宝贵的三分钟时间来反驳。他选择用这三分钟来提醒法院种族主义问题真正的重要性。“本质上,我并非不同意比斯利女士所说的‘陪审团在很多方面代表着社会的良知’的观点。”阿姆斯特丹说。“我们的整个论据都建立在陪审团和检察官的实际行为上,而他们的实际行为就是拒绝适用死刑。那么问题来了,我们为什么不顺其自然呢?”

“我们之所以不能允许陪审团保持现状,并任由他们自己缓慢却又不可避免地废除死刑,是因为在具体的个案中会出现倒退的情况,而这种情况很大程度上取决于被告人皮肤的颜色和长相的丑陋。”阿姆斯特丹提高了声音。“我们的论点,我再次强调,并不在于歧视。我们无法证明歧视。就本案中的证据来说,我们无法证明它。我想说的是,对这种刑罚的罕见的、随意的适用使得它逃脱了宪法所设的其他限制,也逃脱了能够保证立法机关行为得当的来自公众的压力。”

伯格对阿姆斯特丹表示感谢,并宣布案件已提交法庭审理。布莱克门草草写下了这个上午的评分——阿姆斯特丹拿到了“A-”,乔治拿到了“B”。性别歧视甚至渗透到了评分中。比斯利没有拿到一个分数,而只得到了一句对她外貌的概述——“白色裙子,挺年轻”和一句“不错的姑娘”。

* * * *

午饭之后,最高法院又开始了几起强奸案的法庭辩论。这是 164
一场不错的演出,但远没有上午那一场引人入胜。来自达拉斯的律师梅尔·布鲁德(Mel Bruder)代理了埃尔默·布兰奇。他再一次强调了死刑适用中的种族不平等问题。来自得克萨斯大学的法学教授查尔斯·艾伦·赖特(Charles Alan Wright)则提出,陪审团如此有选择性地适用死刑,法院应该感到满意。对于斯图尔特提出的一个问题，赖特回答，关于种族歧视的证据让他感到担忧，但最高法院不应该违背麦高萨案判决。“既然法院不久之前刚刚明确认定了由陪审团来量刑是合法的，那么要想让法院改变观点，就必须要有非常强有力的证据。”

在杰克逊案中，杰克·格林伯格则重点强调，以死刑来惩罚强奸罪是非常罕见的。在美国，只有南方州才这样做，并且在那里，强奸罪的死刑几乎全部适用于强奸了白人女性的黑人男性。在世界上，只有其他三个国家的法律是这样规定的。不过，格林伯格并不主张最高法院对强奸罪废除死刑、对谋杀罪保留死刑。这又一次体现了 LDF 自身角色的冲突。如果最高法院只是认定强奸罪死刑违宪，这对卢修斯·杰克逊来说完全是个令人满意的结果。但格林伯格却主张死刑对于任何犯罪都是违宪的。

比斯利享有最后的发言机会。她认为格林伯格所提供的关于种族歧视的证据与本案无关。他和道格拉斯犯了同样的错误。只有本案中存在的歧视才是法院应该关注的。而杰克逊并没有提出这样的主张。因此，法院面对的唯一的证据就是他所犯的罪。至于用死刑来惩罚强奸罪是否合理，比斯利提醒大法官们，他们并不是负责做政策考量的立法者。她说，强奸是一种极其恶劣的犯罪，会对被害人产生永久性的影响。一个州选择重罚这样的行为是合理的。

三点多，伯格宣布休庭。疲惫的乔治和阿姆斯特丹走出法院大楼，去面对媒体的采访。当他们走下法院门前的台阶时，乔治回味着
165 这段经历。阿姆斯特丹敏捷的才思、强大的说服力和缜密的思维给他留下了深刻的印象。“能和他在法庭上辩论，是我的光荣。”他数年后回忆。“那完全是一次愉快的体验。”在法院大楼门前的大理石台阶上，阿姆斯特丹和乔治简短地接受了当地广播电台和电视台的采访。接着，乔治回到酒店的房间。按照自己之前的承诺，他给母亲打了个

电话,把法庭辩论的情况讲给她听。在他打电话之前,乔治夫人已经看到了这场辩论的新闻报道。“至少托尼·阿姆斯特丹知道穿上件外套。”她说。乔治点了点头。他认为,对于阿姆斯特丹优秀的判断力来说,这只是个开始罢了。

第八章

九个律所

166 拜伦·怀特在这几场法庭辩论中几乎没有发言。尽管如此,一名观察者却指出,当听到种族歧视的证据时,怀特脸色变得灰白。回到自己的办公室后,怀特明确表示,阿姆斯特丹的法庭辩论是他听过的最出色的一场。怀特经常对自己的法官助理们说,“你不能坐在法院大楼里操控整个刑事司法系统的运行”,但死刑的不平等适用确实让怀特感到担忧。他开始对自己的立场感到不确定了。

与此同时,正在死囚区等待最高法院决定他们命运的近 700 人的性命也让波特·斯图尔特辗转难眠。一般来说,每当一份标红的申请书被驳回,死刑被执行,大法官们会通过办公室间的公文系统收到一份死亡通知书。斯图尔特想象着一次性收到近 700 份这种通知的画面。他能承受吗?这个国家能承受吗?斯图尔特的本能告诉他,死刑是错误的。它把人当作物品来对待。而对死刑的随意适用则是雪上加霜。

斯图尔特坚信,社会抛弃死刑只是时间问题。在 1968 年,他认为他写的威瑟斯普恩案判决会开启一系列连锁反应,而这种连锁反应最终会终结死刑。当然,事实并非如此,但斯图尔特认为,政治进程只是需要更多的时间而已。他希望最高法院 167
从未签发这些案件的调卷令。但此时,既然这些核心伦理问题已经摆在他们面前了,大法官们又怎么能维持现行死刑的合宪性呢?

但另外,斯图尔特也在想,最高法院怎样才能推翻死刑又看起来不会太愚蠢呢?阿姆斯特丹非常大胆又巧妙地设计了一个第八修正案标准,使种族问题具有了相关性。但这能骗得了谁呢?LDF 的理论仍然是基于程序问题的。如果最高法院认可 LDF 在程序上的任何主张,那似乎就是对麦高萨案判决的背离。斯图尔特的心告诉他第八和第十四修正案的问题是不同的。但他的头脑却告诉他两种主张是无法区分的。斯图尔特不知道该怎么办。

在 1 月 21 日周五早上的会议上,沃伦·伯格一开始就不出意外地表明了对死刑合宪性的认可。“我们所有人对死刑都持一些保留意见”,伯格说,但“宪法考虑到了死刑,并且以肯定性的语言认可了它的存在”。伯格简短地驳斥了 LDF 的论点:“死刑适用的罕见性并不影响死刑本身的合宪性。死刑的罕见性与‘不寻常’并非同义词。这种论点在我看来没有吸引力。”他表示,在谋杀案中,他会选择维持原判。“强奸案要更难说一些。当强奸行为没有造成人身伤害时,很难说。有些强奸很残忍,有些则不那么严重。我在所有案件中都会维持原判。”

道格拉斯则持相反的意见。“我们几乎没有选择了,必须推翻原判。”他说。道格拉斯最喜欢的就是拆伯格的台。在道格拉斯眼里,伯格往好了说是个小丑,往坏了说是个恶毒的伪君子。一个月前,在罗伊诉韦德案的法官会议上,伯格公开表示对堕胎的合宪性问题感到不确定。道格拉斯坚信伯格是在说谎,目的是把撰写多数意见的任务交给布莱克门,这个最不可能把多数派协调好的大法官。道格拉斯称之 168

为“我见过的任何一位首席大法官都绝对做不出来的行为”。道格拉斯逐个反驳了伯格的论点。“麦高萨案带来的是绝对的未知。”道格拉斯解释。“陪审团享有绝对的自由裁量权,不受任何标准的限制。数据表明,死刑主要被适用于少数群体。标准的缺失导致整个系统都是歧视性的。如果这种刑罚在适用中是歧视性的,那么它就属于第八修正案所说的‘不寻常’的刑罚。我推翻原判。”

布伦南的态度也一如既往。“第八修正案反映的是一个逐渐变化的概念。”他说。“在内战之前,废除死刑的运动正如火如荼。从 20 世纪初以来,这种呼声也在日益高涨。死刑是终局性的。决策的过程缺乏标准。死刑很容易被不频繁地、选择性地适用。那些被判死刑的人组成的整体证明了死刑判决的选择性。”布伦南使用的“整体”这个词是直接从阿姆斯特丹对第八修正案的构想中借来的。他总结道:“如果一个州制定了法律,规定死刑是强制性的,那可能就是另一种情况了,但立法机关永远不会这样做的。”

接下来的事情就非常出人意料了。斯图尔特与布伦南和道格拉斯站在了一边。他说:“目前来看,我无法维持死刑的合宪性。总有一天,最高法院会认定死刑是违宪的。如果我们在 1972 年认定它是合宪的,那只会推迟死刑的废除。”对于这个问题将由最高法院而不是人民来决定,斯图尔特表示遗憾。他还表示,在这个问题上,他认为谋杀罪和强奸罪之间没有什么区别。局面忽然就变成了三比一,反死刑派领先。

更令人震惊的是,怀特将票数变成了四比一。“死刑目前在这个国家运行的方式是不能被允许的。”他说。“本案的核心问题是,只有一小部分人被处死,”他补充道,“我不能相信这种刑罚的适用是公平的。”怀特逐个重申了 LDF 的论点。关于公众舆论,他说:“陪审团已
169 经明确地抛弃了死刑。”关于预防犯罪,他反问道:“你能用杀掉甲来威

慑乙吗？”关于报应论，他说：“我们不应该认可恶有恶报这种想法。在当下这个历史阶段，我们不应该从法律上认可死刑。”

马歇尔也表明了态度。他简要地概述了一下他送给布伦南的那份礼物。“死刑可能会被适用于社会底层的任何小人物。”马歇尔说。“第八修正案的本意就是要参考当代史来作出判断。我推翻原判。”在美国历史上，这是第一次出现最高法院多数大法官都认为死刑违反了第八修正案的情况。不过，并没有人为此喝彩。

会议继续进行着。不出意外，哈里·布莱克门的表态比较模棱两可。“明尼苏达州在 1911 年就废除了死刑。它和其他一些州都迈出了这一步。我相信文明的标准是不断演进的。”布莱克门说。“但另一方面，在马克斯韦尔案中我也说过，虽然我个人反对死刑，但这是一个立法决策。我们不止一次地说过死刑是合法的。如果我们废除了死刑，那就意味着我们对刺杀总统的人、对叛国行为等都不能适用死刑。在法庭辩论中，完全没有人提到被害人和他们的家属们，这一点让我感到很困扰。我略微倾向于维持原判。但我还不确定。我有可能会加入一份推翻原判的判决意见，但不是现在。”

鲍威尔表示，他个人也反对死刑，但判例表明，最高法院没有权力废除死刑。“目前只有十个案子中讨论过第八修正案，而我们只在一个案子中表示过本院有权审查各州的决定。此前的八个案子的判决中都包含关于死刑合宪的附带意见。宪法本身就考虑到了死刑。”他补充道：“虽然我们的立法者们放弃了他们作为守卫者的职责，试图让本院接管这个问题，但这并不意味着我们就应该替他们完成他们的工作。我们的文明标准还没有演进到能让我们认定它禁止死刑的程度。我不希望看到本院强行将第八修正案的含义固定为禁止死刑。” 170

最后，伦奎斯特表明了他支持死刑的态度。他认为这件事是无可争辩的。“如果我们要认定死刑是不好的，我们就必须要逾越 41 个立法机关的决定。我做不到这一点。”他说。“在麦高萨案中，我们已经解决过这个问题了。只要是有效的法律，我就会遵从。如果我是立法者，我也会保留这条法律。我在这个问题上一点也不犹豫。我维持原判。”

目前，票数看起来是五比四，推翻死刑。但就在这时，伯格忽然宣布，他改主意了。道格拉斯当时一定非常怀疑，这是否又是首席大法官的一个诡计，目的是保住自己指定判决意见撰写者的权力。本来，这项权力应该转移到多数派中最年长的大法官布伦南手中。伯格的观点不可能被这次会议所改变。而当伯格开始宣布接下来的计划时，道格拉斯内心的怀疑一定更深了。首席大法官提议每位大法官都单独写一份意见书。这项程序是史无前例的，但伯格对此的辩解是，这次讨论并没有形成一套一致的理论。道格拉斯并不买账，但伯格非常坚持，于是大法官们只好屈从了。

此外，伯格还非常坚持要将一切绝对保密。在布伦南看来，伯格在这一点上“非常疯狂”。伯格曾听说，在布朗案期间，沃伦亲自将判决意见的草稿拿到打印机旁，并且亲自将判决意见送交各位大法官。据说，整个程序完全保密，没有一位秘书或法官助理能提前知道案子的判决结果。伯格认为这一批死刑案也应该以同样的方式处理。布伦南和其他几个人反对这样做。大法官会议达成的妥协方案是，大法官们将不会向法官助理们透露大法官会议讨论的内容和投票结果。当蜂鸣器响起，宣告会议结束，大法官们回到了各自的办公室。没有人知道接下来该做什么。

我们无法知道伯格立场的改变是不是他的一种策略。伯格的工作模式是封闭式的。他的法官助理们很少和其他法官助理们交流，并
171 且伯格让他们宣誓终身保密。在本书作者进行研究期间，在所有的法官助理中，只有伯格的法官助理们拒绝接受采访。所有人给出的理由

都是他们曾对伯格有过“效忠宣誓”。伯格在把自己的笔记和文件捐给威廉玛丽学院时规定，这些笔记和文件在2026年之前都不得向研究者们公开。

如果伯格的立场转变是一种策略的话，那么它是一个很好的策略。在此之前，最高法院的工作中就存在一些能够用来阻碍多数派形成的方法。而让大法官们分别撰写自己的意见书则是一种威力更大的方法。这就是为什么道格拉斯如此强烈地反对伯格提出的计划。新闻工作者和学者们常常将“最高法院”当作一个整体来讲，就像一个总统领导下的政府那样。但是，除非你指的是最高法院那座建筑，否则这种描述就是与现实不符的。最高法院的大法官们几乎是完全独立自主的。除了菲利克斯·法兰克福特这个著名的特例，大法官们很少互相游说。一个曾经的法官助理说：“当你读《隐秘的江湖》（*The Brethren*）的时候”——这指的是鲍勃·伍德沃德（Bob Woodward）和斯科特·阿姆斯特朗（Scott Armstrong）在1979年出版的一本关于伯格法院的饱受争议的、革命性的书——“你会以为最高法院的人总是会在走廊里来来回回，互相交谈。其实，大法官们并不太在乎其他大法官在做什么。他们在一起的时间很少，甚至很少见到彼此。”

即使是一致判决，也未必意味着大法官们之间真的达成了共识。一份一致判决意见可能会让最高法院看起来更加团结，并达成一种实际的效果。比如说，布朗案从法律上终结了种族隔离。但每位大法官达成这一决定的原因都各自不同。他们是社会中的九个行为主体，而每个主体本身就已经很复杂了。况且，所谓意见一致又意味着什么呢？大法官们常常对一份判决的含义有不同的理解。布朗案之后发生的事情已经清楚地证明了这一点。

本质上，大法官们在工作中就像九个独立的律所。他们之间很少有互动，即使有，也常常是没有太多技巧的，主要是在负责撰写多数派意见的大法官试着建立共识的时候。而伯格这次的指令意味着连这种最基本的交流也不会出现。多数派的大法官们不会和少数派的大法官们交流。他们甚至也没有和自己那一派的其他人交流。长达几
172 个月的时间,面对那一年最重要的案件,甚至可以说是美国历史上最重要的案件之一,最高法院的大法官们一直在完全孤立的状态下工作。

虽然大法官们彼此之间很少交流,但多数大法官对自己的法官助理却是毫不隐瞒的。其中几位很快就违反了伯格的指令,与自己的法官助理交流了大法官会议的内容。

在布伦南的办公室,人们开始猜测这个微弱优势的多数派是否牢固。布伦南让他的法官助理们去侦查一下。他们了解到,马歇尔的法官助理们从夏天就开始准备他的意见书了。马歇尔这一票看起来是可靠的,尽管他的法官助理们都不知道究竟是什么改变了他的想法。布伦南的法官助理们还了解到,道格拉斯从这届开庭期伊始就已经下定了决心。布伦南表示,他对斯图尔特的支持很有信心——“波特是不会按下杀死近 700 人的开关的”,他对法官助理们说——但斯图尔特在麦高萨案中的投票也不能忽视。即使一切都瓦解了,在最坏的情况下,布伦南也能组建一个三人的少数派。

而最好的情况则更难判断一些。他们最多有可能获得七票。如果布伦南能够组建一个反死刑的多数派,并确定一套一致的理论,他觉得事情可能会像滚雪球一样向好的方向发展。布莱克门不愿意成为推翻原判的关键性一票,但如果有五六个人都选择推翻原判,他可能会愿意加入他们。同理,布伦南对鲍威尔也抱有一点希望。不过,这些假设能否实现都取决于布伦南能否先组建一个多数派,而这一点又取决于怀特。

布伦南和怀特关系很好。怀特在人们眼中是个严厉而冷淡的

人,但布伦南用自己作为爱尔兰裔的魅力打破了坚冰。自从 1962 年怀特加入最高法院之后,他们在法官席上就一直坐在一起。他们经常互相开玩笑,但这常常会惹恼布莱克门,因为布莱克门觉得怀特说话声音太大了。怀特很少和其他大法官说话,但他有时会去布伦南的办公室坐坐,聊一聊案子。不过,友情并不一定会转化成支持票。怀特和布伦南在最高法院应当承担怎样的角色这个问题上意见并不一致。173
他觉得布伦南不够尊重立法机关,并戏称布伦南为“副首相”。而布伦南则认为怀特太过专注于对错,而不够重视联盟的建立。总体来说,他是一个未知数。布伦南觉得他这一票是不可靠的。果然,在接下来的一周,怀特宣布撤回他的投票,并且没有解释理由。现在,票数是四比三,反对死刑。由于双方都没有构成多数派,死刑的命运处于悬而未决的状态。

在波特·斯图尔特的办公室,这位大法官和他的两名法官助理本·海涅曼和威廉·杰夫里斯坐了下来。斯图尔特将法官会议的情况告诉了他们,并分享了他此时的想法。“我想废止这些死刑法律,”斯图尔特说,“但是我不知道为什么。”斯图尔特倾向于写一份简短的意见书——斯图尔特称之为一个“开球手”——内容大致是,死刑把人当作一种用来达成目的的手段,因此它“显然是残酷而不寻常的”。但斯图尔特同时也表示,他知道这个案子是一场典型的与其他政府机关之间的对话,因此仅仅表达情绪是不够的。带着这些模糊而又矛盾的目标,斯图尔特让海涅曼试着起草这份意见书。

即使用最高法院法官助理的极高标准来衡量,本·海涅曼也是非常杰出的人才。他以极优等成绩从哈佛学院毕业。在那里,他是优等生荣誉学会(Phi Beta Kappa)的成员,也是《哈佛深红报》的主编。接着,他凭借罗德奖学金前往牛津大学深造,随后又就读于耶鲁法学院,并成为《耶鲁法律杂志》的主编。后来,作为通用电气公司的总法律顾问,他领导着1100名律师。

174 对于这项死刑相关的工作,海涅曼感到无比激动。在他看来,费曼案是那一年最重要的案子。本案的上诉文书都很出色,而法庭辩论则更是精彩绝伦。在耶鲁时,海涅曼曾被一门宪法理论课深深地吸引。这门课的教授是名列20世纪最有影响力法学学者的罗伯特·博克(Robert Bork)和亚历山大·比克尔(Alexander Bickel)。而现在,海涅曼得到了一次将他所学理论付诸实践的机会。

从智力层面上,这项任务却是令人望而生畏的。如果最高法院要宣告死刑违宪,它必须建立一套支持它这样做的理论。海涅曼预计这项工作要做上几个月。不过,他的领导却是一位完美的领导。海涅曼和杰夫里斯都很崇拜斯图尔特,并且很喜欢他协作式的工作风格。每当一份判决意见的草稿完成后,斯图尔特都会和起草这份意见的法官助理并排坐下,一起讨论他给出的修改意见。工作时,斯图尔特总是会抽上一支烟,尽管他一直在尝试戒烟。

有时,斯图尔特会带着法官助理们去位于第一大道上一间不知名房屋里的"不在场俱乐部"吃午餐,那里离白宫只有几个街区的距离。"不在场俱乐部"只有十三名成员,是首都地区最私密的组织之一。新成员加入需要所有成员的同意,并且只能在一名原有成员去世时才能有新成员加入。俱乐部的成员名单是保密的。通常来说,在任何一名成员去世之前,俱乐部不会公开它和这名成员的关系。前最高法院大法官斯坦利·F. 里德(Stanley F. Reed),以及中央情报局局长艾伦·杜勒斯(Allen Dulles)和他的哥哥、国务卿约翰·福斯特·杜勒斯(John Foster Dulles)都是它的成员。运气好的话,海涅曼和杰夫里斯还能见到前国务卿迪安·艾奇逊(Dean Acheson)或者参议员普雷斯科特·布什(Prescott Bush)。这两人都处于生命的最后阶段了。乔治·C. 马歇尔(George C. Marshall)将军——第二次世界大战时的陆军参谋长——也曾经是成员之一。这个俱乐部就是一部活的历史,而斯图尔特的法官助理们非常感恩能有机会见证它,就像德肖维茨在克龙海姆的餐厅用午餐时倍感兴奋一样。

但是,喜欢斯图尔特并不等于了解他。自从上一年度他支持了麦高萨案的判决以来,他似乎改变了观点。这背后的原因,海涅曼和杰夫里斯只能猜测。一种解释是,斯图尔特并没有真正改变观点。海涅 175
曼和杰夫里斯都表示,在斯图尔特看来,麦高萨案和 1971 年的几个案子之间有着本质的区别。他反对死刑是基于原则,而不是基于程序上的瑕疵。因此,他会在面对第十四修正案时支持死刑而在面对第八修正案时反对死刑,这两点是不冲突的。但这个解释一定是不完整的。在威瑟斯普恩案中,斯图尔特还在尝试用一份程序方面的判决来终结死刑。一定有什么改变了他。

改变斯图尔特的,是他最崇敬的大法官约翰·哈伦。斯图尔特经常对海涅曼和杰夫里斯说起他有多么尊敬哈伦。后来曾任中央情报局局长法律顾问的罗伯特·戴茨(Robert Deitz)曾在 1976 年做过斯图尔特的法官助理。那时,他问斯图尔特是否有过任何导师。而斯图尔特只提到了哈伦。在麦高萨案之后,哈伦已经辞职并去世了,而他的离开显然影响了斯图尔特在这批死刑案中的做法。斯图尔特自己永远不会承认这一点,但证据很充分。

斯图尔特与哈伦的联结起源于他们共同的贵族出身。斯图尔特的父亲詹姆斯·加菲尔德·斯图尔特(James Garfield Stewart,他的名字取自那位被暗杀的总统,那是俄亥俄州的一名共和党人)是辛辛那提市的著名律师和政治家。他曾任两届市长,后来又成为俄亥俄州最高法院大法官。在波特出生的时候,斯图尔特家收到了来自威廉·霍华德·塔夫脱总统的祝贺信。斯图尔特家住在一座豪宅,这里有着 46 英尺长的大客厅。他们先后将波特送到一所名叫大学学校的贵族学校——康涅狄格州的霍奇基斯寄宿学校——以及耶鲁大学。在耶鲁,他是骷髅会的成员。本科毕业之后,斯图尔特凭借亨利奖学金在剑桥大学学习了一年,这是一个哈佛大学、耶鲁大学、牛津大学和剑桥大学之间的交换生项目。此后,他又去了耶鲁法学院就读。

哈伦的父亲是芝加哥的著名律师,在共和党政治圈也很活跃。他的祖父曾是美国最高法院大法官,因为在被布朗案推翻的普莱西诉弗格森案中撰写了反对意见而闻名。年轻的哈伦在加拿大读了寄宿学
176 校,然后又就读于普林斯顿大学。在那里,他是常春藤俱乐部成员、校报的编辑,也是大三和大四两年的学生会主席。哈伦获得了罗德奖学金。毕业后,他在牛津大学贝利奥尔学院(Balliol College)学习了三年的法理学。接着,他又去了纽约法学院。

两个人在法学院都表现优异,并且在毕业后都加入了顶尖的律所——斯图尔特去了德普律师事务所(Debevoise & Plimpton),而哈伦去了鲁特、克拉克和伯德律师事务所(Root, Clark & Bird,后来改名为杜威·巴拉坦律师事务所)。两人在第二次世界大战期间都成了志愿兵,并且表现卓越。斯图尔特是一名海军领航员,获得了三枚战斗勋章。哈伦是一名空军上校,获得了功绩勋章。战后,两人都进入了政府工作。斯图尔特在辛辛那提市议会工作了两届,并在第二届担任了副市长。若不是艾森豪威尔总统在 1954 年将他任命到第六巡回上诉法院,他似乎就注定要继承他父亲的职位了。在纽约,哈伦曾任联邦助理检察官、纽约州特别助理司法部长,还曾担任一个负责调查集团犯罪影响的州立委员会的首席法律顾问。之后,在 1954 年,艾森豪威尔将他提名到第二巡回上诉法院。虽然他们年龄相差十六岁,但他们被艾森豪威尔提名到最高法院的时间只相差三年。

搬到华盛顿特区之后,哈伦和斯图尔特也为自己和家人们创造了非常相似的生活。哈伦与妻子和女儿住在乔治城的一座维多利亚式

住宅里。斯图尔特则与妻子和三个孩子住在华盛顿西北城区的林荫大道边,靠近切维·蔡斯乡村俱乐部(Chevy Chase Country Club)。斯图尔特是这个俱乐部的成员。哈伦一家在纽约市有一套公寓,在康涅狄格州韦斯顿有一套夏日别墅,在魁北克则有一片钓鱼营地。而斯图尔特一家在新罕布什尔州有一套度假别墅。两个人都喜欢高尔夫和棒球,又都很有幽默感。这两位大法官每年都会选个日子聚在法院大楼地下室的22-B房间,一起观看在淫秽言论案件中被当作证据提交的黄色电影。斯图尔特会坐在几乎已经失明了的哈伦旁边,向他描述
电影的画面。哈伦偶尔会惊叹一句:“天哪,太棒了!”他们在司法工作 177
中的行事风格也很相似。在外人眼中,斯图尔特曾是最有可能接任厄尔·沃伦的大法官,但是当沃伦退休后,斯图尔特让尼克松不要考虑提名他为首席大法官:他不喜欢这个职位所带来的公众的关注。哈伦也是一样的低调。

但相比于这些重要的联结,斯图尔特和哈伦之间默契的核心更在于一种对于法官职责的共识。斯图尔特一直引以为荣的一点是,他总是根据每个案子本身的具体情况来作决定。一名前法官助理这样描述斯图尔特:“他最一贯不变的哲学就是,他永远对那些看起来一贯不变的哲学保持怀疑态度。”杰夫里斯说:“斯图尔特是一个非常善于区分具体情况的人。他的首要身份是一个好律师。他也希望自己以这个身份被铭记。”他又补充道:“斯图尔特真正是一个有血有肉的人。他不像斯卡利亚和托马斯那样,有着一套凌驾于一切之上的司法哲学。他从来不那样。灰色地带实在是太多了。”当记者问他尊崇什么样的司法哲学时,斯图尔特说:“噢,我实在不知道那指的是什么。我希望人们把我当成一个律师来看待。”

这恰恰是斯图尔特在交朋友时最看重的一点。在哈伦去世十周年后不久,哈伦的法官助理们在世纪协会重聚。在那里,斯图尔特强

调,虽然评论者们将哈伦的司法风格描述为“学术的”和“保守的”,但在他自己看来,他们完全不了解哈伦。哈伦“远远不只是一个学者”。斯图尔特说,他是“一名最佳意义上的律师”。在他的整个职业生涯中,斯图尔特都在强调,要根据每个案件的具体情况处理案件,并且他强烈呼吁法官们充分尊重州立法机关。在另一次演讲中,斯图尔特说:“最高法院不是一个由理想主义的守卫者们组成的机构,它的职责不是根据大法官们自己对何为善良、何为智慧、何为得当的认知来决定我们所面临的最难、最情绪化的问题。”我们不难想象同样的话从哈伦的笔尖流出来。

为了证明斯图尔特没有一套凌驾于一切之上的哲学,人们最常举出的证据就是,斯图尔特曾在将避孕权确定为隐私权的格里斯沃尔德诉康涅狄格州案中发表反对意见,却在罗伊诉韦德案中加入了多数派。在斯图尔特去世后,海涅曼发表了一篇文章。他解释称,斯图尔
178 特之所以会这样做,是因为他非常重视判例,并认为自己在最高法院起着平衡的作用。不过,不是所有人都相信这个解释。

在死刑问题上,迈克尔·梅尔茨纳认为斯图尔特“是个谜”。而从局外人的角度来看,这都算是保守的说法了。多数大法官在死刑问题上是有着看起来一贯不变的意识形态的。比如,20 世纪 60 年代末、70 年代初的六个重要案件——杰克逊案、威瑟斯普恩案、博伊金案、马克斯韦尔案、克兰普顿案和麦高萨案——马歇尔、布伦南和道格拉斯每次都投票支持了被告人。而初到最高法院不久的伯格和布莱克门则各自表明了一贯支持死刑的立场。

而斯图尔特的行为轨迹则是非常复杂的。他在杰克逊案和威瑟斯普恩案中投票支持了被告人。当最高法院内部讨论博伊金案时,他曾经支持州政府,但在阿贝·福塔斯辞职后,他又转而加入了推翻原判的一方。在马克斯韦尔案中,他曾反对要求量刑标准,除非法院要

求分别式审理。一旦法院要求必需分别式审理，他就认为量刑标准是必需的。最终，当最高法院判决马克斯韦尔案发回阿肯色州重审时，斯图尔特投票支持了被告人。在克兰普顿案和麦高萨案中他都站在了州政府一方。在死刑问题上，唯一一位行为方式与斯图尔特相似的大法官就是哈伦。和斯图尔特一样，哈伦在杰克逊案中支持了被告人。和斯图尔特一样，他在博伊金案的大法官会议中支持了州政府，却在福塔斯辞职之后加入了推翻原判的判决。在马克斯韦尔案中，他也有着复杂的观点，但最终和斯图尔特一起投了发回重审票。以及，当然，哈伦在麦高萨案和克兰普顿案中都支持了州政府。两人唯一一次意见不同是在威瑟斯普恩案中。

大法官之间的相互影响很难用科学的方法测量。密歇根州立大学教授哈罗德·斯佩思(Harold Spaeth)和迈克尔·阿尔特菲尔德(Michael Altfeld)量化了这个问题。他们的方法是，关注大法官们影响其他人加入自己的反对意见或协同意见的能力。斯佩思和阿尔特菲尔德认为，这些特别的意见书能够最纯粹地反映出一位大法官的影响力。大法官们撰写或加入多数意见时往往有着复杂的动机。撰写多数意见的大法官可能希望确保自己在未来还能够得到撰写多数意见的机会。可能会加入多数意见的大法官们可以向作者施压，迫使作 179
者按照自己的意愿修改多数意见，否则就会面临联盟瓦解的风险。不过，在写反对意见和协同意见这些特别的意见书时，大法官们是完全自由的。没有谁能强迫谁写一份意见书，没有谁能阻止谁写一份意见书。同时，用修改意见书来换取支持的做法也很难想象。

斯佩思和阿尔特菲尔德分析了沃伦法院和伯格法院时期的反对意见和协同意见，发现大法官们在大约10%的案子中会加入彼此的反对意见或协同意见。而哈伦和斯图尔特支持彼此的次数大约是这个数字的三倍。在斯图尔特在沃伦法院任职期间，哈伦是唯一一位明显受到了斯图尔特影响的大法官。而哈伦也只影响了斯图尔特。两人都只被彼此以及瑟古德·马歇尔所影响。在米兰达案中,斯图尔特(和怀特)加入了哈伦激烈的反对意见。关于律师辩护权的里程碑式案件——埃斯科贝多诉伊利诺伊州案——斯图尔特发表反对意见的理由几乎和哈伦一模一样。而在废除了针对被剥夺选举权的少数族裔的文化水平测试的卡曾巴赫诉摩根案(*Katzenbach v. Morgan*)中,又是只有哈伦和斯图尔特发表了反对意见。

当然,这种基于统计数据和传闻逸事的证据并不十分确凿。并且,另外几组大法官甚至表现出了更明显的联结。在伯格法院时期,布伦南在大约48%的案子中加入了马歇尔的意见书,而马歇尔在57%的案子中加入了布伦南的意见书。布莱克门和伯格加入最高法院的第一年,在72个没有达成一致意见的案件中,两人有68次都投了同样的票。相反的是,在菲利克斯·法兰克福特发表的188份特别意见中,厄尔·沃伦从来没有加入过任何一份。

斯图尔特并不承认哈伦的去世影响了他的行为方式,但是从斯佩思和阿尔特菲尔德统计的指标来看,虽然在沃伦法院时期,斯图尔特只影响了哈伦,但是在伯格法院时期,他却成为最有影响力的大法官,对道格拉斯、马歇尔、布伦南甚至伦奎斯特都产生了很重要的影响。芝加哥大学法学院教授、法兰克福特的前法官助理菲利普·库兰
180 德(Philip Kurland)认为,1971年是"属于斯图尔特—怀特法院的一年"。哈伦离开最高法院之后,斯图尔特似乎变得活跃了起来。他的法官助理们认为,哈伦的离开使这位大法官感到悲伤——却也解放了他。当年轻的海涅曼开始着手这项他有生以来最重要的工作时,他打算写一份释放斯图尔特内心真正的道德准则的意见书。

在海涅曼开始查阅资料的同时,布伦南和他的法官助理杰拉尔德·戈德曼(Gerald Goldman)、保罗·霍伯(Paul Hoeber)以及泰勒·

阿什沃思(Taylor Ashworth)也开始起草他们自己的意见书。他们选择的出发点是迈克·贝克尔写的那份强调“人的尊严”的备忘录。贝克尔写道,“当一个社会故意地以一种剥夺人最基本的尊严和人性的方式对待任何人时,这个社会整体就不可避免地会受到影响,变得残酷和去人性化”,而第八修正案“的功能就是保护整个社会不受这样的影响”。贝克尔从来没有和布伦南讨论过这个概念,但他相信自己作为一个法官助理的特长就是预测一个法官在一个问题上会想说什么,并把握他会用的那种语气。果然,“人的尊严”这一主题在布伦南最终写成的意见书中扮演了重要的角色。

布伦南需要讲清楚宪法是如何在不提到“人的尊严”这个说法的情况下保护了人的尊严的。为此,他采用了沃伦提出的“不断演进的文明标准”这个概念。这种思路与布伦南本人思想的演进是密不可分的。早在 1972 年,布伦南就已经完全地摈弃了原旨主义的思想。他曾以不同方式表达过这个意思。“作为当代的大法官,我们只能以我们仅有的方式来解读宪法:那就是作为 20 世纪美国人的方式。”他曾对一群人说道。他对另一群人说过,制宪者的意图也是重要的,但“最重要的问题一定是:宪法文本中的这些词汇在我们这个时代是什么意思”?在乔治城大学的一次研讨会上,布伦南讲道:“宪法的天才之处并不在于它在那个已经死亡、已经过去的时代里可能有过任何固定的含义,而在于宪法中那些伟大的原则能够适应并处理当下的问题和当下的需求。”

为了证明文明的标准发生了变化,这份意见书需要告诉人们,死刑很长时间以来都是一个饱受争议的话题,并且在今天越来越少地被 181
使用,而原因之一就是死刑的执行过程会带来巨大的痛苦。马歇尔向布伦南展示的那份草稿花了很大的篇幅来讲述这段历史。法官助理们认为,布伦南可能会直接在意见书中对马歇尔叙述的这些背景信息表示赞同。

不过,仅仅说文明的标准发生了演进是不够的。应当如何衡量当下的标准呢?这个问题让布伦南的法官助理们非常苦恼。马歇尔认为,衡量的标尺应该是充分知情前提下的公众舆论。他的推断是,如果公民们知道了死刑适用中的真相,他们就会反对死刑。这种理论后来被称为“马歇尔假说”,它的优势就在于它使最高法院能够有理由废除一种绝大多数美国人都支持的刑罚方式。阿姆斯特丹在法庭辩论时曾暗示了这一标准。德肖维茨和戈德堡则在发表于《哈佛法律评论》的文章中明确地提出了这个标准。这篇文章现在已经广为人知了。“如果人们更加了解死刑,那么现行的道德标准就会谴责死刑。在这一点上,死刑问题和毒瘾入罪的问题是一样的。”不过,布伦南和他的法官助理们却不太愿意支持这种逻辑。他们认为这种理论是对普通人的轻视。

此外,他们也不太愿意接受阿姆斯特丹提出的“死刑的根本问题在于死刑适用的稀有性掩盖了歧视”这一论点。布伦南和法官助理们感觉这种论调会为强制死刑制度打开大门。不仅如此,布伦南还想要避开种族问题。他在沃伦法院时期就常常出于本能地回避这个话题。比如说,在《纽约时报》诉沙利文案中,阿拉巴马州蒙哥马利市的白人市政专员以诽谤为由起诉《纽约时报》和保卫马丁·路德·金委员会,而布伦南的判决意见采纳了《纽约时报》代理律师赫伯特·韦克斯勒(Herbert Wechsler)的建议,没有提到种族问题。在米兰达案中,布伦南说服沃伦删除了判决意见草稿中提到被告人种族的部分。布伦南在给首席大法官的便笺中写道:“在这样的语境下,我不知道把警察暴力问题变成一个种族问题是否合适。如果说本判决涉及的人群有什么特点的话,那应该是贫困,而不是种族。”

182 虽然布伦南不想提到种族问题,但他却建议在本案中借用最高法院在关于歧视的判例中适用的法律标准。依据平等保护条款,各州如果要制定任何将黑人与白人区别对待的法律,就必须给出令人信服的理由。戈德堡和德肖维茨在发表于《哈佛法律评论》的文章中提出,这种审查方式也可以适用于第八修正案相关案件。“即使是当死刑被用来惩罚那些侵犯或威胁他人生命权的犯罪时,”他们写道,“死刑的合宪性依然只能取决于州政府能否给出令人信服的理由,证明其必须采用死刑,而不能采用一种相对轻一些的刑罚。”布伦南提议将这种思路发展成为一套得到充分实践的宪法标准。

剩下的问题就是,要花多大篇幅来阐述“最高法院应当扮演什么角色”这一先决问题？布伦南的法官助理们倾向于将这个问题阐释得更加彻底。鲍威尔很可能会考虑到联邦制的问题。如果这份意见书在这一点上更有力一些,它就有可能说服他。

尽管布伦南的法官助理们并不知道这一点,但鲍威尔的办公室中可能隐藏着他们的一位“同伙”。鲍威尔将费曼案交给了毕业于得克萨斯大学法学院、曾任学校法律评论编辑的拉里·哈蒙德(Larry Hammond)。哈蒙德最早是由雨果·布莱克聘用的。鲍威尔接替布莱克之后,便让哈蒙德留了下来。

第一次见到哈蒙德时,鲍威尔就告诉他,他希望自己的法官助理们假定他在宪法方面一无所知。鲍威尔说,他非常了解税法,因此他会自己处理所有税法相关的案件。但在其他案件中,他会很依赖自己的法官助理们。一段时间后,哈蒙德对鲍威尔产生了很高的敬意。鲍威尔的工作风格也很公开、包容,与他的前任形成了鲜明的对比。布莱克曾下令将自己所有的笔记和文件都烧掉。初到最高法院时,鲍威尔就决定要将自己所有的笔记和文件都公之于众。本着这种公开透明的精神,鲍威尔将法官助理们当作自己的合作伙伴。在接下来的六个月里,费曼案将是哈蒙德的首要职责。在整个案件过程中,他和鲍威尔密切地合作。 183

回忆起这段过程时,哈蒙德将它描述为一个“协作项目”。

不过,鲍威尔在本案中的立场并没有可以讨论的空间。在关于本案的第一次会议中,鲍威尔就说过:“如果他是一个立法者,他会投票反对死刑,但宪法几次提到了死亡,这一点比什么都重要,虽然宪法是一部活的文件。”在法庭辩论的笔记中,鲍威尔写道,阿姆斯特丹在文明标准问题上的立场有些“太过火了”。此外,鲍威尔还很在意公众会怎么想。“反死刑运动的过程充满了斗争式的激情,但这场运动在争取公众支持方面其实收效甚微”,他在自己的笔记中写道。“它只在法律评论、学术期刊和部分媒体中取得了成功。但如果我们的标准是公众的意见——而不是精英群体的意见——那么这场斗争并没有取得显著的成功。”唯一引起了鲍威尔共鸣的政策考量是,面对死刑的被告人并没有得到充分的辩护。这就导致了无法容忍的随意性。不过,作为前美国律师协会主席,鲍威尔很自然地认为更高质量的辩护能够解决这个问题。他认为,如果有更多称职的律师参与进来,这个程序就能变得合理。

在第一次会议中,鲍威尔还问了哈蒙德他在这些案件中的观点是什么。“说实话,我当时还没有形成一个观点。”哈蒙德在 2010 年回忆道。他在法学院时没怎么思考过死刑问题,在上诉法院做法官助理时也没有接触过任何死刑案。他的本能让他跟着自己上司的意见走。在最初提交给鲍威尔的法官备忘录中,哈蒙德写道:“总的来说,虽然公众会在一个持续的过程中逐渐抛弃死刑这种想法很吸引我,虽然我们在今天不得不允许死刑的适用——并付出几百个灵魂的代价——这件事让我感到很烦恼,但要么是因为社会良知还没有演进,要么是因为律师们没能证明社会良知的演进,废除死刑的理由没能满足就公众立场得出确切结论所必须要满足的高证明标准。”鲍威尔在页边空白处写道:“很好的总结。”

鲍威尔很认真地听了怀特和斯图尔特在大法官会议期间的发言。184
他认为,要想说服他们——并赢下这个案子——关键在于要向他们证明这个问题超出了最高法院正当的管辖权。鲍威尔让哈蒙德收集历史材料,证明制宪者们是接受死刑的,并且最高法院一直以来都默认死刑合宪。他要求哈蒙德特别留意一下制宪会议、《联邦党人文集》和美国重建时期围绕民权宪法修正案进行的辩论中的相关内容。鲍威尔说,他还想了解一下支持和不支持死刑威慑论的证据。LDF 提交了几项关于立法制定了死刑的州的谋杀率的纵向研究,表明死刑的威慑效果甚微。鲍威尔的本能告诉他,这些研究证明不了什么。

哈蒙德花了几个星期时间来弄懂这些问题。他夜以继日地研读了法律文书和历史文献。他急切地想要让他的上司满意,但随着 1 月结束,寒冷的 2 月到来,哈蒙德逐渐产生了一种不祥的预感。他觉得鲍威尔可能是错的。他不像他的上司那样坚信更高质量的辩护能够降低死刑的随意性。在这几个案子上做的工作越多,哈蒙德就越坚信,死刑永远也无法被合理地适用。

1972 年 2 月 18 日,加利福尼亚州最高法院作出了同样的判断。在安德森案开庭辩论后一个月,加利福尼亚州最高法院废止了死刑,依据是本州宪法禁止“残酷或不寻常的惩罚”。这一判决中的很多内容都让托尼·阿姆斯特丹感到欣慰。判决中说道,“残酷”必须以不断演进的文明标准来衡量,否则在耳朵或舌头上钻孔的刑罚都会被允许。判决中还说道,正如马歇尔所说,民意测验的结果不值得参考,因为公众对这一问题完全不了解。美国的陪审团和国际社会都表现出不再支持死刑。现有的死刑执行过程痛苦而漫长。“它使整个过程中 185
的每一个参与者人格受到贬低,人性遭到剥夺。”法院总结道。“它不是州政府实现某个正当目标的必要手段,也有损于人的尊严。”

这一判决引起了广泛的关注。加利福尼亚州是死刑犯数量最多的州，有 107 名死刑犯，其中包含连环杀手查尔斯·曼森（Charles Manson）和刺杀罗伯特·肯尼迪的凶手瑟汉·瑟汉（Sirhan Sirhan）。这份六比一的判决格外重要，因为它的作者是里根任命的保守派首席大法官唐纳德·赖特。同时，它也营造出了一种拥抱新兴趋势的表象。

安德森案判决还给 LDF 带来了一个实际的好处。安德森案判决之后，美国最高法院就不会对艾肯斯案作出判决了，因为那将不再有任何意义。在四个案件中，艾肯斯是情节最恶劣的，因此也是最让 LDF 忧虑的。梅尔茨纳说，LDF“全体都松了一口气，因为一些大法官，尤其是伯格，以及公众都用艾肯斯的犯罪情节大做了一番文章”。

在幕后，伯格反对将艾肯斯案从议程中移除，但他却提不出什么实际的理由。伯格很担心安德森案的判决会带来一些损失。在很多律师眼中，加利福尼亚州最高法院是最富有革新精神的司法机构。阿姆斯特丹说：“加利福尼亚州最高法院在法院中的地位就像是加州大学洛杉矶分校在篮球界的地位。”布莱克门认为安德森案会是一个转折点。后来，他在费曼案的反对意见中也是这样说的。布伦南甚至对法官助理们说，他在想安德森案判决有没有可能会说服伯格。也许伯格会抓住这个机会，成为主持死刑废除过程的首席大法官。这可能会成为他最重要的遗产，就像废除种族隔离是厄尔·沃伦最重要的遗产一样。至少，布伦南认为，对于这个微弱的多数派中那些相对比较迟疑的人——比如波特·斯图尔特——来说，加利福尼亚州的这个判决会更加坚定他们的决心。

在斯图尔特的办公室中，海涅曼向这位大法官展示了他起草的意见书。海涅曼花了一大半的篇幅来质疑报应是不是一种合法的刑罚
186 目的。这看起来与斯图尔特所说的“死刑应当被废除，因为它将人当作一种用来达成目的的手段”的观点是一致的。但是，斯图尔特却并

不满意。他说:“这是一次不错的尝试,本,但我认为报应是一种合法的刑罚目的。并且,我不能永久性地废止死刑。”斯图尔特告诉海涅曼,他不愿意将自己绑定在“宪法在任何情况下都禁止死刑”这一立场上。有些时候,州政府处死一些人是合理的——或者说,至少是合宪的。

海涅曼接受了斯图尔特的判断。毕竟,这件事的决定权在斯图尔特。不过,如果斯图尔特不愿意表达他最核心的道德担忧的话,海涅曼不知道他的这位上司到底要以什么作为自己意见的基础。斯图尔特似乎没有多少操作空间。海涅曼希望他的草稿不要被彻底抛弃,并且私下里把草稿给了布伦南的法官助理保罗·霍伯一份。

到了 3 月中旬,布伦南和法官助理们已经准备好了一份意见书草稿。草稿开篇指出,制宪者写下“残酷而不寻常”条款的原意是无法被确切地认定的。布伦南认为,这一条款的真正含义是非常崇高的,它暗含的基本概念“完全是人的尊严”。他写道:“一个州的政府,即使在惩罚它的公民时,也必须以一种尊重他们作为人的固有价值的方式对待他们。如果一种刑罚方式与人的尊严不相符,它就是残酷而不寻常的。”

布伦南简述了一套由四个部分组成的标准,用来判断一种刑罚方式是否符合人的尊严和第八修正案的要求。第一项原则是,“刑罚不能太过严厉,以至于贬低人的尊严”。生理上的痛苦只是很多因素中的一个;精神上的折磨也要考虑。第二项原则是,“州政府不能随意地施加一种严重的刑罚”。这项原则使得种族歧视问题具有了相关性,但布伦南选择的理论基础与 LDF 不同。“这项原则,”他写道,“源自这样一种观念,即当一个州对某些人施加一种严厉的刑罚,却不对其他人施加同样的刑罚时,它就没有尊重人的尊严。”第三项原则 187
是,“任何一种严厉的刑罚不能让当代社会感到无法接受”。如果社会不接受一种严厉的刑罚,那就意味着这种刑罚与人的尊严不符。第四项原则是,布伦南说,“任何一种严厉的刑罚都不能过度”。在这个语境中,“过度”意味着不必要。正如第二项原则将通常与对“残酷”的衡量无太大关联的种族歧视证据纳入了考量,这最后一部分也将关于死刑的整个公共政策辩论纳入了进来。所有那些关于威慑作用的或有或无的证据,忽然就成为宪法计算的一部分——至少对布伦南来说。

布伦南的这一套标准在很大程度上取材于杰拉尔德·戈特利布在 1961 年发表于法律评论上的文章。虽然他只提到了戈特利布一次,而且只是提到了戈特利布在 1969 年写的一篇关于死刑执行前漫长等待的残忍性的短文,但戈特利布对他的影响是不能否认的。布伦南标准中的第四部分与戈特利布在 1961 年提出的必要性要求非常相似。死刑的不可挽回性问题以及人的尊严在戈特利布的文章里也占有非常重要的地位。布伦南在意见书的结尾重申了这一中心主题。“死亡真的是一种很可怕的刑罚。”布伦南写道。“州政府蓄意杀死一个人,这本质上就包含了对被执行死刑者人性的剥夺。死刑与一个被判处监禁的人所受的苦难有着明显的区别。监狱中的一个人不会失去拥有权利的权利。一个囚犯依然是人类大家庭中的一员。不仅如此,他还保留着诉讼的权利。他所受的惩罚不是不可挽回的。”相比之下,布伦南说:“当一个人被绞死,我们和他之间的一切关系就被终结了。他的死刑执行像是在说,‘你不适合这个世界,去别处碰碰运气吧’。”

3 月 14 日,在把意见书交给整个法院传阅之前,布伦南私下里将草稿发给了斯图尔特和怀特。斯图尔特很快就称赞这份草稿非常出色。斯图尔特告诉布伦南,他认为这份意见书“完成了使命”,并且他
188 很可能会加入这份意见书,只是他可能会补充一段话,大意是“死刑是

不允许的,因为它将人当作物品来对待”。而怀特什么也没说。

3月末,大法官们开始相互分享各自的意见书。道格拉斯和马歇尔最先向大家传阅了他们的意见书,接着是布伦南,他在3月29日分享了自己的那一份。马歇尔的意见书和他在1月份与布伦南分享的那份草稿非常相似。道格拉斯的意见书则几乎完全聚焦于死刑的歧视性适用上。道格拉斯的用语与阿姆斯特丹非常相似。他说,我们知道,“死刑的适用是有选择性的。如果被告人是贫穷的、受蔑视的,或者他在政治上缺乏影响力,或者他属于一个常被猜疑的、不受欢迎的少数群体,他就会被歧视。而如果他的社会阶层使他处于受保护的地位,那么死刑就会对他网开一面”。实际上,道格拉斯说,美国的法律已经创造出了一套种姓制度。“在古印度法律中,婆罗门是有免死特权的。”他写道。“社会地位越低,刑罚就会越严厉。我很担心,我们在实践中可能已经采用了同样的做法,一半是因为我们将死刑交给了自由裁量,一半是因为有钱人可以购买这个国家最受尊敬的、最聪明的法律人才所提供的服务。”

道格拉斯强调了每一个被告人的弱势境地。费曼只上过六年学,轻度发育迟滞,并且被诊断患有精神病。布兰奇同样轻度发育迟滞,只上过五年学。费曼、布兰奇和杰克逊都是黑人。道格拉斯接受了阿姆斯特丹的核心论点:第八修正案关注的是刑罚的后果,而不只是程序上的保护。道格拉斯的一段总结后来成为他的意见书中最著名的段落:

> 如果一条法律规定,任何收入高于5万美元的人都可以免予
> 死刑,那么这条法律显然是违法的。同理,如果一条法律规定死
> 刑只适用于黑人、年收入低于3000美元的人、不受欢迎的人或精 189
> 神状态不稳定的人,这条法律也是违法的。一条在整体实践中造
> 成这种结果的法律,并不比一条明文作出这种规定的法律更加

神圣。

虽然这个例子很生动,但布伦南的法官助理们并不太看好道格拉斯的这份意见书。它过于杂乱无章了。道格拉斯在开头讨论了第十四修正案是否吸收了第八修正案的问题,但从来没有人认为这是本案的核心问题。他借鉴了诺曼王朝时期英格兰的做法。在种族歧视方面,他的论证依赖于国会证词和教科书,而不是基于各州的具体数据。更致命的是,道格拉斯几乎完全没有尝试对麦高萨案这一判例进行处理。他只是直言:“今天这些案件的根源都在于麦高萨案。陪审团在放被告人一条生路还是坚持处死他的问题上享有几乎不受限制的自由裁量权。”

道格拉斯自己的法官助理们也有着和布伦南的法官助理们一样的看法。他们觉得这份意见书不能代表他们这位上司的最佳水准。这份草稿没有像往常一样经过道格拉斯的检查过程。一般来说,他会仔细地检查一份意见书的每一个单词,并且常常会用一次又一次的修改来折磨他的法官助理们。而这份意见书的写作过程却非常快,在他的法官助理们看来也非常草率。但是没有人打算告诉道格拉斯这一点。从布伦南的角度来说,道格拉斯的立场比他给出的理由要重要得多,因为斯图尔特和怀特最终将决定这个案子的结果。

月底,海涅曼交给布伦南的一位法官助理一份备忘录,内容是斯图尔特对布伦南、马歇尔和道格拉斯的意见书的反馈。相比于斯图尔特之前对布伦南毫无保留的夸赞,这份备忘录的语气显得有些不瘟不火。斯图尔特质疑布伦南将“残酷”和“不寻常”分离开来是否有道理。他还觉得布伦南提出的标准的四个方面应该以累积的方式来衡量。换句话说,即使一种刑罚方式没有违反四个要素中的每一个,它也有可能不符合整个标准的要求。更尖锐的是,斯图尔特通过他的法官助理表示,布伦南提出的标准很明显是为了得出一个特定的结果而设计的。

对于这项指控，布伦南几乎肯定是要认罪的。他肯定不是第一个 190
犯下这种“罪行”的最高法院大法官。整体来说，斯图尔特的反馈还是鼓舞了布伦南。斯图尔特想要加入这份意见书的意愿并没有改变，而布伦南也非常乐意按照斯图尔特的建议来修改自己提出的标准。接下来的问题依然是怀特会如何选择。布伦南让自己的法官助理们先静观其变。

4 月 24 日，伯格向同事们传阅了自己的意见书。他先以一句熟悉的解释开场：如果他是一位立法者的话，他要么会站在布伦南和马歇尔一边，要么也会将死刑的适用范围限制在最恶劣的犯罪中。但是，作为一个法官，“我们对于宪法的探究必须与个人情感分开”。伯格对第八修正案的历史进行了自己的阐述，和布伦南的版本不同。伯格说，无论是在制宪辩论中，还是在接下来的判例法中，都没有证据表明“残酷”和“不寻常”这两个词之间有任何关系。他的这种解读使得关于死刑适用中种族不平等的证据变得不相关了。“我并不是想说第八修正案中的‘不寻常’这个词只是个无用的残余。”伯格写道。“但是，当我们面对的是像死刑这样历史上常见的刑罚时”，他认为“把‘不寻常’作为影响案件结果的关键词”是违背法律的。

伯格认为马歇尔、道格拉斯和布伦南从美国死刑实践中吸取了错误的教训。陪审团判决死刑的次数越来越少，恰恰证明了这个制度已经有所完善。而关于死刑威慑作用的公共政策方面的辩论与本案并没有关系。各州面对的是一个复杂的问题，而它们的决策应当得到尊重。“如果说我们可以要求各州政府证明死刑的威慑作用的话，那么同理，我们也可以要求它们证明其他任何刑罚的必要性。”伯格说。
“但是据我所知，并没有确凿的证据能证明终身监禁比 20 年监禁更有 191
威慑力，或者 10 美元的违规停车罚单比 5 美元的违规停车罚单更有威慑力。”

布伦南和道格拉斯的意见其实都是基于正当程序的论辩。讽刺的是,他们似乎是在说陪审团制度“所带来的宽恕超出了第八修正案能容忍的范围”。按照这种观点的逻辑引申下去,各州政府的对策可以是将死刑变成强制性的。在伯格看来,这样只能适得其反。“如果这是立法机关唯一可以选的替代方案,”他说,“那么我倒宁愿本院选择彻底废除死刑。”

最后,对于阿姆斯特丹所提出的“文明标准一定是不断演进的,否则最高法院就不得不认可 18 世纪的野蛮做法”这一论点,伯格给出了一个很简单的回答。“像黥刑或刵刑这些在制宪时期普遍存在的刑罚方式,它们在没有司法干预的情况下就从刑罚领域消失了,这是因为它们让人们感到不适,而立法机关对这种公众情感作出了回应。”伯格写道。“毫无疑问,如果今天有人请求我们审查这些刑罚方式,我们会认定它们过于残忍,因为我们有十足的把握可以说当代社会一致反对这些怪异的刑罚方式。”

这份意见书被传阅后,伯格的一位法官助理打破了他的沉默守则,打趣道:“只要最高法院还在,就不会有烹刑出现。”

哈里·布莱克门很快也像伯格一样表达了他个人对死刑的不认可。由于伯格对隐私的重视和对法官助理们提出的保密性要求,要知道他是否真心拒绝死刑是完全不可能的。而布莱克门的诚意则相对更容易证实。布莱克门的工作风格和伯格截然不同。

192 布莱克门是个非常努力工作、严格遵循习惯的人。他每天早上都开着他那辆湖蓝色的大众甲壳虫汽车在 7 点之前到达最高法院。他太喜爱、太依恋这辆车了,它甚至在 1999 年出席了他的葬礼。到了最高法院之后,布莱克门会和自己的法官助理们在餐厅吃早饭(每天早上都是一样的东西——一份炒鸡蛋和两片葡萄干土司)。这是许多法官助理的记忆中最温馨的场景。然后,他会一直工作到晚上 7 点,再带着满满一公文包的文件回家。他对大法官会议、法庭辩论(包括律师得分)以及他个人的思考都做了非常详尽的笔记。在他审理的几乎每一个案件中,他都会在法庭辩论前给自己写一份备忘录。于是,研究者们拥有了一个了解哈里·布莱克门灵魂的难得的窗口。

布莱克门的法官助理在马克斯韦尔案法庭辩论之后私下里对阿姆斯特丹和梅尔茨纳说的话反映的不只是布莱克门一时的心血来潮。1966 年,在他加入上诉法院七年之后,也是在马克斯韦尔法庭辩论的一年前,布莱克门和上诉法院的同事们审理了杜安·波普(Duane Pope)的上诉案。这是一个备受关注的案件。在中西部地区,几乎每一个人都对本案有自己的观点。波普是堪萨斯州麦克弗森学院的一名橄榄球星,他跨越了州界,来到内布拉斯加州抢劫了一家银行。在抢劫事件中,波普枪杀了三名银行雇员,包括这家银行 77 岁的行长。接着,波普去了拉斯维加斯赌博,又去蒂华纳看了一场斗牛。然后,他自首了。波普的律师在庭审中提出了精神失常抗辩,而波普提出的上诉主要是针对一审法官处理精神病学证据的方式。陪审团没有采信这些证据,而是判处了波普死刑。

本案的判决意见由布莱克门负责撰写,而他并没有找到任何推翻一审定罪的理由。不过,布莱克门对本案中死刑的量刑提出了质疑。他在自己起草的判决意见末尾加了一段话,认为波普是行政赦免的合适候选人。审理此案的其他两位法官都认为布莱克门加的这段话是没有必要,也没有道理的。这令布莱克门感到很不快,尽管两位法官并没有想冒犯他的意思。他们已经称赞了这份判决意见非常出色,而
且布莱克门也主动附上了一份备忘录,表明了自己对这一段的疑 193
虑,并邀请两位法官作出回应。尽管如此,布莱克门还是给自己的儿时好友伯格写信(他们一直保持着定期通信的习惯),说他"陷入了

一场关于死刑的争论”。几个月后，他又提到，他一直在为撤回了那段言论而感到自责。

当伯格法院开始受理这个问题时，布莱克门的观点或多或少还是保持不变的：死刑作为公共政策来说是不明智的，但纠正这项政策并不是法院的职责。1971 年 4 月，面对麦高萨案的迫近，布莱克门坐在书桌前，在打字机上重新打印了一份菲利克斯·法兰克福特在哈利诉俄亥俄州案（*Haley v. Ohio*）中的判决意见。那是 1948 年的一起上诉案。一名 15 岁的男孩被判死刑，而判决的主要依据是他在被审讯了一整晚后所作的认罪供述。法兰克福特的判决意见书认定男孩的供述是非自愿的，因此将它排除在证据之外，但没有质疑死刑的合宪性。“我不相信死刑。”法兰克福特写道，“但作为一个法官，我不能把那少数几个得到了教训后废除了死刑的州的观点强加于其他所有的州。”在这一段的末尾，布莱克门打上了自己名字的缩写，以表明这一段话代表了自己的观点。

五个月后，在第一次仔细阅读了这一批新的死刑案后，布莱克门重申了这一观点。“如果我是立法者的话，我会投票反对死刑。”他在一份给自己的备忘录中写道。“但是，这并不意味着当一个州以自己的智慧作出选择，决定对重罪——如叛国罪和特定种类的谋杀，包括恶意预谋的谋杀等——适用死刑时，我有权说这违反了第八修正案。我不同意这项政策，但我无法以宪法为由废除它，至少现在不行。”有意思的是，布莱克门坦言：“你也可以说，最高法院在这一点上表现得有些懦弱。”

在他职业生涯的晚年，布莱克门将会公开表明自己坚决反对死刑，并坚决否认死刑的合宪性。1994 年，当他从最高法院退休时，人们已经普遍认为他是最高法院最自由派的大法官。在 20 世纪 70 年代中期，布莱克门与布伦南站在同一边的频率已经高于与伯格站在同

一边的频率。在1975年到1980年,布莱克门在55%的案件中都同意 194
布伦南的意见。在1986年到1990年,布莱克门在95%以上的案件中都与布伦南和马歇尔站在一边。很多美国人只知道布莱克门是罗伊诉韦德案判决的作者和守卫者,而这一判决是最高法院对公民自由最有争议、最重大的一次扩张。但是在1972年,布莱克门还不是我们所知道的那个布莱克门。在最高法院的第一年,布莱克门在几乎所有案件中都和伯格立场一致。废除死刑主义者们后来常常想,如果布莱克门观点的转变开始得更早一点,事情会怎样。

那么,布莱克门观点的转变为什么这样慢呢?一部分原因可能是,布莱克门做任何事情都很慢。布莱克门可能是个有原则的、条理清晰的人,但他同时又很敏感、很要面子,非常渴求来自他人的肯定。这和他的童年有一点关系。在他还是个小男孩的时候,布莱克门就开始与抑郁症和疑病症作斗争。即使在成年之后,他也时常会在面对陌生人时感到不适,并且经常对自己是否配做最高法院大法官表示怀疑。加里森·吉勒尔(Garrison Keillor)称他为"害羞者的大法官"。

初到最高法院时,布莱克门面临着每个大法官都会面临的个人信仰与他们所认为的自己的职责之间的冲突。那时,他默认的榜样是他最熟悉,也最适合当作榜样的人:他的法学院教授菲利克斯·法兰克福特,以及他的童年好友沃伦·伯格。在布莱克门宣誓成为大法官前夕,伯格给他写了一封欢迎信,这封信很好地概括了伯格对于最高法院恰当角色的观点:"并不是所有好的做法都源于宪法,也并不是所有不可靠的做法都为宪法所禁止。宪法不是一部法典。"伯格曾一次又一次地劝告布莱克门不要过多地表露自己的情感。

1972年,布莱克门的立场仍然倾向于保守派。那一年,他的注意力完全在罗伊案上。5月18日,他向大家传阅了一份判决意见草稿。这份草稿建议,在推翻得克萨斯州堕胎禁令的前提下,在所有说得通的理由中选取最窄的一种：那就是，这项除“以挽救产妇生命为目的”外禁止其他一切堕胎行为的法律，因为含义过于模糊而违反了宪法。
195 此后，布伦南和道格拉斯一直坚持不懈地劝他更进一步。第二年，布莱克门屈服了。其实，布莱克门转变的种子已经种下了。布伦南在秋天预估这一批死刑案的结果时就察觉到了这一点。但这颗种子真正生根发芽是在费曼案判决之后。布莱克门在费曼案中的意见书很真诚，也反映了他在马克斯韦尔案中表现出的那种内心的焦虑。这篇意见书经历了漫长的写作过程，最终却还是认可了死刑的合宪性。“对于我来说，这样的案件会带来精神上的极度痛苦。”布莱克门最终写道。“考虑到死刑所带来的各方面的肉体痛苦，以及对普通人用有限的思想作出的道德审判的恐惧，我对死刑的反感、厌恶甚至憎恨的程度比任何人都深。”如果他是立法者，他会投票反对死刑，但“司法机关不能以第八修正案为一种新的借口来接管这项权利”。布莱克门假定自己会是少数派，便补充道：“虽然从个人的角度，我可能会为法院的决定而感到欢欣鼓舞，但从历史、法律或宪法判决的角度，我感到这个结果很难接受，也很难理解。”

5 月 12 日，刘易斯 · 鲍威尔传阅了他的意见书。这份意见书最终长达 50 页。这即使是对于一份多数意见来说也算是很长了，而鲍威尔还是把它作为一份反对意见来写的。他花了很大的篇幅来讨论司法职能的问题。鲍威尔像伯格一样，认为最高法院不该决定一个和个人伦理信念如此紧密相关的问题。鲍威尔认为这一判决是一种“司法指令”的行为，反映了“对民主程序最基本的信任和信心的缺乏”。像伯格一样，鲍威尔试图证明死刑的适用比 LDF 所声称的要更普遍，并骄傲地列举了在之前的案件中支持了死刑的大法官们。

虽然鲍威尔在传阅这份意见书之后对其中的观点愈发坚信，但起草这份意见书的法官助理拉里 · 哈蒙德却恰恰相反。他认为他参与撰写的这份意见书是错误的。“据我所知，还没有任何人能对那一批死刑案的判决结果作出一个合理的解释。”哈蒙德在2010年说道。当时，他为此感到非常苦恼。

鲍威尔并不知道这一点。他曾在本案最开始时问过哈蒙德的意 196
见，但从那以后就没有再问过，而哈蒙德也不知道该如何提起这个话题。他们之间有过保持友好异见的先例。在他们一起工作过的凯斯诉第一学区案（*Keyes v. School District No.1*）中，鲍威尔反对强制校车制度，而哈蒙德和另一名法官助理威廉·凯利（William Kelly）却支持它。这种意见分歧并没有影响两位法官助理和他们的上级之间的工作关系。但在哈蒙德看来，这次的死刑案是不同的。法官助理在大法官询问其意见时给出回复是一回事；而法官助理直言自己改变了意见、指责大法官错判了一个案子是另一回事。所以，哈蒙德什么也没有说。

在鲍威尔传阅他的意见书之后，斯图尔特和怀特称赞了这份草稿。鲍威尔向哈蒙德分享了自己收到的好评，因为他把哈蒙德看作自己的盟友。而哈蒙德又一次保持了沉默。他感到越来越言不由衷了。

马歇尔的意见书第二稿在很大程度上是对鲍威尔的意见书的回应。在马歇尔传阅了第二稿之后，哈蒙德仔细阅读了所有修改处，将草稿交给鲍威尔，并附上了一份备忘录。“如果那些反对您的意见的人只能提出这些论点的话，那么您一定是对的。”哈蒙德写道。他认为鲍威尔并不需要作出任何修改，但是，他说，“我们可以思考一下是否要更加着重地讨论一下这个国家的底层人民长久以来所面临的问题”。

对于布莱克门分享给鲍威尔的意见书草稿，哈蒙德也表现出了类似的轻蔑态度。“虽然这份意见书根本没有试图去分析那些棘手的问题，但它显然已经是布莱克门大法官在过去的两年中写下的最好的文章了。”哈蒙德写道。“我非常赞同他的观点。他尽可能清晰地表述出了我们所面临的一种矛盾：一方面，我们明确地知道死刑是不违反宪法的，而另一方面，我们在司法之外的直觉却告诉我们废除死刑可能是 20 世纪最伟大的人道主义举措之一。”

当然，哈蒙德在这批死刑案件中并没有投票权。在有投票权的人
197 中，票数比是四比四。这些来来回回的观点变化并没有改变核心的事实。归根结底，拜伦·怀特依然是本案的关键。

自 1 月以来，怀特在死刑问题上一直保持着沉默。他的法官助理们表示，他们不知道他在想什么。他们只是说，这一批死刑案带来的压力已经动摇了他戒掉 40 年烟瘾的决心，而怀特还是个一旦下定决心就很不容易动摇的人。

布伦南觉得怀特的沉默不是个好兆头。他担心多数派是否会瓦解。布伦南在思考有什么方法能够巩固斯图尔特的支持。布伦南甚至准备好作出妥协，将“残酷”和“不寻常”作为两个独立的要素来看待，并且让他的法官助理们传达这个意思。不过，5 月 29 日，斯图尔特的法官助理们却表示这个修改并无必要。海涅曼和杰夫里斯重申，斯图尔特的态度很坚定，但无论布伦南怎样修改自己的意见书，斯图尔特都不会加入。他们再次强调，斯图尔特打算写一份简短的意见书，对布伦南草稿中的内容表示赞同，但“对于斯图尔特来说，只要说明‘死刑将人当作物品来对待’这个意思就足够了”。

于是，布伦南不再试着满足斯图尔特，而是开始思考如何对伯格和鲍威尔的草稿作出回应。首先，布伦南打算删掉草稿中关于司法审查的论述。这一段原本的目的是说服鲍威尔。显然，这样做已经没有意义了。布伦南将意见书的开头改成了对“残酷而不寻常”条款的论述。伯格和鲍威尔都提出，这一条款的适用范围很有限。布伦南认为他必须要反驳这种观点，并加强了意见书对威姆斯案的分析。这是乔

治在法庭辩论时提到的1910年的案件。布伦南认为,威姆斯案明确了第八修正案的适用范围并不限于“斯图亚特王朝采用的那些刑罚种类”。布伦南写道,一项宪法规定“诚然是针对过去存在的一些弊端制定的,但它概括性的语言不应该被局限于这些弊端过去所存在的形 198
式。时间会带来变化,带来新的条件和目标。一条有生命的原则必须要有比它诞生之初所针对的那些弊端更宽广的适用范围”。

接下来,当布伦南和他的法官助理们都自信在这个问题上已经竭力做到了最好时,布伦南又开始继续等待。6月初,怀特的一名法官助理告诉布伦南的法官助理们,怀特在这个问题上依然守口如瓶。这名法官助理说,他很确定,布伦南写的任何东西都无法改变怀特的观点。怀特将如何决定,只有他自己说了算。不过,让布伦南感到不妙的是,怀特的法官助理说,他们办公室中的知情者透露,怀特最终会投票支持死刑。海涅曼和杰夫里斯也有同样的预感。

6月7日是一个周三,大法官们聚在一起庆祝怀特的生日。斯图尔特对布伦南说,他会就这批死刑案的问题与怀特碰面,并答应将怀特的态度转述给布伦南。在又一次焦灼的等待之后,布伦南没有得到任何来自斯图尔特的消息。于是,布伦南只能推断,要么是斯图尔特没有和怀特沟通,要么就是怀特要求斯图尔特发誓保密。

当天晚些时候,布莱克门将自己的意见书的修改稿分享给了鲍威尔,并附上了一份他打算向所有大法官传阅的说明。这份说明提到,基于大法官会议的投票结果,布莱克门是将这份意见书作为一份反对意见来写的。如果本案的结果与此相反,布莱克门可能就得重新考虑一下那段对本案结果感到欢欣鼓舞的话了。

鲍威尔将布莱克门的这份说明分享给了自己的法官助理。哈蒙德不理解布莱克门为什么要选择将自己的意见书看作一份反对意见。“我不知道他为什么要这样做,”哈蒙德写道,“有可能他这样做的原因和您一开始时是一样的,因为在没有可靠保证的前提下,多数派看起来似乎会向另一边倾斜。或者也有可能他在与怀特大法官见过面后知道了本案的结果。”哈蒙德认为布莱克门应该暂缓传阅这份草稿。

尽管如此,布莱克门还是在周四传阅了这份说明。正如哈蒙德预测的那样,这份说明引起了很大的困惑。布伦南、海涅曼和杰夫里斯
199 曾猜测布莱克门是否知道一些他们所不知道的、关于怀特的信息。他们的推断是,布莱克门并没有什么信息,只是被伯格的指令和怀特的沉默逼到了一个尴尬的境地。但没有人确切地知道真实情况到底是什么。布伦南又开始不安了。在法官会议的前一天,布伦南感到比那一年任何时候都要担忧。已经到了最后一刻,怀特还是一言不发。

而怀特在 6 月 9 日的大法官会议上的行为却让事情变得更加神秘了。会议的主要议题是是否要将几起关于堕胎的案件推迟到下一年审理。从年初以来,布莱克门就一直在主张进行第二次法庭辩论。罗伊案及其关联案件多伊诉博尔顿案已经在 12 月 13 日进行了法庭辩论,而鲍威尔和伦奎斯特是在三个星期后才加入最高法院的。布莱克门认为本案应该由所有的法官共同审理。只有伯格同意了,于是这几起堕胎案就缓慢地进行了下去。

在最高法院的自由派看来,布莱克门是在为争取第二次法庭辩论而故意拖延。他写下两个案件的第一稿判决书就花了近五个月的时间,而这两份聚焦于细小问题的意见书对于自由派来说简直就是噩梦。当然,这也没什么好惊讶的。布伦南曾以三比一的赔率,和自己的法官助理打赌布莱克门不会坚持他所宣称的支持堕胎权的立场。

为了试图推动堕胎案的进展,布伦南、斯图尔特和马歇尔称赞了布莱克门在多伊案中所作的差强人意的努力,并无视了布莱克门提出的以证据不足、不应获得司法救济为由驳回罗伊案的提议。但是布莱克门不同意。5 月的最后一天,他又一次提议对罗伊和多伊两案进行

第二次法庭辩论:“尽管从我个人角度来说,这会耗费我大量的时间和精力。”

在这次大法官会议上,布莱克门将堕胎案与死刑案联系在一起。他提到,鲍威尔和伦奎斯特都没有出席法庭辩论,而这几起案件的判决又需要最大程度的正当性加持。不过,他强调的是,美国人民不会容忍最高法院同时将死刑和反堕胎法律宣告违宪。人们会觉得大法官们在保护罪犯们的生命,却置胎儿的生命于不顾。布莱克门很自然 200
地想到了这种反差,因为他在费曼案和罗伊案中的意见书是同时写作的,但其他大法官们并没有想到这个问题。鲍威尔加入了伦奎斯特和伯格的行列,于是罗伊案被推迟了。

布莱克门对死刑案的提及引发了一些争论。道格拉斯称,他的笔记显示支持维持死刑的有五人:伯格、布莱克门、鲍威尔、伦奎斯特和怀特。而以笔记细致周全著称的布莱克门则表示,他的笔记显示怀特是支持推翻死刑的。这正是他将自己的意见书作为反对意见传阅的原因。鲍威尔和伦奎斯特都认为布莱克门的记忆是准确的。他们也因为同样的原因把自己的意见书作为反对意见来起草。大法官们花了几分钟时间来辩论怀特当时究竟投的是什么票。

怀特依然一言不发。

那天下午晚些时候,斯图尔特告诉海涅曼,他要去怀特的办公室一趟。这对斯图尔特来说是个不寻常的举动。斯图尔特初到最高法院时,布莱克和法兰克福特曾对他进行过无休无止的游说。在这场至死方休的战斗中,两人都竭力想要将斯图尔特培养成同盟。斯图尔特非常厌恶这种做法,尤其是法兰克福特那高人一等的态度,因此他发誓永远不会做类似的事。

但是这次,斯图尔特觉得必须要破一次例了。怀特并不是新来的,这让斯图尔特觉得情况有所不同。更重要的是,这些案件已经到了危急关头：它们必须有个结果，而斯图尔特很想赢。在法庭辩论之后的几个月里，斯图尔特的立场变得更加坚定了。于是，斯图尔特走进了怀特的办公室。两个人关上门，一直谈到了傍晚。

历史没有记录下这段对话。两个人都没有将谈话的内容告诉他们的法官助理，或者其他的大法官。他们也没有就这次谈话接受过采访。不过，他们达成了一个明确的协议。斯图尔特将放弃他反对死刑
201 的道德立场，并起草一份意见书，仅以其适用过于随意为由废除佐治亚州现有的死刑。而怀特将成为废除死刑的关键性第五票，并给出他的理由：死刑适用的频率过低，以至于它不足以实现任何社会目的。两份意见书的关注点都将放在死刑的适用上。

这是一次奇怪的谈判。两个人都没有得到自己想要的。或许可以说，怀特什么也不想要，所以这种说法对他来说可能没什么意义，但斯图尔特却作出了很大的牺牲。他将不再有机会写他想写的那份简短的意见书。事实上，他最终在费曼案中发表的意见书将完全不涉及对死刑的道德判断。不仅如此，他的新立场带来了一种风险，那就是各州可能会以更加频繁地适用死刑来回应这一判决。从斯图尔特的角度来说，这是一个令人感到不安的契约。这虽然说不上是与魔鬼做交易，但对于一个宣称自己反对死刑的人来说，这场交易带来的后果会是灾难性的。斯图尔特究竟为什么定下了这样的契约，这是一个历史谜团。要想试着解开它，我们必须首先试着理解斯图尔特的谈判对手——聪明绝顶的、无可匹敌又十分神秘莫测的拜伦·怀特。

第九章

“离心机”怀特

拜伦·怀特出身贫寒,却是 20 世纪活得最精彩的 202
人之一。没人能想到他会如此成功。怀特出生在科罗拉多州的惠灵顿,那是位于丹佛往北一小时车程的一个很小的村庄,主要由甜菜种植户组成。他的父亲阿尔(Al)经营着一家木材公司。他的母亲莫德(Maude)是位家庭主妇。他父母都没有拿到过高中学位。但是,两人都把教育放在第一位,并且对两个儿子有着很高的期望。最终,两个儿子都达成了任何父母做梦都不敢想的成就。

怀特夫妇的大儿子萨姆(Sam)在惠灵顿高中拿到了全优成绩,是那一届毕业典礼上演讲的学生代表。萨姆拿到了科罗拉多大学的奖学金。在那里,他成为出色的橄榄球运动员,又拿到了罗德奖学金。后来,他读了医学院,成为开创爆炸生物学领域的研究者之一。爆炸生物学研究的是,随着时间的推移,原子爆炸会对人产生哪些影响。同行们都认为他是一个很有远见卓识的人。他的研究对于防空洞的设计和辐射受害者的治疗具有很重大的意义。不过,就像萨姆大学时会对每个人说的那样,“如果你觉得我很厉害的话,你真应该见见我的弟弟”。

拜伦最崇拜的就是自己的哥哥。他一直在努力赶上他哥哥,最终203 也很出色地做到了。和萨姆一样,拜伦以顶尖的成绩从高中毕业,拿到了科罗拉多大学的全额奖学金,并成为出色的橄榄球运动员。萨姆在体育运动方面只是优秀而已,而拜伦确实是极其杰出的。他有着异于常人的体格。他的一个朋友曾说他“看起来像古希腊的天神一样,只不过是用浅橡木雕成的,不是用大理石雕成的”。

拜伦在高中毕业前就已经是公认的全美最佳橄榄球运动员。他被称为“离心机”,尽管他自己并不喜欢这个称号。和萨姆一样,他也拿到了罗德奖学金,不过拜伦比他的哥哥更进了一步。在橄榄球俱乐部匹兹堡海盗队于初选阶段选中了怀特后,怀特说服牛津大学将他的学术项目推迟了一学期,让他能够参加职业橄榄球比赛。令人难以置信的是,他在加入的第一个赛季就在跑动进攻方面位列职业橄榄球大联盟之首。

从牛津毕业以后,怀特去了耶鲁(他申请的唯一一所法学院),又请了几个学期的假来担任底特律雄狮队的主力队员。1943 年,他加入海军,成为太平洋战场一名出色的情报官员。在他服役的最后一天,他的那艘船——“邦克山号”航母——遭到了神风特攻队的袭击。当船体被火焰吞噬,怀特搬起了一道横梁,救出了被困住的人们,又把一些即将窒息的人抬了出来,最后帮着扑灭了大火。

回家之后,在耶鲁法学教授威廉·道格拉斯的帮助下,怀特成为最高法院首席大法官弗雷德·文森(Fred Vinson)的法官助理。文森曾是哈里·杜鲁门的财政部长,直到哈伦·菲斯克·斯通(Harlan Fiske Stone)在 1946 年突然去世。文森和怀特看起来是一对很合适的搭档。文森是个很和蔼的人,又热爱体育,曾参加过半职业棒球赛。但是,做法官助理的这段经历却让怀特感到很厌烦。他格外反感菲利克斯·法兰克福特专横的态度和雨果·布莱克结果导向的司法哲学。结束了一年的法官助理工作后,怀特逃离了华盛顿,在丹佛找到了一份法律工作。

他的履历原本很可能到此就结束了。除了养家糊口并让自己的名字从报纸上消失之外,他没有表现出更大的志向。威廉·道格拉斯有时候也会说类似的话,宣称自己要回到亚基马或者改做一名律
师,但道格拉斯选择的生活方式使得这些声明听起来都是空话。但对 204
于怀特来说,这些都是真话。在长达十五年的时间里,他完全淡出了公众的视野。他对成为政府官员或法官毫无渴望,甚至对于自己的运动员生涯也只是勉强承认而已。他甚至不是诉讼律师,不是那种在法庭上讨好陪审团的浮夸的律师。他是一名非诉律师,在幕后为自己的客户工作。如果不是约翰·肯尼迪的话,他几乎注定余生就要继续做这种工作了。

怀特在牛津认识了肯尼迪,两人建立了轻松的朋友关系。第二次世界大战期间,他们又一次相遇了。肯尼迪也被派驻到了南太平洋,担任“PT-109号”小机动鱼雷艇的指挥官。这艘鱼雷艇在一次著名的袭击事件中被一艘日本驱逐舰撞成两截,最终在瓜达尔卡纳尔岛附近沉没。肯尼迪英勇地救起了幸存的船员,尽管他自己此前的一些行为可能也导致了这次事故的发生。巧合的是,负责调查这次事故的是怀特。他的调查结果证明肯尼迪并无责任。

1960年,当肯尼迪公开表示他正在考虑竞选总统时,怀特开始思考能为肯尼迪做些什么。而肯尼迪也在思考怀特能为他做些什么。肯尼迪在科罗拉多州的胜算不高。很少有人知道他,并且这个州的党内官员大多支持艾德莱·史蒂文森(Adlai Stevenson)或者密苏里州参议员斯图尔特·赛明顿(Stuart Symington)。1956年,约翰·肯尼迪第一次去科罗拉多州时,他在机场有四个小时的转机时间。没有人认出

他是谁。1960 年,肯尼迪请求怀特主持他在州初选中的竞选活动。怀特一如既往地不负所望。肯尼迪赢得民主党提名之后,在大选中,怀特担任了“公民支持肯尼迪和约翰逊联盟”的领导者。

约翰·肯尼迪和罗伯特·肯尼迪都非常看重怀特,而怀特在选举活动中的工作则让他们更加尊敬他了。兄弟两人都希望怀特能为这届政府工作。博比大力劝说怀特加入司法部,和他一起工作。怀特接受了,并成为罗伯特·肯尼迪的首席常务副部长,直到约翰·肯尼迪在 1962 年将他提拔到最高法院。在工作中,罗伯特·肯尼迪非常信任怀特,也很依赖他。在“自由之夏”运动中,怀特担任了政府方面的
205 负责人。怀特和肯尼迪兄弟两人的友谊都很长久。李·哈维·奥斯瓦德(Lee Harvey Oswald)刺杀约翰·肯尼迪之后,怀特为博比提供了安慰。而当博比也被刺杀后,怀特受到了很大的影响。这促使他开始重新思考自己的人生道路。

怀特和肯尼迪兄弟都对意识形态持怀疑态度,这一点也加深了他们之间的信任。肯尼迪兄弟强烈反对教条化的思维,对宏大的理论毫无兴趣。约翰·肯尼迪的一名顾问哈里斯·沃福德曾说:“我认为约翰·肯尼迪的核心政治原则就是,他希望看到最顶尖的智慧被用于解决公共问题。他没有意识形态,对任何过于深远的想法都没有兴趣。”

怀特也是一样。他很反感贴标签。竞选期间,怀特与朋友们吃饭时,一位朋友曾说,经过了艾森豪威尔做总统的这些年之后,这个国家需要一个自由派总统。怀特不赞同这个想法。他说:“我从来就不明白人们口中的‘自由派’这个词是什么意思。标签没有任何意义。标签无法制定政策,也无法决定实际问题。”在怀特任命大法官的听证会前,当一名记者问怀特他是不是自由派时,一向讨厌记者的怀特回答道:“这个问题需要在审判工作中求证。”听证会结束后,另一名新闻工作者请怀特对最高法院的角色给出定义。“判决案件。”他说。的

确,博比·肯尼迪说,怀特在实体法上的观点与选他做大法官的决定之间毫无关系。约翰·肯尼迪只是觉得怀特“是他看中的那一类人”。这种对意识形态的强烈抗拒贯穿了怀特的整个职业生涯。1993 年,在他退休的那天晚上,一名记者问怀特他是保守派还是中间派。怀特回答:“保守派和中间派都是说话的人脑子里的概念。这完全取决于你怎么想——如果你觉得我是一种,你是对的;但其他人可能觉得我是另一种,而他们也是对的。”

这种坚持远离意识形态的意识形态可以一直追溯到查尔斯·达尔文(Charles Darwin)。虽然人们总是将达尔文与“进化论”联系在一起,但“进化”这个词在达尔文的著作中几乎没怎么出现,而 19 世纪 206
中期的很多科学家其实已经算是“进化论者”了,因为他们相信自然界中的变化是逐渐发生的(虽然是由上帝指挥的)。达尔文真正的离经叛道之处在于他重组了宇宙,其背后更大的目的是推翻奴隶制。自柏拉图以来,科学家们一直在探索各个物种**应该**是什么样。达尔文却说,他们应该探索各个物种实际上**是**什么样。他所作的工作将实证研究推到了一个前所未有的重要位置上。

其他人也意识到,如果科学的方法可以并应该被应用于生物学,那么它同样也可以并应该被应用于其他学科。逐渐地,达尔文的思想如悄然生长的藤蔓一样,渗入各个学术领域那些领军人物的头脑中。一个有名的例子是,威廉·詹姆斯开始在实验室中研究行为问题。同时,他否认客观知识——即人们通常所理解的“真理”——存在的可能性。“所谓‘真实的’信念就是那些被证明对持有这些信念的人有用的信念,”詹姆斯说,“而真理只有在与真实事物相吻合的情况下才是可以证实的。”这些理念基本构成了美国实用主义思想。

在法律界,达尔文的影响主要体现在法律现实主义上。它最主要的创始人奥利弗·温德尔·霍姆斯在职业生涯早期是波士顿的一名律师,也是哈佛法学院教授。在哈佛,他加入了形而上学俱乐部。这是一个培养批判思维、实证思维的讨论小组,由哈佛数学家昌西·赖特(Chauncey Wright)创办。它的成员包括弗朗西斯·埃林伍德·艾博特(Francis Ellingwood Abbott),一位试图将神学与科学相融合的哲学家;被达尔文本人称为他所见过头脑最清醒的哲学家的约翰·菲斯克(John Fiske);以及詹姆斯。和达尔文一样,霍姆斯也强烈反对奴隶制。霍姆斯曾在美国内战中参加过战斗。从这段经历中诞生了霍姆斯最坚定的一条信念,那就是教条是非常危险的。"确信导致暴力",这是霍姆斯很著名的一句话。"我讨厌那些对自己的知识感到确信的人。"

在19世纪末的法律界,没有哪所院校的地位比哈佛法学院高,也没有哪个人敢声称自己的知识能超越哈佛法学院院长克里斯托弗·
207 哥伦布·兰德尔(Christopher Columbus Langdell)。兰德尔是个业余的植物学家,他相信律师职业是一门科学,并且相信法律可以被归纳为一系列规则和原则。哈佛的学生们学习法律的方法,是研读一册又一册、围绕各种概念被归纳整理好的上诉法院判决。这种学习方法背后的理念是,律师和法官们从事的是一项科学事业。兰德尔和他的追随者们被称为"法律形式主义者",他们认为法官在一个特定的案件中要做的是"发现"或"找到"正确的判决结果。在他们看来,当一个法官对案件作出判决时,他或她(但几乎肯定是他)并不创造任何法律。公共政策方面的考量是无关的,法官个人的偏见也是无关的。一个法律形式主义者会以加尔文主义式的严肃态度说,一个与基本原则相冲突的判决是完全"错误"的。

霍姆斯反对这一套。达尔文说,主宰宇宙的是人,而不是上帝。霍姆斯说,创造法律的是人,而不是上帝。他认为,法律规范永远都无法详尽、清晰到能够使特定案件有一个确定的结果的程度。司法判决总是一个解释法律的过程，而法官和所有人一样，在看待事实时都会受到他们的社会地位、背景甚至是心情的影响。

霍姆斯在1881年出版的《普通法》(*The Common Law*)中最清晰地阐释了他的这种哲学。他在书中写道，法官判案的方式是先对事实作出反应，再想出一套法律论证来为自己想要的结果进行辩护。一份判决真正基于的常常是一个“无法言说却又很重要的前提”，而这个前提和法律毫无关系。一位早期的法律现实主义者杰罗姆·弗兰克(Jerome Frank)曾有个著名的说法，那就是一个法官作出的判决可能是由他早餐吃了什么决定的。一个司法判决实际上就是对法官关于何谓正确的直觉的理性化解释。弗兰克认为确信感是一种错误，认为那是为了创造一个父权控制的体系而进行的幼稚的尝试。

成为最高法院大法官后，霍姆斯依然践行着自己的这些理念。
1905年，最高法院在洛克纳案中以“合同自由”为由废止了一项限制
面包师工时的法律，尽管宪法中从未提到过“合同自由”。霍姆斯发表
了一份著名的反对意见。他认为，法院的多数派是在把自己的经济哲 208
学写入法律，而并非像他们自诩的那样是在客观地解释第十四修正
案。“概括性的命题无法决定具体的案件。”他写道。换句话说，意识
形态无法决定结果，是结果决定了意识形态。现实主义的本质就
是，要想理解法律，就必须自下而上地思考，而不能自上而下地思考。

霍姆斯是哈佛人，但法律现实主义兴起却是在耶鲁，而它的全盛期恰好与拜伦·怀特在那里学习的时间重合。1946年，怀特从耶鲁毕业(成绩是极优等)。在20世纪30年代和40年代，至少有几十位著名的法律现实主义者将耶鲁当成他们的学术家园，其中包括后来与怀特在最高法院共事的两个人——道格拉斯和福塔斯。不过，连耶鲁也没有将现实主义发挥到它的逻辑极致。直到19世纪后期，法律都被看作是一项技艺，可以通过为从业者做学徒来习得。但要想理解兰德

尔的形式主义体系，就必须要接受正规的学术训练，这一点对法律职业有着深远的影响。法学院昂贵的学费将那些想要成为律师的穷人拒之门外。但对于法学院自身的盈亏来说，形式主义却是个重大的利好消息。案例教学法的成本很低。既然法律原则可以从书本中推导出来，那么法学院就可以聘请教授，不必聘请从业者，而教授可以一次教很多学生。在 19 世纪 70 年代，哈佛法学院的师生比是 1 比 75。

耶鲁一贯拒绝哈佛的法哲学。若是按照这个传统，耶鲁本应该同样拒绝案例教学法。但意外的是，虽然耶鲁的教授们拒绝接受形式主义，但他们却信奉案例教学法。事实上，他们最主要的学术活动就是修订案例教科书。威廉·道格拉斯写过五本案例教科书，主要研究的是现实世界中企业如何运营。他按照功能，而不是抽象的概念来组织这些教科书。道格拉斯说，法律是由法律行为主体在现实世界中的所
209 作所为构成的。道格拉斯还呼吁法官们停止用客观性来伪装自己。他认为，法官应该明确地承认他们在判决中施加了自己的偏好。

在耶鲁，现实主义学者组成了很多不同的分支学派。一部分学者强调收集数据来展现法律如何运作的重要性。这些学者中的一部分，包括道格拉斯在内，又更进了一步，认为法律应当被用来实现好的社会效果。（不过，有人可能会问，“好”指的是对谁好？）另一些现实主义者则将精力用于阐释语言有多么模糊，以及形式主义者所提出的“法律原则可以用数学一般的方法推导出来”的主张有多么夸张。还有一些则试着找到一些折中的立场。现实主义有着非常广泛的影响。每一个律师都接受现实主义的一些原则。但现实主义对不同的人来说有不同的含义。

怀特从来没有解释过现实主义对他来说意味着什么。他本来就是个话很少的人，又对意识形态有着如此强烈的反感，以至于哪怕现实主义本身就是一种反意识形态的意识形态，他也不愿意称自己为现

实主义者。不过，怀特曾列举过对他影响最大的三位教授：阿瑟·科尔宾（Arthur Corbin）、韦斯利·斯特奇斯（Wesley Sturges），以及迈尔斯·麦克杜格尔（Myres McDougal）。虽然法律现实主义者们都反对贴标签，但科尔宾、斯特奇斯和麦克杜格尔都是现实主义者里面相对保守的那一种，因为他们都相信法律对司法行为还是有影响的——激进的现实主义者们否认这一原则——并且他们认为法律不应该是促成社会变革的动力。他们的教学风格也类似，都非常注重事实细节，反对概括性的说法，并且蔑视权威观点。

要想量化科尔宾、斯特奇斯和麦克杜格尔三人对怀特产生的影 210
响，就必须要知道，怀特和这三个人都保持着多年的友谊。斯特奇斯退休的时候，怀特送上了热情洋溢的赞美词。“他的课节奏很快，令人着迷，而他强有力的分析就像是医学院的课堂手术演示。我们学习‘法律’，或者说，我们学习判例中所表现出的法律。他用坚定的怀疑主义武装我们，希望它能持久地保护我们，让我们的头脑不会在无力的原则之下无力地运行。”相比之下，当弗雷德·文森去世时，怀特既没有出席他的追悼会，也没有参加关于这位前任首席大法官生平的口述史项目。

麦克杜格尔比怀特在世的时间更久，他曾在怀特的司法生涯结束时称赞他“问出了我所见过的最难的问题”。同时，他也证明了怀特是一个现实主义者。“他是个很现实主义的人。”麦克杜格尔在 1993 年说道。“他想要考虑到一个特定案件的具体事实，以及与这个案件有关的政策因素，而这就是美国法律现实主义的本质。”

所以，理解拜伦·怀特的起点就在于理解他是一个不愿意被理解的人。怀特曾经的一位法官助理戴维·弗雷德里克（David Frederick）说：“对于怀特来说，远离意识形态、远离教条主义显然是很重要的。同理，做自己、不去考虑自己在历史上的地位，也是很重要的。”另一位法官助理曾说，“那些具体细节中隐藏的、难以捉摸的匠心独具之处”最能体现怀特的司法哲学。怀特将现实主义对于“分类”的怀疑态度提升到了一个新的高度。他试图推翻一切标签、学派和思维上的条条框框，其目的就是保持自己的无法预测性。曾在格雷格案诉讼中扮演重要角色的前 LDF 律师戴维·肯德尔（David Kendall）是怀特在 1971—1972 年那届开庭期的法官助理之一。肯德尔说：“怀特一向认为，法律不是什么飘浮在天上的、可以用兰德尔的方法推导出来的东西。”他判决案件凭借的是“归纳推理”的方法。这意味着：“对于每个案件，怀特可能会摊开一整副牌，用每一张来代表一个可能发生变化的事实变量。他试着分解这些变量、限缩它们，然后用归纳的
211 方式确定这个案件中应当适用的规则。他会针对一种情景提很多问题，接着将情景稍作变化，然后再次稍作变化。怀特相信我们可以通过仔细地考量结果来理解法律”。

有时，为了避免人们将他草率地归类，怀特会有些走极端。他的判决意见经常很模糊。在 1971 年的开庭期，一位法官助理交给怀特一份草稿。“你的文笔很好。杰克逊大法官也有这个问题。”怀特对这位法官助理说道，然后重写了这份意见书，使它变得更晦涩难懂。怀特常常会从他的法官助理们起草的意见书中删除法律推理的部分，这一点是出了名的。最著名的例子就是宾夕法尼亚州诉联合煤气公司案（*Pennsylvania v. Union Gas Co.*）。在本案中，最高法院支持了一起针对宾夕法尼亚州政府的诉讼。三位大法官认为这一判决违反了第十一修正案对于主权豁免的规定。而包括布伦南在内的四位大法官认为，国会有权无视这种主权豁免。怀特投出了决定性的一票，并写道：“我同意布伦南大法官得出的结论，但我不太同意他的推理过程。因此，我维持原判。”这份协同意见书已经成为法学院中的一个传奇故事。

从他任大法官后的第一个案子——鲁宾逊诉加利福尼亚州案(*Robinson v. California*)——怀特就已经清楚地表明,他打算走出自己的一条路。劳伦斯·鲁宾逊(Lawrence Robinson)是个海洛因成瘾者,而加利福尼亚州的一条法律规定,一个人"对使用毒品上瘾"是一种犯罪行为。最高法院以六比二的票数认定,这条法律将一种疾病变成了一种刑事犯罪,因此是"残酷而不寻常的"。斯图尔特撰写了多数意见,将加利福尼亚州的这条法律与精神疾病和麻风病入罪的做法进行了类比。斯图尔特认为,成瘾是一种状态,而州政府不能惩罚一种状态。

怀特发表了一份尖刻而讽刺的反对意见。在这份没有其他人加入的反对意见中,他指责多数派歪曲了本案涉及的问题。怀特写道,鲁宾逊并不是因为成瘾这种状态才被定罪的。证据显示,他最后一次使用毒品是在被捕前八天。这一点证明他尚有一定的自控能力,因此,州政府有理由认为他并非不可挽救。怀特嘲讽了法院多数派对第八修正案的解读。"我认为对'残酷而不寻常'条款的这种适用实在太新奇了,我怀疑法院是实在找不到将今天的判决结果归因于制宪者们的方法了。"这是在抨击布莱克和他所引领的将《权利法案》进 212
行最大化扩张的运动。

这份意见书定下了他整个司法生涯的基调。在最高法院的前十年,怀特在沃伦法院的几乎每一个扩大刑事被告人的宪法权利的重大判决中都发表了反对意见。他和哈伦、斯图尔特一起组成了米兰达案的反对派。怀特写了一份尖刻的意见书,认为米兰达案判决所提出的对犯罪嫌疑人必须进行警告的要求会导致杀人犯被放回到大街上继续杀人。在马洛伊诉霍根案(*Malloy v. Hogan*)中,法院判决"不得自证其罪"原则不仅对联邦政府适用,对州政府同样适用。怀特发表了反对意见。在梅塞亚诉美国案(*Massiah v. United States*)中,法院判决警察在嫌疑人被正式起诉后所获取的认罪供词应当被排除在证据之外。怀特又发表了反对意见。在埃斯科贝多诉美国案中，法院判决犯罪嫌疑人在警察讯问环节就享有律师辩护权。他再一次发表了反对意见。他还公开批判了具有历史意义的马普诉俄亥俄州案（*Mapp v. Ohio*）的判决，这一判决将非法证据排除规则的适用范围扩大到了联邦法院。怀特曾对厄尔·沃伦的传记作者伯纳德·施瓦茨说："我不太算是他那个圈子里的人。"

而怀特在隐私权问题上的表现则比较令人费解。1965 年，在格里斯沃尔德案中，法院作出重要判决，废除了康涅狄格州一项禁止使用避孕药的法律。在本案中，怀特加入了多数派。但在罗伊诉韦德案以及接下来的每一起关于女性终止妊娠权的案件中，他都发表了反对意见。他对罗伊案的判决逻辑持强烈的批判态度。怀特曾对他最亲密的朋友艾拉·罗瑟格尔博（Ira Rothgerber）说，他认为罗伊案是"自他成为大法官以来，最高法院作出的唯一一个不合法的判决"。怀特说："在其他任何一个案件中，你都能从宪法中找出一点依据来支持这个判决。在罗伊案中，没有任何依据。"

在其他很多问题上，怀特都表现出了类似的矛盾。怀特强烈反对基于性别的歧视，但在 1986 年，他在鲍尔斯诉哈德威克案（*Bowers v. Hardwick*）中撰写了多数意见，支持了佐治亚州禁止同性性行为的法律。对于宪法赋予同性恋者进行同性性行为的权利的主张，怀特认为这种想法"往客气了说，是很滑稽的"。在第一修正案问题上，他认为色情作品不算言论，但后来又投票支持对裸舞进行保护，因为他认为裸舞含有"表达的成分"。此外，依据布朗案判决，他支持在公立学校
213 中废除种族隔离制度，但又在最高法院判决联邦法律同样禁止私立学校实行种族歧视时发表了反对意见。

怀特退休时，鲍威尔说，他猜想怀特的右倾化一定会"让肯尼迪总

统很失望”。但是,如果说怀特是个保守派,那就把事情过于简单化了。在种族方面,怀特支持平权法案,并且一向都支持维持并执行布朗案的判决。但同时,在麦克莱斯基诉肯普案中,怀特加入了多数派,驳回了以统计数据显示死刑适用中存在种族歧视为由废除佐治亚州死刑的请求。

他这个人是无法用常规方法来解释的。

很多法律学者批评怀特没有自己的指导思想。在发表于《纽约时报》的一篇评论中,耶鲁教授罗伯特·科弗(Robert Cover)称怀特还是更适合做一名橄榄球跑卫。1993年怀特退休后,科弗的同事布鲁斯·阿克曼(Bruce Ackerman)说,怀特“有着一个才不配位的人难能可贵的坦诚”。《新共和周刊》(*New Republic*)的著名法律评论家杰弗里·罗森(Jeffrey Rosen)批评怀特“对阐明一种宪法愿景毫无兴趣”。曾经为了申请法官助理职位而被怀特面试过的罗森嘲笑怀特在面试中提了一些很肤浅的问题,比如他的身体素质和婚姻状况等。而想要为怀特辩护的人,除了指出他信奉司法极简主义,也没什么可说的。作为对罗森的回应,哈佛教授玛丽安·格伦登(Mary Ann Glendon)指出,法律新闻界从来都不会称赞“平凡的英雄主义”。她写道:“当然,怀特之所以很难被归类,恰恰是因为他拥有一个德才兼备的法官所需要的那些品质——他的独立,以及他对一种谦虚的司法角色定位的忠诚。”

罗森认为,怀特的司法哲学——如果那也能称得上是司法哲学的话——只能被理解为他为了证明自己有多聪明而作出的努力。“怀特的司法哲学本质上是回应性的,充满了‘抬杠’的成分。”罗森写道。“他并不为自己的立场辩护,而只是将精力全部用于攻击对手的论点。”罗森的说法不无道理。从他学术生涯一开始,怀特就一直在不知 214
疲倦地努力证明自己的智商之高。上大学时,他就试图在兄弟会宿舍约定“学习时间”并照此执行，这让其他人感到难以忍受。在耶鲁时，他的学习态度是出了名的：他一天要学习十四个小时。数十年后，他的同学们依然能生动地回忆起斜肩的怀特戴着他的绿色眼罩在图书馆连续长时间苦读的画面。一位同学说，怀特保持长时间全神贯注的能力简直“神乎其神”。

或许怀特的工作态度是天生的，来自于他争强好胜的本能。或许那是因为他想要在名声上不输于他出名的哥哥。又或许那是因为他的体育经历让他产生了一种不安全感。怀特内心一直有一种声音，觉得因为他曾经是一位明星运动员，所以人们都没有认真地把他当作一名律师来看待。他费了很大的功夫把自己与那段橄榄球运动的过往分隔开来。怀特的传记作者和前法官助理丹尼斯·哈钦森（Dennis Hutchinson）讲述过这样一个故事。那时，怀特还是司法部常务副部长。他到司法部办公楼附近的哈梅尔餐厅用餐时，为他倒咖啡的服务员打量了他一眼，问道：“哇，你不是‘离心机怀特’吗？”

怀特轻轻地答道：“我曾经是。”

怀特在最高法院的行为常常只能解释为他为了证明自己智力上的优越性而作出的努力。他有时又很任性、小气。怀特对裸舞的保护几乎是无法解释的，除非把它理解为他与伦奎斯特和斯卡利亚之间的一次智力较量。怀特曾在很多年间持续地与伦奎斯特和斯卡利亚站在同一边，却在自己司法生涯的晚期与他们渐行渐远。怀特像一个侦探一样试图在案件中寻找一些隐晦的事实，以及可能对判决产生影响的一些细微的程序问题，并出其不意地将它们摆在同事们面前。斯佩思和阿尔特菲尔德关于司法影响力的研究表明，怀特没有影响任何人，也没有被任何人所影响。

怀特在自己的法官助理们面前的行为也充满了争强好胜的意味。他曾向法官助理们吹嘘，“我这辈子从来没有为一个案子而苦恼过”——尽管后来曾任杨百翰大学校长的雷克斯·李(Rex Lee)称,犹豫不决是怀特的日常。他有时会和自己的法官助理们比赛谁能更快地写出一份意见书。晚年时,他常和法官助理们打篮球,但法官助理们都对他粗暴的肘击感到很恐惧。在罗伯特·戴茨的记忆中,怀特总 215
是让人感到极其不舒服。他可能会谈论体育,但永远不会谈论法院的工作。他人生的使命仿佛就是战胜他人。

法律现实主义的影响与表现欲并不冲突。恰恰相反,它们是互相加强的。法律现实主义强调细微的差别与具体的事实,这对一个想要展现自己智力上的优越性的年轻人来说是很有吸引力的。对于一个致力于成为一个思想上的特立独行者的人来说,现实主义为他这种天生的嗜好提供了一个哲学基础。

6 月 9 日下午,当斯图尔特和怀特见面的时候,他应该一点都不惊讶怀特在死刑问题上表明了这样一种怪异的立场。斯图尔特很了解怀特。他们在耶鲁读书时只隔了一个年级,如今已经在最高法院一起工作十年了。斯图尔特应该能预料到怀特会否定多数派其他成员的意见。

在布伦南的判决书中占据核心地位的“人的尊严”的概念,对于现实主义者来说大概是没有吸引力的。它太抽象了,听起来太像一种宗教信条。奥利弗·温德尔·霍姆斯在给自己的朋友哈罗德·拉斯基(Harold Laski)写信时就曾对“人的尊严”作为一个客观概念进行过驳斥:“你尊重人的权利。我不尊重它们,除了那些会有一个特定人群为之斗争的东西——而这些东西可能是宗教,也可能是一杯啤酒的价格。我也有可能会为某些东西斗争——但我不会说它们应该是什么东西,我只说它们是我喜欢(或者应该喜欢)的那个世界的一部分。”

同理,对于马歇尔所持的、认为报应根本无法作为刑罚目的的观点,怀特也一定会驳斥,正如他一定会驳斥认为报应肯定可以作为刑罚目的的观点。原因还是同一个:这两种立场都太过教条了。刑罚的目的应该由各州说了算。怀特理解道格拉斯对死刑适用的随意性的担忧,但归纳推理证明,不能仅仅因为死刑的适用对于南方黑人和穷人来说不公平就废除死刑。如果最高法院基于这个理由废除了死
216 刑,那么在其他刑罚的适用中也存在歧视的现状下,它难道不能用同样的理由废除其他刑罚吗?这会导致彻底的混乱。猜到怀特会反对什么很容易。但猜到他会支持什么就有些困难了。

怀特告诉斯图尔特,他反对死刑是因为各州对死刑的适用过于不频繁,以至于无法实现任何合法的社会目的。至于这些目的可以是什么,他认为没有任何限制。一个州设死刑可以是为了让罪犯得到报应,也可以是为了威慑犯罪,甚至可以仅仅是为了不用花钱来为危险的罪犯提供住处。最高法院无权评判这些目的。但最高法院可以评估一种刑罚与立法机关所声称的目的之间是否存在合理的联系。在这个意义上,死刑是不合格的。它无法实现报应性的正义,因为它对待一个不幸的少数群体远比它对待其他人要严格。同时,它也无法成规模地使人失去犯罪能力。

只有怀特才会想出这样的论证方式:它极其巧妙、基于案件事实、意识形态中立——并且,它更主要的目的很可能是抬杠,而不是创造好的法律。它并不支持任何关于死刑的哲学立场。怀特只是主张,死刑必须有助于实现一个州所信奉的目的,无论这个目的是什么,而将随机选择的极少数罪犯执行死刑,则并不能帮助实现任何目的。

斯图尔特立刻就想到了各州可能会采取的最显而易见的对策。它们只要处死更多的人,就能够避开怀特的批判。设立强制死刑制度就是对怀特所提出的批判最彻底的回应。不过,这并不能使怀特改变主意。他根本不会考虑采取一概而论的反死刑立场。如果费曼案中微弱的多数派提议彻底禁止死刑,那么怀特就会和鲍威尔一起投票维

持佐治亚州的死刑法律。

因此,如果不按照怀特的意思办,多数派就会功亏一篑。显然,没有人能说服布伦南和马歇尔妥协,而道格拉斯更是对自己的立场无比坚信。至于另一方,尼克松任命的大法官们也没有一个人会改变主意。如果本案要达成一个妥协的话,那一定是在斯图尔特和怀特之间 217
达成的。

斯图尔特原本想要表达他对死刑最基本的道德情感,并且在他看来,从道德意义上讲,强制死刑的规定会比佐治亚州现行的死刑制度还要糟糕。但他必须决定自己要把筹码押在哪里。由于种种原因,斯图尔特认为,即使是一份不完美的、按照怀特的意愿来写的意见书,也能终结美国的死刑。即使有少数几个州打算重新制定新的死刑法律,斯图尔特也觉得它们大概不会把死刑变成强制性的。一切证据都表明,公众舆论正在逐渐开始反对死刑。整个美国已经连续五年没有执行过死刑了。各州若要擦亮尘封多年的电椅,重新开始处决罪犯,这看起来几乎是不可能的。

当然,斯图尔特已经错过一回了。他本以为威瑟斯普恩案判决就能推动各州逐渐废除死刑。这个想法没能实现,但威瑟斯普恩案确实减缓了死刑执行的速度。斯图尔特相信,美国只需要最后一次助推。再者,他也没有太多时间了。这一年的开庭期马上就要结束了,而死刑宪法诉讼的短暂历史也表明了最高法院的一切变化得有多快。这个能够废除死刑的脆弱的多数派可能不会有再次形成的机会了。

于是,斯图尔特妥协了。斯图尔特告诉怀特,他会为这一判决想出一个更窄的理由,并且提议两人都不要在各自的意见书中提到强制死刑的问题。怀特觉得这个提议还不错,于是两个人决定照此撰写意见书。

第十章

闪 电

218 当斯图尔特回到自己的办公室时，法官助理们立刻意识到，整个案子的局面已经变了。“当他回来的时候，斯图尔特基本上已经站定了正当程序立场。”海涅曼回忆道。很快，整个法院都意识到，一件大事正在酝酿。斯图尔特和怀特两人的团队都开足了马力。周五傍晚，海涅曼向布伦南的法官助理们要来了他们在强制死刑规定方面所作的研究。周六，怀特的一名法官助理来到布伦南的办公室，要求借用另一些研究成果。布伦南的法官助理们猜测怀特已经动笔了，尽管怀特的法官助理们否认了这一点。整个周末，斯图尔特的三名法官助理都在办公室。其中一个告诉布伦南的法官助理们斯图尔特已经动笔了，但表示自己已经宣誓保密，所以不能透露更多的信息。

斯图尔特的确已经动笔了。他在自己的书房里安营扎寨，盯着后院的树沉思，但他的内心却很难平静下来。这份意见书写得很艰难。斯图尔特和怀特达成的妥协限制了他，使他无法说出自己想说的话。不仅如此，这件案子发展得如此不同寻常，让斯图尔特感到自己对很多人都负有义务。斯图尔特这个周末写成的几份草稿都反映出他内心的焦虑。

由于这一届开庭期很快就要结束了,斯图尔特只能写一份很短的意见书。他无法再重述本案所涉及的复杂的历史问题了。斯图尔特 219
觉得他需要解释一下这一点,于是他在第一稿的开头写道:“其他各位大法官的意见书已经详细地阐述了第八修正案的起源与司法历史,以及死刑的起源和历史。其具体程度和完整程度令人敬佩。我只能向这些意见书的作者表示感激和敬佩,感谢他们完成了这项任务。”这后来成为他的意见书最终稿的第三段,只是关于“感激”的那句话被他删除了。最终稿的开头用的是第一稿中第二段的开头:“死亡,作为一种刑罚,与其他刑罚方式有着质的不同,而非量的不同。它是独特的,因为它彻底摒弃了我们对人性的认知所包含的一切内涵。”斯图尔特的内心可能是与布伦南和马歇尔站在一边的,但他花了更多的篇幅来称赞鲍威尔。这可能是他下决心不表达道德观点所带来的必然结果。就法律来说,鲍威尔的立场是最合逻辑的,而斯图尔特称赞了他两次。斯图尔特解释说,最高法院面对的是一个很窄的问题,而并非“像我的兄弟鲍威尔说的那样,是死刑是否在所有情况下对于所有犯罪都违宪的问题”。他写道:“如果我们面对的是那个问题的话,我可能很难不同意鲍威尔大法官先生那论证翔实的观点。这一观点是基于遵循先例原则、联邦制原则、司法克制原则以及——最重要的——三权分立原则这几项根本原则的。”

斯图尔特内心的矛盾最显著地体现在强制性规定这一问题上。这个问题并没有摆在最高法院面前,所以斯图尔特本可以无视它,但他的良心使他不得不承认,他如今的立场可能会使强制性死刑变得合法。可以看出,这让他感到非常焦虑。“我应当假设,立法机关可以在理性的前提下认为,一种特定的罪行实在太过恶劣,以至于这个社会

对于威慑这种犯罪的需求可以完全盖过任何改正、改造方面的考量，并且不管实证研究的结论如何不明确，只有死刑才能实现最强的
220 威慑效果。”在最终稿中，斯图尔特在“死刑”前加了“一律”这个词，来表明他指的是强制死刑规定。

斯图尔特称赞了鲍威尔，却将自己与马歇尔划清了界限。“我无法认同马歇尔大法官先生的观点，即报应作为刑罚的一种成分是不允许的。”斯图尔特写道。“报应是一种本能，是人性的一部分，而通过刑事司法系统对这种本能加以引导则有助于建立一个稳定的、法治的社会，这一点很重要。”之后，斯图尔特又重新考虑了一下，删除了对马歇尔个人的指名道姓的引用。

斯图尔特轻而易举地反驳了其他几份多数意见，但他觉得，说清楚他自己的立场似乎更加困难。死刑为什么是违宪的？斯图尔特搜肠刮肚地寻找一种方式来描述本案所涉及的法条有多么随意。最终，他选择了“反复无常的”“肆无忌惮的”和“怪异的”这几个词，以及后来成为费曼案的象征的一个隐喻。“死刑判决是残酷而不寻常的，正如被闪电击中是残酷而不寻常的，”斯图尔特写道，“因为，在过去的十年里，在成千上万被判强奸罪和谋杀罪的、同样应该受到谴责的人中，这几名上诉人是被随意选择判处死刑的几个人之一。”斯图尔特总结：“与我持协同意见的几位兄弟们都表示，如果我们能从谁被选择判处死刑中看出什么标准的话，那就是种族，而将种族作为判断标准是违反宪法的。但种族歧视并没有被证明，所以我暂且把它放到一边。我只是认为，如果一个法律系统放任死刑被如此肆意地、反复无常地适用，那么用这个法律系统来蓄意消灭人的生命，是第八修正案所不允许的。”

斯图尔特基本保留了这段话，只是略微修改了一下对时间段的描述，将“过去的十年”改成了“1967 年和 1968 年”，并删除了“成千上

万”这个说法。最终，斯图尔特稍稍和缓了语气，将“蓄意消灭人的生命”改为了“适用死刑”。其他地方改动不大。这份决定了美国死刑四十年发展方向的意见书仅用了两天左右的时间写成。

* * * *

这个周末剩下的时间，斯图尔特都在与竭力想要挽救局面的法官 221
助理们对抗。海涅曼和杰夫里斯都觉得斯图尔特可以在强制性规定的问题上不必说那么多。“这段话使您不得不承认强制性死刑条款的合法性了。您不需要把自己这样牢固地锁在这个立场上的。”海涅曼对斯图尔特说道。他还提出，关于报应的论证是否能“改成一种更加试探性的说法”。“毕竟，”他说，“除马歇尔之外，并没有人说报应不能作为一种刑罚的目的。”海涅曼还提议修改或删除以“因为我应当假设”开头的那句话。斯图尔特何必要暗示死刑可能会有效地威慑犯罪呢？

最后，海涅曼还对斯图尔特最重要的隐喻提出了质疑。“闪电是一个合适的比喻吗？”海涅曼问道。“闪电确实是随机的，但它的随意性和我们所说的死刑执行的那种随意性是同一种吗？”死刑并不是在所有公民中随机适用的。它是在谋杀犯中随机适用的。可能一个更好的比喻是，在所有在雷雨中举着一根高尔夫球棍的人中，被闪电击中的那几个不幸的人。

而怀特却从另一个方向向斯图尔特施压。这个周末，两位大法官交谈过，并交换过各自的草稿。怀特的第一稿所表现出的对死刑的反对实在太牵强了，以至于它看起来像是在支持强制性死刑。作为妥协，斯图尔特表示，如果怀特能够修改他在强制性死刑问题上的表述的话，斯图尔特就愿意在自己的意见书中增加称赞鲍威尔的意见书的内容。怀特同意了。

虽然取得了一点小小的胜利，但斯图尔特的法官助理们还是很不

开心。他们觉得自己的老板写的这份意见书比怀特的那份还要缺乏说服力,这一点就很能说明问题了。而怀特的法官助理们对他们自己
222 的老板写的意见书也不满意。这份意见书里没有脚注,其写作的细致程度看起来也和怀特平时的水平相去甚远。不仅如此,即使是在按照协商结果进行了修改之后,怀特的意见书依然只是很冷淡地表达了对死刑的拒绝。他在开头就把这份意见书的界限说得很明白了。“我加入法院的判决,完全不是为了暗示死刑本身是违宪的,或者说任何死刑制度都不符合第八修正案的要求。我的兄弟们在这个问题上进行了非常充分的论述,但这几起案件其实并不涉及这个问题,我们也不需要就这个问题作出决定。”怀特的法官助理们试图说服他删掉“完全”这个词,但他拒绝了。

怀特很清楚地表示,他担忧的只是死刑极其不频繁的适用,而不是这种随机性适用背后的种族歧视或阶级歧视。死刑在极少被使用的情况下,唯一的问题就是它无法实现任何刑事司法目的。“我的出发点在于一个不言自明的道理。”他写道。“当死刑的适用过于不频繁时,它就不再能有效地威慑犯罪了,也无法在显著意义上帮助实现刑事司法制度中的任何刑罚目的。”尽管怀特的意见书不再明确地鼓励强制性死刑制度,但它却鼓励各州更频繁地适用死刑,而这似乎好不到哪里去。

整个周末,当怀特和斯图尔特正在起草、协商、修改他们的意见书的时候,布伦南却对此一无所知。自从斯图尔特对他说他打算去和怀特谈一谈之后,斯图尔特就没再和布伦南说过话。布伦南觉得这不是个好兆头。不过,到了周一,拉里·哈蒙德告诉布伦南的法官助理们,鲍威尔认为怀特和斯图尔特会投反死刑票。就在几天前,哈蒙德还说过鲍威尔相信怀特和斯图尔特会加入他的意见书。布伦南不知道该相信什么了。

在布伦南的办公室,法官助理们正在继续修改他们的老板写的判决书的第三部分。在布伦南放弃说服鲍威尔之后,他们调整了这份意见书的整体结构。在新的一稿中,第一部分的目的是证明,用法官助理们的话说,这一批死刑案是“很普通”的案件。最高法院完全有权决 223
定这一问题。如果连这一点都不成立的话,那么宪法中的“残酷而不寻常”条款就“只能算是一条不错的建议,没有什么其他意义”。第二部分介绍了用于判断一种刑罚是否残忍的那四项标准。第三部分用这四项标准来分析死刑。一种刑罚并不需要彻底地侮辱和冒犯人格才算得上是违宪。只要它总体来说是侮辱性的、冒犯性的,这就够了。布伦南的法官助理们认为这是整份意见书中最薄弱的一点。但他们也意识到,这份意见书永远也不可能达到完美。到了周二(13日),他们决定不再作修改了。

当天下午,本·海涅曼打来了电话,让他们准备好迎接“一个大新闻”。大约4点,海涅曼送来了斯图尔特和怀特两人的意见书。“虽然不尽如人意,”海涅曼说,“但是总比什么都没有要好。”布伦南在法官助理们的办公室坐下,大声朗读了这两份意见书。他先读了怀特的那一份。他们立刻就意识到,怀特的意见书为强制性死刑打开了大门。但布伦南和法官助理们并不是很担心这一点。考虑到怀特之前的立场,他们没法期望更多了,况且布伦南和法官助理们都不相信各州会通过强制性死刑的法律。即使各州通过了这样的法律,他们也完全有理由相信最高法院会废除这些法律。在所有的可能性中,怀特的这份意见书已经是他们能想象到的最好的样子了。

而斯图尔特的意见书则让他们感到心情有些沉重。布伦南能看出,斯图尔特为了和怀特达成妥协,作出了很大的牺牲;这份意见书与他当初承诺要写的那份简短的意见书相去甚远。斯图尔特和怀特一样,并没有称死刑是违宪的。同样的,和怀特一样,他也表示问题在于死刑极不频繁的适用。而在为强制性死刑打开大门这一点上，斯图尔特比怀特还要更进一步。如果强制性死刑“是我们所面对的问题的话”，斯图尔特写道，“那么按照这些原则，我将很难断言宪法禁止任何立法机关将死亡规定为特定犯罪行为的惩罚。”布伦南悄悄地对自己的法官助理们说：“为了争取到拜伦，波特不得不付出一些代价。”

* * * *

224 在怀特和斯图尔特传阅了他们的意见书后，最高法院的每个人都明白发生了什么。布莱克门拿到一份斯图尔特的草稿后，在关于死刑因其适用过于肆无忌惮和怪异而违反宪法的那一段旁边随手写道：“噢，好吧，PS。”现在，孰胜孰败已经很清楚了。少数派的大法官们开始严阵以待。周三，布莱克门在一份被大法官们称为“加入意向书”的文件中表示，他会在伯格、鲍威尔和伦奎斯特的意见书上签字。当天，鲍威尔也向布莱克门、伯格和伦奎斯特发送了“加入意向书”。周四（15 日），伦奎斯特对鲍威尔的姿态作出了回应，同时也加入了伯格的意见书。周五，伯格加入了布莱克门、鲍威尔和伦奎斯特的意见书。

伦奎斯特从加入最高法院起就从未表现出对死刑有任何的疑虑，而现在也一样。他的意见书言简意赅。“最高法院今天作出的判决废除了一种从建国起就被这个国家的立法者认为是必要的刑罚。我的兄弟道格拉斯、布伦南和马歇尔打算一举废除国会和四十个州的立法机关制定的法律。”伦奎斯特承认斯图尔特和怀特基于的是另一种论证逻辑，但这并没有解决核心的问题。“不论其背后的原理究竟是什么，今天的判决都暴露了一个基本问题，那就是司法审查在一个民主社会中究竟扮演着什么样的角色。依照宪法规定，联邦司法机关的成员与民意隔绝，无须对民意作出回应。这样的一个司法机关却有权将政府中属于民众的那一分支按合法程序制定出来的法律宣告无效，这种权力如何能与一个民主选举产生的政府共存呢？”

伦奎斯特并没有像布莱克门和伯格那样对自己的意见作出解释。他并没有像布莱克门那样声称如果自己是一名立法者的话,自己会反对死刑。他也没有加入布莱克门的反对意见。马歇尔在他那篇反死刑的长篇论述中提到了处死一个无辜之人的风险——“我们没有办法 225
判断有多少无辜的人被处死,但我们可以确信,一定有一些这样的人。”伦奎斯特把这种论调反了过来。更危险的错误是误把一条合宪的法律宣告违宪。“法官都是人类,而人类的本质就决定了他们一定会犯错。”伦奎斯特写道。“但如果只是错误地认可了一条法律的合宪性,那么虽然这个错误不公平地剥夺了一个个体的一项权利,但是它也只是维持了一项通过正当程序制定的法律。而如果错误地支持了一个个体提出的宪法主张,这种错误是更严重的。因为它所造成的后果,”他说,“是向整个国家强行施加一个由法院多数法官所决定的司法命令,而这些法官与民意之间的关系,就算往好了说,也是非常疏远的。”

在尼克松任命的其他大法官之间,唯一需要决定的问题就是要不要支持布莱克门对于死刑作为一项公共政策的批判。鲍威尔称赞布莱克门的意见书“写得极好——思维敏锐、文笔优秀、无可辩驳”,并发了一份“加入意向书”给他。但是到了周六(17 日),鲍威尔却告诉布莱克门,他最终决定不加入布莱克门的意见书了。“如你所知,我对你这篇精彩的论述怀着最崇高的敬意,”鲍威尔写道,但是他还是觉得不加入这份意见书,因为“它的个人色彩过于浓厚”。过了不久,伯格和伦奎斯特都向布莱克门正式表明他们也不会加入。最终,在尼克松任命的所有大法官中,只有布莱克门一人对死刑表达了道德上的保留意见。但在当时,这看起来似乎并不重要。死刑正在逐渐过时。

很久以来,大法官之间一直流传着一句话:“达成一致意见是一回事,宣告判决是另一回事。”在比尔·道格拉斯加入最高法院后,这句格言变得格外重要。

多数派的大法官之间没有达成一致意见,这种状况带来了一个罕见的程序问题。通常来说,总有一种思路能至少说服所有大法官中的
226 相对多数。这种思路就会成为这一判决的核心理论依据——律师们所说的"有效力的"理论依据。但是,在费曼案中,却没有出现这样一种被相对多数所接受的思路。事实上,没有一份意见书说服了哪怕一位多数派的其他大法官。因此,没有一份意见书能称得上是有效力的。但最高法院还是需要讲清楚它的判决意见究竟是什么,于是多数派决定,在一段被称作"法院意见"的简短的集体声明中阐明几个案件在程序意义上的判决结果。周中,布伦南向多数派的其他大法官们传阅了一份简易的草稿。

周四(15 日),道格拉斯打电话给布伦南,对草稿的内容表示赞成。在布伦南听来一切正常。此时,道格拉斯已经回到了他在古斯大草原的夏日别墅。他的缺席让一些大法官感到很愤怒。费曼案至少也是个很重要的案子。但道格拉斯早已下定了决心,不管是在案子的问题上,还是在度假的问题上,并且他对怀特的拖延表示很恼怒。离开法院后,道格拉斯就很少提到这个案件了,也没有对怀特和斯图尔特达成的协议发表任何意见。布伦南决定应该不会出什么问题,毕竟案件的走向与道格拉斯的期望是一致的。

不过,周五这天,道格拉斯又给布伦南打了个电话,听起来很焦虑。考虑到道格拉斯在古斯大草原的隐居地离最近的电话亭也有三十英里,他连着两天打电话这件事本身就很不寻常。道格拉斯在前一天夜里读了那两份意见书,然后就陷入了狂怒。道格拉斯还在为输掉了麦高萨案而心怀怨恨。在终于有时间消化了怀特和斯图尔特两人的意见书之后,道格拉斯无可避免地纠缠于他们在费曼案中的立场和在麦高萨案中的发言之间的矛盾。斯图尔特和怀特怎么能先说第

十四修正案不要求量刑标准,又指责佐治亚州的死刑制度缺乏量刑标准呢?

当然,这种矛盾来自于斯图尔特和怀特之间的重大妥协。如果斯图尔特发表了他原本想要发表的那份简短的意见书,那道格拉斯就不会有任何理由抱怨了。如果是那样的话,道格拉斯依然可以不同意斯图尔特的逻辑,并且因为他在麦高萨案中的投票而批评他,但斯图尔 227
特在费曼案中和在麦高萨案中的立场之间就不会存在矛盾了。第八修正案与第十四修正案不同,它要求法官作出一些道德判断。但斯图尔特并没有在道德层面上表态。在和怀特达成妥协之后,斯图尔特就选择了一个程序问题——随意性的问题——然后把它作为一个第八修正案问题来呈现。这与麦高萨案判决相矛盾,因为麦高萨案的判决认为宪法不要求量刑标准,而量刑标准却是减少随意性最好的方法。

更糟糕的是,斯图尔特和怀特都没有对这种矛盾作出解释。斯图尔特只提到了麦高萨案一次,是在意见书的第十二条脚注里,其内容也不太令人满意:“在该案中,我们明确表示暂不考虑任何基于宪法禁止残酷而不寻常的惩罚的规定所提出的主张。”这不太能解释为什么在一起正当程序案件中被驳回的程序主张,仅仅在一年之后就在一起第八修正案案件中获得认可。当怀特把自己意见书的草稿念给自己的法官助理们听的时候,一名法官助理表示,他觉得这份意见书实际上推翻了麦高萨案,只是没有明说而已。当其他的法官助理们都点头对这位同事的意见表示赞同时,怀特露出了不悦的神色。怀特最终发表的意见书没有提到麦高萨案。

道格拉斯在电话中对布伦南说,他不能容忍这一点,并打算批评怀特和斯图尔特这种出尔反尔的行为。布伦南力劝道格拉斯不要计较这一点。无论方式多么粗糙,至少最高法院达成了道格拉斯想要的结果。不仅如此,怀特和斯图尔特的逻辑甚至比他或者马歇尔的逻辑还要接近道格拉斯的想法。道格拉斯的意见书聚焦在种族歧视问题上,而种族歧视就是量刑随意性的另一种表现形式。揭穿斯图尔特和怀特有什么好处呢?这样做只是为了泄愤,还有可能会带来灾难性的后果。

道格拉斯表示,他不在乎。他告诉布伦南,他觉得怀特最终是不会对死刑投反对票的。考虑到怀特已经传阅了自己的意见书,道格拉斯应该没有任何理由这么想。但不论如何,道格拉斯说,他还是觉得
228 怀特最终会和尼克松任命的其他几位大法官站在一边。道格拉斯并不是唯一一个有这种想法的人。鲍威尔依然希望怀特能够在最后一刻回心转意。

挂掉电话之后,布伦南就派自己的法官助理们去了道格拉斯的办公室。果然,道格拉斯的法官助理理查德·雅各布森(Richard Jacobson)表示,他们即将发表一份公函,批评斯图尔特和怀特前后矛盾。布伦南的法官助理们让雅各布森在道格拉斯发表任何公开意见之前都把道格拉斯写的任何东西分享给他们。雅各布森答应了。

当天晚些时候,雅各布森送来一份道格拉斯的草稿。多年以后,布伦南的法官助理们还记得这份草稿的言辞有多么激烈。他们恳求雅各布森试着把它的语气修改得和缓一些。在一系列出人意料的、只有在道格拉斯混乱的团队中才能发生的事件之后,雅各布森修改了草稿,并把它发往了古斯大草原。接着,道格拉斯审阅了这份草稿,并对雅各布森所作的修改表示满意。不过他并没有对自己的法官助理说这些,而是对布伦南说的。在道格拉斯看来,布伦南是唯一一个值得让他从华盛顿州打来电话的人。

这段修改过的话后来成为道格拉斯意见书中的第十一条脚注。"我想,如果说第八修正案禁止对几名上诉人适用死刑,是因为他们只

是被任意选中的随机几个被判处死刑的人之一”——就像斯图尔特在意见书中所认为的那样——或者是因为“死刑被适用的少数案件和死刑没有被适用的众多案件之间没有任何有意义的区分依据”——就像怀特所主张的那样——“虽然我完全赞同这些说法,但如果这些说法是正确的话,那么按照第十四修正案,任何为了将变化空间最大化而故意制定的死刑判决程序就一定都是违宪的。”

经过调整之后,这段话就不再构成太大的威胁了。它并不带有人身攻击的色彩。被雅各布森重写之后,这条脚注的主旨似乎就变成了指出麦高萨案的判决是错误的,而不是指责怀特和斯图尔特虚伪。 229
“在我看来,我们今天所作出的判决与麦高萨案判决之间的矛盾,证明了布伦南大法官先生在该案中发表的反对意见是正确的,而我也加入了那份反对意见。”雅各布森代表道格拉斯写道。但不管怎样,最高法院大法官的面子可是很薄的。布伦南忐忑不安地等待着怀特和斯图尔特的反应。

从布伦南的角度来说,最坏的情况并没有发生。在看过道格拉斯修改过的意见书后,斯图尔特表示,他对新增添的这段话并不介怀。不管道格拉斯的这条脚注怎么说,斯图尔特重申,第八修正案问题和第十四修正案问题是不同的。他不打算修改自己的意见书。至于怀特,这种对他思想上前后不一致现象的拐弯抹角的指责并不会让他有所动摇。

几天后,当怀特的反死刑立场已成定局,布伦南才终于松了一口气。布伦南真正放下心来,是在他关于这一批死刑案和伯格有过简短的交流之后。首席大法官已经把这一判决当成了既成事实来谈论。伯格告诉布伦南他宁愿法院将死刑彻底废除,言语间不乏诚意。伯格说,虽然从宪法角度来讲,他不同意这样判,但是这个问题可能终于要被彻底解决了,这还是让他感到了一丝轻松。最高法院已经在死刑案中花费了过多的时间。但是,在伯格看来,斯图尔特和怀特的妥协却意味着死刑问题很快还会回来。“我本来希望这件事可以完全过去,”伯格对布伦南说,“尽管我认为这一判决是错误的,但我确实有如释重负的感觉。但是现在,整个问题都会再次回到我们面前。”伯格说,各州会制定法律,针对特定的犯罪实行强制性死刑,而他认为最高法院会支持这些新的立法。

对于首席大法官提出的两个预测,布伦南一个也不同意:沃伦·伯格并不够了解美国的动向。布伦南从这次对话中获得的信息就是,伯格已经举起白旗投降了。费曼案结束了。布伦南将这段对话的内容告诉了他的法官助理们,然后摇了摇头说,仅仅一年之前,他还是唯一一个愿意宣告死刑违宪的大法官,这真令人难以置信。

* * * *

230 6月19日周一,大法官们决定在接下来的一周宣布这几起案件的判决结果。反对派中的每一位大法官都表示他们需要一些时间来修改自己的意见书,对斯图尔特和怀特的意见书作出回应。而斯图尔特和怀特也表示,他们可能需要对这些回应再作出回应。布伦南如释重负的感觉又消失了。只要最高法院一天不宣布判决结果,怀特就还有机会改变主意。最高法院越早宣布判决越好。

这一周的时间里,人们传言伯格和鲍威尔将会对斯图尔特发起强烈的抨击。在6月22日周四的大法官会议上,斯图尔特表示,如果他们发起这样的抨击,他就需要充足的时间来作出回应,不管这会给案件的进度带来多大的影响。于是,布伦南又有了另一个需要担心的问题。接着,在周五中午的一次聚餐上,伯格得意地向同事们宣布,他修改后的意见书的第一句话将是:“今天,最高法院宣布死刑并非在任何情况下都是违宪的。”

“但你这个说法是不正确的。”鲍威尔说道。

"嗯,但是这样才能暴露出真正的问题。"首席大法官答道。

斯图尔特和怀特表示,他们需要等真正看到这句话之后再决定如何回应。不过,斯图尔特说,如果伯格将午餐时提出的这句话放在意见书中发表,那么他就肯定要修改自己的意见书来作出回应。判决遭遇长时间推迟的可能性又出现了。从布伦南的角度来看,斯图尔特和怀特在午餐时的表态所带来的唯一一丝希望就是:两人都没有动摇的迹象;相反,伯格的提议使双方都燃起了怒火。

午餐后,鲍威尔回到自己的办公室,感到非常沮丧、泄气。他来到哈蒙德的办公室,在一把加了厚软垫的皮椅上坐下。这把椅子就是为这种会面准备的。

"我输掉了整个法院。"鲍威尔轻轻地说。

哈蒙德能看到鲍威尔脸上的痛苦。在本案最开始时,鲍威尔声称
自己并没有一个强烈的观点,但在这一年的时间里,他对自己的立场 231
感到愈发确信了。律师们常常会陷入自己论点的正确性中不能自拔;而对于鲍威尔来说,这种失落感更甚,因为这是他在最高法院的第一个案子。一旦鲍威尔选定了一个立场,并为了说服同僚们达成自己想要的结果而努力过,他就变得很想赢。律师的天性就是争强好胜的,而鲍威尔也不例外。

哈蒙德为他的老板感到难过,但同时,他又有一丝欣喜。事到如今,他已经完全确信,佐治亚州的死刑法律应当被废止。他已经尽力掩盖着自己的开心。但是,他知道自己一向做不到喜怒不形于色。他的表情显然已经出卖了他。

鲍威尔注意到了这一点。他难过地说道:"你并不支持我,对吗?"

哈蒙德摇了摇头。整个下午,他都在为这次对话而心神不宁。当天晚上,在离开办公室之前,他正式向鲍威尔提出了辞职。一般来说,他们每天都会交谈,连周六、周日也一样,但接下来的这个周末,鲍

威尔却一直沉默。哈蒙德明白,鲍威尔的意思很清楚了。他的辞职申请大概会被批准。

周六,当鲍威尔正在思考这个案子以及如何回复哈蒙德时,伯格传阅了他修改后的意见书。现在,它已经被明确标注为一份反对意见了。伯格此前所宣称的开篇第一句话并没有出现。伯格转而强化了他的意见书中关于各州可能会如何回应最高法院这一判决的部分。一种可能性是制定强制性死刑条款。另一种可能性就是
232 对陪审团的自由裁量权加以引导。“立法机关可以通过为陪审团和法官制定需要遵循的标准,或通过对可以适用这种刑罚的犯罪的定义进行进一步限缩,从而试图让自己的法律符合最高法院在判决中提出的要求。”

从麦高萨案的判决来看,这一点可以说是有争议的,但伯格却认为,麦高萨案主要说明的是制定标准的不可能性,而非不可取性。伯格记得哈伦曾说过,量刑过程中需要考虑的因素过于复杂,无法被简化为一个公式。但伯格认为,这还是值得一试的,因为“如果人们能够想出这样一些标准,或者更谨慎地定义这些罪名,那也没什么坏处”。布伦南和他的法官助理们又一次陷入了担忧,因为斯图尔特和怀特会忍不住对此作出回应。毕竟,他们的本意显然不是引导各州制定出新的标准。

不过,到了周一,怀特表示他不会对伯格作出回应。他的意见书不会作任何修改。接着,斯图尔特也称不会对首席大法官作出回应。斯图尔特和怀特都表示,他们不想给伯格任何继续拖延本案的机会。当天下午的大法官会议上,大法官们达成一致,如果印刷店来得及完成印刷的话,法院将在周四,也就是 29 日,宣布判决结果。考虑到鲍威尔还没有传阅他的最终稿,并且现在所有的意见书加起来已经超过了 600 页,印刷工作是很艰巨的。布伦南半信半疑地将法院拟定的时

间表告知了自己的法官助理们："我不信这个计划能完成，除非亲眼所见。"

当天下午晚些时候，鲍威尔传阅了一份新的草稿，但这份草稿并没有作很大的修改。鲍威尔似乎在这个周末进行了一些深刻的思考。他对意见书作出的唯一的修改就是在开头增加了一段内容，对每一位多数派成员所阐述的判决理由进行了概述，并且提出，他认为这些理由无论是单独来看还是整体来看，都不构成废止佐治亚州死刑法律的充足理由。鲍威尔说，最高法院应该允许各州自行决定这个问题。"多数派的判决侵入了一个历史上一直完全属于立法机关权力范围的领域。这恰恰是司法机关最不擅长作出的一种判断。在我的记忆 233
里，最高法院从未在任何一个案子中将国家和地方的民主程序置于如此低的地位。"鲍威尔所作的修改并不令人意外。大约在同一时间，鲍威尔交给哈蒙德一封信，信中拒绝了哈蒙德的辞职申请。不仅如此，他还要求哈蒙德留下，再继续工作一年。哈蒙德同意了。

周二早晨，斯图尔特传阅了他的最终稿，其中提到鲍威尔意见书的部分语气有所缓和。同时，最终稿更加清楚地表明，他和怀特都没有对强制性死刑的问题作出处理。几乎在同一时间，伯格宣布，所有意见书都要在中午之前送到印刷店。布伦南的法官助理们匆忙作了一些细微的修改。4 点左右，他们检查了一遍修改稿，又作了两处修改。他们还想再最后检查一遍，但印刷店的人说没时间了。布伦南和斯图尔特都在各自的意见书中加了一句话。就这样了。

面对如此重要的一个案子，每个人都本能地觉得自己应该做点什么，但从 6 月 28 日傍晚开始，就没有什么要做的事了。布伦南感到焦急而又难以置信，同时也感受到了多年未曾体验过的激动之情。"这一切终于结束了。"他的法官助理们在他们那一年的历史记录中写道。"我们常常需要掐自己一下，来确认这是真实的。对于这个国家来说,那真是个好日子。”马歇尔同样感受到了多年未曾有过的激动心情。他回忆起了布朗案之后的那种成就感。而斯图尔特不知道自己的决定是否正确。他整个下午都在办公室里焦虑地踱步。那天晚上,他辗转难眠。

第十一章

吉　日

1972 年 6 月 29 日一早，除大法官们和他们的法官 234
助理外，没有一个美国人会想到，最高法院即将宣布死刑违宪。《时代周刊》表示，“专业预测者们”认为，最高法院会维持谋杀罪的死刑，但可能会废止强奸罪的死刑。《纽约时报》则称，这批死刑案的律师们感到不太乐观。《时代周刊》认为，任何对最高法院能认定死刑是“残酷而不寻常的”所抱有的希望都是建立在一厢情愿之上，而不是基于任何现实的期望。3 月，安东尼·刘易斯写道：“就目前的情况来看，最高法院不太可能支持废除死刑主义者的主张。”《新共和周刊》后来称费曼案为最高法院历史上最惊人的新闻。

这并不是说专家们认为美国死刑的终结毫无可能。恰恰相反，很多人认为死刑正在逐渐被淘汰。在费曼案判决后不久，《美国新闻与世界报道》称，支持废除死刑的人数正在增加。6 月，社会学家詹姆斯·麦卡弗蒂（James McCafferty）发表了一系列的文章，指出政治家们和监狱工作人员都越来越希望废除死刑。著名的保守派教授唐纳德·佐尔（Donald Zoll）在《国家评论》（*Na-*

235 *tional Review*)上哀叹,"废除死刑的热情不断增长",且废除死刑运动很可能会成功。不过,在麦高萨案之后,最高法院观察员们一致相信,如果改变能够发生的话,它一定是自下而上的,一定是因为公众反死刑呼声的迅速高涨而发生的。

没有一个专家能够预测到,波特·斯图尔特恰恰是从公众这种反死刑的浪潮中获得了勇气,才和拜伦·怀特达成了那次重要妥协。多年后,斯图尔特对那些公认的专家作出的错误预测表示很愤怒。

但这都是后话了。在那个决定性的星期四,自由派的大法官们、LDF 的律师们,以及全美国的废除死刑主义者们都经历了人生中最喜悦的一天。

在他们感到喜悦的同时,沃伦·伯格却感到很痛苦。10 点钟,当伯格宣布开庭时,外面正下着小雨。这天早上的天气和他的心情非常匹配。带着不情愿的语气,伯格宣读了那仅一段长的法院意见:"本院签发的调卷令仅针对以下一个问题:在这几件案件中,死刑的适用和执行是否构成第八修正案所禁止的残酷而不寻常的惩罚?因此,就死刑量刑这一点来说,这几件案件的原判现在被推翻,案件将发回重审。"

这是所有判决书中最短的一份。布伦南坐在自己的座位上想,伯格让这次判决书宣读听起来像是例行公事一般。他甚至注意到,伯格略微强调了"这几件案件"几个字,目的是告诉人们,这一判决并没有为死刑的复活制造任何阻碍。这不过是最轻微的一种抵抗行为罢了。伯格对判决书的宣读不可能对结果产生任何影响。当天,最关键的几位律师甚至多数都不在法庭现场。费曼案为后人所知完全是通过纸
236 面上的文字。律师们和法学生们所研究、剖析的也是最终发表出来的意见书,而不是首席大法官的语调变化。不过,沃伦·伯格就是这样。布伦南不禁笑了笑。

伯格读完法院意见之后，律师们争先恐后地跑到一个专门为最高法院出庭律师们准备的房间里，领取一份完整版的判决书。一群记者挤在法院门口，焦急地盼望着了解更多细节。他们想要知道，并告诉美国人民，最高法院的决定究竟是什么。

他们的第一个发现就是每一位大法官都花了很大的篇幅来说自己想说的话。在当时，费曼诉佐治亚州案的判决书是最高法院历史上最长的一份判决书，共有 66233 个词。它比包括《了不起的盖茨比》(*The Great Gatsby*)、《红色英雄勋章》(*The Red Badge of Courage*)和《华氏 451 度》(*Fahrenheit 451*)在内的许多小说都要长。

律师们和记者们的第二个发现就是，在多数派的大法官中，没有哪两位达成了共识。威廉·道格拉斯认为问题在于种族歧视。布伦南和瑟古德·马歇尔都认为问题在于死刑本身，但他们各自的理由是不同的。布伦南强调死刑侵犯了人的尊严。马歇尔则认为报应不是一种正当的刑罚目的，并强调了他对公众舆论倾向的判断。斯图尔特和怀特似乎认为，问题在于死刑的适用不够频繁，无法实现任何社会目的。

奇怪的是，多数派大法官中的几位甚至有意和自己的同事们划清了界限。斯图尔特引用了路易斯·布兰代斯提出的“回避原则”。这项原则首次提出，是在 1936 年的阿什旺德诉田纳西河流管理局案(*Ashwander v. Tennessee Valley Authority*)判决中。那是一个关于威尔逊水坝建造的案子。斯图尔特引用回避原则来主张最高法院不应该对死刑本身的合宪性问题作出判决，因为本案可以用其他的理由来解决。从重要的自由派大法官路易斯·布兰代斯那里继承这项原则，这是斯图尔特采取的一种很奇怪的策略。布兰代斯在阿什旺德案中主张司法克制，是为了阻止当时有保守倾向的最高法院废止进步主义的改革措施，而斯图尔特引用这项原则，却是为了限制如今有进步

主义倾向的最高法院废止州政府的一项保守主义立法。他的这一立
237 场与菲利克斯·法兰克福特相呼应,尽管他并不喜欢法兰克福特。而同样不太喜欢法兰克福特的怀特也表示了同意。

多数派仅仅在判决结果这一点上达成了一致。多年后,迈克尔·梅尔茨纳回忆:“费曼案判决的理由和方式都是没人能预料到的。”连少数派的大法官彼此之间都似乎存在着重要的分歧。他们每个人都单独写了一份意见书,并且虽然沃伦·伯格、刘易斯·鲍威尔和威廉·伦奎斯特都加入了彼此的反对意见,但没有一个人选择加入哈里·布莱克门的意见书,因为它从道德上对死刑表达了保留意见。他们留这位同僚孤零零的一个人,无人作伴。

这实在是最怪异不过的一份判决了。

很快,费曼案判决的消息就流传开来。对最高法院这一判决的报道出现在新闻的滚动头条上。今天,最高法院会将判决意见发布在网上;顷刻之间,全世界的人都能读到它们;评论员们马上就会开始发表意见。而在1972年,信息传播的速度要慢得多。最先被报道的只是费曼案判决发布了这一事实。

在位于哥伦布圆环的LDF总部,为了了解更多判决细节而来电咨询的人挤爆了电话总机。但LDF的律师们知道的并不比任何人多。这些律师们正和秘书们一起围在晶体管收音机旁,试着了解更多判决细节。最高法院这一判决的程度如何?判决是只适用于那些上诉得到最高法院受理的被告人,还是也适用于其他被告人?很快,LDF了解到,这一判决的适用范围很广。大法官们援引费曼案,撤销了最高法院全部120件待审死刑案的原判。这就意味着,全美国几乎每一名死刑犯都有权得到重新量刑。这一点得以明确之后,律师们、秘书们甚至门卫们都高兴极了。他们在喜悦的泪水中互相拥抱。

CALM的组织者道格拉斯·莱昂斯对着电话大喊:“我们这里看

起来就像是在庆祝登月成功一样!"这个比喻非常恰当。人类登月计划和废除死刑运动有很多共同点:它们都很大胆,它们开始和结束的 238
时间非常接近,并且它们有着终极的共同点,那就是对人性中奋进精神的呼唤。约翰·肯尼迪和迈克尔·梅尔茨纳都承担了某种艰难的使命,并且排除万难取得了成功。

在佛罗里达州杰克逊维尔附近的雷福德,在关押着州死刑犯的佛罗里达州监狱农场里,因强奸罪被判死刑的莱斯利·霍顿正和前来探监的家人们在一起。这时,一名狱警走了进来,问道:"你今天还能禁得住更多的好消息吗?"令霍顿震惊的是,狱警宣布:"最高法院刚刚废除了死刑。"

过了不久,监狱农场的其他死刑犯们结束了早晨的《警探哈里》(*Dirty Harry*)电影观赏。在 11 点 15 分的新闻广播中,他们得知,费曼上诉获胜了。囚犯们开始欢呼、喧嚷、摇晃牢房的铁门。有人大喊:"好极了,大法官先生们!"有人咒骂着理查德·尼克松。很多人喜极而泣。

在位于亚特兰大东南方向六十英里处的佐治亚州诊断与分类管理监狱,卢修斯·杰克逊也在等待着自己的死刑执行。他曾用一把剪刀的尖端抵在一个女人的喉咙上,强奸了她。那天上午晚些时候,杰克逊得知,他在上诉中获胜了。不久后,他对记者说:"很长时间以来,我都只想着死亡这一件事。现在,我可以想想关于活着的事了。"

得知这一判决的消息时,从斯坦福高等研究中心休假一年的艾
伦·德肖维茨正在黄石公园度假。他找到一部公用电话,给阿瑟·戈 239
德堡打了电话。"我们成功了。"戈德堡说。"这一切都值得了。"第二天早上,德肖维茨想办法弄到了一份《纽约时报》。它排了整整六栏的新闻摘要来宣告死刑的终结。四十年后,德肖维茨把这份报纸看作自己最珍视的收藏品之一。在哈佛法学院的每个学期,他都会向刑法

课的一年级学生们展示这份报纸。

与死刑的终结关系最密切的两个人此时正身处大陆的两端。在马萨诸塞州的安角(Cape Ann),迈克尔·梅尔茨纳正在和家人一起度假。梅尔茨纳一家在弗利湾(Folly Cove)附近租了一栋花岗石房屋。在禁酒时期,朗姆酒走私犯们曾通过这个布满岩石的海湾将货物运送上岸。梅尔茨纳正坐在餐桌前写东西。他9岁的女儿杰西卡坐在桌子对面,正读着一本书。他的妻子赫利出门去看产科医生了。怀孕9个月的她腹中是他们的第二个女儿。广播被当作背景音一直播放着。快到中午的时候,梅尔茨纳听到了关于费曼案的报道。他感到震惊、诧异又兴奋。杰西卡·梅尔茨纳曾经见过父亲在最高法院出庭辩论。他向她解释了刚刚发生的事。

"哇!"她说。

梅尔茨纳作出了很自然的反应。他绕过桌子,抱起了他的女儿,热情地拥抱、亲吻了她。

3千英里之外,在加利福尼亚州,托尼·阿姆斯特丹身处太平洋海岸时区。这个星期,他每天早上都5点钟起床,并且第一件事就是收听广播。到9点为止,还没有任何与判决有关的报道。因为还有别的安排,阿姆斯特丹驾车离开了家。10点刚过,他正在旧金山南边的一条高速公路上开着车。就在此时,他听到了新闻。

阿姆斯特丹把车停在路边,深呼了一口气。如果用"宽慰"这个词
240 来形容他当时的感受,那就太淡化这种感受了。"一旦你代理了被判处死刑的人,那么无论你走到哪,肩上都担着十几条,乃至五十条人命。"阿姆斯特丹多年后回忆道。"我记得那种放下了千钧重担的感觉,那种知道这些家伙——你分别牵挂着他们中的每一个——能活下来的感觉。我心里想着,感谢上帝。我们差点就输掉这个案子了。现在终于完成了。这些家伙能活下来了。"阿姆斯特丹坐在那儿,沉浸在

加利福尼亚州的海岸风光中。他“很多年以来第一次感到了自由”。

经验告诉阿姆斯特丹,各大报纸的记者们很快就要来电话了,而他却不知道说什么。有什么语言能足以概括他这种不分昼夜地工作了近十年,然后眼见自己梦想成真的个人体验呢?有什么语言能描述在他看来最高法院刚刚为美国所作的事呢?在那个瞬间,阿姆斯特丹想起了他对自己曾经的客户厄尔·考德威尔(Earl Caldwell)说过的话。考德威尔是《纽约时报》的调查记者。联邦调查局曾试图强迫他公开他在黑豹党中的消息来源。那个案子触及了考德威尔职业的核心,即一个记者和他的消息来源之间的保密关系。当考德威尔预料到自己即将胜诉,他问自己的律师自己该说些什么。阿姆斯特丹告诉他:“你就说,‘我感到很宽慰’。”

但不是每个人都这么开心。在那个下午,命运让三位最著名的死刑支持者——多萝西·比斯利、查尔斯·艾伦·赖特和刘易斯·鲍威尔——走到了一起。他们聚在西弗吉尼亚州的绿蔷薇酒店参加第四巡回上诉法院的年会。第四巡回上诉法院出了名的团结,它的管辖范围包含了鲍威尔的家乡弗吉尼亚州。鲍威尔在整个职业生涯中都和第四巡回上诉法院的律师和法官们保持着密切的联系。在鲍威尔退休后,法院设在里士满的总部将以他的名字命名。

下午,比斯利和赖特在招待会上见到了鲍威尔。比斯利觉得鲍威
尔看起来非常疲倦和忧虑。疲倦是可以理解的。在费曼案判决公布
之后,鲍威尔从华盛顿开了四个小时的车来到白硫泉(White Sulphur
Springs)。不过,比斯利还察觉到了一种更深意义上的疲倦。在她看 241
来,鲍威尔似乎把这一批死刑案个人化了。她和赖特走到这位大法官
面前。大法官热情地和两人打了招呼。

“这意味着什么?”比斯利问鲍威尔。

“我不知道。”他说。

这天晚上,LDF 在它位于哥伦布圆环的总部举行了庆祝活动。为了庆祝这个夜晚,一支被命名为“第八修正案”的摇滚乐队在法律图书馆里一直演奏到第二天清晨。杰克·希梅尔斯坦人生中第一次,也是唯一一次喝醉了,并且和同事们一起,一个一个地喊出 LDF 救下的人的名字。就像冰球迷们呼喊自己崇拜的守门员的名字那样,他们强调着这些曾被判死刑的人的名字的每一个音节:

威-廉·威-瑟-斯-普-恩。

比-利·马-克-斯-韦-尔。

欧-内-斯-特·艾-肯-斯。

卢-修-斯·杰-克-逊。

埃-尔-默·布-兰-奇。

威-利·费-曼。

如此,直到深夜。

到了早上,人们的思绪开始转向未来。在最高法院,大法官们相信,不管这个结果是好还是坏,死刑在美国已经终结了。怀特已经将这种看法吸收到了自己的意见书中。“死刑,”他写道,“在一切实际意义上已经结束了。”在这个月末的新闻中,怀特一直都是《纽约时报》最关注的人,因为他“忽然间成为最高法院中那个难以捉摸的摇摆人物。有时,怀特大法官和从沃伦法院时期留下来的自由派们站在一边。有
242 时,他又和理查德·尼克松任命的保守派们站在一边。不管他选择哪一边,投票结果都是五比四”。

斯图尔特对法官助理们说:“美国的死刑已经终结了。”而伯格尽管此前对布伦南表达了不同的意思,但现在却同意斯图尔特的观点。他的反对意见为死刑的恢复列出了一张路线图。他写道,各州“有机会,甚至有无可回避的义务”重新考虑它们的死刑法律。但伯格还是告诉自己的法官助理们,“在这个国家,不会再有下一次处决了”。

道格拉斯在给托马斯·莱昂纳多斯(Thomas Leonardos)——一位对这一判决表示了祝贺的巴西法学家——致信时写道:“非常感谢。我希望我们实现了对死刑的彻底废除。”

在解读过所有意见书后,新闻界无疑也是这样想的。多数记者将大法官们花了很大篇幅讨论的“随意性”一词理解为一个代码,其真正的含义是“歧视”。每个人都明白最高法院在这个问题上的立场是什么。很少有记者认为各州会重新启动死刑,或者认为最高法院会支持这样的立法。《迈阿密先驱报》(*Miami Herald*)的一篇社论称:“这一判决是美国司法的一个转折点,可能也是整个国家对于暴力、犯罪和刑罚的态度的一个转折点。”这种普遍的看法鼓舞了杰克·格林伯格,使他有勇气在接受《纽约时报》采访时表示:“美国将不再有死刑。”

德肖维茨大致同意格林伯格的看法。但是,在阅读并仔细反思了所有意见书之后,德肖维茨产生了一种不祥的预感。戈德堡在第一次细读意见书之后也有相同的感觉。从法律角度来说,费曼案判决允许死刑的适用,前提是人们能够建立一种客观的、不随意的量刑机制。而只要将每一个谋杀犯判处死刑,就能实现这个目的。但戈德堡并没有太过担心。他觉得“立法机关很难以一种强制的,一视同仁的,能够
回应道格拉斯、斯图尔特和怀特三位大法官的异议的方式恢复死刑”。 243
和斯图尔特一样,他相信美国只不过是在它原本就想去的方向上被轻轻推了一把。既然已经到达了道德上的终点,美国人当然不会想要回到过去的老观念中了。

托尼·阿姆斯特丹也看到了费曼案的问题。他完全不知道在最高法院的幕后都发生了什么,但这个判决看起来很政治化,呈现出沃伦法院的五位留任者和尼克松任命的四位大法官之间的对峙状态。如果多数派能达成一致意见的话,事情看起来可能还没有这么糟,但

多数派的几份意见书缺少一个共同的主线。连作为判决核心的道德基础也不甚清晰。最高法院在历史上从来没有这样分裂过。费曼案判决完全不具备布朗案判决的那种权威性。

阿姆斯特丹也看到了那些漏洞。它们是显而易见的。一些州当然会以制定新法律的方式来回应费曼案判决。但即使一些州真的通过试图制定量刑准则或者实行强制死刑制度——不管这听起来有多不可思议——来回应费曼案判决,那么这些新的法律走完整个立法程序也需要好几年的时间。等到各州实行新的法律,最高法院受理下一起上诉案的时候,美国将已经有十多年没有执行任何死刑了。大法官们自然不会允许各州重回野蛮时代。也许在费曼案判决之后,对死刑的支持会有一定的上涨,但那不会足以逆转进步的势头。阿姆斯特丹睡了个好觉。

清晨,他给自己的朋友和同事迈克尔·梅尔茨纳写了封信。"明天,战役还会继续,"阿姆斯特丹写道,"但今天,我们还是有时间稍事休息的。这一点点时间让我有机会表达感谢。在关于死刑的这场斗争中,你对于我们取得的一切成就都起到了核心的作用。你发起了这场运动,并且在很大程度上用你的想法、了不起的辛勤劳动以及不知疲倦的付出维持着它的运转。"

但阿姆斯特丹错了——这场斗争的新阶段并不会在明天开始。

它已经开始了。

第三部分

复活

1972—1976年

第十二章

梦醒时分

费曼案判决激怒了死刑的支持者们。在最高法院 247
宣告判决之后,他们几乎立刻就开始了对这一判决的抨击。共和党的领导人们强调了这一判决的局限性。在6月30日的一场记者招待会上,理查德·尼克松告诉记者,他还没有读完全部九份意见书,但他读了沃伦·伯格的反对意见,并由此得出了死刑依然可行的结论。“最高法院的裁判要旨不能被理解为是对死刑的全盘否决。”尼克松说道。他补充说,他依然相信死刑的威慑作用,并且他希望费曼案判决不会禁止对绑架者和劫机者适用死刑。罗纳德·里根说,他相信最高法院的判决不会禁止在一起“冷血的、有预谋的、有计划的谋杀”案中适用死刑。

另一些人则选择排斥那些对本案作出判决的大法官们。在阿拉巴马州,乔治·华莱士正在从阿瑟·布雷默(Arthur Bremer)刺杀未遂的事件中康复,而在此期间暂任州长的杰尔·比斯利(Jere Beasley)表示:“在这个国家的最高法院中,一多半的成员已经与真实的世界失去了联系。”佐治亚州的众议员、正在竞选参议员的民主

党人萨姆·纳恩(Sam Nunn)称,费曼案判决证明大法官们应该每
248 六年重新选举产生。支持种族隔离的佐治亚州前州长、因州宪法禁止连任而时任副州长的莱斯特·马多克斯(Lester Maddox)则称费曼案判决为“混乱、强奸和谋杀的许可证”。

执法人员预测,费曼案判决会使犯罪率升高。孟菲斯市警察局长比尔·普赖斯(Bill Price)说,那些“曾经会犹豫着不敢开枪”的潜在罪犯“现在可能就会直接下手了”。加利福尼亚州狱警协会的肯·布朗(Ken Brown)呼吁修改宪法。“我们可以说是处在震惊之中。”布朗说道。《纽约每日新闻》(*New York Daily News*)敦促立法者们以“旧时代”的严苛程度重新采纳死刑,看看“最高法院会怎么办”。在众议院,新罕布什尔州的众议员路易斯·怀曼(Louis Wyman)表示:“社会有权得到死刑威慑作用的保护。那些被判终身监禁的人现在是光脚的不怕穿鞋的。那些要面对这些人的狱警该怎么办?那个刺杀了肯尼迪议员——或者肯尼迪总统——的凶手怎么处置?那些窃取了核情报的间谍该怎么处置?处理这样的案件,非死刑不可。”就在尼克松召开记者招待会的那一天,五个州的立法者都宣布了制定新死刑法律的计划。有几位国会议员表示,他们将提交一条推翻费曼案判决的宪法修正案。

最高法院的判决经常会引发这样的局面。政客们会声称这个判决是失败的。他们会宣布推动新立法或宪法修正案的计划。各种危言耸听的观点会出现。但最终,这种愤怒都会不可避免地消退下去。1968年,关于陪审团挑选的威瑟斯普恩案曾引发过类似的愤慨。事实证明,这些言论都只是雷声大雨点小。不过,在费曼案判决之后,死刑的支持者们却将自己说的话付诸了行动。这一判决激发了一场十足的反对浪潮。

仅仅几周之后,全美司法部长协会(NAAG)的一个委员会就开始

讨论一个新的死刑法条模板了。阿拉巴马州司法部长比尔·巴克斯
利(Bill Baxley)在这一系列活动中扮演了重要的角色。巴克斯利对死
刑的热烈支持体现了最高法院这一判决在为公众所接受时所遭遇的 249
强劲阻力。

民主党人巴克斯利1964年毕业于阿拉巴马大学法学院。毕业后,他很快就成为自己的家乡休斯敦县的地区检察官。1971年,28岁的巴克斯利通过竞选成为州司法部长。当时,他是美国历史上最年轻的司法部长。在任期间,巴克斯利用行动证明,他是一个坚定的民权捍卫者。他任命了阿拉巴马州史上第一位黑人助理司法部长。更广为人知的是,他重新开启了对致四名黑人女孩死亡的1963年伯明翰第十六街浸信会教堂爆炸案的调查。巴克斯利成功地让罗伯特·钱布利斯(Robert Chambliss)——人称“炸弹鲍勃”——被定了罪。据说,他还用燃烧弹袭击了几个黑人家庭的房子。巴克斯利因为这些举措而受到了三K党的指责。他们称他为“荣誉黑鬼”,还写信威胁了他。巴克斯利回复:“我对您1976年2月19日来信的回复是——滚蛋。”

巴克斯利接下来的政治生涯更加证明了他对自由主义的诚意。1978年,他在州长初选中输给了福布·詹姆斯(Fob James)。前共和党人詹姆斯支持州权,批判在学校里教授进化论的做法,并且反对联邦法院下达的要求从法院大楼中移除摩西十诫碑的命令。巴克斯利是作为温和派参选的。此后,在私人执业期间,巴克斯利花了很多时间代理贫困的当事人,并且被选为国际出庭律师学会(International Academy of Trial Lawyers)的500名会员之一。简而言之,巴克斯利就是那种应该会支持费曼案判决的政客。

但事实恰恰相反。巴克斯利强烈谴责了这一判决。他相信死刑有威慑犯罪的作用。此外,他还对最高法院干涉州政的行为感到很愤

怒。不过,政治现实是,巴克斯利要想生存,就不得不持这样的观点。
2010 年,巴克斯利在接受访谈时坦言,即使他私下里是反对死刑的,他
250 也会公开表示支持死刑。在阿拉巴马州的政坛,反对死刑在政治上是
不可能的。在巴克斯利的经历中,乔治 · 华莱士最生动地体现了这
一现实。

私下里,华莱士是反对死刑的。1964 年,刚刚被选为州长的华莱士告诉当时还是一名法律助理的巴克斯利,他认为最高法院应该宣告死刑违宪。不过,在公开场合,华莱士还是对死刑表示支持。1968 年,当华莱士作为第三党派候选人开始竞选总统时,“严厉打击犯罪”在他的美国独立党的纲领中是一条核心原则。华莱士并没有赢,但他对这场竞选产生了深远的影响。共和党在很大程度上借鉴了华莱士在公共安全问题上的立场。后来,华莱士作为州长签署了为回应费曼案判决而通过的诸多新死刑法律之一。在犯罪问题上,这就是南方政治当时的现状。

251 巴克斯利称,他试图记住费曼案判决的每一句话,而 NAAG 委员会也非常重视这一判决。他对费曼案的解读是,这一判决要求立法者尽最大可能限制陪审团的自由裁量权。在阿拉巴马,或者说在整个南方,最大的挑战“是阻止立法机关通过一个无赖条款”。南方的很多领导人对费曼案判决持极端的讥讽态度。俄克拉何马州司法部长拉里 · 德里伯里(Larry Derryberry)对《时代周刊》的记者说:“关键的诀窍就是写出一条美国最高法院能认可的法律。”

巴克斯利觉得,NAAG 可能很难就一个法条模板达成一致意见。到 1972 年年底为止,巴克斯利的委员会已经起草了十九份草案。其中包括一条宪法修正案,也包括一条针对雇凶杀人或杀害警察等犯罪适用强制死刑的法律草案。看起来,他们似乎无法就某一个法条模板达成一致意见。不过,巴克斯利对事情的整体走向却没有任何疑问。

阿拉巴马州一定会通过一条修改过的死刑法律,而其他一些州显然也会这样做。12 月,司法部长们以三十二比一比一的投票结果通过了一项决议,决定号召国会和各州制定能够禁得住宪法审查的新法律。多数司法部长相信,强制死刑条款最有可能实现这一目的。拉里·德里伯里说:"我们认为,要想恢复死刑并得到最高法院的认可,方法就是制定一条对特定犯罪强制适用死刑的法律。"全美各大报纸报道了 NAAG 的这次投票,并指出,一股支持死刑的新力量出现了。

事实上,这不过是一个开端而已。

在佐治亚州,多萝西·比斯利很快就开始与州参议院的司法委员会协作,起草一条新法律。比斯利已经就费曼案与 NAAG 的委员会进行了多次探讨。和比斯利一同在委员会任职的还有查尔斯·艾伦·赖特,那位出庭辩论了布兰奇诉得克萨斯州案的教授。没有人相信死刑就此终结了。问题在于如何满足最高法院的要求。

比斯利察觉到了几份反对意见所释放的信号。佐治亚州将会把
审判分解为定罪环节和量刑环节。它将规定,所有死刑判决必须由佐 252
治亚州最高法院进行审查。最后,它还会列举各种加重情节。陪审团
若要适用死刑,必须认定案件中存在至少一个加重情节。

比斯利与佐治亚州的立法者们探讨的一个主要内容是加重情节列表中应当包含什么。一些加重情节似乎显而易见,比如杀害警察或为了经济利益而谋杀。不过,有几名政客担心他们会因为漏掉一些情况而引起众怒。最终,一个将"令人发指的、恶劣的、残忍的"谋杀包含在内的兜底条款赢得了广泛支持。比斯利暗自担忧,这个列表可能过于广泛和主观了。

在佛罗里达州,费曼案判决使得九十六名死刑犯的量刑被推翻了。政客们几乎立刻就开始推动召开一场特别的立法会议,以恢复死刑。共有两种立法方案被提出。州司法部长鲍勃·谢文(Bob

Shevin)倾向于采用强制死刑条款。另一些人则倾向于为陪审团的自由裁量提供指导,并规定分别式审理程序。这个方案与佐治亚州正在考虑的法规有些相似。

对此,州长鲁宾·艾斯丘(Reubin Askew)成立了一个特别工作组。这个“死刑研究委员会”的成员包括四位法学教授——佛罗里达州立大学的查尔斯·伊尔哈特(Charles Ehrhardt)、佛罗里达大学的哈罗德·莱文森(Harold Levinson)、斯泰森大学的威廉·斯迈利(William Smiley)、迈阿密大学的托马斯·威尔斯(Thomas Wills)——以及一位公设辩护人,菲利普·哈伯特(Phillip Hubbard)。艾斯丘要求委员会评估最高法院支持这些新法律的可能性。

委员会一致认为,两个方案都不会得到最高法院的支持。委员会表示,出于对费曼案判决的“尊重”,最高法院会否决这两个方案中的任何一个。他们引用了约翰·哈伦的例子来证明这一点。哈伦在沃伦法院的很多重大判决中都发表了反对意见,包括在米兰达案中。但后来,哈伦还是会投票将这些判决作为判例维持下去。委员会认
253 为,在遇到新的上诉案时,费曼案中的四位反对派大法官中至少有一部分会像哈伦一样,要么投票彻底废除死刑,要么将它的适用局限于最恶劣的犯罪。

此外,委员会还认为,从公共政策的角度来看,这两个方案也都是不明智的。两个草案都完全没有对辩诉交易、陪审团将被告人定轻罪的权力或者行政赦免权作任何限制。这些环节中的每一个都为量刑带来了很大的自由裁量空间和随意性。委员会认为,如果要恢复死刑的话,那么它必须伴随着对整个刑事司法系统的全面反思。

几乎所有人都把委员会的担忧当成了耳旁风。在一场开始于11月28日的匆忙举行的特别立法会议上,佛罗里达州众议院一致通过了一项死刑法案。参议院则以三十六比一的票数通过了另一项法案。

众议院的法案规定，死刑必须由三名法官组成的合议庭决定，其中包括定罪环节的主审法官。合议庭一旦对特定的事实作出认定，就会触发强制死刑。而众议院的法案则将裁量权交给了陪审团。一个由来自参众两院的议员组成的联席协商委员会达成了妥协。最终的法条保留了陪审团的参与，但同时规定，陪审团的意见对法官只起到建议的作用，而法官依据自己对加重和减轻情节的解释，有权不采纳陪审团的量刑建议。

1972 年 12 月 8 日，当艾斯丘州长将这项法案签署生效，佛罗里达州成为第一个在费曼案之后重新制定死刑法律的州。自 LDF 取得这项历史性的胜利之后才过不到六个月。前委员会委员伊尔哈特和莱文森在《刑罚与犯罪学杂志》（*Journal of Criminal Law & Criminology*）中对新法进行了批判，认为它“存在严重缺陷”，是“为应对选举期间的政治局面而采取的权宜之计”。两位教授写道：“佛罗里达州的立法者们和其他意见领袖们完全漠视了宪法问题。”但他们的愤慨完全没有被理睬。全美各州的立法者都不认为佛罗里达州的新法有什么问题。相反，它甚至成为其他州法条的模板。

* * * *

在加利福尼亚州，死刑的支持者们采取了另一条复活路线。州宪 254
法可以以公民表决的方式进行修改。晚春季节，在最高法院宣告费曼案判决之前，罗纳德·里根和他的司法部长伊瓦尔·扬格（Evelle Younger）提出了 17 号提案。该提案建议恢复所有在 2 月 17 日——加利福尼亚州最高法院判决人民诉安德森案（*People v. Anderson*）的日子——之前有效的死刑法律。也就是说，这一提案将推翻安德森案判决。17 号提案还认定，死刑不违反加利福尼亚州宪法中的“残酷而不寻常”条款或其他任何条款。这项不同寻常的提案实际上将保护死刑不受任何来自本州的司法审查。

不出所料地,阿姆斯特丹投身于加利福尼亚这场战役中。当里根宣布 17 号提案后,他就和加利福尼亚州的废除死刑运动领袖们安排了一次战略会议。在最高法院宣告费曼案判决后,这些组织者中的一大半开始怀疑这次会议是否还有意义。阿姆斯特丹坚持要开会。他说,费曼案判决并不能阻止各州进行新的立法。于是,会议按计划进行了。

7 月 7 日这次会议的气氛比较沉重。加利福尼亚州的废除死刑主义者们一个接一个地告诉阿姆斯特丹,17 号提案将会被通过。加利福尼亚州法院在安德森案中的判决使得包括瑟汉 · 瑟汉和查尔斯 · 曼森在内的一些人免予死刑。至少可以说,这一点带来了一个可怕的公关问题。而费曼案判决又以一种令人费解的方式使问题雪上加霜。费曼案判决刺激的支持死刑的公众舆论,同时又削弱了废除死刑主义者们的决心。多数潜在的捐赠者们都相信费曼案已经终结了死刑,于是不太愿意再为反对 17 号提案的运动捐款。他们认为他们的钱花在其他地方会更有价值。会议结束后,阿姆斯特丹对梅尔茨纳说:“这些人让我开始认真地思考,赢下费曼案到底是不是一件好事。”

255 尽管如此,加利福尼亚州的这场运动还是继续进行着,而阿姆斯特丹也起到了明显的作用。在接受媒体采访时,他对以全民公决的形式决定宪法问题的做法表示了反对。“17 号提案使用的是一种至今为止在这个国家几乎闻所未闻的修宪程序。”他对《纽约时报》的记者说道。“它的倡议者以保守派自居,这是很讽刺的,因为它打破了可敬的美国传统,以至于对一份解释《权利法案》中相关保障的司法判决作出草率回应,破坏了这些保障。”他说,权利不应该被这样草率地修改。“真正保障我们安全的是一条不成文的原则,即它们不会被轻易地修改——除非基于最成熟的经验和反思。”

尽管阿姆斯特丹作出了努力,但投票结果却连接近也做不到。那些悲观者们说的是对的。11 月 7 日,17 号提案以 67.5% 的支持率通过了。斯坦利·莫斯克大法官批评了这一决定。“加利福尼亚州人民迅速而断然地作出了反应,无情地宣布,不管全国和全世界的趋势如何,我们州都认为,报应性地剥夺一个人的生命的做法既不残忍也不罕见。”不过,莫斯克单单只说自己州的公民却是不对的。在对死刑表示强烈支持这一点上,加州人民并不孤单。

民意调查显示,人们对死刑的热情急剧上升。从 20 世纪 50 年代中期以来,在每一次民意调查中,死刑的支持率都没有超过 54%。在 1972 年 3 月进行的、费曼案前最新一次的盖洛普民调中,50% 的调查对象表示支持死刑,而 41% 表示反对死刑。这一支持率水平,和支持与反对之间的分布,与 1971 年 12 月进行的上一次调查(49% 支持,40% 反对)和 1969 年进行的一次调查(51% 支持,40% 反对)是一致的。这些结果显示,人们对待死刑的态度是较稳定的。而在 1972 年 12 月进行的、费曼案判决之后的第一次盖洛普民调中,对死刑的支持 256
率涨至 57%,这是 20 年以来的最高值。而支持与反对之间的差距在 3 月时只有 9 个百分点,此时却几乎翻了三倍。

路易斯·哈里斯所作的民调同样反映了死刑支持率的上升。在 1970 年进行的、费曼案之前最新一次的哈里斯民调中,47% 的调查对象支持死刑,42% 反对。哈里斯的结果和盖洛普的一样稳定。在他于 1969 年进行的上一次调查中,支持率和反对率分别是 48% 和 38%。而在费曼案之后的第一次哈里斯民调中,59% 的美国人表示支持死刑,38% 的人表示反对。两年之间,支持与反对之间的差距几乎翻了五倍。哈里斯将这一现象描述为“一次情绪的激增”。LDF 的领导者们也许可以说服自己盖洛普的结论是反常的,但他们无法忽视哈里斯的结论。在威瑟斯普恩案中,为了让最高法院不要就死刑资格审查的合宪性问题作出决定,LDF 曾对陪审员们的定罪倾向进行过研究。那时,LDF 的研究依靠的就是哈里斯。

到了 1972 年年底,所有人都意识到了这一趋势。12 月,《新闻周刊》发表了题为“死亡的重生”的报道。几周后,《纽约时报》的一篇社论提出:“一场反动的浪潮正席卷美国。”《纽约时报》编辑部公开谴责了死刑的复活,并写道:“这是与四十多年来将这个国家领向一个更加公正、更加人道的社会的自由主义基本势头的一次决裂。”编辑部对总统表示指责:“各州立法机关和国会中恐惧与反动的结合是由尼克松政府煽动的,目的是用反动的新法律战胜法院。那些支持这项新反动措施的政客们声称他们只是在清除罪犯们和骗子们。但事实上,他们是在背弃乐观主义、怜悯之心和对自由法治的信念这三个美国信条。”

理查德・尼克松显然没打算听从《纽约时报》编辑部的意见。元旦过后不久,尼克松的司法部长理查德・克兰丁斯特宣布,总统将要
257 求国会制定新法,对绑架、刺杀、炸毁公共建筑、劫机和杀害狱警的行为适用强制死刑。他说,这“将是一条合宪的死刑法律”。克兰丁斯特在亚利桑那州政坛时与威廉・伦奎斯特成为好朋友。他承认,他觉得死刑并没有太大的用处。“总体来说,我不相信死刑能够实现一种重要的社会目的。”但克兰丁斯特觉得它能威慑那些有高度预谋的犯罪,比如这条新法所涵盖的那些犯罪。

尼克松利用 3 月份广播讲话的机会对费曼案中的多数派大法官们进行了攻击,并呼吁国会通过他的提案。“是时候让软弱的法官们和缓刑监督官们对无辜的受害者们表现出他们对罪犯们的权利表现出的那种关怀了。”尼克松说。《纽约时报》专栏作家汤姆・威克称尼克松的行为是“一种从对犯罪的恐惧中收割政治利益的绝佳方法”。

1973 年,尼克松认为整个国家的事务太过复杂,无法在单独一篇国情咨文中讲清。3 月 14 日,在这次演讲的第六部分中,尼克松向国会表示,他赞成“在应当适用死刑时自动适用死刑”,并且最高法院仅

仅“在死刑被随意而反复无常地适用时”才反对死刑。尼克松称，这条新法将确立具体的、公平的规则。一周后，总统正式将他的议案提交给了国会。它对分别式审理程序作出了规定，并列出了具体的加重和减轻情节。如果陪审团认定存在一个加重情节，而不存在一个减轻情节与之相抵，那么被告人将被判处死刑。如果陪审团认定存在一个减轻情节，那么被告人将免予死刑。这项议案很快收到了来自参议院司法委员会的好评。司法委员会认为，死刑是“针对危险犯罪分子的一种有效的、必要的社会补救措施”。

在各州，死刑的势头急剧增强。2 月初，华盛顿州恢复了死刑。接着，同样在 2 月，佐治亚州立法机关通过了修改后的法律。吉米·卡特州长表示，他会签署这项法律，尽管“它的合宪性存疑”。3 月 2 日，堪萨斯州通过了一条强制性死刑法律。不久，戴尔·邦珀斯（Dale 258
Bumpers）州长签署了阿肯色州的新法，接着是特拉华州的谢尔曼·特里比特（Sherman Tribbitt）。4 月，英国下议院否决了一项恢复死刑的议案，但是在 4 月 6 日，内华达州恢复了死刑。两周后，康涅狄格州也恢复了死刑。接下来是 5 月 29 日的得克萨斯州和 6 月 12 日的路易斯安那州，尽管埃德温·爱德华兹“严重怀疑”最高法院是否会支持这条新法。亚利桑那州、爱达荷州、印第安纳州、内布拉斯加州、俄克拉何马州、犹他州和怀俄明州很快都照做了。

到了 1973 年年底，在此前保留了死刑的所有州中，有 3/4 的州要么已经恢复了死刑，要么就有一项恢复死刑的议案正在考虑中。尽管密歇根州已经有 127 年没有处死任何人了，但它的立法机关还是在讨论恢复死刑。哪怕是马萨诸塞州，唯一一个在 1972 年的选举中为乔治·麦戈文投了票的州，也通过了一条死刑立法。虽然身为共和党人的弗朗西斯·萨金特州长否决了这一法案，但它在立法机关取得的成功生动地展现了局面的变化。

各大报纸也报道了那些提及恢复死刑的政客们所收到的正面反馈。纽约州的自由派州长共和党人纳尔逊·洛克菲勒在呼吁恢复死刑时收到了“雷鸣般的”掌声。内华达州州长迈克·奥卡拉翰(Mike O'Callaghan)也一样。在他的州情咨文演讲中,他只收到了一次热烈的掌声:那就是在他恳求立法机关恢复死刑的时候。

各州法院对费曼案判决似乎也持蔑视的态度。费曼案判决是最高法院历史上最令人困惑的判决,但至少它废止了当时的所有州死刑法律,这一点应该还是很清楚的。但是,在1973年1月,北卡罗来纳州最高法院却得出了不同的结论。北卡罗来纳州原有的死刑法律对谋杀罪的死刑作了强制性规定。1949年,该州通过了一项规定,使陪审团有了自由裁量权。在州政府诉沃德尔案(*State v. Waddell*)中,北卡罗来纳州最高法院认定,1949年的修正案与该法律的其余部分是可以
259 分开的。它表示,费曼案判决只废止了1949年的修正案,却没有废止原有的法律。也就是说,费曼案判决将北卡罗来纳州的酌情死刑规定变成了强制死刑规定。废除死刑主义者无法想象一个比这更讽刺、更不合情理的费曼案解读了。

对于LDF来说,1973年的秋季原本应该是欢庆的季节。9月,兰登书屋出版了由迈克尔·梅尔茨纳编写的LDF诉讼运动史著作《残酷而不寻常》(*Cruel and Unusual*)。

这本书的起源是20世纪70年代纽约文学界的一段趣事。那是一个充满巧合的故事,展现了那个年代自由派知识分子圈子内部的联系有多么紧密。在20世纪60年代中期,梅尔茨纳和《国家》(*Nation*)杂志的传奇出版商、当时的《纽约时报杂志》(*New York Times Magazine*)编辑维克托·纳瓦斯基(Victor Navasky)一起吃了个午餐。梅尔茨纳在耶鲁法学院时认识了纳瓦斯基,又为纳瓦斯基同样具有传奇色彩的讽刺杂志《单片眼镜》(*Monocle*)工作过。午餐时,梅

尔茨纳对这位朋友说,如果能为罗伯特·肯尼迪的司法部写一部历史,那一定会是本很好的书。纳瓦斯基表示同意,并提议两人一起写这本书。梅尔茨纳当时还在 LDF 没日没夜地工作,觉得自己实在是没有时间。于是,纳瓦斯基自己完成了这本书。在读了这本入围美国国家图书奖的《肯尼迪司法部》(*Kennedy Justice*)之后,梅尔茨纳想:也许我也可以试着写一本类似的书,可能能做到他的一半那么好。他开始随手记下一些回忆起的事情。“我的字迹太潦草了,我经常都读不懂我自己的笔记。”梅尔茨纳说,“但我开始随手写下一些东西,扔在抽屉里。”年复一年,这个抽屉逐渐满了。

1970 年,梅尔茨纳离开了 LDF,到哥伦比亚大学法学院任教职。对于一个一贯反对传统的人来说,成为一名常青藤学校的法学教授似乎太过循规蹈矩了,但梅尔茨纳一如既往地另辟蹊径。哥大法学院邀请他在晨边高地开设一个法律服务诊所。梅尔茨纳和来自哈佛的加里·贝娄(Gary Bellow)合作,引领了一场运动,将法律诊所经历变成美国法学院教育标准化的一部分。

尽管法律现实主义已经盛行,但 1970 年的法学生们依然在按照 260
克里斯托弗·兰德尔设想的教学方法学习法律。他们研读的是案例教科书。这些教科书对上诉法院的判决进行摘选,并把它们合成一个连贯的整体。1972 年,《新闻周刊》写道:“直到不久之前,多数法学院还在孜孜不倦地培养法学生与外面世界的隔绝。”四十年后,多数法学院都提供“法律诊所经历”的机会。这种经历让法学生能够花一个学期的时间走进真实的世界,也为所谓的“诊所教授”提供了一条通往终身教职和晋升的道路。但是,当梅尔茨纳开始执教的时候,他还完全不知道哥大法学院会用什么标准来评估他的工作。法学教授们通常会写书、写文章,所以梅尔茨纳自然就想到了自己书桌下的那个抽屉。

这一堆草草写下的笔记就变成了梅尔茨纳的初稿。他将初稿发给了雅典娜神殿出版社(Atheneum Books)。雅典娜神殿出版社的编辑理查德·克鲁格(Richard Kluger)觉得梅尔茨纳的想法很不错,但他的老板拒绝了这个提议。克鲁格建议梅尔茨纳联系兰登书屋,因为那里的编辑乔普·福克斯(Jope Fox)格外适合指导宪法相关的书。福克斯曾是安东尼·刘易斯的畅销书《吉迪恩的号角》(*Gideon's Trumpet*)的编辑。这本书记述的是吉迪恩诉温赖特案(*Gideon v. Wainwright*),最高法院在该案中保护了刑事被告人的律师辩护权。福克斯签约了这本书,并鼓励梅尔茨纳马上开始修改自己的初稿。

于是,梅尔茨纳在还不知道故事结局的情况下就开始修改《残酷而不寻常》一书了。当他听到费曼案判决的消息时,他正在安角那栋花岗石房屋里的餐桌上修改这本书。在那个6月的早上,从那部晶体管收音机里传来的消息意味着他的故事将要有个美满结局了。9月,这本书出版后迎来的一致赞叹让梅尔茨纳充满了成就感。《哥伦
261 比亚法律评论》称赞这本书"条理清晰、引人入胜",《时代周刊》称它是一部"鼓舞人心的思维冒险故事",而在《商业周刊》中,丹·莫斯科维茨(Dan Moskowitz)称梅尔茨纳"对法院程序和法律策略的解释为所有面向大众读者进行法律写作的人都树立了新的标准"。

而托尼·阿姆斯特丹则表示,哪怕是这些热情的赞扬都低估了这本书的价值。10月1日,阿姆斯特丹在给梅尔茨纳的信中写下了他个人对这本书的评价。"这本书太漂亮了,迈克尔。世界都因为有了它而变得更加精彩了。但我不确定除了我是否还有人能**真正**理解它有多棒,因为只有能够欣赏它令人震惊的准确性、它毫无保留的坦诚和它对身在其中者大多无法感知的动态局势的敏感度,才能够理解它令人惊叹的成就。让观众领会到演员所不能领会的东西,这是需要一个剧作家的才华才能做到的。"

但是,《残酷而不寻常》的圆满结局正在被改写。梅尔茨纳发

现,自己还来不及为 LDF 在费曼案中的成果而感到得意,就要忙于解释舆论风向的变化了。12 月,梅尔茨纳在纽约州议会为考虑制定新的死刑法律而组成的一个委员会面前作为证人发言。他承认"有一些州已经恢复了死刑",但认为这些新的法条并没有充分地降低随意性。梅尔茨纳表示:"死刑就像一个已经破碎的鸡蛋,已经无法再拼起来了。"但这股洪流并没有减退。几个月后,梅尔茨纳在《纽约时报》发表评论称,LDF 反被自己的成功所害了。他写道,对死刑的支持"与这种'合法谋杀'的数量成反比。死刑执行的次数越多,公众就越不喜欢死刑"。在他看来,这场全国性的恢复死刑运动"与其说是因为人们想要处死更多的人,不如说是对死刑执行数量减少的一种反应"。

梅尔茨纳的同事们也发表了类似的观点,用以弱化公众的反应。阿姆斯特丹表示,死刑的暂停状态"冲淡了废除死刑主义者们的情绪"。他说:"死刑的执行会刺激废除死刑主义者们的神经,就像谋杀案件会刺激那些'法律与秩序'主义者们的神经。在那段连续数年都
没有刺激性的死刑执行场面出现的时间里,人们都高枕无忧了。"雨 262
果·贝多对《时代周刊》的记者说:"人们不一定是想要执行死刑。他们似乎是想要时不时地执行那么一次死刑。"

然而真相是,LDF 对公众的强烈反应其实毫无防备。杰克·格林伯格承认,他和同事们都没有料到费曼案产生的后果。阿瑟·戈德堡坦言,事态的最新发展让他意识到,他此前关于死刑已经终结的宣言"过于乐观了"。戈德堡听起来比阿姆斯特丹和贝多都要可信,因为没有人相信 LDF 的说辞。

1973 年冬天,盖洛普民调显示 63% 的人支持死刑。现在没有人能小看民调的变化了。这是自 1953 年 11 月罗森堡夫妇被执行死刑后不久进行的那次盖洛普民调以来的最高值。在接下来的一次盖洛普民调中,这个数字又涨至 66%。在一次哈里斯民调中,支持率已经超

过了三分之二。这是哈里斯开始就这一问题进行调查以来最高的数字。

1974 年 3 月 13 日,美国国会参议院经过八小时的审议,以五十四比三十三的票数通过了尼克松总统的死刑法案。《纽约时报》称这场辩论很“情绪化”,但“多数成员似乎早就已经作好了决定”。同月,国会通过法案,对劫机罪适用死刑。另有七个州——伊利诺伊州、密西西比州、新罕布什尔州、北卡罗来纳州、俄亥俄州、宾夕法尼亚州和南卡罗来纳州——都通过了新的死刑法律。

秋天,美国最高法院重新加入了这场混战。它宣布受理杰西·福勒(Jesse Fowler)的上诉。福勒在醉酒、盛怒的情况下开枪射杀了一个人,并且按照北卡罗来纳州现在的强制性死刑规定,被判处了死刑。大法官们将法庭辩论安排在了来年的 4 月 21 日。这个案件的选择似乎有些怪异,因为它关乎的是北卡罗来纳州最高法院对费曼案判决的解释,而不是费曼案判决本身,但放在当时的背景下,这是一个坏消息。此时,已经有二十九个州通过了新的死刑法律,还有十二个州正
263 在筹备此事。马歇尔假说已经被彻底证伪了。连马歇尔本人也无法否认,美国公众已经明确地表达了对死刑的支持。波特·斯图尔特和拜伦·怀特曾迫使各州作出选择,要么降低量刑的随意性,要么更加频繁地适用死刑。而各州通过的新法有的对陪审团的自由裁量权作出了限制,有的规定了强制性死刑。对 LDF 来说,整整十年的成果正毁于一旦。

第十三章

反扑的背后

人们可能会自然地认为，费曼案之后公众对死刑的 264
热烈支持与犯罪率升高和对犯罪的恐惧增强有关，但这
一理论几乎可以肯定是错误的。

确实，从1972年最高法院判决费曼案到1974年法院宣布受理福勒案之间的这段时间，暴力犯罪率有所上涨。对犯罪的恐惧在这段时间内也有所增强。这一数据应该是最直接影响公众对执法的态度的，因为导致公众更希望惩处犯罪的是对犯罪的认知，而非犯罪的现实。的确，在1973年1月的一次民调中，51%的人表示，他们觉得在自己居住的地方发生的犯罪比上一年更多（相比之下，27%的人表示犯罪还是一样多，而10%的人表示犯罪减少了），而74%的调查对象认为法院对待罪犯不够严厉。（作为参考，在1965年，有48%的人对这一问题的回答为“是”。）57%的调查对象表示支持死刑。考虑到费曼案判决之后，犯罪率、对犯罪的恐惧和
对死刑的支持都有所上涨，人们可能会很自然地认为这 265
三者之间存在因果关系。

但如果我们把眼光放长远，而不局限于1973年和

1974年,这个理论就不攻自破了。在20世纪60年代中期,美国正经历一场史无前例的犯罪率飙升,这使得70年代中期的那次升高都相形见绌了。从1963年到1970年,暴力犯罪率升高了一倍多。抢劫率升至三倍。尽管如此,对死刑的支持却下降了。在1966年5月的盖洛普民调中,反对死刑的人比支持死刑的人还多。在20世纪60年代的最后一次民调中,死刑勉强赢得了51%的多数支持。多数犯罪学家在分析数据时会考虑"滞后性"。也就是说,他们假设公众了解到社会状况的变化并作出反应需要一定的时间,并据此调整他们的研究。即使我们假设一个两年的滞后期——这已经比任何研究者所认为的精确模拟现实所需要的时间都要长了——20世纪60年代晚期死刑支持率的下降还是无法得到解释。

而对后费曼案时期数据的长远分析更加有力地反驳了这种犯罪—惩罚主义之间的联系。1972年法院判决费曼案之后,对死刑的支持显著增长。死刑支持率在费曼案之后升至57%,然后又升至1976年的66%、1985年的75%,以及1994年的80%。而美国的犯罪率在从1985年到1990年发生了短暂的回升之后,就持续四年稳步下降,一直到盖洛普民调记载了这次史上最高的死刑支持率。

在公众舆论数据中,最显眼的就是费曼案之后的这次死刑支持率飙升。死刑支持率已经连续下降了十多年了。即使在犯罪率上升期间,它还是在两次民调中降到了50%以下。接着,在费曼案判决之后,它上升了7个百分点,又在下一次民调中上升了9个百分点。学
266 者们几乎一致认为费曼案判决是激起这次舆论反扑的唯一因素。中佛罗里达大学教授、死刑问题的领军研究者罗伯特·博姆(Robert Bohm)称:"虽然其他因素可能产生了一些影响,但公众对于费曼案判决的不满是决定性的。"哈佛法学院的卡罗尔·施泰克(Carol Steiker)表示同意。她写道:"最高法院的费曼案判决在促使死刑支持

率上升中发挥的作用比杀人案发生率上升发挥的作用还要大。”于是，现在的问题是：公众为什么对最高法院的费曼案判决感到如此愤怒？

最重要的一个背景就是种族。1972年，最高法院已经因为它在斯旺诉夏洛特–梅克伦堡教育委员会案（*Swann v. Charlotte-Mecklenburg Board of Education*）这一去种族隔离案件中的判决而饱受抨击。

高中历史课本一直将1954年的里程碑案件布朗诉托皮卡教育委员会案当作废除种族隔离的开端，也是反最高法院情绪的高潮。的确，众所周知，在整个20世纪60年代，南方的高速路边遍布着“弹劾厄尔·沃伦”的标语牌。但事实是，布朗案判决对每一个人的生活几乎没有任何影响。它产生的影响实在太小，以至于LDF不得不在一年后回到最高法院，要求各州加快执行这一判决，取缔所谓“隔离但平等”的学校。在著名的布朗第二案中，最高法院命令托皮卡教育委员会——用菲利克斯·法兰克福特的话来说——“以十分审慎的速度”推进。这一判决意在收回布朗案判决提出的要求，而人们普遍也是这样解读的。

布朗第二案判决之后，局面一如既往地没有变化。在公立学校系统充分实现种族融合这一理想化的目标依然遥不可及。曾在1930年被赫伯特·胡佛（Herbert Hoover）提名至最高法院，并因一票之差未获任命的第四巡回上诉法院法官约翰·J. 帕克（John J. Parker）认为，布朗案的两次判决禁止了种族隔离，却并没有要求种族融合。1963年，最高法院否认了帕克法官的这一观点，并在麦克尼斯诉教育委员会案（*McNeese v. Board of Education*）中提出了种族融合的要求。但一切依然没有变化。为了应对麦克尼斯案判决，许多州开始实施所谓的“自由选择”方案。依据这些方案，学生们按照种族被分配到各个 267
学校，然后再被赋予改换学校的权利。几乎没有人行使这一权利。在

1968年的格林诉新肯特县教育委员会案(*Green v. County School Board of New Kent County*)判决中,最高法院废止了这类自由选择方案。新肯特县是位于里士满附近的一片乡村区域。在那里,没有一个白人学生选择黑人学校,而只有很少的非裔美国学生选择就读白人学校。最高法院表示,各区有义务主动促成学校的种族融合。"现在,一个校区必须承担的责任是提供一个切合实际的、当下就能够见效的方案。"布伦南代表多数派写道。"十分审慎的速度"这个说法终于成为过去。

但是,数据显示,人们的生活依然没有变化。不管法律在种族问题的处理上取得了多大的进步,美国的学校和社区依然保持着严格的种族隔离状态。在布朗案判决后十年,只有1%多一点的南方黑人学生与白人在同学校就读。道格拉斯·梅西(Douglas Massey)和南希·丹顿(Nancy Denton)在开创性的著作《美国式种族隔离》(*American Apartheid*)中提出了"种族隔离指数"的概念。本质上,种族隔离指数指的是为了使一个社区达到均匀融合的状态所需要迁移的黑人的百分比。即使是在公认比较开明的城市里,这一指数常常也是骇人听闻的。1970年,纽约的种族隔离指数是81%。在亚特兰大,这一指数是82.1%。在芝加哥,种族隔离指数达到了令人难以置信的91.9%。对于多数美国白人来说,种族融合只是一个想法,而不是一个现实。

然而,斯旺案改变了这一切。夏洛特-梅克伦堡学区的面积格外大,超过550平方英里。虽然该校区实行了一种获得法院支持的、基于社区的学校分配制度,从而取消了法律意义上的种族隔离,但绝大多数的学生依然在种族隔离的学校里上学。在夏洛特学校系统内的21000名黑人学生中,只有2%与白人学生同校就读。三分之二以上的黑人学生在黑人学生比例高于99%的学校里就读。1965年,夏洛特的一位与LDF有联系的律师朱利叶斯·钱伯斯(Julius

Chambers)代表一位神学教授的 6 岁儿子詹姆斯·斯旺(James
Swann)提起诉讼。布拉克斯顿·克雷文(Braxton Craven)法官驳回了
斯旺的主张,因为在他看来,宪法并不要求学区积极地促进种族融合。 268
在格林案判决之后,钱伯斯重新提起了诉讼,而这次的法官詹姆斯·麦克米伦(James McMillan)要相对友好一些。麦克米伦原则上是反对强制校车接送制度的,但他表示,他的个人观点已经被法律所取代。他支持了罗得岛大学教育学院约翰·芬格(John Finger)博士提出的一种方案,该方案结合了一系列不同的策略,力图在夏洛特的学校中实现种族融合。这些策略包括将整个城市饼状切分为多个楔形区,建立"卫星区",以及最饱受争议的强制校车接送制度。判决本案后,麦克米伦法官遭到了整个夏洛特社区的孤立。朱利叶斯·钱伯斯的家和办公室都遭到了炸弹袭击。

1971 年,最高法院支持了所谓的"芬格方案",尽管它所依赖的方法有些"笨拙、不方便,甚至怪异"。在幕后,沃伦·伯格将这份判决书的执笔权留给了自己,并试图对麦克米伦的决定仅仅表示冷淡的认可,以此来限制这一判决的程度。对此,布伦南、道格拉斯、哈伦、马歇尔、斯图尔特和布莱克都作出了强烈的反应。为了不失去整个法院的支持,伯格让步了。于是,最终公布的判决书明确,社区学校的保留并不能成为持续容忍种族失衡的理由。也就是说,最高法院支持了强制校车接送制度。

现在,白人们终于切身感受到变化了。美国各地的联邦法院开始颁布高度依赖于强制校车接送制度的去种族隔离方案。种族融合的程度呈几何式增长。1968—1969 学年,阿拉巴马州仅 14.4% 的黑人学生与白人同校就读。到了 1972—1973 学年,这个数字变成了 83.5%。白人对此的反应充满了敌意。J. 安东尼·卢卡斯(J. Anthony Lukas)的普利策奖著作《共同点》(*Common Ground*)记录了波士顿的

强制校车接送制度，而这本书开篇讲述的就是一个联邦法院在斯旺案之后作出的一次判决。阿瑟·加里蒂（Arthur Garrity）法官要求所有白人比例高于50%的区都实现种族平衡。最著名的是，加里蒂命令南波士顿高中的整个三年级——其中多数是工人阶级白人的孩子——都由校车送到位于一片黑人贫民区的罗克斯伯里高中去上学。多起暴力抗议活动相继爆发；武装防暴警察开始在波士顿市各处巡逻。州骑警在南波士顿高中驻扎了三年，正如在查尔斯顿和其他对种族融合
269 充满敌意的城市一样。白人父母用种族主义的蔑称辱骂黑人孩子。乔治·华莱士在1972年佛罗里达州和密歇根州的民主党初选中获胜，凭借的就是反对强制校车制度的宣言。

这种敌意如此彻底，如此不共戴天，以至于到了20世纪70年代末，白人已经成功地与美国黑人彻底对立了起来。在20世纪70年代初，多数非裔美国人表示希望生活在种族融合的社区中，让自己的孩子在种族融合的学校就读。到了70年代末，三分之二的美国黑人表示，自己与非洲黑人之间比与美国白人之间感觉更亲密。斯托克利·卡迈克尔（Stokley Carmichael）和黑豹党人认为种族同化根本不是一个理想的目标，而在20世纪70年代早期，这种观点的流行度激增。白人的感受并不比黑人好，而他们将此归咎于最高法院。一个彻底融合的、各种族一视同仁的美国似乎成了一个不可能实现的理想状态。

在最高法院判决了罗伊诉韦德案之后，对最高法院的敌意又达到了新高。大法官们第一次就本案听取法庭辩论是在1971年费曼案前一个月，但哈里·布莱克门在撰写自己的意见书时苦苦挣扎了数月，最终说服同僚们将本案推迟到了下一个开庭期。于是，本案的判决花了近两年的时间。1973年1月22日公布的罗伊案判决伴随的是支持死刑情绪的又一次高涨。几乎可以肯定地说，这不是一个巧合。1973年年中的一次哈里斯民调显示，死刑支持率上升了9个百分

点,尽管自年初进行的上一次民调以来,并没有发生过什么重要的变化。对于死刑的支持者来说,罗伊案判决公布后的六个月时间是美国历史上各州死刑立法成果最为丰硕的一段时间。将两者联系在一起的,是对最高法院的憎恨之情。

罗伊案判决导致了极大的两极分化现象。女权主义者们和自由派们为此欢呼,但判决的内容,以及最高法院又一次入侵了道德问题这件事,却激怒了数百万的美国人。罗伊案判决公布后,最高法院每天都会收到两千多封信。这些信件在法院大楼的过道里积聚成堆。抗议者们开始出现在威廉·布伦南和布莱克门公开露面的每一个场合中。

讽刺的是,布莱克门原本是反对罗伊案判决的。罗伊案开庭辩论 270
前,布莱克门在自己的笔记中写道,他"当下倾向于维持这条立法"。但在踌躇的过程中,他逐渐改变了主意。他询问了自己女儿们的观点,结果听到了一长篇愤懑的抱怨,然后开始头疼,于是他只好上床睡觉。最高法院推迟了本案之后,整个 1972 年的夏天,布莱克门都在梅奥医学中心研究堕胎问题。他曾是梅奥医学中心的总法律顾问。因为有这段经历,布莱克门觉得自己格外有资格处理本案中的医学问题,而正是在这家声誉极高的医学中心,布莱克门的立场发生了改变。一开始,布莱克门认为本案主要取决于一名医生实施堕胎手术的权利,而不是一名女性的隐私权,也不是胎儿作为人的身份问题。在梅奥的图书馆里,布莱克门了解到,古希腊和古埃及的医生就已经实施过堕胎手术,而希波克拉底誓言并不禁止这类手术。当他得知孕早期实施的合法堕胎手术给女性带来的风险比继续妊娠至足月带来的风险要小,他改变了主意。在他决定了本案的判决结果之后,他的法官助理约翰·里奇和乔治·弗兰普顿说服他将本案的判决从隐私权的角度而非医生权利的角度进行表述。

最终,布莱克门会为他在罗伊案中的决定感到极为自豪,但他也会因为这一决定而遭受长时间的公开羞辱。他收到了成袋的恐吓信和多次死亡威胁。其中一封写道:“我已为牺牲做好了准备。我衣着体面,不归属于任何政党,正值中年,相貌和善。我已经做好了死亡的准备。”1985 年,有人用一把手枪打穿了布莱克门家客厅的窗户。这一枪溅了布莱克门的妻子一身的碎玻璃,子弹打入了她方才坐着的椅子。

布莱克门在一生中曾多次与抑郁症作斗争,而罗伊案遭遇的抵制严重伤害了他的感情。给自己多年的好友、在位于明尼苏达州威诺纳(Winona)的圣特里萨学院任教的神父维恩·特罗钦斯基(Vern Tro-
271 cinski)致信时,布莱克门写道:“我理解这些批评的信,但我不理解某些人对我的那种诋毁和人身攻击。”布莱克门还曾给罗切斯特卫理公会医院(Rochester Methodist Hospital)的牧师服务主任埃尔昆·托尔斯(Alquinn Toews)写信道:“我从来没有遭遇过这样的人身攻击和责骂。”身为一名定期去教堂做礼拜的卫理公会派教徒,布莱克门实在不理解公众为什么无法区分个人信仰和司法职责。布莱克门的良心让他反对罗伊案的判决,但他支持女性选择不履行生育职责的权利。同理,他的良心让他支持费曼案的判决,但他却因宪法赋予他的职责而支持了死刑。布莱克门理所当然地认为,人们一定能明白针对道德问题进行立法并非最高法院的职能。当特罗钦斯基牧师给布莱克门写信称罗伊案判决玷污了他们的友谊时,布莱克门恳求他认清这条界限。“最高法院的任务只是考虑合宪性这个具体的问题。”布莱克门写道。“我们并没有就堕胎本身是正确还是错误、道德还是不道德这个问题作出裁决。我和你一样痛恨堕胎的行为。我个人是反对它的。”但特罗钦斯基和其他人都不买账。直到布莱克门退休的那一天,恐吓信依然纷至沓来。雪上加霜的是,学者们也批判了这一判决,认为它在思想上毫无价值。

其他大法官们同样不能理解公众的这种愤怒。刘易斯·鲍威尔感到非常震惊。他的传记作者约翰·杰弗里斯称鲍威尔在罗伊案中也做了斯图尔特在费曼案中所作的盘算。“鲍威尔将堕胎纳入宪法的保护,本意是预判舆论潮流,而并非取代舆论。”杰弗里斯写道。“跳过混乱的立法程序,最高法院就能以一种快速、清晰又不会引起太大的分裂的方式实现一种整个国家本来就在向之前进的结果。”鲍威尔试着宽慰布莱克门,并表示自己觉得学者们对他这份判决意见的评论是很无礼的。但实际上,两人都不明白最高法院遭受了多么大的损害。

但理查德·尼克松明白。当布莱克门和同僚们被公众对斯旺案、费曼案和罗伊案判决的反感所震惊而不知所措的时候,尼克松却觉得自己的判断应验了。他早就预言了这一切。受水门事件的影响,人们很容易看轻了尼克松,但他在 1972 年赢得了一场彻底的、惊人的胜 272
利,这依然是不争的事实。他赢下的那场竞选仅次于富兰克林·罗斯福在 1936 年战胜阿尔夫·兰登(Alf Landon)的那场和詹姆斯·门罗(James Monroe)在 1820 年战胜约翰·昆西·亚当斯(John Quincy Adams)的那场,是差距第三悬殊的总统竞选。理查德·尼克松可能是美国历史上最了解整个国家动向的政客,他对美国人民对最高法院的看法了如指掌。

这种了解最初起源于一本名为《真正的大多数:对美国选民的非常规考察》(*The Real Majority: An Extraordinary Examination of the American Electorate*)的书。作者是曾在约翰·肯尼迪手下任人口调查局局长的选情分析员理查德·斯卡蒙(Richard Scammon)和林登·约翰逊的前任演讲撰稿人本·瓦滕伯格(Ben Wattenberg)。瓦滕伯格后来成为一位著名的保守主义者,但在 1970 年这本书出版的时候,他和斯卡蒙还都是温和派的民主党人。两位作者的本意都是以这本书来警醒民主党,因为在他们看来,民主党和美国选民之间正在日渐疏远。斯卡蒙和瓦滕伯格认为,民主党在经济问题上——社会保障制度和就业政策方面——占绝对优势,但在社会问题上——犯罪、毒品和道德方面——却在挥霍选民们的信任。“真正的大多数”在经济问题上是自由主义的,但在社会问题上却是保守主义的。

为了说明自己的观点,斯卡蒙和瓦滕伯格描绘了一张中间派选民的写照:“住在俄亥俄州代顿的一名 47 岁的家庭主妇,信仰天主教,丈夫是一名机械工人。”这种蓝领家庭在历史上一直是投票给民主党的,但由于他们对社会问题越来越担忧,他们逐渐开始投靠共和党了。斯卡蒙和瓦滕伯格写道:“如果你知道代顿的这位女士害怕一个人走夜路;如果你知道,她在黑人和民权问题上持保留意见,是因为在搬到郊区之前她所居住的社区已经全是黑人;如果你知道,一旦她的社区条件恶化,她将没有钱搬家;如果你知道她很烦恼,因为她儿子就读的社区专科学校校园里出现了迷幻剂——如果你知道所有这些,那么你就初步具备了当代政治智慧。”

273 1972 年,在斯卡蒙和瓦滕伯格出版《真正的大多数》两年后,伦敦政治经济学院的社会学家斯坦利·科恩(Stanley Cohen)在《民间魔鬼与道德恐慌》(*Folk Devils and Moral Panic*)一书中推广了“道德恐慌”这个概念。英国学者们普遍将这本书视为 20 世纪末最具影响力的犯罪学著作。当某种条件或者某个人群对社会价值观构成威胁时,就会出现道德恐慌。对此的反应通常表现为普遍出现的担忧、对违法者(即科恩所说的“民间魔鬼”)的敌意、认为特定人群构成了威胁的共识,以及对威胁的认知与实际威胁之间的不相称。社会学者们认为,政治迫害、麦卡锡主义以及“9·11”袭击事件后对穆斯林的不平等对待都是道德恐慌的例子。科恩认为,对犯罪的恐惧是可能产生道德恐慌的力量中很典型的一种。的确,20 世纪 70 年代初公众对犯罪率上升的反应,符合科恩描述的这一现象的所有特点。科恩还补充道,一些可能从宣扬人们所认为的威胁中获益的记者和政客可能会挑起或加重这种道德恐慌。科恩借用社会学家霍华德·贝克尔(Howard Becker)的话,将这些行为人称为“道德创业者”。

理查德·尼克松就是这样一个“道德创业者”。在帕特·布坎南(Pat Buchanan)的推荐下,尼克松于1970年8月在加利福尼亚州圣克利门蒂岛的西部白宫度假时读了《真正的大多数》。这本书极大地影响了尼克松。在他接下来的任期里,以及在随后的一届竞选期间,他都常常会提起代顿的那位家庭主妇。尼克松相信,要理解这个假想中的女人,关键就在于她对自由派们、对官僚们,以及对大政府的深深的不信任。她像沉默的大多数一样,认为政府项目并没有帮到像她一样的人。尼克松对自己的参谋长霍尔德曼(H. R. Haldeman)说:“我们的社会项目已经够多了:强制种族融合、教育、住房。人们不想要更多的社会福利了。他们不想再帮助那些贫困的劳动者了。我们在这个问题上的态度应该更强硬而不是更软弱。”

基于这个逻辑,尼克松命令他的司法部长约翰·米切尔用一种更强硬、更刻薄的态度对待黑人激进分子和学生抗议者们。他开始逐渐取消一些联邦政府项目。他一票否决了《净水法案》(Clean Water 274
Act),并取消了联邦住房项目。他设立了财政收入分享制度,使联邦政府能够向州政府和地方政府提供直接的、无条件的拨款。这使得联邦政府在前所未有的程度上放弃了对传统上由联邦政府管辖的政策领域的控制。针对这项工程,政治学者们发明了一个独特的词汇——“权力下放”。

在1972年,“小政府”成为尼克松最核心的竞选主题。而在这场连任竞选中取得历史性胜利之后,他在第二次就职典礼上宣布:“政府必须学会更少地从人们身上索取,这样人们才能为他们自己做得更多。”总统并没有公开抨击最高法院,但他的潜台词很清楚:最高法院或者其他任何联邦政府机构强加于人民的价值观都是不具有正当性的。这些大法官们促成了人们并不想要的社会变革。通过强制校车接送制度和死刑的相关判决,他们在试图保护一个在白人看来非常危险、不受欢迎的群体。

在堕胎问题上,最高法院没有如鲍威尔所愿引领公众舆论。同样,在死刑问题上,最高法院也没有如斯图尔特所愿引领公众舆论。恰恰相反,最高法院的判决使人们原本的立场更加固化了。比如,罗伊案就既刺激了对堕胎的支持,又刺激了对堕胎的反对。华盛顿大学的查尔斯·富兰克林(Charles Franklin)和利亚尼·科萨斯基(Liane Kosaski)用数据表明,在布莱克门发表这份判决意见之后,原本支持堕胎权的人变得更加支持堕胎权,而原本反对它的人则更加反对它了。

蒂莫西·约翰逊(Timothy Johnson)和安德鲁·马丁(Andrew Martin)两位教授发现,费曼案中也出现了类似的现象。人们对自己在判决之前持有的立场更加坚持了。从绝对值来说,公众对死刑的支持在费曼案判决之后增强了。同时,人们对最高法院的敬意降低了。最有用的数据来自于综合社会调查(GSS),这是一项由芝加哥大学的国
275 家舆论研究中心(NORC)展开的针对美国人在各类问题上的看法的全面访谈调查。1973年,GSS开始询问美国人对各类机构和人物的信任程度。当年,32%的受访者表示对最高法院非常信任。与此相对的是,30%的人表示对总统非常信任,而24%的人表示对国会非常信任。

总体来说,在GSS追踪这些看法的37年间,对司法机关的信任会比对立法机关和行政机关的信任要高10%至25%。而在1973年,最高法院和总统之间的差距仅为2个百分点。总体上,GSS显示,对总统的信任是呈下降趋势的,但最高法院却基本没有受到影响,除了在1973年。如果不是最高法院决定驳回尼克松在“水门事件”调查中主

张的行政特权,那么当年最高法院的支持率可能还会更低。

但是,如果人们对最高法院不满的真正原因是他们从根本上抗拒最高法院在种族问题和社会问题上的立场,那么公众为什么要通过恢复死刑的运动来表达自己的反感,而不是通过反对强制校车接送和堕胎的相关判决来表达自己的反感呢?毕竟这些才是最直接地挑战大多数人社会价值观的问题。

答案可能很简单:因为费曼案判决看起来要比那些种族和堕胎相关案件的判决更加脆弱。那些种族案件——布朗案、布朗第二案、格林案和斯旺案——判决都是一致意见。罗伊案是七比二,且多数派清晰地表述出了一套共同的宪法理论,尽管这套理论可能不完全令人信服。这些条件,费曼案都不具备。费曼案判决明显就是一个严重分裂的最高法院的产物,是政治主导的结果。

耶鲁大学的罗伯特·伯特(Robert Burt)教授强调,最高法院在死 276
刑和去种族隔离这两个问题上所传递出的讯息是截然不同的。在种族案件中,伯特称,大法官们"将分歧搁置起来,以便共同写下这个国家必须要听到的讯息"。在1954年那个辉煌的日子,连法兰克福特和布莱克都得以和睦相处。而费曼案并没有产生任何共识。每一位大法官都是孤立的,而判决本身与此前的其他死刑案件之间甚至没有合理的联系。伯特写道:"由于最高法院没有就这批死刑案所涉及的终极问题形成一个多数意见,它将这个国家死刑的未来置于悬而未决的状态。"斯坦福法学院教授罗伯特·韦斯伯格(Robert Weisberg)认为费曼案"与其说是一个案件,不如说是一场没有好好编曲的歌剧。九个角色轮流表演着自己的唱段"。

不仅如此,单纯从实际操作来说,各州在费曼案中是有回应的空间的。而面对种族和堕胎相关的判决,它们却束手无策。罗伊案判决为"生命权运动"添了一把柴。许多州制定了限制或监管堕胎的法律,但没有一个州干涉女性在孕早期进行选择的宪法权利。同样,种族相关案件的判决也有一定的免疫力。德怀特·艾森豪威尔派出了军队到阿肯色州,而没有放任奥瓦尔·福伯斯违抗最高法院的判决。南方地区就像个撒泼打滚的孩子,虽然又踢又叫,但还是被拖向了历史前进的方向。费曼案判决则更加脆弱,于是,那些对最高法院在种族问题上的判决感到愤愤不平的人,便将自己的愤怒升华到了恢复死刑的运动中去。

因为,不论大法官们本意如何,在所有人的认知中,费曼就是一个关于种族的案件。多年以后,对死刑毫无敌意的克拉伦斯·托马斯表示,在他的理解中,费曼案始终围绕的是对种族歧视的担忧。约翰·保罗·史蒂文斯对这段历史也有相同的看法。瑟古德·马歇尔认为费曼案和罗伊案都与种族有关。(他对于后者的看法源自他在巴尔的摩和哈勒姆生活的经历。在那里,他曾听说过很多身无分文的黑人女性死在没有行医资格的堕胎手术师手里。)

对于死刑的反对者来说,不幸的是,最高法院在种族问题上的看法比公众超前了一些。富兰克林·齐姆林表示,这种现象很常见,因
277 为大法官们与公众之间是隔绝的,也因为这些案件经历了太长时间才走完上诉程序,来到最高法院。“最高法院有一段奇怪的滞后时间。”齐姆林认为,“在费曼案千钧一发之际,整个国家正在从20世纪60年代进入70年代。从文化的意义上来讲,费曼和罗伊其实是1968年的判决”。但尽管罗伊案存活了下来,费曼案却因为斯图尔特的妥协而缺乏思维上的连贯性,无法承受来自公众敌意的攻击。而沃伦·伯格的反对意见又让各州有了一份剧本,告诉它们该如何应对这一判决。

那些为废除死刑付出了如此大的努力的人有充分的理由问问自己:考虑到舆论的反扑,这场诉讼运动还是值得的吗?自从LDF在费曼案中取得了惊人的胜利之后,它在最高法院面前获胜的次数就大大

减少了。它在格雷格案的一起关联案件——伍德森诉北卡罗来纳州案（*Woodson v. North Carolina*）——中胜诉了。在该案中，最高法院判决强制死刑制度违宪。第二年，LDF 的后起之秀戴维·肯德尔出庭辩论并赢下了科克尔诉佐治亚州案（*Coker v. Georgia*）。在该案中，最高法院判决对强奸罪适用死刑违反宪法。废除死刑主义者们在下一个重大案件中胜诉已经是五年后的事了，而这一次胜诉的成果——有关重罪—谋杀犯的死刑问题——非常短暂，因为又过了五年，最高法院在维持瑞奇·蒂森（Ricky Tison）和雷蒙德·蒂森（Raymond Tison）的死刑判决时削弱了这一成果。而这两人的辩护律师正是艾伦·德肖维茨。此后，直到 1987 年，废除死刑主义者们才取得了又一个明确的、持久的胜利。在这段时期里，托尼·阿姆斯特丹退居到了幕后。他感到很烦恼，因为他不确定自己成为反死刑事业的代言人是不是一件好事。“到了 20 世纪 80 年代中期”，阿姆斯特丹写道，大法官们“开始把 LDF 的律师们看作是反死刑主义的狂热分子，正在开展一场为了反死刑而反死刑的斗争”。

在格雷格案之后二十年，对死刑的支持达到了有史以来的最高水平。1994 年，80% 的美国人表示支持死刑。在 20 世纪 80 年代，死刑执行的频率达到了 20 世纪 50 年代以来的新高。1983 年，全美国有 60 名囚犯被执行死刑。学界的许多评论者认为费曼案的胜利是得不偿失的。哈佛大学著名政治学家詹姆斯·Q. 威尔逊（James Q. 278
Wilson）就是其中之一：

> 费曼案以一种令人费解的方式达到了与许多反死刑者的期望相反的效果。数十年以来，随着法官和陪审团们在死刑案判决中运用的自由裁量权越来越大，死刑一直在逐渐衰弱。这种衰弱正是废除死刑主义者们想要的，尽管他们当然希望这个过程能更快一点。随着死刑的执行越来越罕见，它们看起来也越来越随

机。于是人们推测，最终结果应该是由最高法院强行终止所有情况下的死刑执行。但事实上，我们看到，各州匆匆制定了新的法律，以提高死刑适用的可预见性的方式拯救了死刑。

有人说，LDF 如果把资金和精力花在立法改革上，会取得更好的效果。但是，当 ACLU 加入反死刑运动后，它的努力并没有换来很大的成果。ACLU 在 1970 年至 1978 年的执行理事阿里耶・奈尔（Aryeh Neier）认为，问题在于资金不足。“如果州立法活动也能得到像 LDF 在诉讼中的投入一样多的资金支持，那么我们可能已经说服很多州废止它们的死刑法律了。”奈尔说。

另一些人对 LDF 策略的批判则更甚。政治学者李・爱泼斯坦（Lee Epstein）和约瑟夫・科比尔卡（Joseph Kobylka）提出，LDF 没能对费曼案后现实的变化作出回应，这可能意味着 LDF 的过失大于功劳。埃里克・马勒称，LDF 应该首先在政治层面上达成反死刑的共识，而不是先在宪法层面上提出反死刑理论。芝加哥大学政治学者杰勒德・罗森堡（Gerard Rosenberg）在 1991 年出版的、饱受争议的《空洞的希望》（*The Hollow Hope*）一书中则更进了一步，认为法院根本没有能力引领社会变革。例如，罗森堡认为，没有证据表明布朗案判决终结了学校里的种族隔离现状，没有证据表明罗伊案判决使合法堕胎的渠道增多了，也没有证据表明米兰达案判决减少了非法供述的情况。
279 他认为，如果要取得进步，就必须在政治领域或公众舆论领域赢得胜利。

但是，必须承认的是，LDF 的领导者们对自己的定位是律师，而不是社会运动领袖。在 2006 年出版的回忆录《一个民权律师的成长》（*The Making of a Civil Rights Lawyer*）中，迈克尔・梅尔茨纳写道，LDF 并没有代理全美国所有的死刑犯，“但即使我们代理了所有死刑犯，我们也显然不会让他们未经司法上诉就死去”。2010 年，当被问到

LDF 是否应该克制一些，不要提出第八修正案主张时，阿姆斯特丹答道："我从来没有问过这个问题，因为如果我觉得我能为自己的某一位当事人赢得胜诉，我根本不会在意其他任何事。在麦高萨案之后，我们除了提出第八修正案主张，已经没有其他任何选择了。"他又补充道："我们和其他的组织之间并没有很多联系，所以我们不会提出这个问题。我们并不是某个可能会促使我们想到这个问题的共同体或结构的一部分。" ACLU 直到 20 世纪 70 年代初都没有太多地参与此事，而很多反死刑的组织和死刑辩护项目在当时还没有成立。这些组织和项目在后来才形成了阿姆斯特丹所缺少的那种网络。

LDF 深知，为杀人犯辩护使得它不得不代理一些恶人，这些人和"他们在阿拉巴马州代理的那些衣着得体的、虔诚的黑人"截然不同。但他们完全没有预料到公众会如此厌恶费曼案判决。1985 年，杰克·格林伯格在接受采访时称："LDF 并没有担心会有舆论反扑。"而 LDF 的另一位律师也表示："我们对舆论的爆发感到很惊讶。"新闻工作者保罗·雷丁格（Paul Reidinger）称："没有人预料到各州立法机关对这一判决的反应。"阿姆斯特丹在 2010 年说道："事后回忆起来，令我感到惊讶的是这一判决引起的政治反应。"

LDF 的惊讶不难理解。这样大规模的诉讼是一场多战线的战争。LDF 在意公众舆论，但这种在意不同于社会运动领导者们对公众舆论的在意。对于社会运动的领导者们来说，舆论就是一切。而对于一名律师来说，舆论只是在一场诉讼的语境下需要考虑的多个因素之一。律师在意舆论，只是因为法官在意它。在受理费曼案时，最高法院并 280
没有让 LDF 觉得公众的态度会影响它的判决。民意调查在麦高萨案中没有成为一个考虑因素，在马克斯韦尔案和博伊金案的法庭辩论中也没有被讨论，在斯图尔特的威瑟斯普恩案判决意见中也只是被一带而过地提到。甚至在费曼案的判决意见中，除马歇尔提出的关于公众如果更了解死刑会怎样的主张之外,公众舆论也没有起到任何作用。它只有在斯图尔特私下的思考中才发挥了重要的作用。

无论如何,LDF 也没有能力改变公众舆论,但它没能预料舆论的反扑,这就使它没能为接下来疯狂的工作节奏做好准备。费曼案四分五裂的判决意见和反对意见打开了许多新的战场,也使得一些原有的冲突变得更加重要了。道格拉斯的意见书强调了死刑判决中的种族不平等,这是一个有辩论空间的事实问题。怀特的意见书称死刑的使用并不能威慑犯罪,这又是一个事实问题。斯图尔特提出,如果死刑的随意性能被有效地加以限制,那么死刑就是可接受的。这就又提出了一个事实问题。如果没有这场舆论反扑,那么这些小的争议就能在数十年的时间里得到辩论,LDF 也就有更多的时间招募更多的学者来收集信息,试着针对这些问题给出确定的答案。但这场舆论的雪崩却意味着最高法院不能也不愿再推迟对这些问题的考量了。于是,从 1973 年到 1976 年,LDF 发现自己不得不同时面对多场战役,而在它看来,其中的几场战役还没有迎来成熟的时机。LDF 一如既往地以寡敌众,而新的战役还在不断打响,就像堤坝上出现的一个又一个的洞。这个组织的时间和资源短缺问题变得前所未有的严峻。

第十四章

证明威慑力与合理性

拜伦·怀特的费曼案意见书关注的是死刑的威慑 281
力。怀特的核心前提是,各州对死刑的使用过于不频繁,以至于它既不能实现刑罚的功利目的,也不能实现刑罚的报应目的。而马歇尔和布伦南则怀疑,即使经常使用死刑,也不能降低谋杀率。

多数派对于死刑的潜在效用的质疑在很大程度上源于宾夕法尼亚大学社会学家索斯顿·塞林(Thorsten Sellin)的研究成果。塞林是现代犯罪学的开创者之一,也是司法统计局的创始人之一。在他长达六十余年的、极富影响力的职业生涯中,塞林一直大力反对死刑。1951 年,他曾在英国的死刑问题皇家委员会作为证人出席,称死刑既没有威慑效果也无法实现报应的目的。在接下来的二十年里,塞林就死刑问题发表了二十余篇文章,写作了一本被广泛传阅的书,还参与了数百场辩论。在费曼案中,马歇尔曾称塞林为"死刑领域的泰斗之一",并详细地阐述了他的研究。

马歇尔写道,塞林的主张是,要想证明死刑有威慑力,那么以下四个假设都必须为真:第一,在其他条件相

同的情况下,设有死刑的州应该比不设死刑的州谋杀率低;第二,谋杀
282 率应该在死刑被废除后升高,而在死刑被恢复后降低;第三,在死刑被执行的地区,死刑的威慑力应该是最强的;第四,执法的警察在设有死刑的州应该更加安全。塞林的研究主要对比了在人口、经济等方面相似的相邻州,而每两个州之间的区别仅在于一个保留了死刑,另一个没有。他的研究表明,这四个假设中没有一个是正确的。事实上,甚至有证据显示死刑**鼓励了**犯罪。

尽管马歇尔承认塞林的研究中存在一些瑕疵——主要是因为现有数据中存在一些问题——但他还是觉得,支持废除死刑主义者主张的证据相对充分。马歇尔认为,塞林的研究“虽然不能排除一切怀疑,但具有说服力”。更重要的是,他认为,在存在一些不确定性的情况下,应该作出对废除死刑主义者有利的裁判。马歇尔写道:“如果我们拒绝接受现有的数据,而要求更有力的证明的话,那么我们就是在逃避我们的司法职责。”

在费曼案中,多数派并没有达成很大的共识,但在这一点上,他们还是达成了一致。布伦南并不需要数据来论证自己的立场,但他还是认可了塞林的研究,并否定了死刑具有威慑力的假说。道格拉斯也引用了塞林的研究,并且像马歇尔一样,高度依赖实证研究的证据来达成自己的结论,即死刑执行的负担过多地落在了贫困黑人的身上。而斯图尔特则在决定性的意见书中声称关于死刑威慑力的证据“尚无定论”,但他表示,“许多统计学研究都表明,死刑几乎没有任何显著的威慑作用”。

马歇尔的意见书思路正好与所谓的“布兰代斯式意见书”相反。这个说法源于1908年的马勒诉俄勒冈州案。当时,还是一名波士顿律师的路易斯·布兰代斯用研究数据说服最高法院维持了俄勒冈州的一条限制女性工作时长的法律。布兰代斯的这份著名的上诉意见

书罗列了数百项实证研究,以证明更长的日工作时间对女性的健康有负面影响。这一判决标志着最高法院第一次依赖社会科学统计数据 283
作出判决。

在接下来的几十年中,这种做法变得更加常见。在布朗案中,沃伦法院引用了 LDF 提供的心理学、社会学和经济学数据。生物学证据则在罗伊案中发挥了重要作用。但是,每当最高法院认可社会科学数据时,它要么像在罗伊案中那样,将这些数据作为平衡各方面利益的准则,要么就是在用数据证明一个立法行为是合理的。后一种情况是更加常见的。而费曼案却标志着最高法院第一次使用社会科学数据来宣告一条法律**违宪**。

尼克松任命的大法官们并不愿意接受马歇尔的这种创新。基于微薄的实证证据来维持一个立法决定和推翻一个立法决定是两件完全不同的事。认定一条法律合理并不会对立法者加以限制。如果 1908 年俄勒冈州立法机关制定的保护女性的法律有问题,那么俄勒冈州立法机关大可以在 1909 年废止或修改这项法律。而宣告一项法律因不合理而无效则永久性地排除了任何辩论的空间——或者说,至少到最高法院推翻自己的决定为止,而最高法院又很少推翻自己的决定。最高法院的保守派成员们反对这样做。针对费曼案中的多数派,鲍威尔表示:“他们实际上是想说,整个进化的过程突然间就到达了终点;他们想说,不知怎么的,关于死刑在一切情况下、在未来一切时间里的合理性的终极智慧就这样被揭示出来了。”

沃伦·伯格认为,社会科学在关于死刑的这场辩论中无法发挥太大的作用。“相对威慑力,”他写道,“不是一个适合被精确测量的概念。”犯罪学家们无论怎样也无法证明威慑力。不仅如此,在伯格看来,多数的“研究”都只是伪装了的政治游说。学者们倾向于发现能够支持他们政治观点的证据。此外,伯格不赞同马歇尔所说的“面对不确定性，应该作出对州政府不利的判决”这一前提。“将举证责任转移到州政府一方，是试图为一个极其复杂的问题提供一个虚幻的解决方案。”

284 这个关于举证责任如何分配的问题——是让各州来证明一项法律合理，还是让质疑这项法律的一方来证明它不合理——非常关键。如果像法律规定的那样，政府需要证明一个刑事被告人有罪并排除合理怀疑，那么被告人就有一线希望。而如果被告人必须证明自己无罪的话，那么一个被告人为自己辩护将会非常困难。无罪可能像有罪一样难以证明，而同理，合理性也可能像不合理性一样难以证明。伯格之所以提出那个著名的停车罚单的例子，正是因为这种直觉。

不出意料，尼克松任命的大法官们并不相信塞林的研究。伯格认为这些社会科学数据构成了一个“实证的僵局”。布莱克门说：“这些统计数据几乎不能证明任何事情。”鲍威尔表示，这些研究“有助于证明‘没有证据表明死刑是一种更好的威慑’这一观点”，但其证明力没有达到使最高法院宣告死刑违宪所必需的程度。反对派一致认为，面对不确定性，应该作出对各州有利的判决。

LDF 明白，在新一轮的诉讼中，它需要比它在费曼案中提供的更有力的证据。此时正从塔夫茨大学哲学系休假的雨果·贝多率先行动了起来。作为一名多产的学者和死刑的公开反对者，贝多在费曼案后的几年中成为废除死刑运动在学术界的核心人物，就像托尼·阿姆斯特丹是这场运动在法律界的核心人物一样。每个对废除死刑有兴趣的学者或多或少都和贝多有过一些互动。

1972 年 10 月，贝多出席了 LDF 的一次会议。在这次会议上，阿姆斯特丹和杰克·希梅尔斯坦宣布了 LDF 接下来的三方面行动计划。他们将继续参与诉讼，为阻止新死刑法案的通过而进行游说，并更加努力地发掘实证证据。用贝多的话来说，阿姆斯特丹和希梅尔斯坦

"明确地表达出了律师们对有关死刑任何方面的新社会科学研究的兴 285
趣"。对贝多来说,这便是最好的鼓励了。

贝多是一个极有能量的人。在接下来的四年里,他先后参与了二十多项针对死刑相关问题的研究。其中,有几项研究为马歇尔关于公众舆论的假说提供了支持。这些研究中最有名的一项是由耶鲁大学的尼尔·维德马尔(Neil Vidmar)和菲比·埃尔斯沃斯(Phoebe Ellsworth)在《斯坦福法律评论》中发表的。这项研究认为,证据显示马歇尔的猜测是正确的。研究者对死刑的支持者们提出的问题越具体,他们对死刑的支持越弱。另一些研究则关注了死刑犯在关押期间遭受的心理折磨,推进了此前的研究对于种族歧视的探索,并重新审视了陪审团的决策过程。贝多和 LDF 把网撒得很大。在从广播里听到一个谋杀指控被驳回的消息后,阿姆斯特丹开始让贝多征集有关刑事案件的新闻报道的研究。又一次,贝多还试着募集资金,让著名心理学家劳伦斯·科尔伯格(Lawrence Kohlberg)参与到死刑相关的研究中来。

不过,人们最关注的一直是死刑的威慑力问题。贝多将这个问题作为核心的关注点是很合适的,因为贝多最初对死刑问题产生兴趣就是因为死刑的威慑力问题。20 世纪 60 年代初,贝多的妻子曾代表一个自由派的政策倡导组织参加新泽西州立法机关主办的一场死刑研讨会。在会上,一位代表提出,如果新泽西州废除了死刑,而纽约州和宾夕法尼亚州则没有,那么"谋杀犯们就会横渡特拉华河和哈得孙
河,大批地涌入新泽西州"。当天晚上,当贝多的妻子把这个故事讲给 286
他听时,他以为至少会有一位普林斯顿大学的社会学者站出来,反驳这个关于死刑威慑力的荒谬说法,但妻子却说,没有任何一位社会学者对此作出回应。事实上,她在图书馆进行了检索,并没有找到任何能让外行人看懂的资料。从那一刻起,刚刚从哈佛拿到博士学位的贝

多决定成为一个能为公众提供资源的人。他于 1964 年出版的著作《美国的死刑》（*The Death Penalty in America*）首次收集了关于死刑的数据。这本书先后发行了四个版本，成为有关死刑问题销量最大的书之一。

1973 年年初，贝多和加州大学伯克利分校的埃利奥特·柯里（Elliot Currie）从罗素·塞奇基金会（Russell Sage Foundation）获得了一笔 32000 美元的拨款，用于搜集死刑相关的研究，并组织一系列研讨会。他们在宾夕法尼亚大学犯罪学与法律研究中心、伯克利法律与社会研究中心和斯坦福法学院各开了一天的会，对相关的心理学研究进行研讨。在这些讨论的启发下，贝多又向罗素·塞奇基金会争取了更多的资金，用于在宾夕法尼亚大学成立一个"死刑社会科学研究项目"。该项目的负责人是马文·沃尔夫冈；LDF 此前针对南方强奸案中的种族歧视进行的研究正是由他发起的。沃尔夫冈的知名度可能有助于获得更多来自基金会的支持，但是在新一轮的诉讼中，沃尔夫冈以及贝多和柯里采访过的其他犯罪学者们却没能提供有力的支持。学术界本身在发生变化，而为了新的法庭战役而开展的学术辩论也有了新的规则。LDF 与这些犯罪学历史上的领袖结盟，就像是带着一把剑加入了一场枪战。

在当时，犯罪学这一学术领域还不具备回答"死刑是否具有威慑力"这一问题的能力。丹尼尔·帕特里克·莫伊尼汉（Daniel Patrick Moynihan）在发表于《公共利益》（*Public Interest*）的一篇文章里对 20 世纪 70 年代社会科学的现状给出了较低的评价。"关于社会科学，一个法学家最想知道的可能就是：它可靠吗？它的预测精准吗？答案
287 是，社会科学是极容易出错的。十年前人们认为已经有结论的事，十年后往往又没有结论了；有时，变化发生所需的时间甚至比这段'合理的间隔'还要短。"莫伊尼汉总结："即使是最严谨的社会科学研

究,其成果也常常是极其不精确的,这是一个令人沮丧的事实。”

犯罪学和它的同源学科刑事司法学都格外容易受到批判。它们都是新生的学科。大学的刑事司法学系往往是由各类学者的大杂烩组成的:一些是曾经的执业者——主要负责教授培训技巧的警察和监狱工作人员——少数是律师,零星几个是哲学学者,还有一些是像塞林这样的社会学学者。

有人为刑事司法学辩护,认为它的跨学科特性是一个优势。这个领域的跨学科本质使其能够从不同的角度思考问题。刑事司法学系的学者们不会单纯地从实证主义的视角来理解“死刑是否具有威慑力”这个问题。其中的哲学学者们会问:“威慑应该是一种刑罚的目的吗?”律师们会问:“宪法允许将威慑作为一种刑罚的目的吗?”而执业者们会问:“如何能最有效地实现威慑作用?”对于这些问题,他们各自都会给出有说服力的答案。但他们却没有能力回答那个最基本的实证问题,“它有效吗?”

1975 年,詹姆斯·Q. 威尔逊在引起广泛影响的著作《关于犯罪的思考》(*Thinking About Crime*)中对有关罪犯改造项目有效性的研究进行了分析。威尔逊的结论是,所有的研究加在一起,既不能证明这些项目有效,也不能证明它们无效。莫伊尼汉讥讽犯罪学家们没有能力就威慑力问题(或其他任何问题)达成结论。他说:“简而言之,这个学科还有很长的路要走。”在费曼案之前,还从来没有人以自然科学所要求的那种精确程度研究过刑罚威慑力的问题。

这种不严谨却以一种出人意料的方式帮到了 LDF。如果研究方法再晦涩高深一些,最高法院的大法官们可能就看不懂了。塞林曾以对比相邻州谋杀率的方式研究死刑的威慑效果。任何非专业人士都能理解这种研究。“在 1974 年以前,针对威慑力问题的研究都能够轻易地被律师们检索到并理解。”阿姆斯特丹说。几年以来,他一直在与 288

沃尔夫冈和他的导师塞林就死刑的威慑力问题进行很随意的对话。这种对话还处于让阿姆斯特丹能够理解并充分参与的级别。

这种状态很快就一去不复返了。

革命的种子在1968年加里·贝克尔(Gary Becker)的一篇文章里就种下了。贝克尔是一位经济学家,当时刚从哥伦比亚大学来到芝加哥大学。贝克尔毕业于普林斯顿大学和芝加哥大学。在芝加哥,他是米尔顿·弗里德曼(Milton Friedman)的学生。1967年,贝克尔获得了约翰·贝茨·克拉克奖。这个奖项每半年颁发给美国40岁以下的杰出经济学家。1992年,他获得了诺贝尔经济学奖。

贝克尔对犯罪学的兴趣起源于某一天,他因为赶时间而衡量了一下在较方便的位置非法停车所带来的成本和收益。贝克尔大致估算了一下被抓到甚至可能被罚款的风险,然后选择了非法停车——在他看来,这是一个理性的选择。在那个瞬间,贝克尔忽然意识到,他的思维方式反映了一个普通罪犯的思维方式。他的直觉是,罪犯们会进行成本—收益计算。这种直觉后来成为他的开创性文章《犯罪与刑罚:经济分析法》(Crime and Punishment: An Economic Approach)的理论基础。

从21世纪的视角来看,贝克尔的这一认知似乎是很不起眼的。自从史蒂文·莱维特(Steven Levitt)和斯蒂芬·达布纳(Stephen Dubner)在2005年出版了畅销书《魔鬼经济学》(*Freakonomics*)以来,用经济理论来解释普通人的行为这种想法看起来就不那么具有威胁性了。(莱维特甚至承认贝克尔对他产生了很大的影响。)但是,在20世纪60年代的语境下,贝克尔的研究却是颠覆性的。他将潜在的罪犯看作是冷静的、理智的行为人,这与人们的常识是相反的。在人们的常识中,犯罪行为是由精神疾病和社会压迫导致的。贝克尔毫不犹豫地颠覆了这种罪犯的形象。“一个真正有用的犯罪行为理论,”他写道,“可以完全摒弃特别的失范理论、心理缺陷,或是某些特性的遗传。”按照贝克尔的分析,犯罪单纯就是一种有利有弊的行为,和其他一切行为是一样的。

贝克尔的研究彻底改变了学科图景,将新的一群学者引入了犯罪 289
学领域。经济学家们依靠他们在数学和统计学方面的优势,加入了这场对话。刑事司法学领域的许多人哀叹量化思维正在产生垄断性的影响。但是,不管他们喜不喜欢,经济学家们都在加里·贝克尔这位巨擘的引领下来到了这个领域,并且用量化的方法征服了它。

艾萨克·埃尔利希(Isaac Ehrlich)就是被贝克尔点燃的人之一。贝多在开展由罗素·塞奇基金会赞助的研究期间,在芝加哥的一条电气火车高架路下的一个小酒馆里认识了这位年轻的经济学家。他用一种透露着警告的语气告诉贝多,他很快就会发表一篇证明死刑威慑力的文章。埃尔利希有着惊人的资历。他本科就读于耶路撒冷的希伯来大学。他在哥伦比亚大学完成的博士论文被评为优秀论文。在芝加哥大学任教期间,他还兼职担任着国家经济研究局的研究员。埃尔利希在哥伦比亚大学时就是贝克尔的学生,后来又跟着导师来到了芝加哥。20 世纪 70 年代初,埃尔利希决定用计量经济学来检验死刑的威慑效果。如果能从实证的角度证明罪犯们会对刑事制裁有所反应,这将有助于证明罪犯们是理性的,并证实贝克尔的假设。

不过,要给“威慑”这一现象建模却不那么容易,原因有几个。第一,影响谋杀率的因素有很多。经济学家们所说的“谋杀函数”——即谋杀率和特定变量之间的关系——还没有被透彻地理解。在 20 世纪 70 年代初,人们对它甚至还只有一个初步的描述。第二,如果死刑有威慑作用的话,它一定很微小(否则它也不会那么难以证明了)。第三,当犯罪率下降时,人们很难确定这究竟是因为刑罚的威慑作用,还是仅仅因为原本可能继续犯罪的危险分子被关进了监狱。而这还只是研究所面临的各方面挑战的冰山一角。

尽管如此,埃尔利希还是得出了结论。他结合了罪犯被抓获的可
290 能性、被捕后定罪的可能性、定罪后被执行死刑的可能性、失业率、劳动参与率、实际人均收入以及 14 岁至 20 岁人口占总人口的比例这一系列因素,定义了一个谋杀函数。埃尔利希分析了 1933 年至 1967 年的谋杀率,发现死刑执行数和谋杀率之间存在正相关。也就是说,死刑执行的数量越多,谋杀案也就越多——这与他原本要证明的假设恰恰相反。

如果换作是索斯顿·塞林,他可能就到此为止了,但埃尔利希在数学方面的专业知识使得他能够更进一步。他可以用多元回归分析的统计学方法来控制其他影响谋杀率的变量。一元回归分析在数学上并不难懂,但多元回归分析却复杂得多,尤其是在没有计算机的情况下。这也是犯罪学家们无法解决刑罚威慑力问题的原因之一。

利用多元回归分析的方法,埃尔利希发现,在统计学意义上,死刑有着显著的威慑作用。具体来说,谋杀率与死刑执行的条件概率之间的弹性系数在-0.065 到-0.06。这些数字对普通人来讲可能没有任何含义,所以他又用简明的语言复述了一下。埃尔利希表示,在 1935 年到 1969 年,每多执行一个死刑判决,就能阻止七八起谋杀案的发生。

1973 年春天,埃尔利希在国家经济研究局传阅了一份底稿,并给这篇文章取了一个警示性的标题:《死刑的威慑作用:一个生死攸关的问题》(The Deterrent Effect of Capital Punishment: A Question of Life and Death)。关于埃尔利希研究成果的消息很快就传播开来。

在美国司法部副部长的办公室里,一名检察官在电视上看到了埃尔利希的一段采访,便提醒罗伯特·博克关注这项研究。这项研究给博克留下了深刻的印象,于是博克将埃尔利希的研究成果添加到了自己在福勒案中发表的长篇幅的法庭之友意见书中。埃尔利希的研究

要到 1975 年春天才会发表在《美国经济评论》(*American Economic Review*)上,但博克觉得没有必要再等待同行评议了。常识告诉他,死刑一定是有威慑力的。在福勒案的法庭之友意见书中,博克写道,埃尔利希提供了“重要的实证证据,为‘死刑会降低谋杀案的数量’ 291
这一先验的、合乎逻辑的想法提供了支持”。他断言,塞林此前的研究存在“调查上的错误”,而埃尔利希使用的研究方法改正了这些错误。博克表示,埃尔利希的研究证明“现有的程序是合理的”。

而法律与社会研究院的年轻研究员布赖恩·福尔斯特(Brian Forst)却作出了不同的反应。福尔斯特也认识到了贝克尔的研究的重要性。在 20 世纪 70 年代初,他自己也开始了对刑罚威慑力的研究。虽然福尔斯特和埃尔利希是各自独立进行研究的,但是他们分析的数据集几乎是完全相同的。但是,福尔斯特却得到了相反的结论。他发现,证据没能证明死刑的威慑效果。

当他得知埃尔利希的研究成果时,福尔斯特是很失望的。在学术研究这个充满竞争的世界里,成为第一是极其重要的。“我以为我想到的将经济计量分析应用于这一问题的主意相当新颖。”福尔斯特在 2010 年回忆。在读了埃尔利希的研究成果之后,福尔斯特对自己的分析产生了怀疑。“我感到非常困扰。”福尔斯特说。“我问我自己:‘我们使用的是同样的数据,怎么会得到了相反的结论呢?’我觉得我一定是哪里做错了。”而当福尔斯特得知埃尔利希的研究成果将被刊登在权威期刊《美国经济评论》上时,他更加怀疑自己了。可是,福尔斯特越检查自己的计算,就越坚信错误应该是出在了埃尔利希那边。埃尔利希的结论依赖于分析过程中所作的一些非常具体的选择。如果去掉其中的任何一个条件,那么威慑效果就会消失。哪怕是稍稍改变研究所覆盖的时间段,结果都会被推翻。“这些数据太微妙了,”福尔斯特解释,“以至于你一旦采用不同的假设,就会得出不同的结果。”

福尔斯特给备受尊敬的《美国经济评论》编辑，也是自己在芝加哥时的老师马丁·费尔德斯坦(Martin Feldstein)打电话，劝他不要将埃尔利希的论文刊登在《美国经济评论》上。“我不知道这篇论文是怎样通过你们的筛选的，”福尔斯特对费尔德斯坦说，“但它完全是一派胡言。”福尔斯特知道博克引用了埃尔利希的研究。他告诉费尔德斯坦，这项糟糕的研究可能会引发死刑执行，但费尔德斯坦并不在意这个。他表示，这篇文章已经通过了同行评议。如果它的结论不可靠，将来的新论文会指出来。“费尔德斯坦是一个真正的信仰者。”福
292 尔斯特说道。不过，费尔德斯坦信仰的并不是死刑，而是一种理念，即一切行为人都是理智的，都会对奖惩作出反应。这就能解释他为什么愿意刊登尚无定论的研究成果。福尔斯特觉得，导致埃尔利希这样急于求成的，也是这种观念。“我觉得他们并无恶意。”福尔斯特表示。“我觉得是因为威慑力理论中存在着太强的先验理念。”

布赖恩·福尔斯特并不是唯一质疑埃尔利希研究成果的人。刑事司法学家们大多对刑罚的威慑作用持怀疑态度。他们既不信任埃尔利希的研究方法，也不相信他的结论。更广泛地说，他们不相信经济学模型能够被用来分析罪犯。用埃尔利希自己的话来说，他的研究依赖的是“一个假设，即违法者会对奖惩作出反应”。许多犯罪学家和废除死刑主义者都反对这一前提。托尼·阿姆斯特丹在加利福尼亚联邦俱乐部演讲时曾说：“你我会问自己：我们难道不怕死吗？当然怕！那么，死亡的威胁难道不会迫使我们克制自己，不要去犯罪吗？当然会！所以，死刑一定是有威慑力的。但这种直觉是有问题的，因为会进行这种推理的人和会谋杀别人的人并不是同一种人。你我这样的人之所以不会去谋杀别人，除了对死刑的恐惧还有很多其他原因。那些孤僻到会犯谋杀罪的人对这个世界作出的反应与我们不同。我们根本无法用自己的思维方式去想当然地推测他们的思维方式。”

阿姆斯特丹曾在给福尔斯特的信中写道,他猜测,那些会犯死刑谋杀罪的人可能是风险偏好者,而不是风险规避者。对于这些人来说,“一场赌注极高的赌局可能比一个与之相似但赌注较低的赌局要更吸引人”。因此,阿姆斯特丹认为:“死刑制度的存在,可能反而会增加那 293
些原本有谋杀倾向的人犯罪的可能。”

但是,LDF 打的是一场法律战和政治战,而不是一场学术战。如果有足够的时间的话,它也许可以用回归分析证明威慑效果并不存在,或者用心理学的研究证明贝克尔的模型不适用于罪犯,从而回应埃尔利希的研究。但是,要想获取这样的数据,需要很多年的时间,以及大量的资金投入。据贝多估算,他的死刑社会科学研究项目在四年内要花费将近 70 万美元。罗素 · 塞奇基金会未必会资助这个项目,况且在贝多能想到的最好的情况下,这个项目也要到 1974 年才能开始。杰西 · 福勒的案子可能在贝多的项目还没有开展之前就开庭辩论甚至判决了。不仅如此,各州每个月都在通过新的死刑法律——时间至关重要。

唯一可行的选项就是降低埃尔利希研究的可信度。由于普通人很难理解研究中的一些概念,废除死刑主义者们决定采用请专家来做担保的方法。他们召集了一些学者来解释埃尔利希的研究方法为何不如塞林的可靠。在这一点上,废除死刑主义者们有几方面的优势。塞林是个饱受爱戴的人物,而几乎没有人听说过埃尔利希。塞林的研究方法对于普通人来说更加熟悉,也更易懂,正如马歇尔对它简洁的描述一样;而埃尔利希的研究方法则新奇而高深。

1973 年 4 月 5 日,在埃尔利希的研究成果被广为传阅之后,贝多在耶鲁大学组织了一场特别会议。主持会议的富兰克林 · 齐姆林此时刚刚和另一位作者合著了一本有关刑罚威慑力的书。参与会议的有汉斯 · 蔡塞尔(Hans Zeisel)、爱荷华大学统计学家詹姆斯 · 科尔

(James Cole),还有东北大学教授威廉·鲍尔斯(William Bowers)和格伦·皮尔斯(Glenn Pierce)。贝多让他们写一些批判埃尔利希研究的文章。几位教授立刻就明白了这件事的重要性。“如果你是托尼·阿姆斯特丹,”齐姆林后来解释,“作为一名诉讼律师,你会希望面面俱到,做好一切准备。”

294 会议结束后,几位学者答应发表一些批判埃尔利希研究的文章,尽管所有人都明白这不是个完美的解决方案。对埃尔利希研究的负面评价可能会起到一些作用,但其效果远远不及一些能够证明死刑不具有威慑力的肯定性的证据。由于他们来不及通过研究来获取这样的证据,他们只能采取防守策略。这就导致了很大的不确定性。没有人知道最高法院会如何处理这个问题。

1975 年,反死刑者们的机会来了,因为《耶鲁法律杂志》宣布,当年的最后一期杂志将以死刑的威慑作用为主题。其他各大法律评论都拒绝发表贝多的文章,也许是因为这些文章的技术性太强了,但是《耶鲁法律杂志》的编辑约翰·施皮格尔(John Spiegel)曾获国家科学基金会研究生奖学金,他不惧怕这些新研究中的数学运算。虽然施皮格尔并没有意识形态上的倾向,但他记得他的一些编辑同事们都认为“我们应该赶快发表这些研究,因为这些案子可能在 1976 年就要判决了”。

科尔和他的合作者戴维·鲍尔达斯在文章《索斯顿·塞林和艾萨克·埃尔利希关于死刑威慑效果的研究之比较》(Comparison of the Work of Thorsten Sellin and Isaac Ehrlich on the Deterrent Effect of Capital Punishment)中否定了埃尔利希的研究方法。他们表示,塞林的成对比较法虽然有局限性,但是却优于埃尔利希的回归分析。总的来说,鲍尔达斯和科尔不太相信经济学家们能精确地反映可以预测犯罪率的因素。他们以一种古板的、卢德主义的方式看待统计学。“对于许多问题的研究来说,最简单的方法才是最好的方法。”他们写道。埃尔利希的偏见在他的回归方程里就有清晰的体现,因为他的回归方程根本无法将废除死刑当作一个政策选择来处理。如果死刑执行的风险是零,那么它预测出的谋杀率将是无限大的。此外,埃尔利希在计算死刑执行的风险时,使用的是实际执行的死刑判决数量,而根本没有像塞林那样考虑一个州的法律是否规定了死刑,尽管死刑在法律上的地位才是“法院和立法机关直接控制的”那个因素。

鲍尔达斯和科尔还批判埃尔利希过于依赖全国性的犯罪数据。
他们以一个简化的国家为例。假设这个国家只有三个州——两个州 295
有死刑,一个州没有。如果在两个有死刑的州之间,有一个州死刑执行的风险降低了(但在其他两个州,死刑执行的风险不变),而在没有死刑的那个州里,谋杀率上升了(但在其他两个州,谋杀率不变),那么如果对全国的数据分析,就会发现死刑有威慑作用,因为总谋杀率随着死刑执行的总风险降低而上升了。但是这样描述事实是不准确的。这个例子中谋杀率的上升并不能归因于死刑执行的减少,因为这两个变化发生在不同的州。这个例子虽然简单,却准确地反映了南方地区和美国其他地区之间刑罚的巨大差异——这种差异意味着塞林那种地区化的研究方法是非常有必要的。

总体来讲,鲍尔达斯和科尔认为法院在依据社会科学数据作决定时应当非常谨慎。他们认为“学术论文的目的是促进探讨和进一步研究。法院将学术论文作为决策的依据,这种做法具有一定的危险性——尤其是在涉及会对社会产生巨大影响的重要问题的时候”。丹尼尔·莫伊尼汉在发表于《公共利益》的文章里也提出了类似的主张,认为社会科学和法律有着不同的使命。“说到底,”莫伊尼汉写道,“社会科学**必须**是一个处理各种统计学可能性的定量的学科。而法律则不同。法律如果要依据仅仅是可能发生的事情来作决定,那就会带来一些风险。”同时,莫伊尼汉还写道:“一般来说,社会科学并不是冷静而不带偏见的。社会学家们经常被卷入政治中,因为他们的研究必然涉及政治。”

多数 LDF 的领导者们和它在学术界的支持者们都不确定是否要对社会科学证据发起这样猛烈的攻击。这种观点是一把双刃剑。LDF 曾经依赖过实证证据,未来也一定会再用到。事实上,在 1987 年,LDF 只差一票就说服了最高法院推翻沃伦·麦克莱斯基(Warren McCleskey)的有罪判决,仅仅因为统计学数据证明了种族歧视的存在。在这个差点颠覆了美国刑法的案件中,戴维·鲍尔达斯作为专家证人出具证词,讲述了自己针对 20 世纪 80 年代初佐治亚州种族与死刑判决的关系所进行的开创性的、详尽的研究。他的研究就高度依赖于回归分析。

* * * *

296 威廉·鲍尔斯和格伦·皮尔斯在发表于《耶鲁法律杂志》的文章中则采取了另一种策略。他们的批判聚焦于埃尔利希在进行回归分析时所作的选择,以及他的数据的可靠性。埃尔利希使用的是联邦调查局的犯罪数据,而人们普遍认为联邦调查局的数据是有问题的。鲍尔斯和皮尔斯提出,埃尔利希应该使用人口调查局的数据。他们还指出,埃尔利希使用的有关逮捕和定罪的数据有问题,因为警方常常拒绝将这些数据交给联邦调查局。在 20 世纪 60 年代,四分之三以上的执法机构并不公布逮捕数,而公布定罪数的则更少。并且,公布这些数据的大多是较大的行政区划。多年后,皮尔斯简洁地概括了这个问题:“这些数据完全是胡扯。”

更重要的是,20 世纪 60 年代的数据对埃尔利希的结果起到了决定性的作用。在 1962 年到 1969 年,全国谋杀率上升了近 60%。这与 LDF 阻止死刑执行的期间几乎完全重合。埃尔利希推断两者之间存在因果关系,但鲍尔斯和皮尔斯质疑这一点。导致犯罪增多的很可能是死刑暂停状态之外的某种因素。正如福尔斯特指出的,埃尔利希没有考虑到长期监禁——可以替换死刑的最常见的惩罚——的威慑效果。的确,罪犯在监狱服刑的实际时长在 20 世纪 60 年代也下降了。埃尔利希同样没有考虑到,导致监禁时间缩短、死刑执行数下降的那个因素本身,不管它是什么,可能也正是导致犯罪率上升的原因。也许潜在的罪犯们察觉到政府在犯罪问题上变得宽松了。枪支的持有率上升可能也导致了命案率上升,却在埃尔利希的模型中被忽略了。此外,其他许多种类的犯罪在 20 世纪 60 年代也变多了。相比之下,命 297
案率的增长幅度反倒是最小的。

如果像埃尔利希所说的那样,死刑具有威慑力,那么这一点应该在任意一段时期里都能有所体现。但事实并非如此。如果从分析中除去 20 世纪 60 年代的数据,"那么所有支持死刑威慑力的实证证据就都消失了"。埃尔利希原本可以在研究结果中弱化 20 世纪 60 年代数据的影响。但他没有这样做。恰恰相反,鲍尔斯和皮尔斯指出,埃尔利希还操纵了数据,以增强 20 世纪 60 年代的犯罪数据对结果的影响。为了实现这一点,他选用了死刑执行率的对数,而不是死刑执行数本身这个自然数。如果埃尔利希使用正确的方式进行分析的话——即只分析 1940 年到 1963 年的这段时间,并且不对死刑执行数进行对数变换——那么研究将证明威慑效果不存在。

埃尔利希发起了反击。他为自己的数据选择进行了辩护。联邦调查局的数据优于人口调查局的数据,因为 UCR 只包含了重罪故意杀人的数字。至于研究所涉及的时间段,埃尔利希只是选择了可以获得研究所必要的数据最长的时间段。所谓 20 世纪 60 年代是特例这种想法,只是鲍尔斯和皮尔斯的主观判断——甚至只是他们的愿望。在 20 世纪 60 年代,死刑执行停止了,而谋杀率上升了。"这些变化率的剧烈变动显然不是我发明出来的。”埃尔利希说道。他接着攻击了鲍尔斯和皮尔斯，批判他们虚伪，又激烈地抨击了鲍尔达斯和科尔，称他们根本不懂他们所批判的那种研究方法。至于塞林，埃尔利希表示，他完全依赖死刑的法律地位而不是死刑执行的实际风险，这恰恰毁掉了他的研究结果。

298 埃尔利希称，他和批判者们之间的不同就在于他没有参与死刑存废的这场辩论。如果说埃尔利希有自己的目的的话，那就是证明“总体来看，潜在的罪犯们会对负面和正面的激励作出反应”。埃尔利希坚信经济学能为这场辩论带来更多信息，提升它的高度，并且他担心批判者们会“迷惑那些想要思考经济学研究方法是否可以用在法律上，以及统计学技术是否能够用来研究法律问题的律师们”。

对于作为一种政策的死刑，埃尔利希并没有什么要说的。“我并没有声称我的研究为死刑威慑力的问题下了定论。我也没有提倡使用死刑。”还有许多其他的问题需要考虑。“正如我在论文中强调的那样，有关死刑作为一个打击犯罪的社会工具的有效性和可取性的问题有很多，威慑力问题不过是其中一个而已。”但是，“长远来看，用比死刑研究当下所使用的更有效的数据和统计学技术来进行合理的尝试，毫无疑问会有利于对这一问题的研究”。的确，许多直言不讳地批判埃尔利希的人都承认，他对这场辩论作出了创新性的贡献。

那么究竟谁是对的呢？接下来的一期《耶鲁法律杂志》发表了耶鲁经济学家乔恩·佩克(Jon Peck)对这场有关威慑力的对话的评价。在所有人眼中，佩克都是一个公道的调停者。佩克赞同埃尔利希所作的对数变换。同时，他也同意埃尔利希将20世纪60年代的数据包含在研究中的做法。在更大的问题上，佩克表示，鲍尔达斯和科尔认为塞林的研究方法更好显然是不对的。埃尔利希的回归分析可能存在问题，但这些所谓的缺陷并不影响回归分析总体的可靠性。而成对比较法“很难将问题置于结构中分析”,因此“发现相对较弱的影响的能力不如计量经济学方法”。最后这一点至关重要,因为如果死刑有任何威慑效果的话,那也是很微小的效果,这是所有人的共识。总的来说,佩克觉得埃尔利希并没有确凿地证明死刑的威慑力,但他接受埃尔利希的结果。

1976 年,国家科学院召开了一次关于死刑威慑力的专家小组会。 299
主持会议的卡内基·梅隆大学教授阿尔·布鲁姆斯坦(Al Blumstein)是刑事司法领域最有影响力的人物之一,而参与会议的人,用富兰克林·齐姆林的话来讲,能组成一个“美国计量经济学家名人录”。这个专家小组 1978 年发布的最终报告一方面批评了塞林没有控制影响谋杀率的人口特征、文化和社会经济因素,另一方面批评了埃尔利希过于依赖 1962 年到 1969 年的犯罪率增长。因为其他犯罪发生率的增长并不少于命案率的增长,所以人们完全有理由认为死刑执行数的变化和命案率的变化都是由某种独立的第三因素导致的。总之,专家小组认为,“现有研究并未发现能够证明死刑威慑力的有效证据”。

在刑事司法学界,人们普遍不认可埃尔利希的研究。1974 年,耶鲁大学的查尔斯·布莱克宣布,威慑效果永远也无法被确凿地证明或证伪。福尔斯特自己也写文章强烈地批判了埃尔利希:“埃尔利希的研究结果是他自己对于威慑力理论强烈的先验信仰的产物。对于任何事情的先验信仰如果足够强烈,就会诱使哪怕是最没有恶意的科学家向支持这种信仰的研究结果倾斜。”这反映了刑事司法学界对于埃尔利希研究的普遍看法。

从某种程度上说,埃尔利希在死刑威慑力方面的研究几乎断送了他的职业生涯——他没有在芝加哥大学取得终身教职。20 世纪 70 年代正在那里任教的富兰克林·齐姆林将这件事归因于埃尔利希在死刑威慑力方面做的研究。“他并没有做什么不可原谅的事。”齐姆林说道，“只是他没有足够的理论来获得终身教职。他没有足够的干货。在整个过程中，你赢得称赞凭借的是贝克尔所作的工作，也就是理论部分，尽管这些不错的犯罪经济学研究都是实证研究。”一些废除死刑主义者们从埃尔利希的不幸中受到了鼓舞。听到这个消息后，汉斯·蔡塞尔把双臂搭在两位同事的肩上说：“他没有拿到终身教职。”

不过，在经济学界，埃尔利希却有着足够的支持，于是他的职业生涯开始走上坡路。埃尔利希后来成为纽约州立大学布法罗分校的杰
300 出教授，并担任该校经济学系主任。在接下来的三十年里，他写了八十余篇经同行评议的文章，并且被列为引用率最高的一百位经济学家之一。他后来还被任命为国家经济研究局研究员。

1976 年，西伊利诺伊大学教授詹姆斯·扬克（James Yunker）在《行为经济学杂志》（*Journal of Behavioral Economics*）上发表文章，称威慑效果存在。第二年，休斯敦大学的戴尔·克洛宁格（Dale Clonınger）也得出了与埃尔利希相同的结果。此后，各大期刊先后发表了二十多篇文章，认为有证据证明死刑能够预防谋杀。其中有些研究发现的威慑效果比埃尔利希发现的更强。2003 年，埃默里大学的一个研究团队表示，每多执行一个死刑判决，就能救下十八个人的生命。所有这些研究的作者几乎都会向埃尔利希“开创性的研究”致敬。

另外，这些研究中很多都遭到了质疑。此外，还有很多研究提供了肯定性证据，证明死刑并没有威慑效果。四十年后，学术界依然存在着严重分歧。当下许多争议的焦点在于一种新兴的计量经济方法——工具变量分析——的使用。批判者们认为，这种方法对模型设定的变化过于敏感，无法产生一致的、可靠的结果。这种批判与埃尔利希的研究引发的辩论诡异地相似——无论是从批判的内容上，还是从积怨的程度上。不同的人，以及不同的知识社群，对 20 世纪 70 年代

关于威慑力的这场辩论中谁占了上风的问题有不同的认识。总的来说,经济学家们更赞同埃尔利希,而犯罪学家们则持怀疑态度。即使在今天,也只有最大胆的学者才敢说这场争辩已经有了定论。

比起“谁是对的”,更重要的问题是,“谁赢了”。前者在今天依然没有定论,但后者却有相对清晰一些的答案。

埃尔利希的研究为死刑具有威慑力的理论提供了一个貌似可靠 301
的基础。纽约社会研究新学院和纽约大学讲师欧内斯特·范登哈格(Ernest van den Haag)作为死刑支持者的代表,高举着这一旗帜。范登哈格是全美国最敢言、最大胆的保守派之一。他的影响超出了他本人的资历。1972 年 3 月,就在最高法院公布费曼案判决前不久,众议院司法委员会下属的一个小组委员会就一项颁布两年死刑中止令的提议召开了听证会。范登哈格就是受邀作为证人出席的少数几位学者之一。

在整个职业生涯中,范登哈格曾主张废除童工法,因为他认为童工法力求预防的那些问题已经不复存在了。他还曾主张在学校中继续实行种族隔离,理由是黑人在遗传上被认为是劣等的。多年来,他一直在为《国家评论》撰文。但是,支持死刑是他真正的热情所在。范登哈格曾在数不清的演讲、评论以及他于 1975 年出版的经久不衰的《惩罚罪犯:关于一个非常古老而痛苦的问题》(*Punishing Criminals: Concerning a Very Old and Painful Question*)一书中推广埃尔利希的研究。

范登哈格从功利主义和报应论两个方面为死刑进行了大篇的辩护。死刑是有效的,并且它让被告人得到了应得的惩罚。他对死刑适用中存在对穷人和黑人的歧视这一主张不屑一顾。“即使这种说法是真的,”他向国会表示,“它也是个完全不相干的问题。它只涉及这种刑罚不公平的分配方式,而不涉及刑罚本身是否公平。”而范登哈格理论的基石在于，对于一些罪犯，特别是已经被判终身监禁的囚犯，只有死刑才能威慑他们。“常识告诉我们，”他写道，“如果有什么东西能对谋杀行为起到威慑作用的话，那只能是死刑了。而这种常识也得到了最新统计学数据的支持。死亡是人们最害怕的东西。因此，对死亡的恐惧是对罪犯最有效的威慑。死亡是终局性的。而只要活着，就还会有希望。”

而与埃尔利希的研究结果相反的那些研究则得到了较少的报道。鲍尔达斯、科尔、鲍尔斯和皮尔斯的论文可能在学术界产生了影响，但
302 普通人很少会读《耶鲁法律杂志》（他们也看不懂国家科学院专家小组的报告）。不仅如此，在政治中，重复一种不利的信息——哪怕是为了否定它——本身也会造成不利的影响。渐渐地，威慑力理论开始被普遍接受。1976 年 4 月 7 日，《华盛顿邮报》的社论指出，左翼学者和政客们的态度发生了变化。《华盛顿邮报》提到，连亚利桑那州的自由派国会议员莫里斯·尤德尔（Morris Udall）都开始呼吁采取措施，将罪犯从社会中清除。这某种程度上是受到了埃尔利希研究的影响。作出同样反应的还有在阿提卡监狱暴动之后成立的，也被认为相对左倾的监禁问题研究委员会。当里根州长对尼克松总统推动死刑恢复的做法表示赞赏时，他的观点就是基于死刑的威慑作用。“总统显然反映了许多加利福尼亚人的想法。他们一致认为，死刑能够威慑犯罪。”里根说。纽约州州长纳尔逊·洛克菲勒（Nelson Rockefeller）在敦促州议会恢复死刑时，直截了当地提到了死刑的威慑作用。公众对威慑力理论的支持悄然上涨。1973 年年中和 1977 年年初的哈里斯民调显示，近 60% 的受访者认为死刑有威慑作用。

在后来的格雷格案中，波特·斯图尔特的意见书表示，对社会科学数据的评估应该交给各州来完成。虽然斯图尔特认为有关威慑力的研究尚无定论，但他还是凭直觉给出了自己对真相的猜测。斯图尔

特化用范登哈格的理论，为反死刑者们带来了致命一击：

> 我们完全可以假设，对于一些谋杀犯——比如那些激情杀人的谋 303
> 杀犯——来说，死亡对他们的威慑作用很小或不存在。但对于其他很多谋杀犯来说，死刑无疑是一种极大的威慑。一些谋杀是经过慎重考虑的，例如受雇谋杀。在这种情况下，被判死刑的可能性就会被包含在罪犯在决定行动前进行的冰冷计算中。此外，对于另一些类型的谋杀犯——比如已经被判终身监禁后又杀人的囚犯——任何其他刑罚可能都不足以惩罚他们。

在有关死刑威慑力的战役如火如荼地进行的同时，LDF 还在应对一场同样重要的战役，力图瓦解“死刑能够以理性的方式被适用”这种潜在的观念。在麦高萨案中，面对是否有可能建立一种不随意的死刑量刑制度这一问题，约翰・哈伦坚定地给出了否定的答案，认为人类没有能力清楚地列举并表述什么样的人应该活、什么样的人应该死。因此，哈伦认为，是否要判处特定的人死刑、如何判处死刑，应该由每一个州、每一个陪审团自己决定。在费曼案中，波特・斯图尔特和拜伦・怀特则得出了相反的结论。正因为各州缺少合理的、稳定的量刑标准，所以死刑既无法实现任何公共目的，也无法得到公平的适用，因此必须被抛弃。

在接下来的四年里，作为对斯图尔特和怀特的意见书的回应，三十五个州都通过了新的死刑法律，试图降低死刑判决中的随意性。各州在充分考虑了什么样的死刑法律能满足最高法院的要求后，想到了三种主要的改革措施。有些州采取了其中的两种。而另一些，特别包括佐治亚州，则采取了全部三种。第一，州法律可以将死刑案的一审拆分为定罪和量刑两个阶段。合并式审理程序让被告人不得不面对一种残酷的两难境地，这也正是克兰普顿案涉及的核心问题。如果被告人为了提供有助于从轻判决的证据而出庭作证，他就会面临针

对他被控的罪名的交叉质证。分别式审理程序解决了这个问题，并且
304 人们普遍认为分别式审理能够使量刑更加合理。在费曼案之后，八个州开始采用分别式审理程序，其中包括佛罗里达州和佐治亚州。

第二，州法律可以建立一种特殊的上诉制度，以纠正特别不公正的死刑判决。LDF 怀疑州法院不会认真地对待这项职责。并且，定义不公正的死刑判决似乎和建立死刑量刑标准一样困难。尽管如此，佐治亚州还是作出了死刑判决自动上诉至州最高法院的规定，作为整个改革方案的一部分。

第三，州法律还可以建立标准，明确哪些谋杀犯应当判处死刑。每个州都或多或少采取了这种措施。一些州直接对谋杀罪适用强制死刑，就像伯格在费曼案的反对意见中提出的那样。但是，这种手段没有对检察官和警察在起诉阶段的自由裁量权进行任何限制。此外，强制性的规定还提高了陪审团否决的可能性。基于这些原因，许多州的司法部长认为最高法院不会接受强制死刑法律。只有七个州，包括北卡罗来纳州，选择了这条路。

二十个州尝试通过列举使一些谋杀或谋杀犯格外恶劣的事实和情形来使量刑合理化。其中，包括路易斯安那州在内的十一个州在"可判处死刑的谋杀罪"的定义中加入了这些情形，从而将这一程序包含在了定罪环节中。而联邦政府和其他九个州，包括佐治亚州，都选择了列举特定的加重情节，并规定陪审团必须认定至少一个加重情节才能判处一个谋杀犯死刑，从而将这个程序放在了量刑环节中。问题是，各州能否用清晰易懂的语言描述出这些考虑因素，以应对哈伦的挑战。

为此，司法部长们参考了《模范刑法典》(MPC)。《模范刑法典》是由律师、法官和法学教授组成的美国法学会(ALI)下属的一个项目。美国法学会的主要工作是起草各种"法律重述"，即对各法域现行

的法律规定的解释。通常来说,这些法律重述本身也就成为一种法 305
律。律师们在辩论案件时,或法官们在判决案件时,常常会以这些法律重述为依据。在 1923 年到 1944 年,美国法学会先后发布了代理法重述、合同法重述、财产法重述、侵权法重述和信托法重述。然而,当它尝试起草一部刑法重述时,它却发现这个领域完全是一团糨糊,没有一套自洽的基本理论。美国法学会表示,美国需要一部《模范刑法典》。

此前两次制定《模范刑法典》的尝试都失败了。在 19 世纪初,爱德华·利文斯顿(Edward Livingston)这位著名律师以及曾任纽约市市长和路易斯安那州参议员的政客,基于 18 世纪意大利哲学家切萨雷·贝卡里亚(Cesare Beccaria)的功利主义原则制定了一部法典。也就是说,适用刑罚的程度应当以它产生的利大于弊为限。在这一标准下,利文斯顿建议取消死刑,并将做苦工作为一种在监狱中获得更好的生活条件的途径,而不是作为一种惩罚。以那个年代的标准来看,利文斯顿的法典过于仁慈了,因此很少有人支持它。而 19 世纪的另一位律师戴维·达德利·菲尔德(David Dudley Field)则取得了相对较大的进展。纽约州在 1850 年采纳了菲尔德的法典,而另有十八个州也照做了。不过,和利文斯顿不同的是,菲尔德并没有任何改革的志向。他只是想让现行法变得更易懂,以方便执业律师们。

《模范刑法典》则不同。它既有变革性,又极具影响力。《模范刑法典》发布于 1962 年。在接下来的二十年里,三十四个州基于其中的建议修改了自己的刑法典。从哲学的角度来看,《模范刑法典》融合了功利主义和报应主义的考量,并格外强调刑法的改造作用。它最重要的创新在于强调被告人的心理状态,即"犯意"。在《模范刑法典》发布之前,各州法律有时会要求主观罪过,有时则不要求。而《模范刑法典》规定,被告人只有在故意地、明知地、罔顾后果地或疏忽地采取行

动时才能被定罪。这种方法的清晰程度和理性程度非常有吸引力。出于更恶劣的故意而采取行动的人应当受到更重的惩罚,也更需要被
306 威慑。同样是因为《模范刑法典》,依据它所定义的四种心理状态将惩罚分成了四等,所以它的适用也比多数州刑法典要简单,并且为法官们保留了更大的灵活性。

针对死刑,《模范刑法典》设计了一种表面看来非常理性的制度。它要求分别式审理。它列举了减轻情节,比如被告人系初犯等。它还将犯罪时不满十八岁的和因身心健康状况而应当被宽大处理的人排除在外。最后,它还规定,只有在八个加重情节中至少有一个成立时,才能判处被告人死刑。这些加重情节涉及谋杀犯的身份(比如,他是一个逃犯)、谋杀的性质(比如,它为许多人带来了死亡的风险),以及谋杀犯的动机(比如,为了经济利益而谋杀)。经过细微的修改后,《模范刑法典》成为佐治亚州和选择对自由裁量权加以限制这条路的其他十九个州死刑法律的范本。在最高法院支持了佐治亚州的死刑法律并在同一天否决了强制死刑法律之后,《模范刑法典》基本上成为全美国每一条死刑法律的范本。

各州以《模范刑法典》为指导,这本身就有些讽刺,因为死刑从根本上与《模范刑法典》改造罪犯的哲学相抵触,并且《模范刑法典》的主要设计者、在 1963 年到 1984 年任美国法学会会长的赫伯特·韦克斯勒一直以反对死刑为原则。虽然韦克斯勒并没有直接参与这一批死刑案,但他对它们造成了深远的影响。同时,他的经历为反死刑运动开展的另一种可能性提供了重要的对比视角。

* * * *

307 1909 年,韦克斯勒出生于纽约。他十六岁时就进入了纽约市立学院就读。他在语言学方面取得了杰出的成就,并申请成为一名教授。但是他的律师父亲却希望儿子继承自己的事业。恰巧,父亲塞缪尔·

韦克斯勒(Samuel Wechsler)认识市立学院法语系的系主任,并说服了他不要给自己的儿子教职。于是,赫伯特没有成为教授,而是去了哥伦比亚大学法学院就读。在那里,他成为《哥伦比亚法律评论》的主编。此后,在为哈伦·斯通大法官做了一年的法官助理之后,他回到了哥大法学院执教。韦克斯勒在20世纪40年代加入了司法部,成为负责战争司的助理司法部长。在职期间,他为纽伦堡审判中的美国法官提供建议,并为纳粹战犯的审判制定了框架。

韦克斯勒是犹太人。像艾伦·德肖维茨和阿瑟·戈德堡一样,他反对死刑。不过,他的担忧主要是现实层面上的。韦克斯勒认为死刑无法起到控制犯罪的作用。事实上,他认为死刑可能会鼓励暴力行为,从而使普通公民"变得残暴"。此外,韦克斯勒认为死刑会鼓励陪审团否决的行为。韦克斯勒选择的道路与德肖维茨和戈德堡还有其他的、更重要的区别。德肖维茨和戈德堡两人终生都是非常坚定、非常活跃的反死刑者,而韦克斯勒在公开场合却表示支持死刑。

要明白背后的原因,我们就必须理解韦克斯勒的世界观。在韦克斯勒看来,公众的道德信仰必须得到尊重,否则人们就会对法律失去信心。戴着一副框架眼镜的韦克斯勒常常提醒同事们,当一起犯罪发生时,它"扰乱的是整个社会的价值观念"。如果整个社会认为正义没有得到实现,它就会不认可案件的结果,并把一切纠正过来。韦克斯勒写道:"复仇的欲望、对于报应式惩罚的公平性的信念,以及认为必
须将那些犯下骇人听闻的罪行的人杀一儆百的观念,在很大程度上是 308
深深扎根于大众心中的。"韦克斯勒是报应论者,但他的理由却是功利主义的——他认为,只有罪犯得到应有的惩罚,公众才能感到满足。

韦克斯勒在纽伦堡的工作进一步加固了他的这种世界观。在协助检察官们的过程中,韦克斯勒发现,要求报复纳粹的呼声如此强烈——用他的话说,仿佛哀怨的呼喊从战后破败的欧洲大陆传来——

以至于如果不对他们提起公诉,那将会引发“全面的暴力”和“一场无法控制的血雨腥风”。他在1947年写道,审判纳粹是为了提供一种能够避免“暴力的使用”落入私人之手的方法。

对于公众愤怒和自警主义的恐惧在韦克斯勒的著作中是一个反复出现的主题。在一本影响深远的刑罚案例教科书中,韦克斯勒和同事杰罗姆·迈克尔(Jerome Michael)写道,对违法者的宽大处理可能会引发私刑,而这种想法也影响了韦克斯勒在《模范刑法典》起草过程中的工作。在对其中一份初稿的评论中,韦克斯勒写道:“如果一部刑法不试图抑制一个社会共同体普遍认为不恰当的行为,那么这部刑法既不会被接受,也不会被尊重。”在1959年发表于《哈佛法律评论》的一篇文章中,韦克斯勒主张,虽然最高法院拥有司法审查这项令人敬畏的权力,但它绝不能表现得像一个“赤裸裸的权力机关”,否则公众就会拒绝接受它的判决。韦克斯勒认为,为了维护自己的信誉,最高法院需要依靠“中立的原则”——即对所有案子都广泛地、平等地适用的标准。韦克斯勒还提出了一种饱受争议的说法,称布朗案代表着对中立原则的一种背离。具体来说,是因为最高法院选择性地接受了社会科学数据。

韦克斯勒对布朗案独特的、保守的看法,并不意味着韦克斯勒反对变化。恰恰相反,人们普遍认为他是刑法学界最伟大的自由派改革家之一。不过,韦克斯勒认为,教育和调整公众的认知才是通往进步的道路。法律只能跟随公众的意志,而不能引领公众的意志。约翰·杰伊刑事司法学院教授斯坦利·因戈贝尔(Stanley Ingber)做过一个
309 生动的比喻。最高法院有一个“正当性账户”。最高法院每作出“与人们普遍接受的价值观相符”的判决,就相当于向账户中存了一笔钱。而最高法院每次试图“教育和领导社会,而不是顺应和跟随它”时,就相当于取出了一笔钱。这个比喻很好地描述了韦克斯勒的观点。

所以，在参与公共讨论时，韦克斯勒支持保留死刑，但仅仅是因为人民持压倒性的支持态度。美国法学会在死刑问题上的顾问委员会最早是支持将死刑从《模范刑法典》中去除的。但在韦克斯勒的竭力主张下，全体会议否决了这项建议。韦克斯勒表示，只有在多数选民都支持废除死刑之后，对死刑的政治支持才会消失。最终，《模范刑法典》采取了策略性的做法，只概述了当一个州选择保留死刑时，死刑量刑的法条应该是什么样。在是否要保留死刑的问题上，它没有选择立场，因为韦克斯勒相信，保留死刑能够帮助模范刑法典获得公众的接受。

韦克斯勒在整个职业生涯中都保留着这种视角。1961 年，韦克斯勒任职于纳尔逊·洛克菲勒州长设立的纽约州刑法修改委员会。在当时，纽约是唯一一个对一级谋杀罪适用强制死刑的州。委员会的多数成员都希望废除死刑。韦克斯勒却力劝人们谨慎。在他看来，委员会在改革归责理论、正当理由和宽恕理由方面的工作更加重要，而废除死刑会使委员会的信誉大打折扣。他又一次主张公众的复仇欲望需要得到尊重。过早地废除死刑可能会适得其反，正如特拉华州的经历所证明的那样：该州在 1958 年废除了死刑，却又在两年后，在一起臭名昭著的三重谋杀案后恢复了死刑。韦克斯勒认为，这种模式很容易在纽约州重演。

可以说，韦克斯勒所面对的两难困境，与波特·斯图尔特在和拜 310
伦·怀特进行谈判时所面对的一样。他们都需要决定如何在自己关于死刑问题的道德感受与现实世界之间达成妥协。斯图尔特赌的是最高法院能够推动公众舆论。而韦克斯勒则一直顺应着公众的意志。

历史证实了韦克斯勒的判断。《模范刑法典》取得了巨大的成功。《纽约时报》称赞了它，法律界采纳了它，并且最终，它影响了整个国家的每一部刑法典。但是，让其中的讽刺意味变得格外残酷而不寻常的是,韦克斯勒的妥协——包括在《模范刑法典》中加入调整后的死刑——在一定程度上毁掉了斯图尔特的妥协。虽然《模范刑法典》明确指出,有关死刑的规定并不是必要的,但是在《模范刑法典》中加入一种更加结构化的死刑制度,这就使这种死刑制度的可靠性得到了背书。于是,韦克斯勒帮助创造了一种“死刑能够被理性地适用”的假象。

在反驳“列举加重情节能够降低死刑量刑的随意性”这种主张的过程中,LDF 只取得了部分成功。1974 年 6 月,《哈佛法律评论》发表了一篇评注,总体上对新法持批判态度。“在佐治亚州,任何不判处死刑的决定都是正当的。反过来,任何判处死刑的决定也都是正当的,只要陪审团认定一个加重情节存在。这些法条似乎和费曼案判决所取缔的那些法条非常相似。”这篇评注的作者戴维·西尔伯曼(David Silberman)向 LDF 提交了一份草稿,征求 LDF 的意见。LDF 劝他在文中澄清,无论各州如何限制陪审团的自由裁量权,死刑可能都是违宪的。

同年晚些时候,查尔斯·布莱克出版了《死刑:随意性与错误为何不可避免》(*Capital Punishment: The Inevitability of Caprice and Mistake*)一书。在书中,他主张新的死刑法律没能降低量刑的随意性。“佐治亚州所作的,只是用丰富的辞藻放出了一个烟幕弹。如果不仔细阅读法条,那么这些烟雾就会掩盖一个事实,那就是旧有的、不受限制的陪审团自由裁量权依然原封不动地存在,只要陪审团能够在法院和检察
311 官的引导下,在词句的迷雾中摸索出一条路来。”迈克尔·梅尔茨纳发表了一篇评论称:“自由裁量权并没有被消除,它只是变得不那么明显了。”针对这些新法条,约翰·哈特·伊利后来写道:“如果不是在这么严肃的语境下,这甚至是很可笑的。”但事实上,这些批评背后都没有研究数据的支持。LDF 曾尝试动员包括罗素·塞奇基金会的李·汉

密尔顿在内的一些人去测试新的量刑标准，但时间实在是不够。

针对这个问题，后来的学者们进行了进一步的探索。说到底，这是一个实证问题，即分别式审理程序和加重情节是否能够降低量刑的随意性。这不是一个容易回答的问题，但这仍然是一个事实问题：在费曼案判决后，死刑的量刑是否变得更加可预测、更加一致了？

分别来自哈佛大学和得克萨斯大学的卡罗尔·施泰克（Carol Steiker）和乔丹·施泰克（Jordan Steiker）姐弟两人在1995年《哈佛法律评论》的一篇文章中分析了这个问题。他们提出，费曼案和格雷格案没有解决任何问题。施泰克姐弟两人都曾是瑟古德·马歇尔的法官助理，都发表过很多文章，并且都是非常活跃的反死刑者。他们经常一起写书、写文章，并且两人加在一起就是死刑学界最有影响力的法律学者。施泰克姐弟的分析虽然不是定量研究，但非常具有说服力。他们首先提出了死刑法律如何有可能带来更加可预测的量刑结果这一问题，并给出了两个可能的答案。第一，各州可以降低符合死刑条件的谋杀罪的数量。施泰克姐弟将这种作用称为“限缩作用”。表面看来，列举加重情节能够实现这一目标。第二，各州可以实现同案同判。施泰克姐弟称之为“引导作用”。在实践中，施泰克姐弟认为，这两个目标都没有得到实现。

在限缩作用方面，问题还是出在细节上。要想有效地限缩死刑的适用范围，各州必须选择少数几条清晰的、限制性的加重情节。谋杀警官就是一个具体的、客观的、能够将许多被告人排除在外的加重情节的例子，因为多数谋杀犯并没有谋杀警官。事实上，谋杀警官在每个有死刑的州都是一个加重情节。但是，在每个有死刑的州，以格外“令人发指的、恶劣的或残忍的”方式实施谋杀也都是一个加重情节。 312
这就没有什么用了。有哪起谋杀**不是**令人发指的、恶劣的或残忍的呢？施泰克姐弟发现，有充分的证据证明还有其他同样模糊、同样宽泛的加重情节存在。此外,他们还指出,各州常常会列出过多的加重情节,以至于即使它们之中的每一个都是有效的,一旦放在一起,它们还是包含了太多的谋杀行为和谋杀犯,最终无法排除任何被告人。至于引导作用,问题则在于,一旦陪审团认定一起谋杀符合某一个加重情节,那么陪审团就需要在加重情节和减轻情节之间权衡,而在这件事上,他们没有得到任何的指导。例如,陪审团在决定哪些谋杀了警官的被告人可以活、哪些谋杀了警官的被告人必须死的时候,就享有完全的自由裁量权。因此,死刑判决依然像费曼案判决前那样,是一个偶然事件。

德雷克大学法学院的戴维·麦科德(David McCord)尝试量化这一问题。他的方法是,以陪审团一般认为应当加重刑罚的因素(例如折磨被害人)和陪审团一般认为应当减轻刑罚的因素(例如被告人的精神障碍)为依据,得出一个“罪责指数”。麦科德发现,无论在费曼案判决之前还是之后,罪责指数得分最高的被告人总是被判处死刑,而罪责指数得分最低的被告人总是被饶恕。但是,他发现,对于罪责指数处于中间水平的情况,费曼案判决之后的量刑比之前的要更加一致。虽然麦科德反对死刑,但他还是表示,应当承认费曼案至少在部
313 分意义上还是成功的,尤其是从斯图尔特和怀特的意见书的角度来看。麦科德写道:“相比于1972年之前,1972年后的死刑犯很可能包含了一群更加仔细筛选过的、更恶劣的罪犯群体。”

2009年,美国法学会取消了模范刑法典中有关死刑的规定。施泰克姐弟的研究是促成这一变化的原因之一。不过,这一条款的取消不仅仅是对学术研究的一种确认,更是一种政治立场的表达。

比起谁是对的,更重要的问题依然是,谁赢了?而这个问题的答案毫无疑问是死刑的支持者们。佐治亚州最高法院认定,该州的新死刑法律“用清晰的、客观的标准”对自由裁量权进行了控制,从而“使死

刑的适用不具有歧视性”。另一些州的法院也得出了相似的结论。

施泰克姐弟认为,这种虚假的可预测性正是费曼案和格雷格案带来的持久的后遗症。他们写道:“最高法院确立的法律规则是一种表面工程。它成功地让原本可能不会或不应当接受死刑的刑事司法系统参与者和普通民众感到死刑是可以接受的。”早期的法律现实主义者们如果听说了“法律制度能够理性地决定什么人应该活着、什么人应该死”这种想法,一定会嘲笑它。不难想象,奥利弗·温德尔·霍姆斯一定会认为那些试图限制自由裁量权的法条是法律形式主义者们上演的一出闹剧(而整件事也不过是做了一场戏)。霍姆斯最核心的洞见就是,法律是无法公式化地运行的。即使是在格雷格案判决之后,陪审团、警察和检察官依然保有巨大的自由裁量权,而这种权力无法被任何词句所约束。

然而,这种合理性的神话在当时(以及在今天)还是有着强大的影
响力。公众对死刑的支持在费曼案判决后发生了增长,而在格雷格案
判决后则出现了更大幅度的激增。几乎可以肯定地说,这是因为公众
相信法院已经“修复”了整个制度。施泰克姐弟称这一过程为“正当
化”,并将这个概念归功于社会学家马克斯·韦伯和意大利政治理论
家安东尼奥·葛兰西(Antonio Gramsci)。一种理性制度的表象使得
当时(以及今天)刑事司法系统中的各种行为人——检察官、法官和死 314
刑执行者们——都更加乐于接受自己的角色。它还使人们对州政府
权力的行使更加包容。斯坦福大学的罗伯特·韦斯伯格称:“一场在
法律方面看起来复杂精巧的刑事审判会创造出一种关乎公法道德秩
序的假象,并可能因此而为死刑赢得了一些它原本不应得的政治支
持,哪怕这些支持可能只是勉强得来的。”

量刑标准可能会促进死刑的正当化,这一点不仅体现在宏观的社会层面上,也体现在陪审团审议的微观层面上。曾任斯图尔特法官助

理和 LDF 顾问的韦斯伯格教授在《放手死刑》(Deregulating Death)这篇精彩的文章中提出,最高法院减轻了法官和陪审团因判处被告人死刑而产生的不安,因为它让“他们施加的刑罚看起来好像是某些中立的、客观的法律原则所必然要求的,而不是他们自己的选择和权力所带来的结果”。韦斯伯格认为,对罪责的评估是一个事实问题,而惩罚是一个主观的道德判断,两者之间有着本质的区别。在韦斯伯格看来,斯图尔特提出的需要让死刑量刑更加可靠的说法根本没有意义。毕竟,什么样的死刑量刑才算是“可靠”的呢?这正是哈伦在麦高萨案中想要表达的意思。将一个人判处死刑是一个关乎存亡的时刻,没有人能在这个过程中得到任何指引。这一真相与法律职业者想要将事情法典化、理性化的本能是相冲突的。哈伦的意思是,法律职业者应当坦诚地面对法律的局限性,而不是用形式主义的幻想来提供虚假的安慰。

那么,人们可能自然会问,量刑标准对于死刑被告人来说究竟是
315 福还是祸呢?为了回答这一问题,韦斯伯格对比了两起死刑案中法官和陪审团之间的两段对话。第一段对话摘自 1939 年俄亥俄州的一场庭审。这场庭审适用的是被费曼案判决所废止的那种合并式、无量刑标准的审判方式。法官告知陪审团,如果他们认定被告人有罪,那么他们就“需要再完成一项职责,那就是,你们要决定你们是否要行使或拒绝行使宽恕权”。在审议了一段时间之后,陪审团回到法庭并提出了一个问题,然后就发生了如下的对话:

陪审团团长:行使宽恕权的理由有哪些?

法庭:这完全要由你们来进行合理的自由裁量。你们需要斟酌决定,考虑到本案的证据、犯罪特点和相关情节,被告人是否应当被宽恕。

陪审团团长:减轻情节是什么?它们是我们能够仅凭自己的

判断力来决定的吗?

法庭:不是。如果存在减轻情节的话,你们必须凭借证据来认定它。

陪审团团长:嗯,那么,我们在对这个是否宽恕的问题作出决定时,可以考虑社会学的问题和环境因素吗?

法庭:不可以。它们与本案毫无关系。

将这段对话与1981年加利福尼亚州一起死刑案中检察官的如下论辩放在一起对比:

> 在你们的面前有一个天平。天平的一边是加重刑罚,另一边是减轻刑罚。如果天平的指针偏向减轻刑罚,那么依据法律,你们必须判处被告人终身监禁,不得假释的刑罚。但另外,如果天平的指针偏向加重,也就是说加重情节重于减轻情节,那么依据法律,你们在本案中必须判处被告人死刑。

哪一种表述对被告人更有利呢?韦斯伯格指出,第一种指令其实 316
是一种"反指令"。它将决策的重担完全放在了陪审团身上。而第二种说法,也是格雷格案之后最典型的一种说法,则提供了一个法律公式。它使得将被告人判处死刑这一决定的性质变得几乎数学化了,也使这一决定变得更加容易了。

不管是整体上,还是在细微之处上,美国死刑实践中的这种合理性表象都难免让人想起法国著名哲学家米歇尔·福柯(Michel Foucault)晚年一直在思考的一些主题,尽管福柯本人并没有专门对美国的死刑制度发表过意见。福柯一直对刑罚学很感兴趣,并且激烈地反对死刑。他被"理性"和"科学"的概念深深地吸引了。福柯认为,科学的方法本身并不一定比其他的思维方式更好。它的基本观点客观上并不比其他观点更加正确。基于科学方法提出的主张只是受到了格外的优待而已。

这些主张有较强的影响力,但影响力不意味着真理。

福柯最反对的就是为刑罚盖上科学有效性的印章。1980 年,福柯在一次采访中说道:

> 暴力最危险的方面就在于它的理性。当然,暴力本身就是很可怕的。但暴力最深的根源和它的持久性都来源于我们所采用的理性的形式。我们曾一度认为,如果我们生活在一个理性的世界里,我们就能够摆脱暴力。这完全是错误的。暴力和理性并非不能共存。

当哈伦在麦高萨案中提到法治与死刑之间“不可调和的冲突”时,他想表达的正是这个意思。当关于死刑的著名小说《刽子手之歌》(*The Execution's Song*)的作者诺曼·梅勒(Norman Mailer)提到“死刑之于其他所有法律,正如超现实主义之于现实主义。它摧毁了整个行业的逻辑”时,他想表达的也是这个意思。

317 关于大法官们是否真正相信,相对于无标准的量刑法条来说,《模范刑法典》是一个进步,没有人能给出确定的答案。多年后,哈里·布莱克门、刘易斯·鲍威尔和约翰·保罗·史蒂文斯都在不同程度上对1976 年死刑问题的判决表示过悔意,但在当时,从他们说过的话来看,他们都对各州在费曼案后作出的改进表现出了很强的信心。波特·斯图尔特在格雷格案中的意见书就对新量刑体系的价值和合理性进行了坚定的辩护。他提到了他的朋友和导师哈伦在理论层面上对人们是否能制定出有意义的量刑标准表示出的质疑,并以《模范刑法典》为例,对这种怀疑进行了质疑。“有人提出,要想制定出能够对死刑案陪审团的审议过程发挥指导作用的量刑标准是不可能的。”斯图尔特写道:“但事实是,这样的量刑标准已经被制定出来了。”尽管斯图尔特承认《模范刑法典》的量刑标准并不是完美的,但他认为,在这种新的死刑制度下,死刑判决不会再像闪电一样随机了:

> 佐治亚州的陪审团不会再重蹈费曼案陪审团的覆辙了:即对被告人是否有罪作出认定,然后在没有任何指导的情况下决定他的生死。虽然陪审团依然保有一定的自由裁量权,但这种裁量权的行使将会受到清晰的、客观的量刑标准的限制,让死刑的适用不再具有歧视性。

在接下来的几十年里,这种信心都渗透在整个刑事司法系统中,使反死刑者们苦恼不已。在短短的四年时间里,主导话语就发生了转变。四年前,人们普遍相信死刑无法被公平地适用。四年后,人们默认受到限制的自由裁量权是理性的,尽管这种观点的转变缺乏实证的依据,被法律界所批判,并且建立在一个反死刑者的毕生成就的基础上。

第十五章

英雄末路

318 当这场戏的大幕重新拉开的时候,威廉·道格拉斯在走下历史舞台之前为自己的大法官生涯写下一篇不寻常的终章。这段后话成为最高法院历史上最奇怪的插曲之一,也使道格拉斯此前在死刑问题上已然留下的良莠不齐的遗产自此变得不可磨灭而又怪诞至极。这段插曲开始于 1974 年 12 月,在最高法院宣布受理福勒诉北卡罗来纳州案之后不久。

对于比尔·道格拉斯来说,圣诞假期从来不是停止工作的理由。每逢假期,道格拉斯常常让他的法官助理们感受到他自己的童年有多么不完整。他总是督促他们工作更努力一些。不过,那一年,就在圣诞前不久,道格拉斯提出让自己的下属们休息一段时间,并高兴地宣布,在新年夜那天,他将和他的妻子一起坐飞机去巴哈马群岛度假。更棒的是,道格拉斯骄傲地宣称,他在加勒比海将不会做任何工作。他只会带上一本读物:詹姆斯·米切纳(James Michener)的最新小说《流浪者》(*The Drifters*)。这部小说讲的是六个小伙子穿越伊比利亚半岛、摩洛哥和莫桑比克的一段旅程。

然而,在拿骚,一群来开会的律师和道格拉斯一家住进了同一家酒店。这位大法官觉得自己如果再到处走的话,将得不到片刻的安静,于是他告诉妻子,在整段旅程中,他将一直待在房间里。妻子卡西下楼去买了份杂志。当她回来的时候,她发现丈夫正在痛苦地扭 319
动,处于半昏迷状态,并且身体的左半边已经不能动了。当地的一名医生表示,道格拉斯发生了一次大面积中风。

此时正在科罗拉多州范尔小镇(Vail)度假的杰拉尔德·福特(Gerald Ford)总统派出了一架军用喷气式飞机将自己曾试图弹劾的这位法官送到了华盛顿的沃尔特·里德陆军医院。在那里,道格拉斯不停地骚扰医生们和护士们,并且很快就开始躺在病床上口述意见书,以及吓唬自己的法官助理们。大家都觉得他似乎恢复得很好。但是,在1月中旬,道格拉斯的病情开始严重恶化。他的肾脏开始衰竭,并引发了肺积水。医生们担心他死于血栓,便把他以头低脚高位固定在了一个铝制的担架上。道格拉斯开始变得非常恐惧和多疑。他把自己得到的治疗看作是一种折磨,而元凶是他的那些极右翼的敌人。他还变得非常糊涂。当威廉·布伦南去看望他时,他告诉这位同僚,之前有一个黑人男子也来看望了他。

“是谁?”布伦南问。

“在最高法院任职的一个黑人。”

“瑟古德·马歇尔?”

“不是。”道格拉斯说道,“是一个名字里有字母u的黑人。”

显然,他指的是哈里·布莱克门。

初春,当道格拉斯终于回到家时,各种关于他可能要退休的猜测开始流传开来。他接下来的两次公开露面都没有平息这些谣言。在3月24日的第一次法庭辩论中,道格拉斯的眼神看起来有些呆滞。当天晚些时候,在接受采访时,他显得迷迷糊糊,讲话也有些不清楚。道格拉斯回到了自己的办公室，然后又回了家。在接下来的一个月里，他只在法院大楼露了几次面。在道格拉斯康复期间，其他的大法官们已经几次推迟了福勒案开庭辩论日期的确定，但是到了3月，他们不能再等了。他们预料道格拉斯不会出席这场法庭辩论，但他自己却有着不同的想法。

320 1975年4月21日，道格拉斯出人意料地出现在了法院大楼，准备出席福勒案的法庭辩论。下午1点钟过后不久，当其他大法官走向各自的座位，法警们扶着道格拉斯从轮椅上起身，坐到审判席上刚刚为他装好的特殊座椅上。他的出现让整个房间里原本就刺激的氛围变得更加紧张了，同时也吓到了旁听席上的人们。道格拉斯面色灰白而憔悴。他看起来似乎濒临死亡了。

福勒案并不是这场对局的全部，但它依然是那一年度最重要的案子。最高法院面临的问题很具体：北卡罗来纳州最高法院将该州的死刑法条变成了一个强制死刑条款，是不是出于对费曼案判决的正确解读？北卡罗来纳州法院在沃德尔案中表达的看法并不独特。特拉华州司法部长对费曼案判决的解读也是一样的。

因此，本案事关重大。如果最高法院判决北卡罗来纳州胜诉，那么死刑在一些州就可以不经过任何立法行为就得到恢复。不仅如此，这样做也就意味着默认强制死刑条款是合宪的。虽然伯格已经在费曼案的反对意见中暗示了这种可能性，但他的意见并不能代表最高法院，也不能代表其他的州。马萨诸塞州最高法院就刚刚受理了有关强制死刑问题的案件。

当然，本案的结果对于黑人男子杰西·福勒来说再重要不过了。福勒和另一名黑人男子约翰·格里芬（John Griffin）因为一场骰子游戏而打了起来。格里芬打伤了福勒的鼻子，又趁他躺在地上的时候反复殴打他。过了一会儿，福勒回来了，并当着格里芬两个孩子的面开枪射杀了格里芬。福勒辩称自己的行为是正当防卫,但这一说法没有被采信。正是因为北卡罗来纳州最高法院在沃德尔案中的判决,福勒发现自己面临的是被送入毒气室的惩罚。现在,他和另一名犯人一起住在雷利中心监狱里一间 6 英尺乘 8 英尺的 F 牢房里。他每天早上 321
6 点 30 分起床,7 点 45 分到 8 点吃早饭,11 点 30 分到正午吃午饭,下午在监狱的院子里活动 1 小时,晚饭也是用 15 分钟吃完,然后 10 点熄灯。他一周可以洗两次澡。他可以每周看一次三个小时的电视。每周日早上,他的父亲和继母都会来看望他,并和他一起祈祷,然后两人再开车去教堂。其余的时间,福勒都坐在牢房里,陷入对自己命运的沉思。

所以,本案对于福勒来说至关重要。但是,他的案子并没有对死刑的合宪性提出质疑。从战略角度来说,他这次上诉的意义主要在于试探最高法院的态度。就在去年,舆论的反扑加剧了。到福勒案开庭辩论的这天早上为止,已经有 31 个州恢复了死刑。死刑犯人数的增长超出了所有人的想象。自费曼案判决以来,检察官们和陪审团们已经判处了 253 人死刑。政治潮流已经发生了如此天翻地覆的变化,以至于在接下来的一次总统竞选中,在任的总统杰拉尔德 · 福特和民主党候选人吉米 · 卡特都表示支持死刑。作为一个虔诚的基督教徒,卡特自 2002 年赢得了诺贝尔和平奖以后开始呼吁废除死刑。2005 年,他对拉里 · 金说,他“相信耶稣基督是不会认可死刑的”。但在 20 世纪 70 年代中期,对于一个想要竞选总统的人来说,对死刑表示反对将会是致命的错误。

福勒案提供了第一次观察公众的反应如何影响了最高法院,以及最高法院想不想、敢不敢恢复死刑执行的机会。同时,本案也是律师们彼此试探、了解的第一次机会,因为这场大戏的演员阵容在费曼案之后已经发生了变化。北卡罗来纳州的代理人是高大魁梧的助理司法部长吉恩·贝诺伊(Jean Benoy),他自豪地相信本州有权使用死刑。“我本人认为死刑是一种恰当的、合适的刑罚。”贝诺伊在接受《乌木》(*Ebony*)杂志的采访时说道。“我认为一个社会有权保护自己、保护它的公民。如果那意味着处死一些对社会有威胁的人,我认为它可以这样做。”

322 不妙的是,联邦司法部副部长罗伯特·博克提交了一份法庭之友意见书。就是在这份意见书里,博克展示了埃尔利希有关死刑威慑力的研究成果。博克的参与向最高法院表明,死刑问题关乎联邦政府的利益。这对 LDF 来说不是个好兆头。美国联邦政府既没有参与麦高萨案,也没有参与费曼案。不仅如此,对于 LDF 来说,这一位司法部副部长的插手格外令人担心——博克实在不是盏省油的灯。

美国公众了解到罗伯特·博克,主要是因为他在“水门事件”里所谓的“周六夜大屠杀”中扮演的角色。当时,理查德·尼克松命令司法部长埃利奥特·理查森(Elliot Richardson)罢免特别检察官阿奇博尔德·考克斯(Archibald Cox),但理查森却拒绝服从命令,而是选择了辞职。理查森的常务副部长威廉·拉克尔肖斯(William Ruckelshaus)也认为这个命令是错误的,因此同样选择了辞职。于是,副部长博克成为代理司法部长,并执行了尼克松的命令。

博克是耶鲁法学院的杰出学者、教授,在法律界很有名。除去在政府任职的那段时间,他从 1962 年到 1981 年一直在耶鲁法学院教书。博克在耶鲁开设的讨论课深受学生喜爱。并且,任教期间,他曾教过那个年代最有影响力的一些律师和政客,包括约翰·博尔顿(John Bolton)、安妮塔·希尔(Anita Hill)和希拉里·罗德姆·克林顿(Hillary Rodham Clinton)。博克撰写了一本很有影响力的反垄断法专著,并发表了几十篇法律评论文章,以推广自己的司法哲学,即宪法解释应当基于制宪者们最早对这份文本的理解。虽然这种司法哲学让人很容易联想到雨果·布莱克,但博克却并不认可布莱克留下的遗产。他认为沃伦法院那些逾矩的行为是由布莱克(和道格拉斯)造成的。博克认为自己追随的是司法克制主义的著名倡导者亚历山大·比克尔。

博克和贝诺伊一样,是死刑的忠实信徒。博克亲自争取到了提交这份法庭之友意见书的机会。他提交的意见书长达 78 页,其中不仅大力主张死刑能够有效地威慑犯罪,还坚定地捍卫了各州自行决定这个问题的权利。即使抛开博克的知名度不看,仅凭语言的清晰度和说服力,他也无疑会成为托尼·阿姆斯特丹的强劲对手。

这一局虽然不是比赛本身,却也是至关重要的最后一次热身赛 323
了。律师们像职业拳击手一样走进赛场。1 点 01 分,当伯格宣布开庭时,律师们开始了彼此试探。

阿姆斯特丹打出了第一拳。“我谨向法庭提交如下意见,”他说:“我们认为,北卡罗来纳州的死刑案件审判程序所纵容,甚至鼓励的那种随意性、选择性,与本院在费曼案中所批判的那种,存在于死刑这一法律限度内的极端刑罚适用过程中那种自由度,是完全相同的。诚然,产生这些选择性决定的程序与原来不同了,但是否适用死刑的决定还是一样随意。”

阿姆斯特丹提出这一主张,就意味着他开始触碰一个棘手却又至关重要的战略性问题。在为福勒提起上诉时,LDF 原本可以着重强调北卡罗来纳州最高法院对费曼案判决的解释有多么荒谬。一个反死刑的判决怎么可能意味着更多的人应当被判处死刑呢?另一种潜在的策略是引导最高法院去关注强制死刑制度的非人道性,因为这种制度剥夺了被告人任何求得宽恕的可能。然而,阿姆斯特丹关注的却是一盘更大的棋。

雨果·贝多称,阿姆斯特丹将福勒案看作是一个“巩固和延伸费曼案判决”的机会。阿姆斯特丹提出,哪怕是强制死刑制度也是随意的,因此也违反了最高法院 1972 年的判决。要想基于这一理由支持福勒的上诉,最高法院就必须重申自己在费曼案中的立场,并加以补充。而如果最高法院只是基于北卡罗来纳州最高法院对费曼案判决的解读的荒谬性,或者基于强制死刑制度的非人道性而作出判决的话,这些步骤就不是必要的了。

LDF 显然有足够的事实依据来提出随意性的主张。即使是在强制死刑制度中,自由裁量权也无处不在——它存在于检察官是否起
324 诉、以何种罪名起诉,以及是否提出辩诉交易的决定中。陪审团也保留着自由裁量权。他们在任何情况下都可以给被告人定一个更轻的罪名,而这一决定不受任何标准的限制。各州的州长也可以自由决定批准或驳回被告人的行政赦免申请。以上每一点,阿姆斯特丹都指出了。

但是,这种推理思路中其实危机四伏。每一起刑事案件都涉及检察官的自由裁量。每一起刑事案件又都涉及陪审团的自由裁量。阿姆斯特丹提出的主张是在质疑整个刑事司法系统的正当性。不仅如此,他的论调似乎是在反对宽大处理,尤其是当他指出行政赦免中的问题时。阿姆斯特丹说:“值得关注的是北卡罗来纳州适用行政赦免的独特方式。在本世纪很长一段时间里,北卡罗来纳州的死刑犯中几乎有三分之二都得到了减刑。所以,州长的这一行政裁量权似乎起到了使非常大一部分案件免予死刑判决的作用。”阿姆斯特丹的宿敌哈里·布莱克门立刻注意到了他这一立场的怪异之处。“那么我是不是应该理解为,你提出的关于行政赦免权的论点,针对的是它的适用,而不是它的存在?”

“不是的,”阿姆斯特丹答道,“我们的意思是,如果您将北卡罗来纳州的程序作为一个整体来看,那么您就一定会发现,北卡罗来纳州

在沃德尔案之后的做法和本院在费曼案中所取缔的做法之间区别很小,甚至于没有区别。”

因为已经说到了这个地步,所以阿姆斯特丹别无选择,但他的回答使他陷入了一个危险的境地。在费曼案中,阿姆斯特丹和 LDF 反对的是将罪不至死却遭到了随意的严苛对待的被告人处以死刑。现在,阿姆斯特丹反对的却是将那些应当被处死的人宽大处理——这听起来就好像阿姆斯特丹在反对宽恕。他的观点也许合乎逻辑,但它的情感色彩却是不同的。法律依赖于宽恕,无论是在一个警察放过一名超速者时,还是在州长撤销一个人四十年监禁的判决时。布莱克门对 325
这种矛盾展开了探讨。“我现在想确认一下我的逻辑,或者说你的逻辑。你现在针对行政赦免提出的主张,对其他任何犯罪都同样适用,所以如果这一主张成立的话,你就会推翻整个刑事司法系统,不是吗?”

为了回答这个问题,阿姆斯特丹引入了一个在接下来几回合中将占据核心地位的主题——他提出,死亡是不同的。“我认为,死刑案和非死刑案之间存在着宪法层面上的区别。”阿姆斯特丹对布莱克门说道。“死刑是特殊的。它不仅在费曼案判决下的法律意义上是特殊的,在事实意义上也是特殊的。”布伦南在自己的费曼案意见书中指出了这一点。斯图尔特也提到了这一点,但它并没有赢得多数派的支持。

在阿姆斯特丹的陈词接近尾声的时候,他的论证方法中蕴藏的风险已经昭然若揭。如果多数大法官依然支持费曼案判决,那么阿姆斯特丹就占据了优势。如果大法官们对这一判决的支持不那么牢固的话,那么阿姆斯特丹面临的风险就大得多了。费曼案所涉及的那些过于随意的程序都是死刑案中特有的。审判程序是否应该分为定罪环节和量刑环节的问题,以及陪审团在量刑时是否应该受到引导的问题,都主要适用于死刑案。在其他案件中,陪审团很少会作出量刑决定。然而,在福勒案中,阿姆斯特丹批判并认为过于随意的却是所有刑事案件中都适用的一些程序。布莱克门说得对:阿姆斯特丹抨击的是美国的整个刑事司法系统。

阿姆斯特丹选择这条路是基于不完全的信息。所有律师的工作都伴随着不确定性,而这一次,阿姆斯特丹得到的信息比通常情况下还要少。他只能去猜测支持费曼案判决的大法官有多少。阿姆斯特丹显然不知道斯图尔特和怀特之间达成的协议,也不知道怀特在加入多数派之前有多么摇摆不定。他只能推测最高法院会如何应对公众舆论的反扑。大法官们投票维持自己原本不同意的判决,这样的先例比比皆是。哈伦曾在米兰达案中投反对票,但后来又多次依据遵循先例原则投票维持了这一判决。阿姆斯特丹决定冒这个险是有合理依据的。

326 不过,事后回想起来,连阿姆斯特丹也承认,他赌错了。“我们对费曼案中多数派大法官的判决理由太过当真了,并且相信大法官们自己也是认真的,这是一个严重的错误。”阿姆斯特丹苦涩地回忆。“我们完全没觉得费曼会是死刑的终结。杰克·格林伯格对媒体是这样说的,但那只是一个精明的公共话语倡导者在尝试建立一个自我实现的预言罢了,并不能代表我们真正的预期。但不管怎样,我们的确怀着一种几乎一样天真的信念。我们并没有认识到大法官们的虚伪程度可以如此之深。如果费曼案中的摇摆派大法官们所阐明的判决理由能够得到尊重,并且能够被实事求是地应用于北卡罗来纳州在沃德尔案后实行的审判程序——尤其是应用于杰西·福勒的案子——那么福勒案的法庭辩论就会是一次决定性的胜利。”

在阿姆斯特丹的陈词结束后,北卡罗来纳州的代理律师吉恩·贝诺伊也面临着自己的战术困境。他应该为北卡罗来纳州的制度辩护，反驳阿姆斯特丹提出的关于随意性的指责吗？还是说，他应该承认随意性的存在，转而进一步强调阿姆斯特丹的论调其实是对整个刑事司法系统的批判？选择哪一种策略，取决于在贝诺伊自己看来，最高法院是否会坚决维护费曼案判决。如果费曼案判决背后有着坚实的支撑，那么最明智的做法就是为北卡罗来纳州的程序辩护。但如果费曼案判决本身的地位并不稳固，那么也许对贝诺伊来说，最明智的做法是接着布莱克门提出的问题讲下去。当然，北卡罗来纳州的这位司法部常务副部长并不比 LDF 更了解大法官们私下里的思考过程。贝诺伊和阿姆斯特丹将赌注押在了同一种可能性上。他承认了费曼案判决作为先例的地位。

贝诺伊首先指出，阿姆斯特丹夸大了检察官和法官们拥有自由裁量权的程度。他提出，州法律规定，如果一名检察官（在北卡罗来纳州被称为法务官）没有行使自己宣誓要行使的职责，那么这名检察官就
必须被罢免。至于行政赦免，贝诺伊表示，没有证据表明其中存在歧 327
视现象。“如果在未来的某个时间，某州长开始为所有白人和有钱人减刑，那么本院可以在合适的案件中对此进行干预。”但他表示，这与“在毫无事实依据的情况下，仅凭行政赦免中存在歧视的假设就彻底废除行政赦免权”是很不一样的。

这一主张并没有引起大法官们的共鸣。斯图尔特问道，在大陪审团的审议程序保密，且州长的赦免决定不受任何审查的情况下，如何才能证明歧视的存在？而马歇尔提出的质疑是，依据法律，要证明种族歧视的存在，似乎不需要更多证据了。

“贝诺伊部长，据你所知，在北卡罗来纳州的历史上，曾有被判死刑的黑人得到过减刑吗？”马歇尔问道。

“没有，先生。”

“北卡罗来纳州黑人的比例是多少？”

“我想大概在 20% 到 30% 。”

“在死刑犯中的比例呢?”

“据我所知,大概是 50% 比 50% 。”

“你觉得这没什么问题?”

“没有,先生。我觉得这没有一点问题,法官大人。在北卡罗来纳州,有许多比——”

“比种族更重要的事情。”马歇尔道。

“比一个谋杀犯、强奸犯的种族更重要的事情。”贝诺伊说道。“北卡罗来纳州的司法系统中没有任何种族色彩。”

对此,瑟古德·马歇尔无法接受。作为一个花了大半生时间对抗南方种族主义的人,他不能对贝诺伊的这种说法无动于衷。接下来的一段对话令人印象深刻。

“在你们的司法系统中,有多少黑人?”马歇尔问道。

“我想想。”这位司法部常务副部长答道。“我觉得有——我不知道上一个女黑人(Negress)……有一个黑人(Negro)女性曾担任过法官。”

“一个什么人?”

328 “一个女黑人。”贝诺伊重复道。“一个黑人女性曾在吉尔福德县(Guilford County)做过法官。”

“你们南方还在使用‘女黑人’这个词?”

“嗯,法官大人,我本人是白人,而我并不觉得使用‘黑人’这个词有什么不妥。这只是一个种族的名称而已。”

“好吧。在那些什么……一审法院……像治安法庭之类的吗?”

“不是的,先生。我们的地区法院里有黑人法官。”

“说出他们的名字!”马歇尔大声说道。

“我不知道,法官大人。”贝诺伊说。“我不认识他们,和他们来往也不多。”

"你们有黑人法务官吗?"

"有的,先生。"

"我只请你说出他们之中一个人的名字。"

"您指的是选举产生的法务官吗?"

"是的,先生。"

"我想可能没有选举产生的黑人法务官。"

"我想也是。"马歇尔说道。

贝诺伊并没有被吓到,而是坚称北卡罗来纳州的制度是公平的。"北卡罗来纳州的基本政策是,我们赋予一个黑人生命的尊严,与我们赋予一个白人生命的价值是相同的。而当我们说,强奸罪的强制性惩罚是死亡时,那就意味着在北卡罗来纳州,如果你强奸了一名黑人女性,你会因此被送进毒气室。"他说道。"北卡罗来纳州赋予一个黑人女性和一个白人女性以同样程度的性尊严。而我们不会因此向任何人道歉。"

马歇尔并没有被说服。

不过,当贝诺伊提到阿姆斯特丹的论点引申下去会造成什么问题时,他遇到的阻力就小多了。阿姆斯特丹提出的批判触及了"美国刑事司法系统的核心"。贝诺伊表示,如果最高法院对陪审团或检察官自由裁量权的合宪性提出了质疑,"那么你们就从根本上颠覆了我们所熟悉的美国刑事司法系统"。

* * * *

当罗伯特·博克站到讲台前,他首先表明,自己并不在意北卡罗 329
来纳州和杰西·福勒之间的这场战斗孰胜孰负。"首席大法官先生,"博克说道,"关于本案案情中那些涉及北卡罗来纳州法律的具体问题,双方已经充分地进行了辩论。"博克插手本案只有一个原因:为了确保最高法院不要扩大费曼案判决并以第八修正案为由废除死刑。博克表示:"美国联邦政府今天来到这里只是为了提出一个要求,那就是无论本案的结果如何,都请最高法院明确,死刑是合宪的,并且有关死刑适用的重要决定应当由人民选举产生的代表作出。”

与贝诺伊不同,博克将矛头直接指向了阿姆斯特丹论点中的核心矛盾。他提醒最高法院,制宪者们在宪法中提到了死刑。并且,宪法要求由大陪审团起诉、由小陪审团审判,这就意味着宪法在每一个环节都采纳了人民的意见。“如果说宪法规定的刑事司法系统是一片叶子,那么它的每一个气孔都呼吸着自由裁量权。”博克称。“并且,说实话,我无法理解一个合宪的、以自由裁量权为前提的制度如何会让一个合宪的、以允许使用死刑为前提的制度变得不合宪了。一个合宪的制度的一部分会导致同一个制度的另一部分违宪,这种说法让我感到极其困惑。”

博克表示,自由裁量权实际上是宽恕的另一种说法,而所有人都认为宽恕是刑事司法系统中一个优良的方面。“我们刚刚一直在从一个错误的角度看待自由裁量权。”博克主张。“这个系统中的自由裁量权并不是这个系统的缺陷所在。恰恰相反,它正是这个系统的天才之处。”他补充道。“在现行的系统中,一个人或几个人因为自己的偏见或愚蠢而判处另外一个人死刑是完全不可能的。而在每一个环
330 节,一小群人都可以阻止死刑的实施。在其中几个环节,哪怕是一个人也可以阻止死刑的实施。”博克引用了《斯坦福法律评论》新发表的一篇文章,作者是芝加哥大学法律教授哈里·卡尔文。博克称,这篇文章证明了陪审团所作的决定是理性的。这个说法有些牵强。卡尔文的文章是基于他和 LDF 长期以来的盟友汉斯·蔡塞尔一起做的研究。事实上,卡尔文和蔡塞尔的研究没有太多地提到陪审团决策依据的问题,并且蔡塞尔也一定会否认这项研究暗含任何支持死刑的意味。不过,大法官们都没有就此向博克提出问题。

事实上,博克唯一一次遇到阻力,是因为他提出,正如在麦高萨案和费曼案中那样,在本案中,LDF 和反死刑者们是在试图让最高法院

用自己的决定取代立法者们的决定。“在一连串的案件中,反死刑者们一直在试图让本院作出一个他们从州政府和联邦政府的立法分支那里没有得到的政治决定。本案只不过是这一系列案件中最新的一个而已。”博克称。

斯图尔特作出了回应。他指出,将福勒判处死刑的,是北卡罗来纳州最高法院,而不是北卡罗来纳州的立法机关。博克回答,LDF 原本应该指出这一区别,以便让贝诺伊对此作出答复。“我本不想由我来提起这个问题的。”博克说道。

在驳论环节中,阿姆斯特丹引用了查尔斯·布莱克的著作来反驳博克将自由裁量权看作一个优点的说法。“当然,你将一件事物看作是天才之处还是缺陷,取决于你站在哪个角度。”阿姆斯特丹说道。“查尔斯·布莱克在他的新书里非常鲜明地阐述了这一点。他说,如果陪审团对被告人是否可以活下去这个问题回答‘是’,那听起来很美好。有人逃过了一死。问题在于,如果你从另一面来看,有人死去了,原因是陪审团没有给他定一个更轻的罪名,而是给他定了死罪。”阿姆斯特丹总结:“这个系统中的缺陷不是偶然性的,而是普遍存在的。”

这不是阿姆斯特丹最精彩的一次法庭辩论,但在当时的条件
下,他可能已经尽力做到最好了。如果大法官们倾向于维持费曼案判 331
决的话,阿姆斯特丹的表现可能也足够好了。但如果大法官们不打算维持费曼案判决的话,那么福勒案的失败将只是 LDF 要面对的一连串问题的开始。

在整个法庭辩论期间,当才华和影响力均为全美顶尖的两位律师正在唇枪舌剑地决斗之时,威廉·道格拉斯一直安静地坐在那里。他张着嘴,歪向椅子的一边。道格拉斯与外界只有一次沟通。他试图给自己的一名法官助理写一张便条,却没法把那一张纸撕下来,于是他开始用便签本敲打桌子,直到一名法警走过来帮他。法庭辩论结束

后,等他的同僚们都出去了,法院的工作人员用轮椅将道格拉斯从台上推了下来。

第二天,道格拉斯住进了纽约的腊斯克康复研究所,开始了长期的康复治疗。他错过了福勒案的大法官会议,而在他缺席的情况下,会议的结果是四比四平票。在腊斯克康复研究所的病床上,他像平时一样,开始在一本黄色的法律拍纸本上起草自己的福勒案意见书。道格拉斯的工作习惯和其他大法官不同。他并不依赖于法官助理们准备的法官备忘录,并且他总会亲自起草意见书。当他身体还健康的时候,这种工作方式并没有什么问题。但是,现在,道格拉斯的法官助理艾伦·奥斯汀几乎完全看不懂道格拉斯写下的任何东西了。第一页表明道格拉斯将发表反对意见;整份意见书剩下的部分是由破碎的句子组成的,而奥斯汀和道格拉斯的秘书们花了接下来几个星期的时间来辨认这些句子,并把它们修改成了一份很短的意见书。

其他大法官不知道该如何处理这样的局面。显然,道格拉斯要么退休,要么去世,但没有人能知道他会坚持多久。6月24日,最高法院将福勒案推迟到了下一年的开庭期再行处理。《纽约时报》在头版报道了法院休庭的消息。虽然最高法院没有给出延期的官方原因,但这篇报道还是正确地指出,道格拉斯的病情导致了这次延期。不过,道格拉斯并不知道这件事。晚春的时候,他让奥斯汀看一看其他大法官正在传阅的福勒案意见书。奥斯汀告诉他,其他人没有传阅任何意见
332 书,因为最高法院决定推迟此事,另找一个有关死刑合宪性的案子。健康状态下的道格拉斯一定会识破这个谎言,但在当时的情况下,他接受了这个解释,并依然坚定地表示他还要参与下一轮死刑案件的审理和判决。初夏,道格拉斯让布伦南"传话给大法官会议,说我还没想好我希望怎样处理这一批死刑案"。

8月,道格拉斯去了古斯大草原,期待山里的空气能让他恢复活

力。但是,当他坐着车到了山庄门口,他却几乎无法自己下车了。儿子想帮他一下,但道格拉斯拒绝了:“如果我进双 K 山庄都要人来抬的话,我会下地狱的。”道格拉斯还是走进了山庄,但这是他最后一次走路了。即便如此,他还是继续工作着。他的新法官助理罗伯特·戴茨将一包又一包调卷令申请寄到了古斯大草原,尽管伯格告诉戴茨,他和道格拉斯的其他法官助理可能在下一个开庭前开始时就要失去这份工作了。7 月的时候,伯格到腊斯克康复研究所看望了道格拉斯。他虽然对媒体说道格拉斯已经有了很大的好转,但私下里却不这么想,并且迫切地希望这位同僚能够尽快退出。

但是,道格拉斯还是坚持着。9 月初,加利福尼亚州一起刑事案件的律师们正在向法院申请强制令,禁止州政府的调查员查看大陪审团的记录。美国最高法院的大法官无权审理州法院的案件,但道格拉斯却宣布,他打算在亚基马县法院大楼审理这个案件。法庭辩论结束后,律师们等待着裁判结果。道格拉斯沉默地坐了十分钟,然后邀请律师们到他在古斯大草原的家来看望他。“那是个很美的地方,”他说,“有清新的空气和各种各样的野生动物,环境非常宜人。”这次开庭结束后,道格拉斯的朋友家人们都劝他退休。他们还邀请道格拉斯的好朋友、曾任布莱克法官助理的耶鲁法学教授查尔斯·赖克来做说客,劝这位大法官退休。道格拉斯告诉赖克,如果他退休,他的生命就结束了——他要继续战斗。

10 月,其他大法官剥夺了道格拉斯的投票权。他们彼此达成了
一致,认为不能在道格拉斯加入多数派的情况下以五比四的票数判决 333
任何一个案子。这种做法是史无前例的。曾有过其他大法官在别人的劝说之下退休,但从来没有哪位大法官被剥夺过手中的权力。布伦南记得这是一个“极其艰难的决定”。拜伦·怀特认为,这样做没有任何依据。大法官是终身任职的,关于他们的退休并没有正式的规定。

大法官可以因为不称职而被罢免，但在怀特看来，这类决定应该由国会作出。他格外反感最高法院秘密的行事方法。怀特对同僚们写道：“我希望多数派能愿意把他们采取的行动正式地公之于众。”多数派并不愿意这么做。于是，这个决定便一直保密，直到 1979 年，伍德沃德和阿姆斯特朗在《隐秘的江湖》一书中才揭露了这个秘密。

令人难以置信的是，道格拉斯还在坚持。他想要坚持到新一批死刑案件的审理。10 月的第一个周一，当 1975 年开庭期开始的时候，他又走上了审判席，昏昏欲睡地听完了当天的法庭辩论。他在自己的办公室中装了一张小床，以便在上午的法庭辩论结束后小睡一会儿。月底，伯格分配了这届开庭期的第一批工作任务——道格拉斯没有收到任何任务。就在同一周，沃尔特·里德医院的医生告诉道格拉斯，他的情况不会有好转了。他们说，他没法再走路了，而剩下的日子他都将在持续的疼痛中度过。

然而，在下一周的周三，向来藐视一切的道格拉斯又出现在了审判席上。那天上午的法庭辩论，他只坚持到了一半，然后就让人把他送回自己的办公室了。周四，他去了腊斯克康复研究所，想听听其他医生的意见。那里的医生也表示他无法再行走了，但他们觉得，休息可能会减轻他的疼痛。道格拉斯赶回华盛顿参加了周五的大法官会议，但他又一次被疼痛压垮了，不得不在中途回到自己的办公室。最终，在周三，也就是 1975 年 11 月 12 日，威廉·O. 道格拉斯从最高法院辞职了。他派人将辞职信交给了福特总统。午餐时间，当大法官们正在专属的餐厅中庆祝布莱克门的生日时，伯格向同僚们宣布，道格拉斯决定辞职了。大法官们一个一个地走到道格拉斯的轮椅前，和这位同事握手，向他道别。

334 即使到了这个时候，道格拉斯还是没有停下来。在当时情绪的感染下，大法官们给刚刚辞职的道格拉斯写了一封温情的信。“我们期待着你像往常一样,和我们坐在同一张桌子前,”他们写道,“因为你依然是我们荣誉退休的、资历最高的大法官。”道格拉斯却把这封信的字面意义当真了。月底,在他的继任者约翰·保罗·史蒂文斯已于12月19日宣誓就职之后,道格拉斯回到了法院大楼,搬进了新的办公室,并一如他在过去四十年中所作的那样,开始用蜂鸣器召唤他的法官助理们。当道格拉斯发现伯格已将戴茨分配给了怀特和斯图尔特,只给他留了一个兼职的法官助理时,他给首席大法官写了一封愤怒的信。道格拉斯没有收到回复,但他坚持像大法官一样行事。在有关1974年竞选资金改革法合宪性的巴克利诉瓦莱奥案(*Buckley v. Valeo*)中,他向其他大法官传阅了一份意见书。伯格写信告知道格拉斯,作为已经退休的大法官,他不能参与在审案件的判决,除非全体大法官邀请他参与。但道格拉斯毫不气馁,并命令自己的兼职法官助理把他的意见书发布给媒体。法官助理拒绝了他,并把道格拉斯的打算告诉了拜伦·怀特,提醒他注意。怀特又告诉了伯格,而伯格则通知最高法院的全体工作人员忽略道格拉斯的求助。

道格拉斯还是毫不气馁。1976年1月,大法官们在周六开了一次特别会议,确定了五起死刑案的开庭辩论日期。这五个案子与福勒案不同。它们将是真刀实枪的决战。它们分别代表了各州对费曼案各种不同的回应。所有的问题都会被拿出来讨论,包括强制死刑条款的合宪性、限制自由裁量权的法律是否降低了随意性,以及最终极的问题:按照不断演进的文明标准,第八修正案是否允许使用死刑。在很长一段时间内,这五个案子将决定美国死刑的未来。

3月,道格拉斯写了一份备忘录,告知同事们,他将在新一批死刑案中发表一份意见书。然后,他打电话给布伦南,表示自己想出席法庭辩论。布伦南告诉他那是不可能的,因为审判席上只有九把椅子。

“那就再搬一把来。”道格拉斯说。

335 “不行，”布伦南答道，“约翰已经取代了你的位置。”

“你怎么也这样。”道格拉斯说道，然后就挂了电话。

大法官们决定，他们必须要制止这种行为了。伯格起草了一封信，称道格拉斯不再有权参与最高法院的任何事务。自辞职以来，道格拉斯就不能再出席法庭辩论、投票、参与大法官会议或发表意见书了。伯格派人将信送到每一位大法官那里签字，然后亲手把它交给了道格拉斯。

终于，道格拉斯接受了自己不再是最高法院大法官的现实。这可能是因为他终于明白了其他人的意思。但更可能的原因是，当道格拉斯坐下来起草自己宣称要在新一批死刑案中发表的意见书时，他只勉强写下了两页纸的想法，其中大部分都是关于他因为被排除在最高法院的决策过程之外而产生的愤怒。

大约四年后，在 1980 年 1 月 19 日，道格拉斯因肺炎并发症去世。五天后，他凭借一段服兵役的记录，被葬在了阿灵顿国家公墓。而这段记录可能完全是编造的，也可能只是被严重夸大了——这取决于读者对这位倒下的巨人有多少同情。

第十六章

香肠工厂

最高法院一直是个谜一样的组织,但它的工作中没 336
有哪个方面比决定是否签发调卷令的过程更加神秘莫测了。在整个流程的结尾,当一个案子有了实质性判决后,这个案子就会得到书面的记录。不可否认,这个记录是不完美的。法官公开发表的意见书常常不能反映法官真实的思维过程。波特·斯图尔特的费曼案意见书就是个生动的例子。如果这份意见书完全真实的话,它就不会说“死刑判决是残酷而不寻常的,正如被闪电击中是残酷而不寻常的”这样的话,而是会以“死刑是不道德的”这条原则作为开头。或者,如果斯图尔特对真相毫无保留的话,他就会在一个脚注里写上:“我选择这个立场是为了争取拜伦·怀特那一票。”但是,虽然公开发表的意见书中存在瑕疵,但它至少给律师们和学者们留下了一些可以研究的东西。哪怕是最愤世嫉俗的法律现实主义者也会承认,公开发表的意见书与一个法官内心真正的想法之间还是有一些联系的。随意性可能不是斯图尔特在 1972 年最担忧的事,但它确实引起了他的担忧。

而签发调卷令的决策过程就不一样了。最高法院几乎从来不会对这个过程进行书面的记录。阿瑟·戈德堡在鲁道夫诉阿拉巴马州案中发表的反对意见,是最高法院大法官向公众解释自己投票理由的一个罕见的例子,而即便如此,这份反对意见也只反映了戈德堡的
337 一部分想法。直到二十年后,戈德堡才公开发表了艾伦·德肖维茨在1963年夏天写下的那份报告的全文,而即使是那份报告也没有提到德肖维茨针对死刑量刑中的种族歧视问题所作的研究。总的来说,请求最高法院受理自己案件的调卷令申请人,最终只能得到一个是或否的答复。

这些潜在的诉讼当事人多如牛毛,因此,要想争取最高法院受理案件,需要经过非常激烈的竞争。在沃伦·伯格任首席大法官期间,最高法院每年大约受理150个案子。这已经是最高法院历史上受理案件最多的时段之一了。相比之下,2009年,罗伯茨法院只受理了73个案子。即使在伯格和同僚们极高的工作效率之下,在收到的所有调卷令申请中,最高法院也只批准了1%多一点。

调卷令程序不受任何标准的限制,这让律师们感到非常烦恼。在判决案件的时候,法官们需要以一系列的判例为依据,而律师们可以找到并研究这些判例。但调卷令就不一样了。除了少数由国会规定最高法院必须受理上诉的领域外,最高法院完全可以自由地决定受理哪些案件。并且,由于法院没有公布任何对自己产生约束的标准,因此它也就不受任何先例的限制。律师不能向最高法院提出主张,称一个案子应当被受理,因为在此前一起相似的案件中,最高法院签发了调卷令。律师们得到的唯一的指引来自于《合众国最高法院规则》第10条,但这条规则并不太有用,因为它开头就指出:"调卷令的签发不是一个权利问题,而是一个司法自由裁量问题。"接着,它列举了一些可能预示着调卷令会被签发的条件。其中最重要的一条是,各巡

回上诉法院之间是否存在分歧。但即使存在这样的分歧,最高法院也未必会受理一个案子,而很多得到了受理的案子又并不涉及巡回上诉法院之间的任何分歧。弗兰克·墨菲大法官曾说:“调卷令的签发,可以说是一种恩典。”

不出意料,调卷令程序的黑盒子一直是一个备受学界关注的话题。学者们已经提出了许多种理论,用于解释大法官们在调卷令程序中的行为。肯塔基大学的一位多产的政治学者西德尼·厄尔默(Sidney Ulmer)找到了一些支持他所说的“纠错策略”的证据。不满意下 338
级法院判决的大法官会投票批准调卷令申请,而支持下级法院判决的大法官会投票驳回调卷令申请。另一位发表多篇文章的政治学者格伦登·舒伯特(Glendon Schubert)则认为,大法官们的投票是基于他们对调卷令签发后最高法院是否会达成他们想要的结果的预测。而北卡罗来纳大学的索尔·布伦纳(Saul Brenner)认为,只有当大法官们倾向于维持下级法院的判决时,他们的行为才会符合舒伯特的描述。如果他们希望推翻下级法院的判决,那么他们就不妨签发调卷令,碰碰运气。最坏的情况也不过就是一个不好的判决得到了维持。还有一项研究表明,提交法庭之友意见书会大大增加最高法院受理一起上诉的概率。虽然这些研究强调了不同行为人的重要性,但它们在方法论上都有着相同的倾向:它们都是在凭借数据,回溯性地建构一种司法行为理论。

而得克萨斯大学政治学者H.W.佩里(H. W. Perry)却怀疑,政治学者们完全依赖于定量的证据,可能忽略了一些东西。于是佩里决定访谈一些人。20世纪80年代下旬,佩里花了三年时间访谈了六十四位前法官助理,五位最高法院大法官,以及十六位法院的其他工作人员。他将研究结果发表在了《择案而审》(*Deciding to Decide*)这本通俗易懂、引人入胜的书中。

佩里发现,最流行的几种政治科学模型都不能很好地解释调卷令程序。在佩里看来,这些研究的问题在于它们都没有充分重视法官助理在决定是否受理一个案子中发挥的关键性作用。不仅如此,佩里还指出,此前的研究忽略了司法部副部长的作用,而最高法院很尊重司法部副部长的意见。当司法部副部长希望最高法院受理一个案子时,最高法院几乎每次都遵从了。最重要的是,佩里发现,大法官们会因为对某个案件的态度不同而作出非常不同的举动。如果一个大法官非常在意某一个案子的结果,那么他就会像厄尔默、舒伯特和布伦纳所说的那样策略性地行动。但是,对于大多数的案件,大法官们都
339 不会太在意结果。在这种情况下,他们会遵循佩里所称的“法理学模式”,在投票时考虑一些现实的、制度性的因素,例如巡回上诉法院之间是否存在分歧等。而不管一个大法官是按照“法理学模式”行动还是按照“结果模式”行动,他都一定会考虑一个特定案件是否清晰地呈现了一个法律问题,以及备选的案件中是否有比这一个更好的。简而言之,佩里发现,大法官们有时会像政治学者们认为的那样,以政客的方式行事,而有时则只是以一个法律职业者的方式行事。这一结论让政治学者们感到有些难以接受。

佩里的书在许多方面都非常富有启发性,但其中至少有三点对于我们来说是非常重要的。第一,他的研究体现了定性研究的重要性;也就是说,它体现了真正与行为人进行对话的重要性。不是每个人都认同这一点。人们普遍认为《择案而审》是这个领域的一本开创性的书,认为它在捕捉大法官和法官助理们用于讨论调卷令程序和具体案件的语言方面非常有价值,但同时,也有一些人对这本书提出了批判。佩里讲述了他的前辈们对他的研究提出的两点让他印象深刻的批判。第一位说:“嗯,如果你愿意花时间做这个的话,也不是不行,但这不是社会科学。”另一位讲得更加鲜明:“这只是在无脑地散播流言蜚语,或

者说，自说自话地贩卖内部消息。”即使是在《择案而审》出版后二十年，做定性研究的学者仍然很难被当作一流学者来看待。此后又有很多人发表了关于司法决策过程的定量研究，但发表定性研究的人却很少。

佩里本人是一个政治学者，但对定性研究方法的不认可在法学学者之中甚至更加严重。虽然几乎所有法律职业者都已经接受了“如今我们都是现实主义者”这句格言，但是《法律评论》上那些文章注重的依然是对公开发表的意见书的分析。几乎没有人关注案件中的各个参与者。很少有人写过死刑的历史。现有的学术著作一如既往地关注着大法官们在费曼案和格雷格案中发表的意见书。这种只关注公开发表的判决书的单一视角，一定会导致信息的不完整。

第二，《择案而审》促使人们对简单的模型提出质疑。政治学者们
比较喜欢像厄尔默提出的“纠错策略”或者舒伯特提出的“结果模型” 340
那样的概括性的理论框架。而佩里针对调卷令程序提出的复杂的模型包含两个主要分支和十三个决策关键点。这种冲突在关于死刑的学术研究中也有所体现。现存的少数几个由政治学家针对死刑案件进行的研究，都试图将历史塞到一个总体的框架中。这些框架有的被称为“态度主义模型”，有的被称为“法条主义模型”。佩里会说这些学者忽略了所有的微妙之处，而这个说法显然是对的。斯图尔特在麦高萨案、费曼案和格雷格案中的行为如何能用两个词来解释呢？

第三，也是最重要的一点，就是佩里发现在所有的法官助理和大法官们眼中，死刑案都是特别的。一位法官助理生动地向佩里描述道：“当调卷令申请涉及死刑案时，它们总是得到特殊的处理。这些调卷令上面都贴着一张大大的粉色贴纸。”即使是佩里列出的细致入微的、极力模仿现实生活的决策树形图，也无法解释接下来在最高法院内部会发生什么。在这一方面，正如在其他许多方面一样，死刑案件

无法被简单的模型解释,甚至也无法被复杂的模型解释。

在大法官们即将为受理哪几件新的死刑案而展开一场幕后战争之前,沃伦·伯格要求最高法院的动议律师、毕业于乔治城法学院的詹姆斯·金蒂(James Ginty)对在审的死刑案进行审阅。动议律师直接对首席大法官负责。一般情况下,动议律师负责处理的是最高法院在普通的调卷令程序之外收到的上诉申请。虽然让动议律师负责这样的工作违背了一般的做法,但所有人都认为当下的情况不同寻常,因此其他的大法官们都没有对伯格的决定提出异议。

1976年1月8日,金蒂向大法官们传阅了一份备忘录,简述了他的结论。正在等待最高法院采取行动的案子共有48件。其中,39件被暂时搁置了起来,直到福勒案判决为止。死刑犯的数量已经大幅上涨。到11月份为止,已经有来自28个州的376人被判处了死刑。

341 考虑到各州法律都有所不同,大家普遍觉得最高法院应该签发数个死刑案的调卷令。但是,金蒂却觉得最好只签发一个。他认为,签发调卷令的案件应该来自一个通过了强制死刑条款的州,最好是北卡罗来纳州,或者是路易斯安那州。金蒂写道:“理想的做法是,找到一个只包含单个法律问题的、涉及强制死刑条款的案子,而案情又显示该案判决的合宪性在其他方面不存在疑问,然后在这样的一个案子中对死刑问题进行全面的考量。”这样,最高法院就可以最直接地对各州在费曼案反对派以及斯图尔特和怀特的邀请下所作出的立法回应进行处理。最重要的是,最高法院就可以对死刑是否违反第八修正案的问题进行一次性的、彻底的考量。

而如果大法官们想要探讨强制死刑之外的问题,金蒂认为,受理一起来自佐治亚州的案子是比较合理的选择。目前,涉及佐治亚州法律的待审上诉案有十起。金蒂在概述中写道,佐治亚州法律“在对减轻情节的考量方面”给陪审团留下了相当大的自由裁量权,因为“法条并没有对减轻情节进行明确的定义”。因此，“费曼案中‘自由裁量权等于随意性’的说法”似乎也可以适用于这条法律。由于佐治亚州最高法院已经认定这条新法律符合费曼案的要求，并且这条法律与其他很多州制定的法律相似，金蒂认为：“最高法院早晚要借这样一条规定了自由裁量权的法律来回答费曼案提出的问题。”

在佐治亚州的案件中，金蒂认为豪斯案格外适合由最高法院来审理。杰克·豪斯(Jack House)强奸并掐死了两名7岁的男孩。豪斯并没有对自己的罪名提出宪法异议，因此，最高法院可以只关注量刑阶段的问题。在第二起来自佐治亚州的案件格雷格案中，被告人实施了抢劫，并以一种近乎处决的冷酷方式杀害了一名司机。金蒂认为本案事实非常清楚，但可能对最高法院来说并不是个合适的案子，因为格雷格案还涉及合理根据问题和米兰达规则的问题，而这些问题可能会“对死刑问题构成干扰”。金蒂还建议将案情极其残忍的麦科克代尔案和被告人无缘无故枪杀了一名14岁男孩的米切尔案作为另外两个备选。米切尔案的优势在于它只涉及一个法律问题——死刑的合宪性问题是上诉的唯一理由——但本案带有一些种族色彩，而金蒂认为 342
这可能会让事情变得复杂。米切尔是一个黑人男子，而曾表示他的白人律师没有很好地为他辩护。

最后，金蒂觉得最高法院可能还需要审理一起来自佛罗里达州的案子。佛罗里达州的法律在佐治亚州法律的基础之上作了一些改进，列举了量刑时可以予以考虑的几种减轻情节，但它还包含了一个很宽泛的例外规定，即任何“与量刑有关”的证据都可以被采纳。与此同时，在佛罗里达州，陪审团的意见对于法官来说只是建议性的，因此，法官可以判处被告人他认为合适的任何刑罚。金蒂认为这也可能会带来问题。但依然有几个州效仿了佛罗里达州的做法，因此，大法官们也许会认为他们需要处理这个问题。在来自佛罗里达州的案件中，金蒂瞄准了因枪杀一名警察而被定罪的卡尔·桑格（Carl Songer）的上诉案。

在刘易斯·鲍威尔的办公室里，这位大法官将审阅死刑案调卷令申请的任务交给了法官助理克里斯蒂娜·惠特曼（Christina Whitman）。惠特曼是密歇根大学一名杰出的毕业生。在密歇根大学期间，她担任了法律评论的主编，获得了整个学院历史上最高的平均绩点，并利用业余时间获得了第二个研究生学位，专业是中国文学。鲍威尔让惠特曼仔细阅读所有在审的案件，并就最高法院应该受理哪些案件提出建议。

在研究了所有调卷令申请后，惠特曼同意金蒂的意见，认为最高法院应该受理一起来自北卡罗来纳州的案件。她更倾向于受理詹姆斯·伍德森的上诉案。伍德森因为参与了一起便利店抢劫而被判死刑。在犯罪进行期间，伍德森的同伙卢比·瓦克斯顿（Luby Waxton）枪杀了店主。伍德森在入室抢劫的那天晚上喝了酒，并且是在瓦克斯顿以死亡为威胁的教唆下才加入的。

惠特曼推荐这个案子是有自己的目的的。和拉里·哈蒙德一样，她也反对死刑。她在伍德森案中看到了一个机会。本案中的一个
343 事实会让死刑最热烈的支持者也不免产生疑虑：瓦克斯顿认下了一个较轻的罪名，并作出了对伍德森不利的证词，从而使自己逃脱了死刑。惠特曼认为，这一点突出了哪怕是强制死刑制度中也同样存在的固有的随意性。

在佐治亚州的案子中，惠特曼认为格雷格案比豪斯案更合适。她觉得豪斯的罪行之残暴会扰乱对死刑问题的探讨。格雷格罪行的严重性要低得多。虽然该案涉及了合理根据和米兰达规则的问题，但惠特曼认为这些主张都没有充分的法律依据。惠特曼还认为，罗伯茨诉路易斯安那州案（*Roberts v. Louisiana*）同样表现出了适中的严重程

度,因此也是一个不错的选择。

在佛罗里达州的案子中,惠特曼倾向于受理查尔斯·普罗菲特(Charles Proffitt)的上诉案。普罗菲特在入室盗窃的过程中用刀捅死了住在房中的一名男子。金蒂原本考虑的是另一个案子——加德纳案——但惠特曼认为该案的事实过于骇人,因此没有支持这个选择。她觉得金蒂推荐桑格案是比较合理的,但认为普罗菲特案能让最高法院更好地聚焦于佛罗里达州法律的优点和缺点。

最后,惠特曼还建议受理杰里·朱里克(Jerry Jurek)提出的涉及得克萨斯州死刑法律的上诉。朱里克因强奸并掐死了一名10岁女孩而被判死刑。得克萨斯州的法律采用了一种少见的混合制。在任何一起谋杀案中,定罪环节完成后,得克萨斯州法律要求陪审团回答三个有关该谋杀案的问题。如果陪审团对三个问题的回答都是肯定的,那么被告人将被判处死刑。这种结构使得这条法律表面看来起到了限制自由裁量权的作用。但全部三个问题——其中包括"被告人是否存在实施暴力犯罪的可能"——都过于宽泛,使得这条法律实际上产生了强制死刑的效果。事实上,惠特曼甚至觉得法院可以选择受理朱里克案,而不受理北卡罗来纳州和路易斯安那州的几个案子。

1月16日周五下午,在周六大法官特别会议的前一天,鲍威尔
阅读了惠特曼的备忘录,并匆匆记下了他自己对这几件案子的想
法。鲍威尔同意惠特曼的所有结论,但有一个重要的例外。惠特曼
倾向于伍德森案,因为它体现了强制死刑制度的随意性。"还有什 344
么比饶真正的谋杀犯一命,却处死他的同伙更加随意呢?"她问道。
鲍威尔却得出了相反的结论。"这个案子不是个好选择,因为真正
的谋杀犯在辩诉交易的过程中承认了一个较轻的罪名。"他给自己写
道。"并且,申请人是黑人。被害人是白人。我倾向于不受理北卡罗
来纳州的任何案子。"

1976年1月17日上午9点30分,大法官们开始了他们的周六特别会议。此前有人提议是否要晚一点开会,毕竟这是周末,但伯格当晚要参加弗吉尼亚州律师协会在威廉斯堡(Williamsburg)举办的会议,并发表演讲,于是大法官们很早就开始了会议。

会议的大部分时间都是在共识中度过的。大法官们都觉得他们需要全方位处理各州作出的各种回应,因此,他们需要受理几件案子,大概率是五件以上,至少包括来自佐治亚州、北卡罗来纳州、路易斯安那州、佛罗里达州和得克萨斯州的各一件。大法官们还一致认为,在每个案件中,只能针对一个法律问题签发调卷令。不过他们受理哪几起上诉,他们都将只考虑相关法条是否构成残酷而不寻常的惩罚这一个问题。大部分对话围绕的是具体选择哪几个案件的问题。在这个问题上,大法官们的意见在很大程度上依然是一致的。所有人都觉得北卡罗来纳州的案子中应该选伍德森案,路易斯安那州的案子中应该选罗伯茨案,而得克萨斯州的案子中应该选朱里克案。除朱里克案外,这些都与吉姆·金蒂的建议一致。

在讨论佛罗里达州的案子时,斯图尔特对桑格案提出了一点顾虑。他觉得金蒂的备忘录中提到的"其他"问题可能会把事情搞砸。法官在量刑时考虑了案卷之外的一些资料。这在平时可能不是个大问题,但是在一起死刑案中,斯图尔特觉得它"给人带来的观感就不太一样了"。斯图尔特建议用普罗菲特案替代本案。鲍威尔欣然同意了,因为这本来就是他和惠特曼更倾向于选择的案子,而其他的大法官们最终也同意了。

345 大法官们在佐治亚州的问题上产生了分歧。伯格主张受理该州情节最凶残的案子,即蒂莫西·麦科克代尔(Timothy McCorquodale)的上诉案,这令他的同僚们感到惊讶。麦科克代尔被定的罪算得上是人们能够想象的最恶劣、最可怕的罪行之一。麦科克代尔残害、折磨、强奸并谋杀了17岁的女孩唐娜,然后又侮辱了她的尸体。麦科克代尔和朋友勒罗伊(Leroy)一起去亚特兰大时见到了唐娜。麦科克代尔和勒罗伊指责唐娜是“黑鬼迷恋者”,并宣称她需要得到教训。

金蒂也考虑了这个案子,但他在备忘录中把这个案子排在了比较靠后的位置。他觉得,由于LDF代表麦科克代尔提出了其他几个问题,包括一个第十四修正案主张、一个检方不当行为主张,还有一个重要的威瑟斯普恩案问题,因此死刑问题在本案中可能无法得到清晰的展现。更重要的是,金蒂觉得本案的案情太过极端了。惠特曼在写给鲍威尔的备忘录中写道,她觉得这起犯罪实在太可怕了,以至于她无法读完调卷令申请中的事实陈述部分。她建议鲍威尔不要受理麦科克代尔案,因为本案的骇人程度会分散人们的注意力,从而扰乱她所说的“真正的问题”。

而伯格想要受理这起上诉的原因恰恰就是惠特曼不想受理它的原因。麦科克代尔罪行的邪恶程度有助于向人们展现被判处死刑的那种罪犯是什么样子的。本案案情的可怕,会对自由派们将所谓死刑的受害者们赋予人性的企图形成有力的反驳。伯格相信他能获得足够的票数来受理此案。布伦南和马歇尔当然会反对签发调卷令,但伯格显然可以指望伦奎斯特投票支持他,并且几乎也一定能赢得布莱克门的支持。考虑到斯图尔特在费曼案中原本的立场,他可能会反对签发调卷令,但伯格只需要再赢得一票。虽然他没有十足的把握,但他还是对史蒂文斯和怀特能够支持受理此案抱着很大的希望。

但不管怎样,鲍威尔是个定数。事实上,不论从哪一种司法决策理论来看,伯格都应该能指望鲍威尔这一票。如果让西德尼·厄尔默 346
来预测,那么鲍威尔一定会投支持票,因为他要纠正费曼案的错误。而按照格伦登·舒伯特的策略模型来看的话,他也会投支持票,因为签发调卷令后赢下这个案子的可能性较大。但事实上,鲍威尔却并不是个定数。这一点体现了对行为模式进行定量研究的局限性,以及轻易地对这些聪明而又有野心的人进行分类的局限性。鲍威尔的选择是沃伦·伯格没有预料到的。在首席大法官看来,鲍威尔似乎转变了立场。但事实是,伯格显然不懂鲍威尔这个人。

刘易斯·鲍威尔是家里的第一个孩子。父亲路易斯·富兰克林·鲍威尔(Louis Franklin Powell)是制盒公司的经理,而母亲玛丽·刘易斯(Mary Lewis)是个宠爱孩子的全职妈妈。一家人住在位于里士满郊区、詹姆斯河南岸的森林山。鲍威尔的性格很早就体现出来了。年轻时的鲍威尔和后来一样,身材偏瘦,视力不好,为人彬彬有礼,安静又一丝不苟,并且非常聪明。同时,他又极其有野心。和拜伦·怀特相比,鲍威尔做事的决心和魄力常常不为人所知,这主要是因为他们行事的风格不同。怀特的争强好胜体现在所有地方:他魁梧的身材,简短而强硬的意见书,以及他对法官助理们冷淡生硬的态度,都体现了这一点。他的法官助理们常常弄不懂他。而鲍威尔的法官助理们则不同。他们非常尊敬这位斯文有礼的大法官。他有时会留下便条,提醒他们出行时注意安全。他能够包容不同的意见。他与哈蒙德和惠特曼的互动就证明了这一点。他在最高法院的同事们后来也非常喜欢他,却不那么喜欢"离心机"怀特。桑德拉·戴·奥康纳(Sandra Day O'Connor)大法官在2003年出版的回忆录中写道:"如果你想找一个善良、得体、为人楷模、诚实正直的人类典范的话,那么没有比他更合适的人了。"但是,如果将他的绅士风度理解为缺乏魄力的话,那就大错特错了。鲍威尔的心中燃烧着一团烈火。

鲍威尔的野心很早便有所体现。刘易斯坚信他父亲更喜欢自己的妹妹埃莉诺。15岁时,刘易斯向她宣布:"有一天,我一定会向爸爸
347 证明我能有所成就。"(即使是在成为大法官之后,刘易斯依然感到很

受伤,因为自己那位苛刻的、冷漠的父亲常常对自己的儿子能进入最高法院表示难以置信。)在华盛顿与李大学,他成为学生报社主编、兄弟会主席,并在四年级时成为学生会主席。他立志读法学院,因为他喜欢研究历史,并且他说:“在我看来,士兵和律师显然是最能创造历史的人。”从军的经历更加增强了鲍威尔做事的魄力。他在陆军情报部门表现出色,在密码机计划中扮演了破译、解读德军情报的重要角色。鲍威尔取得了上校军衔,领导着四十名下属。

战后,当鲍威尔回到家时,他发现在里士满做一个下级合伙人已经无法满足他了。他想成为掌权的人。1953 年,他和自己的伙伴们终止了与他们的资深同事、律所第二大创收人威尔特·马克斯(Wilt Marks)的合作关系。鲍威尔在这场政变中表现出的魄力,使得他变成了整个律所中最有权势的人。此后,鲍威尔又实施了一套扩大自己的地区影响力并在全国范围内树立自己声誉的计划。他成为里士满教育委员会的主席,并且开始将更多的时间投入到美国律师协会的事务中。1963 年,他当选美国律师协会主席,并且在任期内受到了人们的爱戴。1965 年,林登·约翰逊任命鲍威尔到总统设立的犯罪委员会任职。鲍威尔的声望还在继续上升。四年后,理查德·尼克松在提名克莱门特·海恩斯沃思遭到失败后,开始考虑将鲍威尔提名至最高法院,但鲍威尔却要求约翰·米切尔将他的名字从备选名单中删除。鲍威尔和妻子并不想离开他们在里士满的家,并且鲍威尔担心他无法承受成为大法官后将会面临的薪水的降低。不过,在 1971 年,他终于还是接受了尼克松的邀请,成为雨果·布莱克的继任者。

在整个提名过程中,种族问题一直缠绕着鲍威尔。鲍威尔曾经就读的学校和常去的教堂都是白人专享的,而在他被提名为大法官的时
候,他的律所也没有聘请任何黑人律师。不仅如此,在鲍威尔任主席 348

期间，里士满教育委员会还抵制了布朗案判决。当时，鲍威尔曾表示：“我不支持，也永远不会支持强制种族融合。”鲍威尔对司法委员会说，他从未想过挑战现状。在当时，种族隔离就是一个现实。参议院接受了鲍威尔的辩解，并通过了他的提名。唯一的反对票来自于俄克拉何马州参议员弗雷德·哈里斯（Fred Harris）。他称鲍威尔为“一个从未对平民百姓表现出任何感情的精英主义者”。

不过，总体来说，鲍威尔还是为尼克松提供了一个比较保险的选项。鲍威尔对待法律的态度是很务实的：华盛顿与李大学毕竟不是耶鲁；他的法学教授们一直坚持法律形式主义，把法律作为一个科学来教授。鲍威尔最喜欢的教授查尔斯·麦克道尔（Charles McDowell）在期末考试中出了一百道判断题。耶鲁是绝不会容忍这样的考试的。在法学院学习期间，鲍威尔一如既往地精心记下笔记，并一丝不苟地把它们整理归档。鲍威尔在学习过程中保留下的这些记录显示，他非常关注案件的结果，而不太关注论证过程。

鲍威尔在哈佛读了一年的研究生，并在那里遇到了菲利克斯·法兰克福特，但这段经历对他几乎没有产生任何影响。在法兰克福特的行政法讨论课上，鲍威尔记下了法兰克福特所说的“分析辩证法是行不通的”。但是，像往常一样，他并没有真正接受这个观点。鲍威尔的传记作者约翰·杰弗里斯称，鲍威尔“不容易受到抽象概念的影响”，并且“至少在有意识的层面上，他受到的法律训练在很大程度上是去意识形态化的”。

因此，鲍威尔大法官在死刑问题上自然不会像伯格或伦奎斯特那样怀着强烈的情感。当马歇尔问鲍威尔他是否已经写完了他的死刑意见书时，他不只是还没写意见书，他甚至还没有形成任何意见。鲍威尔在工作中从来没有接触过死刑案。他唯一一次认真地思考这个问题，还是在他任职于约翰逊的犯罪委员会期间。委员会并不反对死刑,无论内部压力如何。他在这一问题上的想法与赫伯特·韦克斯勒一致。他认为,公开反对死刑对委员会在教育和警察培训方面提出的 349
建议的“可信度和重要程度会产生负面影响”,而在鲍威尔看来,委员会在这两方面的建议远比死刑问题更加重要。鲍威尔认为,死刑不是一个“大规模”的问题。

在最高法院期间,一种对司法能动主义的强烈反感使得鲍威尔开始支持死刑的合宪性。鲍威尔所受的训练让他把宪法当作普通的法律来解释。他主要依赖对文本的精读,并且在必要的情况下参考制宪者的原意。由于制宪者们显然并不反对死刑,对鲍威尔来说,这个问题就没什么好争论的了。

鲍威尔对这一问题的考量排除了任何伦理维度,也不涉及对死刑是否能有效威慑犯罪的直觉判断。在这一点上,他与保守派们不同。虽然伯格和伦奎斯特认为这件事应该由各州来决定,但同时他们也坚信死刑是抑制犯罪的重要手段。而鲍威尔只是认为这件事不该由最高法院来决定。“在整件事中,他唯一在意的就是死刑不要被宣告违宪。”惠特曼说。“他对细节没有什么兴趣。他觉得所有那些试图进一步对法官加以限制的案子都太过技术性了。他对人们能够做好自己的本职工作很有信心,因为他就把自己的本职工作做得很好。”

因此,鲍威尔反对受理麦科克代尔案,一定程度上是因为他不像伯格和伦奎斯特那样在意这个问题。他们想要调动人们的感情。鲍威尔觉得这是不合适的。公平地说,左派们在这一点上也好不了多少。布伦南和马歇尔在处理死刑问题时也是带有感情的,而鲍威尔对布伦南发表的尖刻的反对意见也感到很不满。但这并不意味着伯格的做法就是正当的。鲍威尔认为,死刑问题必须冷静地思考。他告诉惠特曼,任何其他的做法在他看来都是“不光彩”的。虽然鲍威尔也希望达成伯格想要的结果，但他不会采用同样的手段来达到这一目的。

而促使鲍威尔反对受理麦科克代尔案的第二股力量则不是来源于案情本身，而是与人际关系相关。虽然伯格不知道这一点，但鲍威尔非常不喜欢这位首席大法官。他觉得伯格写的很多意见书在逻辑
350 上都是不连贯的，并且怀疑伯格在智力上并不能胜任这项工作。不仅如此，和所有的同事们一样，鲍威尔也觉得伯格太过专横和浮夸。《隐秘的江湖》这本书的一个主题就是所有人对首席大法官的反感。伯格的同僚们最反感的就是他对自己职位的仪式感的迷恋。伯格非常享受首席大法官的排场。他很骄傲的一件事就是，他将审判席的排列从一条直线改成了一条弯度不大的弧线，以便让大法官们看到彼此。他重修了法院内部的庭院，重新装饰了餐厅，并且热衷于公开抛头露面。他的同事们觉得，这些事情分散了伯格的精力，让他无法专注于做好大法官的本职工作。他们还觉得伯格为人不诚实、喜欢操纵别人。伯格有时会计错票或唱错票。有时，他会改变自己的立场，把自己留在多数派中，以便指定由谁来撰写判决意见，就像在罗伊案中那样。四十年后，当时的法官助理们还会流露出对伯格的鄙视。

伯格很快就引起了鲍威尔的反感。在鲍威尔加入最高法院后不久，伯格就在一个案子中指责他没有阅读案卷，并宣称如果鲍威尔阅读了案卷，他就会同意伯格的观点。作为一个勤奋的、一丝不苟的人，鲍威尔对这种指责非常介意。会议结束后，鲍威尔回到自己的办公室，并立刻重读了案卷。鲍威尔的结论是，首席大法官要么自己没有阅读案卷，要么根本就是在撒谎。在鲍威尔看来，伯格对他的公开非难是不可接受的。在另一个案子中，鲍威尔撰写了判决意见，宣告州政府无权禁止外籍居民从事律师职业。伯格发表了反对意见，并且多次对鲍威尔说，这一判决将有损于律师的形象。鲍威尔无法相信伯格会持有这种有问题的、不合逻辑的观点。鲍威尔还非常反感首席大

法官不打招呼就来到他的办公室，并坐下来闲聊几个小时，导致工作堆积的行为。这两个人之间有着天壤之别。鲍威尔是个绅士。伯格是个粗野无礼的人。鲍威尔以保持开放的心态为荣。伯格则是个意识形态理论家。没有什么比他支持受理麦科克代尔案的做法更能说明这一点。

此刻，在 1976 年年初，鲍威尔发现了一个机会。此时，最高法院
的自由派和保守派都没能形成一个稳定的多数派。自由派的核心 351
人物布伦南和马歇尔共有两票。尼克松任命的大法官们有三票。怀特在任何一个案件中的立场基本上都是随机的，但即使他加入伯格一方，保守派也还是只有四票。这能确保一个案件被受理，但不能确保它的结果如何。要想确保获得胜利，伯格需要鲍威尔、斯图尔特或者最高法院最新成员史蒂文斯的支持。而如果鲍威尔能将这三个人团结在一起，那么他们的联盟就能够获得最高法院实际上的控制权。

鲍威尔并没有一个具体的目标。他并不渴望成为首席大法官。而他的世界观又使得他在任何一个具体的案件中也不会试图达成某个结果。但鲍威尔强烈地渴望成为一个智识层面上的重要人物。杰弗里斯写道："他毕生对控制权的渴望——对他自己、他的家庭、他的朋友，以及他的律所的控制权的渴望——并没有随着他登上最高法院审判席而停止。"

最高法院内部的人际关系也对鲍威尔有利。他相信他在大法官中最亲密的朋友斯图尔特是能靠得住的。他们都有过从军的经历，相互来往很多，并且对各个案件都以开放的态度保持着对话。鲍威尔曾说："我和波特说话时感到格外自如。当我在一个案子上拿不定主意时，不管我们投的票是否一致，我都觉得可以和他聊一聊。"最重要的是，他们对最高法院及其角色的看法也相同。两个人都以约翰·哈伦

为模范,欣赏他对司法克制主义的坚持。两个人对伯格的领导才能都不太看好。在鲍威尔看来,费曼案对斯图尔特来说是一次反常情况,而斯图尔特是有望在1976年改变立场的。根据现有的信息,鲍威尔预感约翰·保罗·史蒂文斯也会赞同他和斯图尔特对最高法院的恰当角色的看法。

鲍威尔的希望实现了。《隐秘的江湖》这本书完结在了最高法院公布格雷格案判决后不久,并作出了一句总结,"中间派已处在掌控之中"。鲍威尔正处于中间派的中间,而在他大法官生涯剩下的十一年中,他将一直处在那里。从1976年到1987年退休,他在死刑案中成为多数派的次数比其他任何大法官都多,而他的影响也渗透到了最高法院工作的每一个领域。他实际上决定了罗伊案之后所有堕胎案件的
352 结果——在接下来的十八个判决中,鲍威尔每次都是多数派成员。他在巴基案中一手创造了平权法案领域的宪法规则,在实行种族配额和允许在招生中适当考虑种族之间找到了折中方案。他在1986年的鲍尔斯诉哈德威克案中投出了决定性的一票,维持了佐治亚州禁止同性性行为的法律,并且对最高法院在性别歧视方面的立场产生了至关重要的影响。

鲍威尔在宪法领域的影响极其深远。美利坚大学法律史学者赫尔曼·施瓦茨(Herman Schwartz)提出,20世纪70年代和80年代的最高法院应该被称为"鲍威尔法院"。布伦南将这篇评论发给了鲍威尔,并备注:"这完全是事实"。1985年,ACLU法律总监伯特·纽博恩(Burt Neuborne)称鲍威尔为"美国最有权力的人"。

而鲍威尔走上权力巅峰,就是从1月份的这次特别会议开始的。会议结束后,他回到办公室,得意地告诉惠特曼,麦科克代尔案被否决了,然后向她宣布了被签发调卷令的五个案件。在佐治亚州的案件中,最高法院将受理格雷格案。佛罗里达州的案件还没有最终确

定,但几乎可以肯定会是普罗菲特案。最高法院将会受理两件涉及强制死刑法律的案件,即伍德森诉北卡罗来纳州案和罗伯茨诉路易斯安那州案。最后,法院还会受理朱里克诉得克萨斯州案。

惠特曼感到了片刻的欣慰和自豪。鲍威尔已经将最高法院引向了案情相对缓和、不涉及折磨被害人或种族歧视等情感因素的案件,从而使这场辩论发生了实质性的改变,而她的备忘录在这个过程中也发挥了作用。但是,当鲍威尔告诉惠特曼,她将继续负责死刑案的工作,直到这一年的开庭期结束时,她感到心里一沉。审阅调卷令申请和处理真正的案件是很不一样的。惠特曼知道鲍威尔会如何投票。与哈蒙德不同的是,惠特曼一直以来都反对死刑。她已经将自己 353
的立场告知过鲍威尔,而此时,她又向鲍威尔说了一次。她请求他把这项工作交给另外几名法官助理中的一位。

但鲍威尔依然坚持让她来做。他相信惠特曼会尽力做到最好,尽管他们不同意彼此的观点。早在她面试的时候,这位大法官就已经和她确立了一种即使面对有争议的问题也能顺利合作的工作方式。惠特曼曾在她的简历上提到自己的丈夫是一名工会律师。“我不太喜欢工会,”鲍威尔说道,“这会是个问题吗?”

“不会的。”惠特曼答道。“我知道我们会时不时地产生分歧。”

在他们产生分歧的案件中,惠特曼会写下两份意见书——一份代表了她自己的观点,而另一份则为他的观点提供了最强有力的论证。惠特曼觉得,只要她诚实地表达自己的观点,鲍威尔还是非常宽容的。因此,惠特曼并没有像哈蒙德一样考虑过辞职。

从鲍威尔这方面来说,他从来没想过把这项工作交给其他任何人。她非常聪明,思想开明,并且尽管她不愿意,但她在死刑案方面已经有经验了。此外,鲍威尔希望惠特曼负责这些案件还有一个长远的原因——她和斯图尔特的法官助理罗恩·斯特恩(Ron Stern)关系很好。斯特恩毕业于哈佛法学院,曾和惠特曼一起在华盛顿特区巡回上诉法院做过哈罗德·利文撒尔(Harold Leventhal)的法官助理。斯图尔特在费曼案中的投票曾让鲍威尔倍感失望,但是世界已经发生了变化,而鲍威尔相信斯图尔特是可以被说服的。如果两个大法官的团队之间能够密切合作,那自然是有好处的。

第十七章

审时度势

1976年1月22日,最高法院宣布受理格雷格案、罗 354
伯茨案、普罗菲特案、伍德森案和朱里克案。法院大楼里的所有人都自然地开始预测LDF成功的概率。所有人都觉得,它的前景看起来不太乐观。此时,三十四个州和国会都已经通过了新的死刑法律。

自由派的法官助理们感到很沮丧。在他们看来,最高法院与上一年度相比变得更加保守了,尤其是在刑事诉讼方面。在密歇根州诉莫斯利案(*Michigan v. Mosley*)中,警方就一起抢劫案讯问了被告人,并在他提出行使沉默权之后停止了讯问,却又在两个小时后针对一起不相关的谋杀案讯问了他。最高法院维持了有罪判决。在法莱塔诉加利福尼亚州案(*Faretta v. California*)中,最高法院认定被告人有拒绝律师辩护的宪法权利。在美国诉帕克案中,一名公司董事长被判销售受污染食品罪,但他却不知道自己销售的食品受到了污染。最高法院驳回了他的上诉。密歇根大学教授弗朗西斯·艾伦对最高法院的这一年度发表了尖刻的评论,称“最高法院近期的判决意见缺乏哲理、反复无

常,表述不够清晰,也缺乏敏感度”。克里斯蒂娜·惠特曼说:“布伦南
355 和马歇尔正在输掉一切。我们感觉最高法院好像突然转向了右方。右翼连连获胜。”

大多数法官助理相信,大法官们受理这一批新案件,是为了一次性地明确死刑并不违反宪法。惠特曼也觉得 LDF 显然会输。至于大法官们具体会怎样判决,惠特曼表示:“我猜想他们会想出一个所罗门式的折中方案。”在瑟古德·马歇尔的办公室中,毕业于哥伦比亚大学法学院的法官助理格雷格·迪斯康特(Greg Diskant)也持有同样的看法。“在我看来,结果已成定局了。”他回忆道。迪斯康特过着典型的法官助理的日子,从早上 8 点工作到午夜,并且三餐大多在法院大楼附近的罗伊·罗杰斯餐厅解决。相比于思考死刑问题,迪斯康特宁愿专注于这一年度的另一个重磅案件——巴克利诉瓦莱奥案。在他看来,格雷格案“只是司法政治罢了”。

威廉·布伦南的法官助理们也没有理由更乐观。密歇根州诉莫斯案让他们的老板感到很气馁。他批评这一判决“扭曲了米兰达案确立的宪法原则”。心怀绝望的他效仿德肖维茨和戈德堡,开始呼吁各州挑起保护公民自由的重担。“没有什么能阻止任何一个州在自己本州的法律中坚持更高的标准。”布伦南在莫斯利案的反对意见中写道。此后,他开始在各种演讲中重复这个主题。布伦南忽然间被夺走了他在沃伦法院时期所拥有的影响力,这让他很不开心。1976 年的一份新闻报道称布伦南为“一个愤怒的、失意的、悲伤的男人”。

各大媒体也认为,对于废除死刑者们来说,前景总体比较暗淡。《时代周刊》认为,新出现的死刑法律“证明了公众想要对特定犯罪适用死刑的强烈愿望——这一点可能会对最高法院产生影响”。《时代周刊》总结:“据密切观察者们预测,最高法院将会在今年夏天投票决定恢复死刑。”

唯一存在悬念的是，票数究竟会如何分布。要想预测这一点，最大的一个问号就是约翰·保罗·史蒂文斯。杰拉尔德·福特之所以提名史蒂文斯做大法官，正是因为他无法被轻易地归类。作为美国历 356
史上唯一一个未经选举产生的总统，福特认为自己没有足够的政治资本来提名一个坚定的保守派大法官。道格拉斯退休后，福特对自己的司法部长爱德华·利瓦伊说，“再给我找一个刘易斯·鲍威尔来”，意思就是一个在人们眼中不受党派控制、能够使提名很快被确认的人。

从各方面来说，利瓦伊都成功了。史蒂文斯的家庭与政界没有任何联系。他的父亲是芝加哥的一名律师和酒店老板。他的母亲是一名高中英文老师。史蒂文斯毕业于芝加哥大学，曾担任过海军的密码破解员。从战场回来后，他又以年级第一的成绩从西北大学法学院毕业。此后，他成为威利·拉特利奇大法官的法官助理，为众议院司法委员会做过一小段时间的顾问，然后又逐渐成为全国著名的反垄断法律师。在一次调查伊利诺伊州最高法院丑闻的工作中，史蒂文斯引起了参议员查尔斯·珀西(Charles Percy)的注意。1970 年，在珀西的帮助下，史蒂文斯成功地被提名为巡回上诉法院法官。

在史蒂文斯担任法官期间，也没有任何迹象表明他是某种意识形态的拥护者。他以思维缜密、论证精妙而著称，被人们普遍看作是法官中的法官。一个包括哈佛法学院教授、自由主义者劳伦斯·却伯(Laurence Tribe)在内的美国律师协会下属委员会对史蒂文斯的提名进行了审查，结论是，他在上诉法院发表过的意见书反映出了“极高的学术水平、条理性、思想包容性，以及为在法律框架内公平对待诉讼各方而作出的殚精竭虑的努力”。

LDF 也没有反对史蒂文斯的提名，因为在 LDF 看来，他是一个思想开明的人。在 20 世纪 70 年代，LDF 通常会站出来反对那些在他们看来意识形态有问题的被提名者。而对于史蒂文斯，LDF 并没有说什么。“经过人们的劝说,我们决定不反对史蒂文斯。”阿姆斯特丹回忆。“人们告诉我们,他是一个通情达理的人,为人正派,能够感知到不公正,并且有一定的创造力。”

虽然不是所有的同事都同意阿姆斯特丹的判断,但是到了 1976
357 年,LDF 核心的势力结构已经发生了变化。在最高法院签发格雷格案调卷令的那一天,托尼·阿姆斯特丹成为反死刑运动公认的领袖已经十年了。凭借他超凡的才智,阿姆斯特丹在任何情况下都能得到人们的高度尊重和服从。但是到了此时,阿姆斯特丹的角色已经远远不只是一个领导着一起重要案件的杰出诉讼律师了。在费曼案以前,他的地位只是颇为传奇而已。现在,他几乎是走上神坛了。阿姆斯特丹在费曼案中取得的令人难以置信的、历史性的成功,在律师们眼中就像是唐·拉森(Don Larsen)在 1956 年世界职业棒球联赛中打出的那场完美的比赛一样,是一种超出任何人想象范围的成就。

在废除死刑运动中,阿姆斯特丹的投入和产出比其他任何人都要多。同时,他比自己在 20 世纪 60 年代的同事们工作强度更大,也更持久。废除死刑运动的创始人们都已经开始了新的事业:迈克尔·梅尔茨纳去了哥伦比亚大学法学院,勒罗伊·克拉克去了天主教大学,而弗兰克·赫弗朗在马萨诸塞州做起了律师。杰克·希梅尔斯坦也离开了,和梅尔茨纳一起去了哥大法学院。只有阿姆斯特丹留了下来。

1976 年的这场诉讼中,协助阿姆斯特丹的是 LDF 新一代的律师们。其中,佩吉·戴维斯和戴维·肯德尔两个人扮演了最重要的角色。戴维斯毕业于哈佛法学院。在来到 LDF 之前,她刚刚做过联邦法官罗伯特·卡特的法官助理,而这位卡特法官也是一个民权先锋,曾在 LDF 协助过马歇尔,并在布朗案中参与了一部分的法庭辩论。肯德尔在印第安纳州的一个农场中长大,从小就是一个贵格会教徒。他先是就读于瓦巴什学院(Wabash College),又凭借罗德奖学金去了牛津读书，最后进入耶鲁法学院。毕业后，他成为拜伦·怀特的法官助理，而怀特曾指定他来负责费曼案的工作。一定程度上是基于这个背景，LDF 的第一位助理顾问德鲁·戴斯(Drew Days)聘用了肯德尔。而肯德尔也对 LDF 的律师们颇有感情，因为在“自由之夏”运动期间，他曾在密西西比州多次被捕，而 LDF 的律师们为他提供了辩护。

肯德尔和戴维斯的才华丝毫不输给他们的前辈们，并且他们后来
也成为法律界的巨擘，但在当时，他们都还年轻，职业生涯也才刚刚开
始。而梅尔茨纳则不同。他是阿姆斯特丹的同辈。梅尔茨纳以他自
己的方式为这场运动所作的努力和付出并不少于阿姆斯特丹。可以 358
说，希梅尔斯坦也是如此。而阿姆斯特丹因此很尊重梅尔茨纳和希梅
尔斯坦，并且有时也会听从他们的判断。

而这一次，阿姆斯特丹则完全统领着这场诉讼。这并不是说他独断专行，或者不愿意和别人协商。恰恰相反，LDF 的新一批律师和他们的前辈们一样尊敬阿姆斯特丹。阿姆斯特丹对于自己所获得的成就依然保持着谦逊，并且他也常常征求肯德尔和戴维斯的意见。他从来不训斥或者支使别人。只是，在基本的战略问题上，他已经做好了决定，而他设定的航线不会被任何人批评或者改变。阿姆斯特丹的权威是无可置疑的。

同时，他也比以往任何时候都更加努力工作了。阿姆斯特丹的婚姻在第一次废除死刑运动的过程中破裂了。无休无止的工作毕竟还是有代价的。“工作耗尽了他的生活。”阿姆斯特丹的儿子乔恩说道。普通人无法承受这样的压力。九年的高压工作使梅尔茨纳身心疲惫，最终走上了教书的道路。“死刑工作的重量是显而易见的。”梅尔茨纳说。在 LDF 工作期间，梅尔茨纳长时间加班，并且经常把法律文件带回家，一天到晚都生活在案子中。尽管如此，和阿姆斯特丹比起来，他还是觉得自己像是个“做兼职的”，因为阿姆斯特丹在看起来完

全不可能的情况下还是加快了工作的节奏。阿姆斯特丹已经找到了人生的终极对手，绝不会放弃与它决斗的机会。在肯德尔的回忆中，阿姆斯特丹是他见过的最优秀的律师。肯德尔觉得阿姆斯特丹好像是两个人：一个是他所认识的烟鬼托尼（常常和他的两条狗布兰代斯和霍姆斯在一起）；另一个则是个克隆人，专门在本人补觉的时候彻夜工作。

1973年8月，当肯德尔第一次在阿姆斯特丹位于斯坦福大学的办公室见到他时，两人都对一个重要的事实心知肚明。肯德尔作为法官助理的经历毫无疑问让他有更多的机会了解到怀特对死刑的思考，以及什么样的论辩可能会在这一轮诉讼中吸引他。但是，尽管阿姆斯特丹的认真程度和他对死刑案件的全面概述令肯德尔感到十分震惊，但他却完全没有向肯德尔询问任何有关怀特的事情。阿姆斯特丹这样
359 做，一部分是为了表示对法官助理的职业伦理表示尊重，一部分也是为了避免让肯德尔陷入尴尬的境地。不过，更重要的原因是，询问这些不会有任何意义——他已经为LDF设定好了方向，并且没有改弦易辙的打算。

阿姆斯特丹知道人们对新一批案件怀有的绝望的情绪，但他将这种情绪视为"一种奇怪的悲观主义"。他回忆："我们很确信，如果最高法院受理任何案件的话，我们都会赢。我们相信正义是站在我们这一边的。哪怕是在面对过糟糕的现实之后，我们依然抱有一些希望。"阿姆斯特丹抱有这种希望也是有一定的客观依据的。全国有600多名待处决的死刑犯，但执行死刑的装置大多已经被拆除了。在阿肯色州的一所监狱里，理发师正用电椅给人理发。宾夕法尼亚州已经把行刑室改成了办公室。新罕布什尔州用行刑室来贮存蔬菜。爱达荷州则用它来存放医疗器材。此外，马萨诸塞州最高法院已经依据州宪法废止了强制死刑制度，而LDF也在该案中提供了支持。阿姆斯特丹希

望这一判决能创造一种有利的氛围,就像安德森案为费曼案奠定了基调一样。不过,他的这种乐观主要还是得归功于他不屈不挠的精神。

在1976年,阿姆斯特丹表现出了他在费曼案前期曾表现出的那种将权威集中起来的本能。比如,在格雷格案前不久,当ACLU询问如何协调媒体工作时,阿姆斯特丹建议LDF暂缓此事,称我们面对的“已经是最好的情况了”。而与ACLU沟通的任务落到了戴维斯身上。她给ACLU的理事阿里耶·奈尔写信称:“也许(我怀疑这一点,但也许)公众可以被说服,认为死刑是不好的,但他们无法在接下来四个月内被说服。”接着,戴维斯和奈尔探讨了在最高法院判决错误的情况下发起一场公众运动的想法。

现在,戴维斯是纽约大学的一位教授,在教授宪法的同时还管理着一个研究职业教学方法的实验室。回过头来看,戴维斯认为,让魅 360
力型领导阿姆斯特丹来统领这件事,既有优势,也有缺陷。“在为他工作期间,我学到的东西是最多的,职业标准的提升也是最快的。”她在2011年回忆。“而同时我也学到,在没有他的时候,我会工作得更好。”阿姆斯特丹的主导地位意味着没有人会提出关于基本战略的问题。“我记得那时候我会想,这是他负责的事情,因此我的参与感就不会很强。”戴维斯表示。

而在这个时刻,如果换一种环境的话,LDF团队可能会一起冷静下来,重新考虑一下自己的立场。面对很多棘手的战略问题,包括公众舆论反扑的问题,他们需要找到正确的应对方法,而阿姆斯特丹的路线并不是唯一路线。一般来说,公众对最高法院判决的反应并没有多大的法律意义。但是,在格雷格案中,它却是无比重要的,因为布伦南在费曼案中已经将演进后的文明标准确定为了最高法院的审查标准。有什么比立法机关对这一判决作出的回应更能反映当下的文明标准呢?马歇尔曾声称,公众一旦了解到实际情况,就会反对死刑。

费曼案已经将实际情况公之于众，而公众对死刑的支持却上升了。

LDF 可以在三种应对方式中选择一种：他们可以无视舆论反扑。他们可以承认舆论的反扑，但以某种方式主张它并不能准确地反映民意。或者，他们可以作出让步，承认演进后的文明标准支持偶尔适用死刑，并将他们的努力集中到批判具体某些州法律的随意性以及反对强制死刑条款上。肯德尔和他的多数同事们都认为 LDF“在强制死刑条款上的胜算大于在其他那些法条上的胜算，因为这些法条都是新鲜出炉的，并且对自由裁量权给予了充分的重视，尽管这个概念本身就是一个谎言”。这种策略会带来很大的风险。在第八修正案上作出让步，就意味着一定程度上的放弃。但它也可能会带来重要的回报。以这种方式提出主张可能会增加 LDF 在最高法院面前的可信度，让它对新一批法律中最糟糕的那些提出的质疑变得更加有说服力。

361 杰里·朱里克的上诉案似乎格外需要特殊对待。得克萨斯州的法律如此独特、如此有缺陷，以至于最好的策略几乎可以肯定是无视任何跟“残酷而不寻常的惩罚”相关的主张，而仅仅指出，得克萨斯州的法律实际上就是强制性的。朱里克不需要让最高法院认定死刑在所有情况下都是违宪的。在许多方面，他的案子给 LDF 带来的困境与它在威瑟斯普恩案中遇到的很相似。也许，朱里克的利益与其他被告人的利益太不一致，以至于他需要有一个自己的律师。但是，LDF 从来没有考虑过承认死刑的合宪性，或者把它的任何一位当事人转介给其他律师。“我们每一个人都是坚定的废除死刑主义者，相信死刑是一种使人变得残忍的力量。”戴维斯在 2011 年回忆。“我觉得，我们参与这些案件的所有人都太过相信我们自己的主张了。”

在提交给最高法院的上诉意见书中，LDF 提出的要旨与在费曼案和福勒案中一致，依然是任何形式的死刑都违反第八修正案。它在上诉意见书开篇写道，它多年来办理死刑案的经验证明了死刑的适用是歧视性的。“进一步的研究和反思使我们得出结论,歧视问题不仅仅是偶然,而是根植于死刑的本质之中的。”

这种“死刑无法被非歧视性地适用”的主张从来都是一把双刃剑,现在也依然是。也许最高法院可以认定死刑在理论上是合宪的,但同时指出,在实践中,没有任何州能满足费曼案的要求,彻底地消除随意性。在得出这一结论的过程中,也许他们会相信 LDF 的经验。但更可能的是,最高法院会像哈伦一样,认为既然这个问题永远也无法得到彻底的解决,那么这件事就应该交给各州自己来处理。对于 LDF 是否应该采取它所采取的这种战术,不同的人可能存在合理的不同意见,但从杰里·朱里克的角度来看,答案却是很清楚的。这些复杂的问题会分散最高法院的注意力,使它忽视他的案件中存在的一种非常简单的不公正:他被判处死刑,而判决所依据的法律对他的个人情况完全没有给予任何考虑。

* * * *

虽然 LDF 的律师们关注的是一局更大的棋,但他们也没有完全忽 362
视新法中存在的具体问题。在开篇对死刑进行了全方位的攻击之后,LDF 开始批判佐治亚州法律规定的程序性保障只不过是表面工程:“新法只是延续了费曼案判决所批判的那种随意性。无论是从每一部分来看,还是作为一个整体来看,整个程序始终都是反复无常的。”它首先指出了加重情节的具体选择中存在的问题。佐治亚州并没有列出清晰的、客观的标准,并且,用施泰克姐弟的话来说,并没有“限缩”死刑的适用范围。特罗伊·格雷格被判处死刑,依据的是三点加重情节:

> 第一——犯罪行为人是在参与实施另外两项可判死刑的重罪的过程中实施了本次犯罪的。
>
> 第二——犯罪行为人实施犯罪的目的是获取金钱和起诉书

> 中所描述的那辆汽车。
>
> 第三——犯罪行为骇人听闻、肆无忌惮、恶劣至极、丧失人性,体现了被告人精神的堕落。

阿姆斯特丹的愤怒仿佛要从上诉意见书中喷薄而出。几乎所有的谋杀都涉及另一项重罪的实施,以及被告人精神的堕落,并且“从字面意义上看,‘骇人听闻、肆无忌惮、恶劣至极’是没有限度的”,阿姆斯特丹写道。同时,佐治亚州还创造了一个加重情节,适用于所有涉及对被害人有严重殴击行为的谋杀。什么样的谋杀不涉及这种行为呢?在格雷格的三个加重情节中,只有第二个可能不适用于所有的谋杀。但仅仅这一个可以接受的加重情节的存在并不能拯救这条法律。加重情节并不是孤立存在的。它们是作为一个体系共同存在的。总体来说,阿姆斯特丹写道,佐治亚州的加重情节是“没有定型、难以衡量、难以捉摸的,可能会因为量刑者主观的印象或直觉不同,而在相似的
363 案件中得到不同的解释”。不仅如此,佐治亚州的法律还允许陪审团考虑“法律另行许可的任何加重情节”。这就意味着检察官“几乎可以提出他想提出的任何类型的主张”。

上诉复审听起来似乎能对随意性进行有效的制约,但佐治亚州却没有制定任何的指导原则,这就使这个程序变得毫无意义。“值得注意,却并不令人惊讶的是,”阿姆斯特丹写道,“佐治亚州最高法院在制定有条理的,或者哪怕只是表述清晰的上诉复审标准方面没有取得任何进展(实际上,它也根本没有作出任何努力)。”事实上,在格雷格的案件中,佐治亚州最高法院只是断言格雷格的死刑判决符合法定标准的要求,并且按照法律要求,在判决意见后附上了一张它在达成结论的过程中予以考虑的“相似”案件的列表。它以公式化的语言结尾,称“在对犯罪行为本身和被告人都进行了考量后,死刑的判决并不过度,并且和以下所附相似案件中的刑罚相比,也并不有失均衡”。在其

他每一个死刑案件中,佐治亚州最高法院或多或少都是按照同样的程序操作的。

而哪怕是这种公式化的程序,可能也多少会有一些帮助,只要被告人能够找到一些与自己的案件相似,却没有适用死刑的案件。但这却是不可能的,因为佐治亚州的程序使得被告人几乎毫无胜诉的可能。因此,要想形成一批对被告人有帮助的判例,根本是不可能的。“在佐治亚州最高法院,被判处死刑的上诉人不得不拿着一副已经事先被做好手脚的牌,去参加这场致命的游戏。”阿姆斯特丹写道。“随着时间的推移,每一个新的死刑判决都是在与之前的死刑判决进行对比之后得到了维持,而之前的死刑判决又是在与已经被费曼案认定为残酷而不寻常的其他死刑判决进行对比之后得到了维持。”此外,佐治亚州也没有采取任何行动来控制体制中的其他行为人所拥有的自由裁量权。上诉法院没有权力审查“检察官、一审法官和陪审团不判处一些犯罪行为人死刑的决定,而这些犯罪行为人的案件与其他一些被告人被判处死刑,且判决得到了维持的案件之间可能不存在可以辨识的区别。”行政赦免权也不受到任何的制约。州长拥有是否放过一条性命的绝对的自由裁量权。这个程序无非等同于一场“最后的抽奖”而已。佐治亚州的制度披上了新的外壳,但实际上完全和费曼案判决 364
之前一样充满随机性。阿姆斯特丹认为这个制度中“遍布着恣意妄为和打击报复的机会”,并且它所产生的“量刑模式与费曼案之前的那种随意的、反复无常的决策模式完全相同”。

阿姆斯特丹在结尾指出,这种制度中的问题在实践中会比在理论中更加严重。但即使到了这个时候,他还是忍不住对死刑整体再发起最后一击:

> 我们刚刚所描述的这种制度,哪怕在理论上也不算是一种有条理的制度。显然,它在实践中会远比在理论中更加混乱。它的

> 反复无常性和不规则性一部分是因为佐治亚州故意想要在死刑量刑中保留随意的自由裁量权。而另一部分,可能是更大的一部分,是因为这个制度所试图执行的那种刑罚本身就是缺乏理性的。并且,对于我们的社会来说,除在一些反常的、不可预料的案件中以外,死刑都是不可接受的。在这种情况下,对这种刑罚的适用作出法律规定是很困难的。

也许可以说,最后这一点削弱了 LDF 针对佐治亚州法律提出的论点,但当时大概没有人讨论到这一点。

罗伯特·博克又一次提交了法庭之友意见书。这一次,协助他的是弗兰克·伊斯特布鲁克(Frank Easterbrook)和 A. 雷蒙德·伦道夫(A. Raymond Randolph)。伊斯特布鲁克后来成为第七巡回上诉法院的首席法官和法经济学领域的著名学者,而法经济学认为,法律规则的效率比道德问题更加重要。伦道夫后来被乔治·H. W. 布什提名成为华盛顿特区巡回上诉法院法官。2008 年,他在奥尔·奥达诉美国案(*Al Odah v. U.S.*)中发表了多数意见,认定关塔那摩监狱的在押人员不享有宪法权利。(最高法院后来推翻了这一判决。)博克则在 1987 年被罗纳德·里根提名到最高法院,但包括参议员爱德华·肯尼迪的
365 一些人指责他是极端主义者。这种诋毁如此彻底,以至于《牛津英语大词典》(*Oxford English Dictionary*)后来收入了“博克”一词,意思是系统性地污蔑一个人、以阻止他担任公职。提名失败后,博克成了畅销书作者和极富影响力的保守派思想家。这位司法部副部长的团队几乎构成了当下和未来保守派精英的名人录,但唯一的例外是罗伯特·赖克。他曾经是《耶鲁法律杂志》的编辑,后来成为比尔·克林顿的劳工部长、著名的自由派经济学家和坚定的反死刑者。

在福勒案中,博克称联邦政府对案件本身并不太感兴趣,并且使用了比较克制的语气。而这一次,博克却火力全开。他的意见书长达

103 页,还不包括三个附录。它在开头提出了熟悉的论点。宪法在三个地方都提到了死刑。在殖民地时期,各州经常将罪犯处以死刑。已经有 35 个州通过了新的死刑法律,而仅仅在 1974 年这一年,就有 151 名被告人被判处死刑。“本院,或者说任何法院,怎么能宣称死刑违背了不断演进的文明标准,或者社会当下持有的道德价值观呢?”博克问道。

虽然博克不可能知道这一点,但他的这个说法实际上是对波特·斯图尔特在费曼案中采取的策略的强烈批判。博克承认,社会风俗显然会随着时间推移而发生变化。因此,最高法院在探讨文明标准时使用“演进后的”这个词,是没有问题的。但是法官不能预测变化的方向。否则,博克称:“他们就会经常作出错误的预测,并以启蒙的名义把自己的观点强加给整个国家。”在这一批案件中,大法官们不需要对社会价值观作出猜测,因为他们对最新的民意已经有了认知。“最高法院此前已经表明了态度,”博克写道,“而它也看到了人们的反应。”

这种反应不应该被当作是非理性的。死刑实现了合法的社会目的。这位司法部副部长又一次引用了埃尔利希的研究,以证明死刑能够阻止谋杀。博克承认关于威慑作用的研究还没有产生确定的结论,并且也认可人们对埃尔利希的研究方法提出的一些批判,但他指出,虽然一些研究没能证明威慑效果,但即使是塞林也没有发现证据 366
证明死刑**鼓励了**犯罪。这就为在存疑的情况下作出对州政府有利的判决提供了又一个理由。“只要死刑是否能够威慑犯罪的问题还存在理性辩论的空间,就应当允许立法机关自行对这一问题作出判断,”博克称。

此外,把功利主义的考虑放在一边,死刑是社会表达义愤的一种重要方式。它有着“重大的象征意义”,博克写道。他指出,一种仅仅以威慑力为依据的刑事司法理论“不会支持对阿道夫·希特勒(Adolf

Hitler)施以任何惩罚,因为他已经被抓获了”。马歇尔将报应划分为一种不被允许的刑罚目的,这是错误的。博克引用了他在鲍威尔诉得克萨斯州案中的意见书,来证明马歇尔自己也觉得报应作为一种刑罚目的不应该被禁止。再说,对于杰里·朱里克这种强奸并谋杀了一个10岁女孩的人,谁能否认让他永久性失去犯罪能力的重要性呢?

这份意见书堪称一部杰作。对于LDF提出的“死刑是过度的刑罚,因为它施加了巨大的痛苦”这一主张,博克进行了生动的反驳。“世上有很多我们不愿意去想的事情,因为它们使我们反感,甚至令人作呕,但同时,我们也承认它们是必要的。”他写道。“灌肠、活体解剖猴子、打扫厕所,这些都是令人反感和憎恶的事情,但它们可能也是必要的。监禁令人感到厌恶——如果人们了解得更多,他们就会这么认为——但它本身不能算是残酷而不寻常的。”

对于LDF提出的“立法行为不能准确地反映社会价值观”的说法,博克也同样巧妙地进行了反击,指出任何替代方案只会更加不准确。“选举产生的立法者和行政长官未必能反映他们所代表的群体的道德信仰,这是无法回避的事实,”博克写道,“但是他们显然比司法机关更能准确地反映这些道德信仰,因为司法独立正是为了把法官与多数人的意见隔绝开来。”

接着,博克发起了自己的进攻。在福勒案中,当阿姆斯特丹提出新设立的制度和旧的制度一样存在缺陷,以及死刑案中的自由裁量权
367 会导致随意性时,布莱克门曾初步探查过这种论调中的漏洞。博克则把这个漏洞彻底挖开了。在格雷格案的上诉意见书中,LDF花了六十页的篇幅来主张死刑案中的自由裁量权导致结果充满了随意性。“这个问题很复杂,但它的答案却很简单。”博克引用奥利弗·温德尔·霍姆斯的话写道。LDF显然不会反对检察官的自由裁量权或陪审团的自由裁量权。这位司法部副部长讥讽道:“上诉方想要争取的

显然不是一个一旦发生了杀人案,检察官就必须以死刑罪名起诉的制度。如果是那样的话,我们就回到了古希腊人几千年前就已经用法治取代了的暴君统治时期。”

博克重申,阿姆斯特丹反对的是宽恕,这是不理智的。陪审团的自由裁量权使人们免予严厉的刑罚,而不是加重了刑罚。“不论是出于偏见、恶意还是愚蠢,一个人或几个人要想使用死刑都是不可能的。”博克写道。“但是,在每一个环节,一个人或者少数几个人都能够阻止死刑的适用。这种宽恕机会的多样化为这个制度提供了重要的保障。既然如此,它就不可能成为这个制度违宪的原因。”检察官很少要求死刑,陪审团也很少作出死刑判决,但这并不意味着他们反对死刑。他们只是有选择地采取行动:“把他们手中的终极惩罚留给那些所犯罪行证据最确凿也最令人憎恶的人”。

没有一个法律系统能够在没有自由裁量权的情况下运行,因为法律无法预知所有可能发生的情况。“人类企图的多样性是无穷无尽、无法预测的。”博克写道。博克附和着哈伦的观点,认为要想明确列出判断哪些犯罪和罪犯应当适用死刑的标准,这件事“接近了人类能力的极限”。因此,博克表示,宽恕的机会是必不可少的。他用滑坡论证的技巧对 LDF 发起了进攻。“上诉方声称,他们并不是在主张刑事司法程序中的选择性自由裁量在非死刑案中也是违宪的。”他写道。“恕我直言,我们认为他们主张的恰恰就是这个。在上诉方提出的所有论点中,没有哪一点不同样适用于,比如说,用于惩罚一级谋杀罪的终身 368
监禁上。”

在这一点上,博克无疑是对的。死刑量刑制度歧视有色人种和穷人。整个刑事司法系统也是一样。但是,阿姆斯特丹却不能揭穿这个真相,因为最高法院是绝不会承认这一点的。如果它承认了,那么整个刑事司法系统就会陷入瘫痪。

博克把阿姆斯特丹逼到了墙角。

阿姆斯特丹、肯德尔和戴维斯没有多少时间来准备他们的回应了。因为司法部副部长在本案中并不是诉讼一方,所以最高法院允许他在3月25日周四,也就是法庭辩论前五天,提交他的法庭之友意见书。周末,LDF团队在麦迪逊酒店集合,讨论接下来的策略,并帮助阿姆斯特丹进行模拟法庭辩论。

博克已经表明了自己的意图。他会把阿姆斯特丹描绘成边缘左派的首席法律顾问,一个为美国社会中不被信任的、迅速减少的少数群体说话的刺儿头。为了做到这一点,他会让人们看到阿姆斯特丹本人对美国的刑事司法系统构成了威胁,并且已经与主流完全脱节了。他会指责LDF的诉讼运动是一场披着法律外壳的政治战,而LDF之所以在法院发起这场战争,是因为它在舆论领域无法获胜。正如在民权运动中和在关于堕胎问题的争论中一样,LDF的自由派潮流正在又一次尝试把它的生活方式强加在美国人民身上。而阿姆斯特丹就是这些极端主义者的声援者。

当然,在文明的对话中是不会出现相互谩骂的。博克的发言仅限于宪法史、立法背景和数据。但是,他依然清晰地传达了他的讯息,而潜台词和字面意思一样重要。在费曼案中,决定了案件结果的是斯图尔特抱有的一种潜在的信念,认为死刑正在逐渐被淘汰。当然,LDF不知道这些幕后故事,但它知道被贴上边缘左派的标签是很危险的。它必须要作出回应。

369 阿姆斯特丹和LDF依然面对着几种熟悉的选择。他们依然可以降低目标,将法庭辩论聚焦于强制死刑条款,或者极其接近强制死刑的得克萨斯州法律。这种立场将远远没有那么强的颠覆性。刑事司法系统不会因为没有了强制死刑法律而崩溃。连博克也有可能会接受这种立场。也许LDF可以更进一步,强调佐治亚州和佛罗里达州法律的具体缺陷,并指出它们该如何得到改善。换句话说,他们可以争取最好的——或者说,最不糟糕的——死刑法律。但是这一次,LDF团队依然没有考虑这种方案。

在不停地抽着雪茄,对答辩进行预演的过程中,阿姆斯特丹越来越相信,他必须用他在福勒案中回应布莱克门的方式来回应博克的挑战——他必须指出,死亡在本质上与其他所有的刑罚都不同。当陪审团作出死刑判决时,种族偏见、歧视和随意性都产生了质的变化。在福勒案的法庭辩论中,阿姆斯特丹曾试探性地提出过这个论点。他得到的反应并不算好,但阿姆斯特丹相信,一旦他在这一点上作出哪怕只是一丝让步——如果他放任博克把他的论点描述成胡言乱语,并且,用他的话说,把他本人描述成一个“自由派狂徒”,那么他将满盘皆输。LDF 团队同意他的意见。在肯德尔看来,“死亡是不同的”这一原则有三个优势:第一,它有一定的宪法史基础;第二,如果大法官们愿意维持费曼案判决的话,那么它为最高法院提供了一个将判决限制在较窄范围内的方法;第三,它不需要 LDF 作出任何让步。

这个战略决策至今依然饱受争议。李·爱泼斯坦和约瑟夫·科比尔卡教授认为,这是 LDF 犯下的最致命的错误。他们批评阿姆斯特丹没有意识到最高法院和美国社会的态度已经发生了转变。他们认为,LDF 输掉格雷格案是因为它“固执地依赖着”它所认为的——或者说,它所希望的——费曼案的含义。爱德华·拉扎勒斯也认为,阿姆斯特丹对这项事业的“彻底沉浸”“使得他对整个国家和最高法院态度的变化失去了感知”。而现在正在东北大学法学院担任教授的迈克尔·梅尔茨纳则对“死亡是不同的”这一原则有着不同的 370
解读。梅尔茨纳在回忆录中写道,阿姆斯特丹是在为最高法院提供一个限制性原则,以便让大法官们在不破坏整个刑法体系的情况下废止相关的死刑法律。

在埃里克·马勒看来,梅尔茨纳的回应恰恰暴露了LDF的废除死刑运动中存在的根本缺陷。"'死亡是不同的'这一主张无意间会带来一个不幸的遗留问题,那就是在不存在适用死刑的可能性的时候,种族歧视也许是可以接受的。"马勒说道。"从某种意义上说,LDF对于废除死刑运动的坚持使得它悄悄地,却也彻底地放弃了它在刑事司法系统方面的整体的政策目标。"早在1964年,斯坦福法学院教授赫伯特·帕克就指出了这一矛盾。他认为,戈德堡在鲁道夫案中的反对意见在聚焦于强奸罪的同时,将死刑作为谋杀罪刑罚的合理性正当化了。同时,这份反对意见在关注死刑中的种族歧视问题的同时,也默认了种族歧视并没有感染整个刑事司法系统。

至于阿姆斯特丹本人,他在三十五年之后依然认为"死亡是不同的"这一主张在当时是必要的,尽管他提出的原因与别人不同。"动态的历史背景是很重要的。"他说。"我们知道别人可能会把我们当成傻瓜。我们必须为我们的当事人提出所有可以提出的主张。因此,法庭记录就会显示我们对死刑提出了八种不同的批判。这就使得博克可以借此宣称我们是试图颠覆整个制度的激进分子。从战略角度上看,正因如此,我们才不得不提出'死亡是不同的'。"不过,乔恩·阿姆斯特丹却表示,他的父亲"会告诉你,他们是因为高估了胜算才失败的"。

最终,阿姆斯特丹承认,双方都提出了很有说服的论点。从分析的视角来看,他认为很难将死刑和长期监禁,尤其是终身监禁、不得假
371 释区分开来。但是,从形而上学的视角来看,阿姆斯特丹确信,死亡是不同的。在纽约大学的办公室里,他引用哈姆雷特在第三幕中的痛苦独白,说道:"死亡是那个'从来没有旅人生还'的国度,这个比喻是很真实的。"最重要的是,在当时,它为LDF提供了一个能说得通的立场。法律一直都对死刑有着特殊的规定,比如更多的无因回避机会、

自动上诉,以及对陪审员候选人更严格的审查等。此外,在更早的判例中,法兰克福特和哈伦都曾经提出过死刑是不同的。“我已经很满意了。”阿姆斯特丹说。很快,大法官们就要听取法庭辩论了。LDF要想胜诉,就必须让他们也感到满意才行。

第十八章

重头戏

372 3月30日周二下午，天气又一次为一场关于死刑的辩论营造了合适的气氛。黑压压的云层将最高法院大楼笼罩在一片不祥的雾霭之中。那天晚些时候下了雨，而前一天和接下来的三天也是一样。无情的大雨浸泡着首都华盛顿，让春天的活力大为减弱。连樱花看起来也无精打采的。

在法院大楼中，律师们脱下雨衣，等待着这一批死刑案开庭。按照最高法院的日程表，首先辩论的是得克萨斯州和路易斯安那州的案子。来自佐治亚州、佛罗里达州和北卡罗来纳州的上诉案将在第二天开庭辩论。因为LDF代理了得克萨斯州案件的被告人杰里·朱里克，所以托尼·阿姆斯特丹将第一个发言。在等待期间，阿姆斯特丹又感受到了几个月以来一直伴随他的那种莫名的悲观情绪。理智告诉他，他赢不了这个案子，但同时他也确信正义是站在他这一边的。

在餐厅，几位大法官正在抓紧最后的时间吃上一口午餐。“我不知道我们其他人为什么要再听一遍这个。”其中一位对另一位开玩笑道。“这次，波特、拜伦和约翰·史蒂文斯他们三个人自己决定就行了。”他们一起走进更衣室，披上法袍，来到了法庭。沃伦·伯格一点头，他们就像往常一样，三人 373
一组，从红色幕布后面走了出来。“今天，我们将听取杰里·莱恩·朱里克诉得克萨斯州案和斯坦尼斯劳斯·罗伯茨诉路易斯安那州案（*Stanislaus Roberts v. Louisiana*）。”伯格宣布。阿姆斯特丹走到讲台前。他觉得自己几乎过于熟练了。他原本并不想站到这里这么多次的。当绿灯亮起，接下来的一切几乎已经成了本能。

“谢谢您，首席大法官先生。我谨向法庭提交如下意见。”阿姆斯特丹开篇回顾了费曼案判决后发生的事情。“也许我应该先向法庭简短地描述一下我国死刑法律的现状。”阿姆斯特丹以清晰而自信的声音，将新法按照四个标准进行了分类：规定了分别式审理程序的法律、要求在判处死刑前必须作出特定事实认定的法律、对可判死刑的犯罪进行了重新定义的法律，以及对谋杀罪强制适用死刑的法律。所有这些法律都为避免死刑留下了“一系列的出口”，阿姆斯特丹称。这些条件使得死刑比终身监禁更容易得到随意的适用，因为涉及终身监禁的案件中不存在“复杂的”加重和减轻规定。在这两天的法庭辩论的笔记中，刘易斯·鲍威尔写道，“也就是说，阿姆斯特丹不喜欢这些‘复杂的’宽恕机会”。

法庭辩论进行到大约第十二分钟，哈里·布莱克门向阿姆斯特丹发起了第一次严肃的考验。“你不觉得这是费曼案判决所必然导致的结果吗？”他问道。布莱克门的意思是，LDF 在费曼案中的主张促使各州作出了这些反应。换句话说，LDF 是自食其果。

“不，”阿姆斯特丹答道，“我认为这些反应的多样性恰恰表明了各州还有可能将死刑强制适用于所有犯罪，包括非法乱穿马路罪。这也有可能会是它们对费曼案判决作出的反应。这种反应的具体形式并不是费曼案判决所要求的，尽管这些反应当然是对费曼案判决作出的反应。”

“对于这些新法的出现,你感到惊讶吗?”布莱克门真正想问的是:
374 “这些州这样快就作出了反应,你感到惊讶吗?你是否承认他们对死刑表示出了坚决的支持?你是否承认你的预测是错的?”阿姆斯特丹明白布莱克门真正的意图。他的脾气让阿姆斯特丹又一次想起了他们第一次见面的时候,也就是阿姆斯特丹在第八巡回上诉法院辩论马克斯韦尔案的时候。

“我并不惊讶。”阿姆斯特丹又一次答道。“但我认为,这些新法的范围如此之窄,这一点是很有意思的。”阿姆斯特丹和戴维·肯德尔预料到了这个问题。律师们称之为“将柠檬榨成柠檬汁”。

“你当然不会感到惊讶,”布莱克门说道,“因为至少已经有一份意见书预见到了这种事情的发生。”布莱克门指的是他自己的意见书。他在其中预言并哀叹了强制死刑条款的盛行。阿姆斯特丹明白布莱克门的意思,但他毫不退让。“从这些新法的具体形式我们可以看出,人们并没有全盘接受死刑,将它当作美国社会刑罚体系中的一个常规部分。”他没有承认,也永远不会承认,新的死刑法律反映出的是一种共识。阿姆斯特丹指出,美国人将死刑的适用范围限制在极少数的犯罪中,这就表明他们并不太愿意接受死刑。

阿姆斯特丹的回答呼应了他在博伊金案中提交的上诉意见书,以及他在灵光乍现间获得的灵感,即死刑执行的罕见性证明公众支持对死刑作出法律规定,却不支持死刑的适用。但是,在 1976 年,“公众对死刑的支持是一种错觉”这种说法的可信度已经不同于 1968 年和 1972 年的时候了。博伊金案和费曼案涉及的是旧法律。而这些法律却是全新的。它们更窄的适用范围反映的不是公众对死刑持有保留意见。恰恰相反,这反映出公众对有选择地执行死刑有着强烈的热情,并且使州立法机关的行为看起来更加合理了。

接下来,阿姆斯特丹提出,各州并没有认真对待费曼案判决的要求,并且依然在随意地适用死刑。但整体情况与阿姆斯特丹所说的相 375
冲突。在对前四年的情况进行了概述之后,阿姆斯特丹开始阐述朱里克和罗伯茨的“两点宪法意见”。第一,他表示,这种“随意的、选择性的制度”所产生的死刑判决是残酷而不寻常的惩罚。第二,“从 20 世纪我国适用死刑的历史来看”,死刑违反了第八修正案。“这两个论点是不同的,”阿姆斯特丹称,“但它们又是相关的。”

斯图尔特打断了他。“你的第二个论点是,无论执行方式如何,无论犯罪行为有多严重,无论被告人得到的审判多么公正、多么没有瑕疵,死刑都是残酷而不寻常的惩罚,是这样吗?”

“这正是我的第二个论点,没错。”

伯格接过话头,继续提问。“如果我理解得没错的话,你的意思是,没有任何法律能够解决费曼案提出的问题,是吗?”

阿姆斯特丹停顿了一下。在模拟法庭辩论中,他、肯德尔和戴维斯预料到了这种提问方式,并且决定,针对被他们称为“特殊情况”的犯罪行为——暗杀行为、劫机行为,以及其他最能引起众怒的罕见的、高度专业化的犯罪行为——他们将对死刑的合宪性作出让步。如果他们坚持绝对主义的观点,认为没有任何法律能够满足费曼案判决的要求,那么他们的立场可能会显得太过政治化、太过荒唐了。但是在情急之下,阿姆斯特丹却没有按照这种预先决定的策略行事。“首席大法官先生,”他说道,“所有这些州的法律都表明,这种选择性的决策方式,无论从效力上、潜力上来看,还是从它实际上的运作情况来看,都是随意的。”

事后,阿姆斯特丹表示,他当时的本意是承认特殊情况的合理性——而他大约是想以这个回答来实现这一点——并且他回答伯格的那句话的最后一部分暗示了制定一项能够满足费曼案判决要求的死刑法律也许是可能的。但无论他的本意如何,大法官们并没有将他的回答理解为一次让步。鲍威尔在自己的笔记中写道,阿姆斯特丹认为“没有任何法律能够合法地施加死刑”。多数大法官也是这样理解
376 阿姆斯特丹对斯图尔特的回答的。这种难以消除的认知对 LDF 的胜算造成了极大的打击。

拜伦·怀特催促阿姆斯特丹谈一谈朱里克的案子。阿姆斯特丹接受了这个邀请,开始指出得克萨斯州法条中存在的明显缺陷——被认为能够限制死刑适用的三个所谓的特别问题。“本案体现了这一规定是如何被适用的。”阿姆斯特丹说道。对于被告人是否会对社会构成持续性威胁这个问题,证据分别是谋杀事实本身,以及“当地的四名居民关于被告人在治安方面名声很差的道听途说”。阿姆斯特丹压低了声音。“最致命的是,你甚至无法对陪审团的裁决提出任何异议,因为它所回答的问题实在太没有意义了。你可以基于案卷中的信息,提出本案的陪审团在没有充分证据的情况下认定了被告人的谋杀罪。我的意思是,这至少是一个有意义的问题。”但是,他问道:“你怎样——哪怕是在陪审团将被告人判处死刑的理由如此荒唐的情况下——才能说证据不足以证明被告人存在将来再次犯罪的可能性呢?这个问题根本缺乏任何可以理解的含义。”鲍威尔在笔记中写道,他认为这个论点“相当有说服力”。

约翰·保罗·史蒂文斯第一次插话了。“你觉得你在自由裁量权的多样性这方面的观点与麦高萨案的判决相符吗?”他问道。“你觉得,要想区分本案与麦高萨案,你是否必须依赖于行政赦免权和检察官自由裁量权这些问题?还是说,你可以在陪审团自由裁量权这一领域内区分这两个案件?”

LDF 也预料到了这个问题。对于外行来说,史蒂文斯的提问看起
377 来可能是无害的,并且为麦高萨案与费曼案的调和提供了一种简单的

方法。但事实上,这个问题却是一个地雷。如果阿姆斯特丹说检察官的自由裁量权正是两个案件的区别所在,那么他就证实了博克对LDF的核心批判,因为检察官的自由裁量权渗透在整个刑事司法系统中。在模拟法庭辩论的时候,肯德尔就发现,麦高萨案处理起来非常棘手,并且没有人能找到一种有说服力的方法来调和这两个案子。但他们深知,他们决不能上钩。

阿姆斯特丹完全明白他所处的局面。他回答史蒂文斯:"绝不可能。"他随后解释:"如果说费曼案和麦高萨案之间存在矛盾的话,那么这两种都不是我们的观点,但我认为费曼案和麦高萨案之间并不存在矛盾。"阿姆斯特丹开始介绍他对这两个案件所作的诡辩的区分。"那么,有人认为费曼案和麦高萨案之间存在矛盾。有人认为,费曼案判决指出的导致死刑法律无效的陪审团自由裁量权,与麦高萨案判决认为并不违反第十四修正案的陪审团自由裁量权之间不存在区别。我不认同这种观点,但如果您认同它的话,那我们的立场与麦高萨案判决之间的确是存在冲突的。"但是,阿姆斯特丹表示:"我们认为费曼案判决和麦高萨案判决之间并不存在矛盾,因为费曼案判决是一个有关第八修正案的判决,它关注的是陪审团自由裁量权的后果,而不仅仅是程序的优劣。"

从本质上讲,阿姆斯特丹认为,麦高萨案涉及的是程序,而费曼案涉及的是结果。"我认为,费曼案所表达的意思是,第八修正案和第十四修正案是截然不同的两样东西。"他解释道。"就程序而言,各州在设计自己的程序方面享有很大的自由空间。"但是,阿姆斯特丹认为:"费曼案判决的意思是,当这样的一种程序导致在所有依法可以适用死刑的案件中,死亡的分配充满了随意性,以至于死刑对任何一个特定个体的适用都是非理性的——那么这种随意性就使得死刑在宪法意义上是'不寻常'的。"

阿姆斯特丹的这番论述，比中世纪学者关于多少个天使能在一个针尖上跳舞的辩论还要复杂。鲍威尔认为，他的这种区分完全是故弄玄虚的官样文章。“如果我没听错的话，”他对自己写道，“我觉得阿姆
378 斯特丹的说法令人无法理解。”即使鲍威尔能够理解程序与结果之间的区别，他也认为这不过是把旧有的关于宽恕的论点换了一种表述方式而已：阿姆斯特丹认为，将某些人判处死刑，而让另一些人免予死刑，这是不公平的。对于鲍威尔来说，最关键的问题是，阿姆斯特丹没有指出朱里克的案件本身存在哪些具体问题。“阿姆斯特丹对某个具体案件的程序是否公平并不感兴趣。”鲍威尔在自己的笔记中补充道。

斯图尔特也没有被说服。之前，当他问阿姆斯特丹是否在所有情况下都反对死刑时，他似乎是在恳求阿姆斯特丹对“特殊情况”作出让步。现在，斯图尔特又给了他一次缩小论证范围的机会，而接下来的对话被 LDF 的许多批评者认为是决定了 1976 年这批案件胜负的关键时刻。

“阿姆斯特丹先生，你这一番论证的范围是否太广了？”斯图尔特问道。“换句话说，在我们对抗制的刑事司法系统中，存在着检察官的自由裁量权，存在着陪审团的自由裁量权，包括陪审团否决的权力——存在着以较轻罪名定罪的做法，存在着上诉复审程序，还存在着行政赦免的可能性。它们贯穿着整个对抗制刑事司法系统。如果这个系统最终导致一个人被判处任何刑罚，那么按照你的说法，无论他的量刑是终身监禁还是五年监禁，这种刑罚都是残酷而不寻常的，因为它是这个系统的产物。这就是你的主张，不是吗？”

“不是的。”阿姆斯特丹答道。

“为什么不是呢？”

阿姆斯特丹又一次停顿了。对于这种问题，他也是有所预见的。“毫无疑问，我当然预料到了这个问题，”阿姆斯特丹在 2010 年回忆

道:“虽然可能并非一字不差。”在回答斯图尔特的问题时,阿姆斯特丹将整个案子的希望押在了死刑的独特性上。“本质上讲,我们的观点是,死亡是不同的。”他说道。“如果您不接受死亡在宪法意义上是不同的这个观点,那么我们将输掉这个案子。我必须非常明确地澄清这一点。”他第一次提高了声音,一字一顿地回答着。“死亡在事实上是不同的。死亡是终局性的。死亡是不可挽回的。死亡是无法撤销的。它超出了这个世界。它是一个立法决定,而我们却根本不知道我们自 379
己在做什么。”

在阿姆斯特丹的发言结束后,得克萨斯州司法部长约翰·希尔(John Hill)开始反复强调一件事,那就是LDF反对的是美国的刑事司法系统。希尔毕业于得克萨斯大学法学院,曾是得克萨斯牛仔会成员,也是孤星之州的顶尖律师之一。在20世纪60年代,他曾在与洛克希德和布拉尼夫航空公司的诉讼中分别赢得了高达350万美元和850万美元的民事判决,并在这个过程中树立了写作技艺精湛、在陪审团面前极具亲和力的名声。此后,希尔步入政坛,成为约翰·康纳利州长的活动组织者,而康纳利又在1966年任命他为州务卿。1968年,希尔参加了州长竞选,但未能当选。不过,在1972年,他战胜了当时的民主党司法部长。在任司法部长期间,希尔关闭了位于费耶特县的“小鸟牧场”,即电影《春色满得州》(*The Best Little Whorehouse in Texas*)中的妓院的原型。

这位得克萨斯州司法部长用慢吞吞的南方拖腔向法院发表着陈词。“正如斯图尔特大法官所说,他的论证范围的确太广了。”希尔指的是阿姆斯特丹。“如果今天,在这个国家,我们将自己的宪法所设立的那些程序——那些与‘残酷而不寻常’条款来自于同一部宪法的程序——宣告违宪,这种做法至少可以称得上是很反常的。”希尔的意思是,宪法规定了陪审团审判权。因此,宪法也就间接地规定了传统上由陪审团享有的宽恕权。

“真相是,有一些人持有一种根深蒂固的观点和信念,认为死刑在
380 这个国家不应该被继续使用,无论是出于什么样的目的。随着这场诉讼的展开,这一点已经变得愈发显而易见了。”希尔说道。“但是,最高法院不是一个超级立法机关。最高法院不是我国人民的社会价值观、良知和道德标准的守卫者。阿姆斯特丹也不是。”

史蒂文斯为阿姆斯特丹进行了辩解。得克萨斯州的法律并不是阿姆斯特丹最关注的焦点,但他已经指出了其中的重大缺陷。“我不确定你这样概括他的论点是否真的合适。”史蒂文斯说道。“阿姆斯特丹先生提到,关于加重情节的第一个和第三个问题都是陪审团已经回答过的。因此,这些加重情节其实没有受到任何标准的限制。你对这一主张是否有回应?”

关于加重情节的几个问题并不是“无意义的、空洞的表态”,希尔答道。他列举了陪审团对“故意行为”问题回答了“否”的十五种情况。至于未来的危险性,希尔提醒最高法院,朱里克从湖边绑架了一个跟着祖母去游泳的10岁女孩。他强奸了她,又掐死了她,并把她扔到一条河里,然后就和他的朋友们一起喝酒去了。希尔认为,朱里克已经表现得“如此无可救药”,如此不知悔改,以至于陪审团哪怕只是依据本案的事实也可以认定他对社会构成了威胁。“但是,在本案中,我们甚至还有更多的证据。”希尔说道。他指的是关于朱里克名声不好的证言,而阿姆斯特丹认为这些证言属于传闻证据,是不可采信的。希尔对阿姆斯特丹提出的异议不以为然。“各位法官大人,”他说,“在得克萨斯州,我们在此类案件中证明一个人人品不好的唯一方式就是通过传闻证据。”接下来,针对得克萨斯州谋杀警察罪的加重情节是否要求被告人明知被害人是警察的问题,希尔和大法官们进行了简短的交流,然后希尔的发言就结束了。

鲍威尔在自己的笔记中写道:“这是对陪审团极具说服力的演讲!”不过他却并不是在称赞希尔。尽管这听起来可能有些奇怪,但总体来说,最高法院的大法官们并不想听到太多关于案件事实的讨论。他们的职责是确立法律原则,而这些法律原则可能会延续几个世纪之久。他们的关注点远远超出某个上诉人的案子本身。总的来说,大法官们对各州的司法部长评价都不高,认为他们过于关注一个具体案件中的事实,而不够关注法律意义上的影响。

* * * *

路易斯安那州司法部长詹姆斯·巴宾(James Babin)走到了讲台 381
前。但是,他的发言刚开始没多久,伯格就在 3 点整准时打断了他,并宣布最高法院将在第二天上午 10 点继续开庭。上午,当法庭辩论继续进行时,巴宾采取了熟悉的策略。他再次将阿姆斯特丹描述成一个从根本上反对陪审团制度的人。“如果我们相信被告人的主张的话,那就意味着路易斯安那州的陪审团,以及全美国的陪审团,都是不可靠的。他们不会努力履行自己宣誓要履行的职责。”巴宾说道。“如果陪审员不可靠,那么整个陪审团制度也就无法继续存在了。而我当然不相信本院在费曼案中的判决想要带来的是这样一种制度上的变化。”

和希尔一样,巴宾也在试图让最高法院聚焦于被告人行为的恶劣性。巴宾表示,他不打算像阿姆斯特丹那样“泛泛而谈”。“摆在我们面前的是一个这样的案子:一个男人在参与一起持械抢劫的过程中杀害了另一个独臂的男人。事实上,他在看起来并没有必要杀害他的情况下杀害了他。我们的大陪审团看到的,以及后来我们的陪审团看到的,就是这样一起谋杀案。各位法官大人,我们请求最高法院维持这一判决。”在大法官们看来,巴宾的发言水平并不比希尔的更高。鲍威尔在自己的笔记里写道:“在这样一个重要案件中,路易斯安那州竟派出了一个三线的——也是三流的——律师来和阿姆斯特丹辩论。”哈里·布莱克门此时已经开始改用百分制了。他给巴宾打了75分。

而加利福尼亚州助理司法部长威廉·詹姆斯也强不了多少。詹姆斯是作为法庭之友参与辩论的。他表示,加利福尼亚州对阿姆斯特丹的野心感到恐惧。“我们担心的是,这些上诉人可能不会满足于让本院将现在摆在法院面前的法律宣告无效。他们可能还想要一个总括性的判决,将死刑本身宣告违宪,并使所有的法律都失效。”詹姆斯
382 竭力劝说最高法院确定一些标准,来帮助州立法机关和国会制定符合要求的量刑标准。最后,他提醒大法官们,在加利福尼亚州最高法院废除死刑后,“人民很快就作出了反应”。在推翻了安德森案的那次全民公决中,死刑赢得了67%的支持,而参与投票的共有530万人。

史蒂文斯向詹姆斯提出了一些关于加利福尼亚州新法的细节问题,并且问他,陪审团没有认定任何加重情节的情况是否常见。

“我知道这种情况有不少。”詹姆斯答道。

“你想告诉我们的是,第二个陪审团并不会例行公事地走流程,简单地将所有人都判处死刑?”史蒂文斯问道。

“没错。”

詹姆斯回到座位上后,鲍威尔在笔记里写道:“没什么帮助。”但真正的重装部队还在后面。

当罗伯特·博克带着睿智而庄严的气场走向讲台时,整个法庭仿佛涌过了一股电流。按照美国司法部副部长的传统,博克在这天穿上了一身黑色晨礼服,搭配着黑色背心和条纹裤子。这身衣服放在许多男人身上可能都不太好看,但博克却能轻松地掌控它。他浑身绽放着自信的光芒,而他讲话的精确程度至少不输于阿姆斯特丹。在过去的几个回合中,这场比赛的水平已经有所下降。这几位州司法部长都不能算是阿姆斯特丹合适的对手;而博克却无疑是

一个值得尊敬的对手。

“首席大法官先生,我谨向法庭提交如下意见,”他开始发言,“上诉人的代理律师提出的宪法论点多少有些分散。我将试着把他竭力主张的各个命题进行分类,并试着指出它们的缺陷。其中有一些要单独来讲,另一些则要放在一起来看。”博克作出了一个策略性的让步。“首先,我们都知道一个事实,那就是制定第八修正案的人的本意——他们当时的意图——并不是要废除死刑。”作为一个原旨主义者,博克认为最高法院的思维过程到这里就可以结束了。但是,正如LDF认为阿姆斯特丹必须对特殊情况作出让步,以免让人们觉得他极端、不可 383
理喻一样,博克也认为自己不能采取绝对的原旨主义立场,否则他自己也会让人觉得不可理喻。多亏了舆论的反扑,他现在不用采取这种立场了——哪怕是按照演进后的文明标准,他也能赢。所以,博克承认“我们不能排除残酷而不寻常的惩罚在今天的含义和在当时的含义不同这种可能性”,但他同时认为“我们应该以克制的演进为原则。这条修正案并没有将对刑罚手段进行评判的权力毫无保留地交给司法机关。司法机关在评判刑罚手段时必须依据一定的标准,而我将尝试证明,本案所适用的演进原则不仅不认为死刑违法,而且事实上还支持死刑”。而这项原则,博克称,就是“任何远远超出我们的法理学主流之外的、不被当下的道德共识所接受的刑罚,都不得被使用”。

怀特抓住了博克所作的让步。“所以,你同意以当代的道德观念来评判刑罚残酷与否?”

“没错,我同意,怀特大法官先生。”

“在这个问题上,法院可以加入任何独立的思考吗?”

博克给出了否定的回答。这是很巧妙的一招。“我认为,在评判罪刑是否相当时,必须依据客观的标准。”他斩钉截铁地说。他欣然接受了阿姆斯特丹在费曼案中主张的标准。当然,阿姆斯特丹提出这项标准,是因为在当时,公众对死刑的支持正在下降,而各州只是在法律条文中保留了对死刑的陈旧的规定。而在1976年,这一主张的指向性就不同了。不出意料地,博克表示:“评判罪刑是否相当,应当以立法机关作出这种选择的频率为依据。”他补充道:“如果一个法域的立法机关突然决定以死刑来惩罚乱穿马路罪,或者以鞭刑来惩罚乱穿马路罪,那么我认为,纵观美国各州的相关规定,认为与其他各个法域相比,这种处罚方式极为不相称,这是判断罪刑是否相当的一种方法。”

“所以,如果有足够多的立法机关都通过了一项法律,那么你认为,法院没有任何理由认为这种刑罚是与罪行不相称的,对吗?”

384 “怀特大法官先生,我很怀疑法院是否能这样做。罪刑是否相当在很大程度上取决于社会的道德认知。如果社会的道德认知普遍认为这种刑罚与罪行是相称的,那么我不知道还有哪些独立的信息来源是法院应当参考的。”

“你觉得我们应该基于这个理由推翻费曼案判决吗?”

“我正打算在接下来的发言中提出这个建议。”

“我猜想也是。但你觉得这是必须的吗?”

“不,我不认为我刚刚说的这些要求法院必须推翻费曼案判决,”博克说道,“但是我认为,基于其他的一些原因,这样做是更明智的。”他接着说道:“国会和三十五个州都已经表明,如果死刑一直得不到适用,那么立法的意愿就会受阻。”

博克对怀特的回答反映了他的信心有多强。博克不需要让最高法院推翻费曼案判决就能赢。大法官们可以说这些新法满足了费曼案判决的要求,或者,像鲍威尔在笔记中记录的那样,他们也可以说费曼案判决只适用于无标准的自由裁量权。尽管如此,博克还是选择放手一搏。而阿姆斯特丹则不同。他为最高法院提供了一个维持麦高萨案和费曼案判决,同时将新法宣告违宪的理由。他从来没有考虑过让最高法院推翻麦高萨案判决。当史蒂文斯问博克为什么麦高萨案和费曼案无法共存时，博克对阿姆斯特丹提出的程序与结果的区分进行了反驳。“我不明白，如果一种程序产生的结果令人无法接受，那么它怎么能算是正当程序。”博克对史蒂文斯说道。“因此，在我看来，这两个判决之间存在着必然的冲突。”

“嗯，”斯图尔特说，“但它们确实涉及宪法中两个不同的条款。”

“这自然没错，”博克答道，“但这就让我们回到了那个问题上，即宪法在刑事司法系统中明确规定了自由裁量权，而这种自由裁量权却使得合法性已得到宪法承认的一种刑罚变得不合法了。”

“这种情况当然不算少见，”斯图尔特说道，“宪法的某个条款所完全允许的行为可能会违反宪法的另一个条款，这没什么不寻常的。”

“我认为这种情况是独一无二的。”博克坚称。“第五修正案和第 385
十四修正案都说，当你适用死刑时，你必须遵循正当法律程序。如果说，你遵循正当程序的这个过程却使得死刑构成了第八修正案所说的残酷而不寻常的惩罚，因此死刑自始至终就不存在，在我看来，这在逻辑上是完全说不通的。”

那么费曼案判决的意思到底是什么呢？“你说我们在判决这一批案件时不需要推翻费曼案判决，这是为什么呢？”史蒂文斯问道。“为什么费曼案判决没有决定这一批案件的结果呢？”

“因为我认为费曼案判决涉及的是无标准的陪审团自由裁量权——它的适用范围其实仅限于此。我认为，各州为了回应费曼案判决而制定的法律现在已经在程序中增添了量刑标准，因此，法院可以不必推翻费曼案判决。”博克发起了最后的致命一击。希尔和巴宾都曾间接地提到过这一点。而博克则将这一主张引申到了极点，并以强有力的方式表达了出来。这对阿姆斯特丹、LDF 以及美国的每一名死刑犯来说都是狠狠的一记重拳。“推翻费曼案判绝不是必要的，”他毫不含糊地说道，“但我认为，上诉方律师已经清楚地表明，他反对的是整个系统中的每一个自由裁量的元素，而不仅仅是陪审团的自由裁量权。他从整体上反对它们，并且，如果我昨天没有理解错的话，他也会反对其中每一个单独的元素。”博克继续说道：“看起来，按照这个理论，任何人也不能设计一个在作出死刑判决的过程中由任何人运用任何一点判断力的刑事司法系统。这个系统——唯一能够满足上诉方律师要求的那个系统一定过于死板、过于机械化、过于麻木，以至于它是违反道德的，而上诉方律师似乎却想说，这样的系统才能满足宪法的道德标准。”

博克接着说道：“上诉方律师真正介意的，并不是任何人被异常地定罪、处死，而是一些谋杀犯被异常地放过并判处了终身监禁。换句话说，这个系统中存在导致其违宪的缺陷，就在于如果这个系统有所不足的话，它宁可失之于宽恕、失之于谨慎，而现在我们却被告知，这
386 样是违反宪法的——我几乎从来没有听到过比这还令人费解的逻辑。我实在看不出来这些程序如何会对任何人不利，因为那些没有被放过的人处境至少也没有变得更糟。”

最后，对于阿姆斯特丹试图限制自己论述的影响范围的做法，博克进行了反击。“针对死刑提出的这些论点，同样也可以被用来针对其他任何刑罚方法。”博克说道。“它们之中没有一条不适用于终身监禁。”“当然，它是不同的。”“它”指的是死刑。但是“终身监禁和一年监禁也是不同的。终身监禁和罚金也是不同的”。

“嗯，但如果你犯了错误，你没法撤销它并消除它。”斯图尔特说道。

博克否定了这个前提。“长期监禁判决中的错误同样是无法挽回的。”他说。“在你发现错误后，你可以还他自由，在这个限度内，错误是可以撤销的。但已经过去的这些年依然是不可挽回的。”实际上，死

刑“之所以独特,完全是因为我们把它包裹在了如此多的预防措施之中”。

伯格抓住了这个时机:“而这些预防措施是费曼案判决带来的。”

“正是如此,首席大法官先生。”

在博克看来,这些预防措施提高了这个系统的理性程度。他又一次引用了汉斯·蔡塞尔和哈里·卡尔文的书,用来证明“这个程序是有其合理性的”。即使蔡塞尔和卡尔文是错的,博克表示,最高法院也没有权力去完善这个系统。“即使我们发现这个系统中存在任何偏见,我也不知道我们能做些什么。”他说。“这并不能成为本案的论点——因为如果死刑在适用中存在因性别、种族或社会地位而不均衡的现象(而目前这种现象还没有被证明)——那么其他所有刑罚的适用中一定也存在同样的偏见,因为检察官、陪审员、法官和州长都是一样的。”

博克试着以敲响联邦制的警钟来结束发言。“归根结底,这些案
件涉及的是民主政体,是美国各州的立法机关按照宪法,依据它们自 387
己和人民的道德观念来选择或摈弃死刑的权利。”他总结道:“在一系列的案件中,反死刑者们一直在试图从最高法院获取一个他们在政府的立法分支中没能得到的政治决策。本案不过是这一系列案件中最新的一个而已。美国联邦政府请求法院确认死刑的合宪性。”

博克整理好自己的文件,离开了讲台,但还没等他回到座位,鲍威尔却叫回了他,让他再回答一个问题。博克给鲍威尔留下了极为深刻的印象,以至于鲍威尔在笔记中写道,如果他决定在本案中发表一份意见书的话,他得把博克的发言记录重读一遍。两人都预见不到这个时刻后来的讽刺意味。1987 年,当罗纳德·里根将博克提名至最高法院时,他要取代的正是鲍威尔。而博克最终失败的原因正是他坚持的原旨主义,也就是他借以得出第八修正案不禁止死刑这一结论的法哲

学前提。(当然,这些都是后来发生的事了。在当时,他们是心照不宣的盟友,一同捍卫着死刑、联邦主义和司法克制主义。)

“司法部副部长先生,”鲍威尔对博克说道,“你在法庭辩论中还没有来得及谈一谈威慑效果的问题。”鲍威尔提到了近些年来谋杀率的上升——从 1968 年的 15720 起谋杀到 1973 年的 19510 起,这是当时的最新数据。鲍威尔几乎毫不掩饰自己的情绪。他将这 40% 的增长和亚洲的战事放在一起对比。“这些数据非常清楚地表明,对于这种屠杀美国人的行为,我们需要一种威慑方法。”鲍威尔说道。“我用了‘屠杀’这个词,是因为这个词曾被用来描述越南的那场灾难。在那场灾难中,有 55000 名美国人在六七年的时间里被杀死。如果联邦调查局的数据没有错的话,那么在这个国家里被杀害的,被谋杀的美国
388 人,比在越南战场上死去的还要多。”鲍威尔似乎是在引导每一位让自己的子女剪短了头发的父母,同时,他也在对美国自由派的虚伪和狭隘表达愤怒之情。

博克表示,这是他“从法官那里听到的最友好的问题了”。博克认为,鲍威尔的发言是在邀请他补充任何他想补充的论点,而博克充分利用了鲍威尔给他的这次机会。“鲍威尔大法官先生,在我看来,任何理智的人都不会质疑死刑的威慑效果。”他说道。“人类自古以来都是这样认为的。我们知道,就人类行为的其他所有方面来说,如果你提高某种行为的成本和风险,那么这种行为就会减少,这是一个常识。我不知道谋杀行为为什么会有所不同。我根本不会想到有人会对此提出质疑,也根本不会听信提出这些质疑的那少数几个学者。我们提交埃尔利希的研究是为了证明,有相当充分的学术证据表明死刑具有威慑力。但实际上我认为,只要我们国家的各个立法机关作出判断——认为死刑有威慑效果——这就足够了。这是一个理性的判断。我们认为这对最高法院来说就足够了。”博克紧紧地抓住了鲍威尔的

中心思想。“并且，我不得不说，在这样一个国际和国内恐怖主义都在抬头的时代，在这样一个残忍的谋杀行为越来越多的时代，如果剥夺各州自己所认为必要的威慑手段，救下几百个有罪之人的生命，从而大概率使几千个无辜之人丧生，那将是一项极其沉重的责任。那真的是一项极其沉重的责任。”

博克终于回到了自己的座位。最高法院宣布，得克萨斯州和路易斯安那州的案件法庭辩论结束。

临近十一点半的时候，伯格宣布，伍德森案的法庭辩论开始。阿姆斯特丹和北卡罗来纳州的一位司法部常务副部长西德尼·伊格尔斯(Sidney Eagles)走上了前排的律师席。由于 LDF 并没有代理格雷格和普罗菲特，也没有被邀请参加佐治亚州和佛罗里达州案件的法庭辩论，这将是阿姆斯特丹在大法官们判决这一批死刑案前的最后一次发言机会了。

阿姆斯特丹面临着又一次重要的战略抉择。毫无疑问，博克在最 389
高法院表现得很好。阿姆斯特丹是应该试着反驳博克的论点，还是应该专注于北卡罗来纳州法律的缺陷呢？北卡罗来纳州的法律似乎是五个州的法律中最站不住脚的一个。肯德尔觉得他们有很大希望击败它。然而，阿姆斯特丹瞄准的却是更高的目标。他觉得博克的很多主张都必须受到质疑。不仅如此，在朱里克案中，大法官们的提问使他转移了话题，没能提出他原本想提出的有关死刑总体合宪性的论点。最终，阿姆斯特丹在伍德森案的法庭辩论中几乎没怎么提到强制死刑制度的问题。

阿姆斯特丹首先反驳了博克提出的费曼案判决无法和麦高萨案判决共存的命题。“我们的第一个论点毫无疑问是以费曼案判决为基础的，”他说，“那就是随意的选择性。我所说的随意的选择性，指的是特定的一些人被处死，而另一些则被放过。如果你想的话，你可以称之为宽恕,像联邦政府所说的那样。但无论如何,相似情况下的另一些人被放过了,而他们之间的区分没有任何有意义的依据。这是一个基于第八修正案的论点。这不是一个基于正当程序的论点,因为第八修正案关注的不是正当程序,而是程序产生的结果。"他接着解释:"这就是为什么费曼案判决与麦高萨案判决并不冲突。我们的观点是,费曼案判决认定现存的系统违法,因为它的结果不比抽签好多少——联邦政府在法庭之友意见书中提到,运行一个选出一部分人处死的系统的另一种方法就是抽签。也就是说,在所有被判谋杀罪的人里进行抽签,只处死他们中的一部分。我们的观点是,依据费曼案判决,这种系统也是违法的,正如陪审团自由裁量的系统一样。"

史蒂文斯大法官对阿姆斯特丹的前提提出了质疑。"你的论点是建立在'无标准的量刑与抽签无异'这一前提之上吗?司法部副部长的观点恰恰相反。一个由十二个人组成的陪审团所作的区分不是建立在理性基础之上吗?一个陪审团认为这一群人应该被处死,另一个陪审团认为不应该。这不是理性的吗?"

390 "不,这不是理性的。"阿姆斯特丹答道。"事实是,每一个陪审团可能都有不同的标准、不同的态度。这样的一个系统是永远无法被理性化的。"这场对话又将阿姆斯特丹逼到了反对陪审团的自由裁量权这样一个熟悉的尴尬境地,于是他快速地转移了话题,表示他将用剩下的时间论述死刑为何在所有情况下都是违宪的。"我们的第二个论点,一个确凿的、清晰的论点,并不依赖于费曼案判决。不论有没有费曼案判决,它都是一样的。第二个论点就是,死刑是一种原始的杀戮行为,如今已经走到了尽头。"阿姆斯特丹对修改后的新法进行了批判:"我们现在所面对的这些新的死刑制度,要么完全是自由裁量的,要么就是一种逆行,是一种倒退——是向旧有的强制死刑制度倒退。人们已经摈弃了强制死刑制度,因为它令人无法接受,因为陪审团不愿意把——”

布莱克门打断了阿姆斯特丹。“我觉得我在费曼案中的反对意见已经说过这一点了。我说的正是这一点。”

“布莱克门大法官先生，我认为——”

布莱克门又一次打断了阿姆斯特丹。“当然了，反对意见本来也没有人读。”布莱克门说道，引来旁听席的一阵笑声。“作为一名教授，你知道，当律师输掉一个案子之后，他们会出现在下一个案子中，然后指出这两个案子的区别。”

阿姆斯特丹保持着一贯的冷静。“布莱克门大法官先生，我认为它们还是很不一样的。我认为，现在，若我们了解到一个处死了数百人的系统是随意的、蒙昧的、非理性的，这是一个相当重要的考虑因素。”

“嗯，我昨天已经说过了，现在也再说一遍，你在费曼案中取得的成果难道不是恰恰导致了你现在正在严重抱怨的这种现象吗？”

“我们处在一个辩证的过程之中。”阿姆斯特丹答道。“各州对费曼案判决作出了回应，但费曼案判决本身也是对之前发生的事的反应——这个国家的人们已经认为强制死刑制度是不可接受的。”

“我觉得我在反对意见中已经说过这一点了。所以你没必要和我 391
争论。”

阿姆斯特丹不禁想知道，1967 年，当他纠正了布莱克门的计算问题时，他是否太过冒犯了布莱克门，以至于布莱克门在九年后还耿耿于怀。但阿姆斯特丹没有想太久，因为伯格很快就从这位童年好友那里接过了接力棒。

“阿姆斯特丹先生，”首席大法官问道，“你会因为陪审团制度产生了一些非理性的结果，而主张在刑事案件中废除它吗？”

“不，完全不会。我并不是这个意思——”

“这正是你这番论述的本质:我们应该废除整个刑罚制度,因为它有时会产生非理性的结果。”

“问题在于,那些可以补救的刑罚方式,那些处于可知的、可控的领域内的刑罚方式,与生和死的刑罚方式,在适用时能否依据同样的标准。费曼案判决认为不能。”

“你的论点是,死亡是不同的。昨天,斯图尔特大法官先生问你那个问题的时候,你不得不这样回答。你只能回答,死亡是不同的。如果它没什么不同的话,你就一定会输。”

阿姆斯特丹已经在这条路上走得太远,无法再改变方向了。“完全正确。”他又重复了一遍,“如果死亡没有什么不同的话,那么我们的每一个主张就都不成立了”。

鲍威尔已经沉默了一段时间,但现在,他对阿姆斯特丹发起了最后一次严峻的考验。鲍威尔让阿姆斯特丹聚焦于仅对劫机罪适用死刑的联邦死刑条款。由于它的适用范围相对较窄,且劫机行为相对罕见——“万幸”,鲍威尔说——联邦法律带来的随意性风险比各州法律
392 带来的要小。鲍威尔问道:“你针对北卡罗来纳州法律提出的论点,会同样适用于联邦法律吗?”这相当于是在问:“你愿意做一个交易吗?”阿姆斯特丹明白他的言外之意——鲍威尔是个有名的实用主义者。

此刻,在死刑对于极端犯罪的适用性这一问题上,阿姆斯特丹可能作出的让步变得空前重要。鲍威尔提出的问题表明,他,也许还有其他人,想要“把孩子分成两半”——用克里斯蒂娜·惠特曼的话来说——达成一个“所罗门式”的妥协。这个问题给了阿姆斯特丹一次机会,可以对妥协的具体方案发表意见。参与这种妥协可能会削弱阿姆斯特丹宏大的反死刑论述,但也可能对朱里克、格雷格和伍德森有好处。此外,这样做也可能会让阿姆斯特丹看起来更通情达理一些。这就是为什么当初 LDF 团队决定对特殊情况作出让步。但阿姆斯特

丹并没有把这一点放在心上。他的本能又一次占了上风。

“同样的论点不会适用于联邦法律，但我认为联邦法律也有可指摘之处。”阿姆斯特丹对鲍威尔说道。“法条的适用范围越窄，被分在同一类里的人之间就越相似。此时，如果要在他们之中作出区分，而不是对他们一视同仁，这种区分也就会越随意。”这个回答又一次表明，似乎没有任何死刑法律能够满足 LDF 的要求。

“在你的想象中，有没有任何犯罪可以让社会以死刑作为一种恰当的惩罚？”鲍威尔问道。

“没有。”

“嗯，让我给你举个例子。假设我们对布赫瓦尔德集中营的指挥官有管辖权，你会觉得死刑对于这个人所犯下的罪行来说是一种合适的惩罚吗？”鲍威尔早就准备好了这个问题，并且和惠特曼仔细商议过了。他在这场法庭辩论中提出的每一个问题都是和她商量过的。

阿姆斯特丹对这个问题感到气愤。他认为，鲍威尔问他这个问题是因为他是犹太人。在他的辩护工作中，对严重犯罪适用死刑这个话题经常出现。在安德森案的法庭辩论中，加利福尼亚州最高法院的首席大法官唐纳德·赖特曾就这一话题向他提出过一些很难的问题。
但是，阿姆斯特丹曾在持怀疑态度的法官们面前出庭辩论过数百 393
次，而其中没有一个法官问过他纳粹分子是否应该被处死。阿姆斯特丹拒绝承认死刑对种族屠杀罪的适用性。“一种本能的反应告诉我们，‘杀了他’。”他对鲍威尔说。“但是，考虑到本院在适用第八修正案时必须加以考虑的历史因素，这种刑罚符合第八修正案的要求吗？我的答案会是，‘不符合’。”

鲍威尔简直不敢相信阿姆斯特丹的回答。鲍威尔的传记作者约翰·杰弗里斯认为，在经历了这么多年的斗争之后，阿姆斯特丹在这个问题上已经变得过于情绪化，以至于他对自己的听众完全失去了概念。鲍威尔进一步追问着阿姆斯特丹。“所以,如果某个极端分子引爆一颗氢弹,炸毁了纽约城,你依然觉得恰当的处理方式是把他关在监狱里,也许七年之后再通过假释放他出来?”

“鲍威尔大法官先生,我丝毫不怀疑,对于这种打算引爆氢弹的人,政府必须有也一定已经有足够的应对方法。”

“你会愿意把他终身关在监狱里,并且单独监禁,不得假释吗?”

“这并不是法院现在面对的问题。我认为,在特定的、有限的情况下,也许可以将某人监禁——我觉得我们现在似乎把宪法问题和规范问题混淆了。对于终身监禁、不得假释这种刑罚,我看不出有任何宪法上的问题。”阿姆斯特丹一直在努力避免被人当成是整个制度的颠覆者,但“也许可以将某人监禁”这个表述却似乎有点尴尬。

伯格抓住了这个疏漏。“你现在向我们提出的论点中,难道不是有很多都可以原封不动地被拿来证明,完全的终身监禁和单独监禁是比死刑还要残酷而不寻常的惩罚吗?”

“它们不会比死刑更残酷或不寻常,伯格大法官先生,而且不仅我的当事人能认识到它们之间的区别,每一名死刑犯都能认识到。”

“那好吧。”伯格说道。阿姆斯特丹保留了剩下的两分钟时间,用
394 于之后的抗辩——在这两分钟结束后,几百名死刑犯的命运,以及可能被判死刑的数千人的命运,就会被最终决定。

接下来,北卡罗来纳州司法部常务副部长西德尼·伊格尔斯开始了发言。伊格尔斯本科和法学院都就读于维克森林大学。之后,他成为北卡罗来纳州上诉法院的一名法官。伊格尔斯首先回应了阿姆斯特丹提出的美国人民已经摈弃了强制死刑制度的主张。“本院的两位大法官在费曼案中都表达出了支持这种制度的倾向。并且,人民——至少是北卡罗来纳州的人民——已经采取了明确的行动,力求保证强制死刑制度在少数几类案件中的实施。”

正如来自佐治亚州和路易斯安那州司法部的同行们一样,伊格尔斯也将大部分的时间花在了谈论案情上。他说,伍德森、瓦克斯顿和塔克三人走进了一家"类似'7—11'的便利店",索要了一些香烟,而瓦克斯顿"在被害人没有进行任何反抗的情况下"开枪击中了她的头部。阿姆斯特丹在发言时曾简短地提到,伍德森不是开枪的人,因此他承担的责任应该比瓦克斯顿要少,而瓦克斯顿却没有被判死刑。伊格尔斯对此进行了反驳。

"阿姆斯特丹先生声称伍德森是罪责最轻的。我不能理解这种说法。"伊格尔斯说道。"他的很多主张都让我时时感到不能理解,不过我把这归结为我自己的问题,而不是他的问题。"伊格尔斯解释称,瓦克斯顿和塔克都认罪了,而伍德森却拒绝妥协。这种承担责任的态度是导致他们量刑不同的原因。此外,伊格尔斯将自由裁量权看作是刑事司法系统中的一个优点,而不是一个负担。

"本案中被提出异议的判决——是宪法要求的必然产物。"伊格尔斯说道。"检察官、陪审员、一审法官、我们的上诉法院以及北卡罗来纳州最高法院都是在依据我们的宪法所规定的职责行事。我们相信,所有这些行为最终产生的这场审判,从为被告人带来公平和正当 395
程序的角度来讲不存在任何宪法缺陷。在这个国家及其司法系统经过了两百多年的演进,达到了这样的结果之后,上诉人现在居然说,因为这个程序过于公平,因为你们的制度过于审慎,因为你们的制度在谁将最终被判处死刑的问题上过于慎重,所以它是随意的。说实话,这种说法让我们很震惊。这在逻辑上是说不通的。"

伊格尔斯和北卡罗来纳州的发言就到此为止。

阿姆斯特丹只剩下宝贵的两分钟了,而大法官们在他刚说了不到两句话的时候就对他发起了进攻。斯图尔特问道:"如果北卡罗来纳州的做法实际上导致了更多的人被判死刑,你依然会认为北卡罗来纳州法律中的问题比路易斯安那州法律中的问题要小吗？”

“如果用 1 到 100 分来衡量，它的问题的确更小，”阿姆斯特丹答道，“但两者都远远没有达到宪法要求的标准，而它们之间的差距跟它们要达到合宪的标准所必须实现的巨大突破相比是很小的。”

“假设盖洛普民调和哈里斯民调都显示，这个国家 90% 的人都支持死刑，”伯格问道，“你觉得我们在评估合宪性时应该考虑到这一点吗？”

“不，法官大人。我认为这种全民公投对这个问题不应该产生任何影响。”

“你昨天的发言让我觉得，我们好像应该依据人们的想法来对各种标准进行评价。”伯格说道。

“我认为的确如此，但不应该以全民公投的形式。”

红灯开始闪烁，意味着阿姆斯特丹的时间已经用完了，但他几乎还没来得及说出任何他想说的内容。阿姆斯特丹请求最高法院再给他两分钟的时间。伯格给了他一分钟。

阿姆斯特丹试着将 LDF 的立场表述得更合理一点。这个机构并不是罪犯之友，他说。“抨击死刑并不意味着同情犯罪。它也并不意味着无视被害人的感受。今天，在这个国家，死刑可能是阻碍我们针
396 对犯罪进行充分执法的最大障碍，因为它使公众良知陷入停滞，让你以为我们已经针对严重的犯罪行为采取了行动，而使我们没能去探索应对犯罪问题的其他方法。”

“此外，在本案中，在我们论述的整个过程中，我们都一直受到这样一种指责，认为我们才是企图让本院凭借主观情绪成为超级立法机关的那一方。事实并非如此。我们的立场是分析第八修正案唯一合乎逻辑的立场。”阿姆斯特丹说道。“既然第八修正案原本只适用于联邦政府，那么它涉及的肯定不是一个比较问题。”这对博克的原旨主义

观点进行了强有力的反驳。由于《权利法案》最初只适用于联邦政府，制宪者们的本意不可能是将第八修正案的含义建立在对各州的风俗习惯的评估之上。《权利法案》在美国内战之后才被适用于州政府，而即使是在内战之后，最高法院也只是逐渐地、零散地将它规定的各项保障适用于州政府。

阿姆斯特丹拿到了最后一分。他知道这一点，并且试着让自己的发言结束在最强音上："我们只是想说，我们的主张有着坚实的第八修正案基础，并且考虑到了执法和保护被害人的需求。从这个角度来看，死刑违反了第八修正案。"

他说道："感谢您额外给我的时间。"然后就收起了他的文件，但刘易斯·鲍威尔叫回了他。"阿姆斯特丹先生，"他问道，"我可以再给你至少半分钟时间吗?"伯格并没有反对，所以阿姆斯特丹走回了讲台前。鲍威尔还是无法理解阿姆斯特丹的策略。

"我想问你这个问题，"鲍威尔用一贯礼貌的语气说道，"我相信，你一定觉得这五项法律中的每一项都是天理难容的，并且依据你所表达的观点来看，都是违反宪法的。让我们暂且假设一下，在某种情况下，某人必须从这五项法律中选择一项。在你看来，这五项中的哪一项——你已经研究过其中的每一项——最有可能将你如此介意的那种自由裁量的、随意性的因素最小化?"鲍威尔似乎是在再次暗示最高法院想要达成一种妥协。

这个问题，阿姆斯特丹同样预料到了。在安德森案的法庭辩论 397
中，加利福尼亚州最高法院曾要求他区分各州对费曼案作出的各种反应。阿姆斯特丹将这个问题看作是一个陷阱。他称之为"反向滑坡论证"。他在 2010 年表示："如果我们作出任何让步，我们就输了。"不仅如此，阿姆斯特丹还觉得，最高法院在选择案件签发调卷令时，就已经选择了各州的新法中最极端的例子。"自由裁量的都是自由裁量中最糟糕的那些,而强制死刑的都是强制死刑中最糟糕的那些。”

阿姆斯特丹认为,最高法院并没有兴趣深入探讨各州法律中的细节问题。在他看来,1967 年关于得克萨斯州累犯处罚法的斯潘塞诉得克萨斯州案就证明了这一点。依据该法律,陪审团在量刑时应当考虑被告人的犯罪记录。法官会给陪审团一些限制性的指示——这种指示的有效性是有争议的——称被告人先前的行为不应当影响陪审团对被告人是否有罪的认定。最高法院支持了这种备受争议的做法。哈伦撰写的判决意见称,宪法没有让最高法院审查各州刑事诉讼法的细枝末节。他引用本杰明·卡多佐(Benjamin Cardozo)的说法,称“不能因为另一种方法在我们看来更公平、更明智,或者能为法庭上的被告人提供更好的保障,就认为州法律违反了第十四修正案”。哈伦又写道:“从来没有人认为最高法院是一个负责颁布州刑事诉讼规则的规则制定机关。宪法中的具体规定也没有赋予本院这项权利。”这或多或少也成为麦高萨案的判决要旨,并对阿姆斯特丹的思路产生了巨大的影响。

阿姆斯特丹相信哈伦依然在对摇摆派的大法官们——尤其是斯图尔特和怀特——产生持续的影响,这一点是对的。“当问题出在宏观层面时,我们应该对得克萨斯州的法条吹毛求疵吗?”在纽约大学的办公室里,阿姆斯特丹反问道。他表示,如果鲍威尔问的是他是否能够想象出一个符合费曼案判决要求的法条,他的回答可能会有所不同,但鲍威尔问的并不是这个。鲍威尔的问题针对的是现有的五项法律。所以,阿姆斯特丹拒绝了这个含蓄的交易邀约。他停顿并暗自笑
398 了一下。“它们之中没有一个离标准足够接近,因此我无法对这个问题给出一个有意义的回答。”阿姆斯特丹接着说道,“我不是在试着回避这个问题,只是它们实在还不够好。它们产生的总体影响实在太接近,而它们离应当达到的标准又实在太远,以至于我认为,在它们之间

做一种微不足道的区分基本上是没有意义的。”

鲍威尔又给了他一次机会。“你认为它们都不应该存在,这一点我明白,但是你在这五项法律中真的不做选择吗?”

“不,不。”阿姆斯特丹答道。他又补充道,强制死刑条款特有的一个问题是,“一些案件走完了整个流程,却没有人意识到他们手中掌握的权力。这些人最终死去了,原因是根本没有人注意到自己也享有这个制度中的那些自由裁量权,那些其他检察官、其他陪审团都在行使的自由裁量权。我认为这是非常糟糕的。但是它是否比那些明显存在自由裁量权、放任同案不同判现象的制度更加糟糕呢?我认为它们都很糟糕,并且一样糟糕。我只能这么说”。

他的额外时间也用完了。

“感谢法院。”他说道。

“谢谢你,阿姆斯特丹先生。”伯格说。

剩下的就是结尾了。佐治亚州的托马斯·戴维斯为“折磨被害人”这一加重情节进行了辩护。LDF 曾在上诉意见书中提出,这一加重情节和其他很多加重情节一样,过于宽泛和模糊。戴维斯还为佐治亚州上诉制度的合理性进行了辩护。鲍威尔认为戴维斯的发言比较出色,是各州政府的法庭辩论发言中质量最高的。他还认为上诉复审是“一种明智的要求”,并且提醒自己要重读一下佐治亚州的法条。

在普罗菲特案中,克林顿·柯蒂斯(Clinton Curtis)和罗伯特·谢文也表达了相似的主张。普罗菲特的代理律师柯蒂斯表示,佛罗里达州的法律并不能充分地降低随意性。而佛罗里达州司法部长谢文则又一次指责 LDF 是意识形态的空想家。“我不管他是如何宣称的。”
谢文指的是阿姆斯特丹。“实际上,他就是在抨击整个系统。”之后,谢 399
文又补充道:“虽然阿姆斯特丹先生今天站在法庭上,声称‘我只是在将第八修正案应用到死刑案中’,但他完全无法阻止一个被判终身监禁的人回到法庭上,提出'给我同样的保护'。他会对你说,如果你觉得整个系统都是不公平的,那么这对他也是不公平的。正因如此,我们强烈要求法院维持他的有罪判决。这样做实际上是在宣布,整个系统没有错。"谢文并没有质疑费曼案判决,而是主张"我们已经提供了一个能够解决费曼案判决提出的随意性问题的系统"。

这些都是已经说过的内容。3 点 5 分,疲倦的伯格宣布法庭辩论结束。"谢谢,先生们,"他说道,"案件已提交法庭审议。"现在,死刑的未来就掌握在大法官们手中。

当 LDF 对法庭辩论进行复盘时,他们发现各自的看法并不相同。阿姆斯特丹一如既往地觉得正义是站在他这边的。戴维斯也抱有一些希望。她写信给一个朋友称:"最关键的几位大法官看起来态度开放,反应比较积极。"肯德尔的感受却更多是不安。"我走出最高法院时,心情并不太好。我抱有一点希望,但更多的是悲观"。他说道。在这两天里,肯德尔一直关注着史蒂文斯,而他觉得,对于阿姆斯特丹提出的"死刑类似于抽签"的想法,史蒂文斯的反应是很不友好的。肯德尔认为这不是个好兆头。

第十九章

掌握中间派

回到办公室后，大法官们纷纷批评了阿姆斯特丹的 400
发言。阿姆斯特丹在费曼案法庭辩论中的表现曾赢得了很高的评价。而他在1976年这批案件中的表现却遭到了一致的嘲讽。“现在我知道听耶稣基督本人讲话是什么感觉了。”威廉·布伦南对自己的法官助理们说道。刘易斯·鲍威尔告诉克里斯蒂娜·惠特曼，他觉得阿姆斯特丹是个“疯子”。有几位大法官认为阿姆斯特丹对哈里·布莱克门很无礼。布莱克门给他打了83分——比他在1972年得到的“A-”要差很多——并且加上了一句刻薄的标注：“非常油腔滑调，声音尖细刺耳。”布伦南对阿姆斯特丹更是怒不可遏。他认为，阿姆斯特丹应该接受鲍威尔想要达成妥协的提议，并且总体来说，阿姆斯特丹应该表现得不那么自视清高，不那么热衷于说教。法官助理们大多也有着相同的看法。斯图尔特的法官助理罗恩·斯特恩觉得，对于他的老板提出的问题，阿姆斯特丹给出的回答没有什么说服力。克里斯蒂娜·惠特曼认为，等到下一周，大法官们开始讨论这批案件的时候，LDF面临的状况会很不乐观。

而接下来的进展的确很不乐观。4 月 2 日周五,在大法官会议上,沃伦·伯格第一个发言。"就最基本的问题来说,我的观点依然是,这主要是属于立法机关的一项特权。我在费曼案中就主张维持原
401 判。因此,在本案中,我更会选择维持原判。"伯格的发言不出任何人的预料。布伦南同样没有让任何人感到惊讶。他表示,他"永远不会改变他在 1972 年的观点",并且对于这批案件中的每一件,他都会选择推翻原判。

而波特·斯图尔特却让局面变得复杂了起来。在这一届开庭期即将开始之际,斯图尔特沮丧地对他的法官助理威廉·杰夫里斯说道:"我误判了选民的情绪。"现在,斯图尔特痛苦地在同僚们面前作出了让步。"比尔·布伦南的观点在费曼案时代比在现在要更有说服力。那时候,死刑法律已经形同虚设了。但是,各州立法机关自 1972 年以来所采取的行动都聚焦于为什么应当对特定的严重犯罪行为处以死刑。这就明确了不断演进的文明标准在 1976 年是什么样的。"此外,斯图尔特还表示,"在这样的语境下,这些标准应该由立法机关而不是司法机关来确定。从宪法的角度来讲,我不能说死刑是违宪的"。

斯图尔特在他和怀特在 1972 年的观点之间作了一些区分。"拜伦和我在费曼案中表达的意思并不一样。"斯图尔特说道。"我的观点是:第一,这种刑罚与其他任何刑罚都不同,因此它在这个意义上是独特的;第二,死刑的适用缺乏依据,而陪审团不受任何量刑标准的指示,不了解相关的考虑因素,并且它的自由裁量权不受控制,也不受任何审查。我想,拜伦的观点是,这个问题格外关键。"斯图尔特又对各州的新法作了区分。"佐治亚州和佛罗里达州显然已经设计出了符合宪法要求的制度。"他说。"罪名得到了详细的列举,并且只有在定罪以后,在一个单独的庭审程序中,陪审团才会考虑量刑问题。这两个州都精心制定了上诉复审程序。整个程序中的每个步骤都是为了最

大限度地减少错误和提供审查的机会而设计的。阿姆斯特丹认为不应当存在任何自由裁量的机会，这种观点实在无法说服我。自由裁量是必不可少的。”也正是因此，斯图尔特对强制死刑条款持否定态度。“北卡罗来纳州在费曼案之后并没有真正作出改变。它保留了陪审团的非理性，因此是违宪的。路易斯安那州允许陪审团以较轻罪名定罪，这一点有问题，因此它是违宪的。得克萨斯州的法条不太好判断。我还不确定它是否合宪。”

怀特表示，他会维持全部五项法律。在他看来，其中每一项法律都满足了费曼案判决的要求。“这些法律与费曼案之前的那些很不 402
一样。”怀特说道。他对费曼案的印象与斯图尔特不同。怀特认为，在1972年，他和斯图尔特的意见是一致的。“在费曼案中，我将重点放在了死刑适用的罕见性上。我的确和波特一样强调了量刑的无标准性和随意性，以及陪审团指示的缺失。我认为，北卡罗来纳州和路易斯安那州已经达到了我在费曼案中所想的标准。在麦高萨案中，我就认为，如果你为陪审团提供量刑标准，那么死刑判决的数量就会增加，而这正是当下正在发生的事。”怀特又补充道：“我们并没有受理任何强奸案，而罪名不同一定是会有影响的。无论意见书怎样写，它都一定要说明，我们在本案中的意见并不涉及强奸案中的死刑问题。”

布莱克门同意怀特的这条声明。“我不能同意对强奸罪适用死刑的做法。”他说。布莱克门还说，关于北卡罗来纳州新法在适用中歧视非裔被告人的证据也令他感到不安，但他找不到一个宪法依据来推翻死刑。同样，他也找不到任何依据来让最高法院在各州的新法之间进行挑选。布莱克门对佐治亚州、佛罗里达州、得克萨斯州和路易斯安那州的法律投了赞成票，而对北卡罗来纳州没有表态。

瑟古德·马歇尔表示将坚持自己在1972年的意见，并推翻全部五个死刑判决。接着，鲍威尔表示支持对极端犯罪适用死刑，但反对强制死刑法律。“这个国家需要的是恢复死刑的公开执行。”鲍威尔对同僚们表示。他推断,如果人们不得不看到死刑执行的画面,那么公众就会反对强制死刑法律。鲍威尔对佐治亚州和佛罗里达州的法律
403 感到更加乐观。“一些州已经设立了保障措施,防止死刑制度像闪电一样随意。所以,费曼案判决还是起到了正面作用的。”正如法庭辩论时他在笔记里记下的一样,鲍威尔表示,州最高法院的自动复审对于陪审团前后不一致的裁决起到了重要的制约作用。他投票维持全部五项法律,尽管他对北卡罗来纳州持有一些保留意见。“如果把这五项法律分开来看,按照波特和拜伦在费曼案中的意见,北卡罗来纳州让我产生了一些疑虑。它涉及的罪名范围非常广。按照费曼案判决,我很怀疑它是否合宪。表面看来,路易斯安那州的法律是最好的之一,但它并没有规定分别式审理程序。这并不是必要的,但它毕竟是一种保障。我要再考虑一下。”

威廉·伦奎斯特表示,他会维持全部五项法律。最后,约翰·保罗·史蒂文斯首次表明了态度。“对我来说,费曼案判决就是法律”,史蒂文斯说道。“这就是我的出发点。因此我认为,依据不断演进的标准,死刑在某些情况下是允许的。我毫不怀疑死刑是宪法许可的一种刑罚。我不能同意标准已经演进到了阿姆斯特丹所说的那种程度。我认为瑟古德和比尔·布伦南的观点最终会变成法律,但不是现在。”

史蒂文斯继续说道:“当问题只涉及第八修正案时,进行程序上的分析可能不是常规的做法。但这似乎是斯图尔特和怀特在费曼案中的理论基础,因此我也就接受了这种分析方法。当问题只涉及第八修正案时,我们必须对全局进行程序上的分析。在我看来,费曼案判决告诉我们的就是这个。”阿姆斯特丹对费曼案判决和麦高萨案判决所作的区分终于还是说服了一个人。

关于具体的法条，史蒂文斯表示：“北卡罗来纳州创造出这种恶魔一般的制度，这是很可怕的。不仅如此，北卡罗来纳州和路易斯安那州都没有单独的量刑听证程序。这是对法律制度的一种非法的使用。我原本对得克萨斯州的法律也持同样的态度，但我无法反对一个独立的陪审团决策程序，即使它本质上是没有任何标准的。”

在每个人都表达过意见之后，票数的分布似乎是，佐治亚州和佛 404
罗里达州的法律各得到了七票支持、两票反对，路易斯安那州的法律得到了五票支持、四票反对，得克萨斯州得到了五票支持、三票反对（斯图尔特没有表明态度），而北卡罗来纳州得到了四票支持、四票反对（布莱克门没有表明态度）。接下来的问题是，分别由谁来撰写这些意见书。伯格很想把这个任务留给他自己。他还考虑过把部分任务交给伦奎斯特。由于这些案件涉及的问题各不相同，伯格原本可以把它们分别交给不同的人。但伯格并没有这么做，而是把五个案子全部交给了怀特，因为在他看来，怀特是死刑的支持者中最不坚定的一个。怀特在费曼案中无休无止的犹豫不决就证明了他在死刑问题上并没有坚决的态度。伯格觉得，将意见书交给怀特来写，能够巩固他对死刑的支持，并且在北卡罗来纳州的问题上，他写的意见书能够说服鲍威尔和布莱克门。有了怀特的支持，伯格相信，支持死刑派能够赢下全部五个案子。

从一个方面来说，伯格的盘算是正确的。怀特欣然接受了这个任务，并对此表示很兴奋。他把一部分工作交给了他的三个法官助理，并且和他们一起制定了策略，力求大获全胜。但是，伯格默认鲍威尔会支持他，这却是一个严重的误判。

虽然鲍威尔强烈反对费曼案判决，但是在4月2日的大法官会议上，鲍威尔却在笔记中写道：“我接受费曼案判决，把它作为先例看待。”在他的任命听证会上，他就曾对参议院司法委员会说过：“作为一个律师,我非常尊重先例。我知道,法律应当具有连贯性,应当具有合理的可预测性,这是很重要的。”作为一个大法官,他履行了自己的诺言。在他任职期间,他支持了罗伊诉韦德案,尽管他原本强烈地反对这一判决,正如他反对费曼案判决一样。此外,不管费曼案的判决是否正确,鲍威尔都相信它起到了很大的正面作用。他的笔记呼应了他对同僚们所说的话。“可以说,在促使各州专注于这个问题并制定标准这方面,费曼案的判决结果是有益的。”

405 但与此同时,鲍威尔也比其他任何大法官都更清楚阿姆斯特丹的论点引申下去有多么危险。如果最高法院证实刑事司法系统中存在种族歧视——哪怕只是针对死刑——那么这造成的损害将是无法限制的。必须要找到一种平衡。在鲍威尔看来,最高法院必须对随意性加以限制,尊重被告人的人格,但同时又不能从根本上破坏美国的刑事司法制度,也不能对各州表现出不尊重。北卡罗来纳州显然在错误的方向上走得太远了。鲍威尔在 4 月 2 日大法官会议上的发言没有能体现出他对北卡罗来纳州的法律有多么抗拒。在这届开庭期之初,鲍威尔就告诉过惠特曼,强制死刑法律让他感到难以接受。他认为,制度永远都应该保留宽恕的机会。

惠特曼的分析更加巩固了鲍威尔的观点。她在 3 月 27 日交给鲍威尔的一份备忘录中主张,北卡罗来纳州的法律代表了“当一个州从斯图尔特和怀特两位大法官提出的‘只有完全排除了随意性的死刑法律才是合宪的’这一说法得出一个合乎逻辑的结论时,会发生的最坏的情况”。北卡罗来纳州的法律撒下了很大的一张网,而即使是强制死刑制度,也还是为“这种极端刑罚的随意适用留下了很大的空间”。惠特曼自己也没想好最高法院应该如何处理随意性的问题。她写道:“我个人的观点是,随意性无法被消除。我认为这项法律就证明了这一点。我们只能要么放弃这种分析方式,要么就从中得出合乎逻辑的结论,即完全废除死刑。如果我们不放弃它,也不废除死刑,那么我们就必须为宽恕留下一些空间。”而如果阿姆斯特丹看到了惠特曼接下来写的话,他一定会备感振奋。死亡是不同的,她说道。“如果我是一名大法官,我会说,我们的刑事司法系统中存在一些固有的随意性。这种随意性无法被消除,并且通常是被人们所容忍的,因为它对于人类的任何司法制度来说都是必要的。但是,在涉及死亡这样严重的、不可撤销的刑罚时,这种随意性实在是不能容忍的。”

这就意味着,惠特曼大法官会投票反对摆在最高法院面前的全部五项法律,但法官助理惠特曼并没有正面回答这个问题,而是遵从了 406
她的老板的意见。“您的观点是,在涉及道德和政策问题时,应该由立法机关来作决定,我认为这是很有说服力的。”她写道。“事实上,我认为这会是我的第二选择。”对鲍威尔认为费曼案起到了正面作用这种直觉的认知,惠特曼也表示同意。她认为,量刑标准为陪审团和上诉法院提供了有效的指引。“总之,我不认为怀特和斯图尔特两位大法官在费曼案中的意见书是无效的,甚至也不认为它是有害的,除在北卡罗来纳州之外。但我同样不认为这份意见书能得到进一步的落实,除非死刑被完全废除。”

如今,仍是一名反死刑者的惠特曼将格雷格案看作是“她最失败的案子”。三十五年后,她仍然记得这份备忘录,并觉得她原本可以做得更多。很多法官助理都表达出了相似的遗憾之情。很多律师也一样。例如,多年以来,佩吉·戴维斯一直在苦苦思考她是否为自己的当事人杰里·朱里克提供了足够的帮助。这些杰出的男性和女性后来都成了行业领袖,但当这些事情发生的时候,他们都只有二十多岁,正在法律界神明一般的人物们手下工作。年轻时的艾伦·德肖维茨在向一位最高法院大法官指出他的错误时,同样都要犹豫半天。

惠特曼显然对自己太过苛责了。鲍威尔非常尊重惠特曼,而她的思想对他产生了非常重要的影响。她认为佐治亚州的法律选择了“模糊的、不具有排除性的”加重情节，但是在佐治亚州的问题上，她没能说服鲍威尔。同样，她认为得克萨斯州和佛罗里达州的法律都存在根本上的缺陷，但她也没能改变鲍威尔的观点。“有哪个谋杀犯的行为不是故意的呢？”她在一份备忘录中反问鲍威尔。“需要有多大的可能性，才能判定一个被告人对社会构成了持续性的威胁？”但是，在关于这个案件的笔记中，鲍威尔写道，得克萨斯州的法律“反映了州立法机关在努力尝试制定量刑标准，为陪审团的决策提供指引”。惠特曼还主张佛罗里达州的制度存在致命缺陷，因为在权衡加重情节和减轻情节方面，陪审团只得到了非常模糊的指示。这一点也没能说服鲍威尔。

407 但是，在路易斯安那州法律的问题上，惠特曼的分析对鲍威尔产生了巨大的影响。表面看来，路易斯安那州的法律似乎比北卡罗来纳州的更仁慈，因为它对适用强制死刑的罪犯的范围进行了限制。但是，它的具体做法却是将加重情节包含到“可判死刑的谋杀罪”的定义中。惠特曼认为这体现了“强制死刑条款和加重条款之间模糊不清的界限”。鲍威尔原本是倾向于支持路易斯安那州的法律的。他在笔记中写道，路易斯安那州“尝试将可以判处死刑的犯罪的范围界定得较窄”。但是，在读过惠特曼的备忘录之后，鲍威尔在脑海里把路易斯安那州和北卡罗来纳州的法律归为一类。同时，惠特曼的分析也使得鲍威尔对强制死刑条款的反对更加坚定了。

对于鲍威尔来说，这种抗拒代表着一次微妙却重要的转变。鲍威尔对于司法克制主义的坚持意味着他应该遵从北卡罗来纳州的判断，正如在费曼案中，鲍威尔希望最高法院遵从佐治亚州的判断一样。惠特曼的观点以及鲍威尔内心的变化改变了鲍威尔关于应该在何处找到平衡的看法。约翰·杰弗里斯表示，鲍威尔“在 1976 年不像 1972

年那样在意司法克制了”。在最高法院的经历让鲍威尔意识到,对宪法原意的解读往往不是像他最初想象的那样一成不变的。同时,鲍威尔对自己的角色和判断力也变得更有自信了。在最基本的层面上,强制死刑条款让鲍威尔感到排斥。时间,以及惠特曼的看法,使得他有了表达这种看法的勇气。

而鲍威尔对伯格的失望更是促使他最终下定了决心。鲍威尔强烈反对伯格对死刑案件工作的分配。与之相比,他在调卷令程序中的那些诡计都显得不那么重要了。要想赌这一把,把五个案子全部分配给怀特,伯格就必须要保证自己在每个案子里都是多数派成员。鲍威尔数了一下,支持推翻北卡罗来纳州法律的共有五票——布伦南、马歇尔、史蒂文斯、斯图尔特,以及他自己。鲍威尔觉得,在大法官会议上,他已经很清楚地表明自己反对北卡罗来纳州的法律了。这就意味着伯格是少数派成员,而不是多数派成员。因此,首席大法官并没有理由把撰写意见书的任务交给怀特。这项特权原本应该是属于布伦南的。但是,伯格又一次违反了惯例。这一次,鲍威尔认为伯格无论 408
是在程序上还是在实质上都错了。他不能再容忍。是时候为最高法院建立一个工作中心了。在4月2日的大法官会议后不久,鲍威尔就积极地行动了起来。

鲍威尔和斯图尔特之间的联盟形成得很快,也很自然,因为原本就是好友的他们在那一届开庭期早些时候的巴克利诉瓦莱奥案中已经建立起了更加深厚的友谊。那个案子的判决几乎和费曼案一样四分五裂。这两人在布伦南的帮助下形成了相对多数意见,维持了对竞选捐款的限制,但废除了对竞选开支的限制。

在死刑问题上,两人都无法接受费曼案最终竹篮打水一场空。两人也都认为强制死刑制度是野蛮落后的。因此,他们在各州的反应之间作了一个区分。佐治亚州和佛罗里达州为服从费曼案判决作出了真诚的努力;北卡罗来纳州则没有。

对鲍威尔来说,斯图尔特是一个天然的盟友,也是一个至关重要的盟友。虽然鲍威尔觉得,在所有大法官中,自己和斯图尔特的关系是最好的,但斯图尔特的人缘却能延伸到左右两派。他对伦奎斯特很有好感,并且与除伯格和布莱克门以外的所有大法官都有着密切的交流。反过来,大法官们和法官助理们也很喜欢斯图尔特。他很关注体育和政治,幽默感很强,并且平易近人。

当鲍威尔和斯图尔特决定就死刑案的问题开始联络另一位同事时,他们很自然地就想到了史蒂文斯这位新来的大法官。一贯善于交际的斯图尔特已经和史蒂文斯建立起了很好的关系。4 月初,当他和鲍威尔邀请史蒂文斯在单片眼镜餐厅一起吃午餐时,史蒂文斯很快就同意了。

单片眼镜餐厅位于国会山的参议院办公楼后门附近。经常有政界名流光顾这家餐厅。理查德 · 尼克松和约翰 · 肯尼迪在参议院工作时都经常到这里来。偶尔有些时候,当法官助理们可以从最高法院
409 出来,花点时间吃一顿好一点的午餐时,他们就会来到单片眼镜餐厅。鲍威尔对于在哪里吃饭有着非常特别的要求。他希望所到之处人们能认出他,但他又总是穿着不太符合大法官身份的运动鞋,这就带来了一些问题。不仅如此,虽然鲍威尔希望被人们注意到,但他又不想人们反应过度。而在单片眼镜餐厅,一切都刚刚好。当鲍威尔、斯图尔特和史蒂文斯一起吃午餐时,领班尼克 · 塞里莫斯(Nick Selimos)热情地招待了他们,并把他们带到了一张桌子前。一名服务员为鲍威尔端来了一份他常点的全熟汉堡。

接着,他们开始谈正事。三个人都对北卡罗来纳州的法律表示了反对。三个人也都对佐治亚州和佛罗里达州的法律表示了支持。仅有的两个争议点在得克萨斯州和路易斯安那州。斯图尔特和史蒂文

斯不太支持得克萨斯州的法律,但鲍威尔支持。另外,鲍威尔现在反对路易斯安那州的法律,而斯图尔特和史蒂文斯支持。三个人都觉得,至少他们三个达成一致意见是至关重要的。费曼案为各州提供的指引非常有限。这一次,他们一定要提出一套自洽的理论依据。于是,他们达成了妥协。三个人都承诺反对路易斯安那州的法律,而支持得克萨斯州的法律。

在研究调卷令程序的过程中,H. W. 佩里发现,这种讨价还价的现象虽然在政府的其他两个分支中相当常见,但在最高法院却很少发生。他访谈过的每一位大法官和几乎每一位法官助理都告诉他,大法官们很少用自己手中的票做交易。一位法官助理对佩里说:"据我所知,那种'我会用 A 案件的一票换 B 案件的一票'的交易从来没有发生过。这种现象在国会和白宫随时都在发生。但它从来不会发生在最高法院,这确实令人难以置信。每个案件都是依据具体的案情决定的。"伍德沃德和阿姆斯特朗在《隐秘的江湖》一书中提出,在穆尔诉伊利诺伊州案(*Moore v. Illinois*)中,布伦南投票给了一个自己已经不再相信的立场,只是为了避免在堕胎案件和淫秽言论案件中失去布莱克门的支持。这种说法引起了一阵轰动——也遭到了安东尼·刘易斯的批判。

斯图尔特、鲍威尔和史蒂文斯都从来没有透露过他们在单片眼镜餐厅谈话的具体内容,但这顿午餐的结果是显而易见的。每个人都在至少一个案子中改变了立场。能够证明这个三人组——人们很快就 410
开始用这个词代指鲍威尔、斯图尔特和史蒂文斯三个人——互相有所迁就,而不是纯粹基于原则行动的最有力的证据,就是朱里克案判决本身。史蒂文斯撰写的判决意见几乎未能让任何人感到满意。它没有明确地解释得克萨斯州的法律为什么不算是强制性的。这一判决让得克萨斯州的制度留存了下来,而这种制度后来成为整个国家最严峻的死刑制度，远远超过其他任何州。1977 年到 2008 年，得克萨斯州处死了 423 个人。而第二活跃的弗吉尼亚州处死了 102 个人。相比来看，在同一时间段内，美国的其他所有州加起来一共处决了 611 个人。退休后，在被问及自己的职业生涯体会时，史蒂文斯表示，朱里克案判决是唯一让他感到后悔的判决。

午餐后，鲍威尔回到了办公室，并宣布："我们已经达成协议了。"当天下午，三人组和他们的法官助理在会议室开了个会，讨论接下来的行动。惠特曼记得这是她第一次，也是唯一一次看到会议室里面的样子。在那里，三位大法官就分工问题进行了讨论。史蒂文斯将负责事实部分。鲍威尔将论证死刑的合宪性，并担任格雷格案判决意见的主笔。斯图尔特将负责解释北卡罗来纳州和路易斯安那州的法条如何违反了费曼案的要求。

惠特曼会负责处理鲍威尔的案子。斯图尔特把这项工作交给了惠特曼的朋友罗恩·斯特恩。在老板们离开会议室后，惠特曼和斯特恩花了几个小时的时间讨论他们所面临的挑战。斯特恩反对死刑，并且很庆幸自己负责的是伍德森案，而不是格雷格案。如果格雷格案被分配给他的话，斯特恩会想要改变斯图尔特的立场。但这似乎是不可能的。虽然斯图尔特在费曼案中痛苦挣扎了很久，但是这一次，他却表现得毫不犹豫。在法庭辩论之前，在法庭辩论之后，在判决意见起草期间，以及在撰写意见书的过程中，斯图尔特都曾反复与法官助理们交流。他的立场在整个过程中都是一致的，并且他似乎对这些限制
411 了自由裁量权的新法感到非常满意。"我们就让陪审团得到尽可能多的指引，让决策尽可能变得理性吧。"斯特恩记得斯图尔特说过。

斯特恩觉得，他在伍德森案中所作的工作对这个世界是有所裨益的。这一判决保证了被告人在面对死刑时能被当作一个个体对待。斯图尔特相信这是美国公众想要的。他相信，各州制定强制死刑法

律，只是因为他们不确定什么样的新法能够被最高法院所接受。斯图尔特认为，如果没有费曼案，人们就不会认为强制死刑制度是可取的，而如果各州知道法院会支持限制自由裁量权的法律，它们也就不会通过强制死刑法律。斯图尔特觉得这是伯格的错。他的暗示误导了各州。

斯图尔特吩咐斯特恩研究强制死刑法律在美国和在北卡罗来纳州的历史。斯特恩很喜欢这项工作。在法官助理工作结束后，斯特恩曾很认真地考虑过报考历史研究生。通过研究他发现，人们强烈地反对强制死刑法律。在建国之初，强制死刑曾经是很普遍的。陪审团常常会选择将一个谋杀犯无罪释放，从而让他免予死刑。为了避免这个问题，各州开始为犯罪划分等级。如果恢复强制死刑法律，就会迫使陪审团更多地行使否决权。唯一合乎逻辑的解决方案就是永久地废除强制死刑制度。

斯图尔特在起草伍德森案论述最后一部分的过程中扮演了格外活跃的角色。这一部分在很大程度上代表了他在费曼案中原本想表达的意见。斯图尔特认为，北卡罗来纳州不允许陪审团考虑每个被告人的个体情况，这是一个致命的问题。“如果一种程序丝毫不重视被告人的特点、犯罪记录，以及犯罪的具体情节这些重要方面，那么它就排除了在适用死刑这种极端刑罚的过程中，因为人类身上的各种弱点而产生怜悯或减轻情节的可能性。”斯图尔特写道。“对于所有被判特定罪名的人，它没有把他们当作独特的、个体的人类来对待，而是把他们当成了一个没有面孔的、没有差别的、即将被盲目地处以死刑的群体中的成员。”

斯图尔特认为，个体化的量刑是一种“进步的、人性化的成果”，并 412
且在死刑案中是必不可少的。在费曼案中，最高法院“承认了一个无法否认的事实——死亡作为一种刑罚，与其他所有的刑罚方式有着质的区别,而非量的区别"。斯图尔特的草稿中的这一部分证实了阿姆斯特丹的说法。斯图尔特写道:"显然,这一结论的前提是,死刑与监禁有着质的不同,无论是多长时间的监禁。死亡是终局性的。因此,死刑与终身监禁之间的区别,比一百年监禁与一两年监禁之间的区别还要大。因为这种质的不同,在确定死刑是某个案件中最恰当的刑罚时,需要的可靠性也不同。"

后来的一些人认为,伍德森案判决与费曼案判决之间存在矛盾。一方面,费曼案判决要求法律做到同案同判。另一方面,伍德森案判决似乎要求每个被告人都被当作个体来对待。事实上,斯图尔特在伍德森案中的逻辑后来成为 1978 年的洛基特诉俄亥俄州案判决的理论基础。洛基特案判决赋予了死刑案被告人出示任何能减轻罪责的证据的权利,无论这些证据的相关性有多么小。批评者们认为,洛基特案判决会鼓励陪审团随心所欲地行使宽恕权。

斯坦福大学的罗伯特·韦斯伯格认为,这种前后冲突的指令反映了最高法院在处理死刑问题时一种潜在的不协调现象。他解释:"要针对一个被告人作出一个道德上的决定,就意味着要把他当作一个独特的生命来看待。而州政府是无法依靠实体的刑法来将他作为一个独特生命看待的,因为刑法必然是对人类行为和道德报应的一种一般性的归纳。"费曼案和格雷格案判决试图解决这个问题。但是,韦斯伯格认为:"无论法律对行为的描述多么精细,它也只是一种归纳。要想让一种死刑法律达到哈伦在麦高萨案中所说的标准,那么这种法律就必须包含一些能够被人所理解的归纳。但是,没有哪一种归纳能够达到死刑判决所必需的那种道德敏感度——至少从宽恕这一方面来看。"用最简单的话来说,一个人不能既独特又平等。

413 许多人认为,这两种理念之间的冲突是不可调和的。安东宁·斯卡利亚在 1990 年曾做过一个生动的比喻:"如果说这一系列案件与源于费曼案的一系列案件之间可能存在着固有的冲突,那就像是在说第二次世界大战中轴心国与同盟国之间存在固有的冲突。而如果说这两类案件追求的是双重目标,那就像是在说善与恶存在双重目标一样。它们是无法调和的。”尽管如此,这场伴随着单片眼镜餐厅的汉堡达成的交易所产生的法律原则,还是成为接下来十几年里死刑法律的两大核心。三人组以及整个伯格法院将会把解读这两项原则的重任交给继任者们来完成。

接下来,还有一项不愉快的工作,那就是将此事告知怀特。斯图尔特、鲍威尔和史蒂文斯首先去找了伯格,让他把这些案子重新分配给他们。伯格拒绝了。出于他所谓的“时间考虑”,他已经于 4 月 24 日向大法官会议全体传阅了一份备忘录。这份由伯格的法官助理肯尼思·斯塔尔(Kenneth Starr)起草的备忘录既不算是反对意见也不算是多数意见。它只是提供了一种论证方式。伯格表示,如果我们“不是法院,而是一个‘贤人会议’,那么我至少会建议缩小死刑的适用范围。但是,宪法问题必须脱离个人情感”。伯格依然对获得压倒性胜利抱有很大希望。

这就意味着,三人组中必须有一个人站出来,把他们之间达成的协议告知怀特。鲍威尔是不会站出来的,因为他和怀特关系不好。鲍威尔有时会犹豫不决,而他的优柔寡断让怀特感到难以忍受。反过来,鲍威尔也很反感怀特当众否定他的做法。有一次,当鲍威尔正在思考的时候,怀特在他眼前折断了一支铅笔,叫他赶紧拿个主意。1974 年,为了缓和两个团队之间的关系,怀特的法官助理曾经请鲍威尔一起吃午餐。鲍威尔回答:“这不是一顿午餐能解决的事。”而要求史蒂文斯去做这件事好像也不太合适。于是,这个任务就落到了斯图尔特肩上。他告诉怀特,他、鲍威尔和史蒂文斯将投票反对北卡罗来纳州的法律,并且对于这五个案子中的每一个,他们都会共同发表

414 一份意见书。怀特没有对斯图尔特说什么,但他的法官助理后来表示,怀特感到很受伤,并且极其愤怒。

5月5日,大法官们召开了一次特别会议,讨论这一批死刑案。伯格现在承认自己处于少数派中了,并且让布伦南指定一个人来撰写伍德森案的判决意见。布伦南拒绝了。他默认他和马歇尔一定不会同意三人组提出的任何论点。在一段漫长的、令人尴尬的沉默之后,斯图尔特站出来表示,他、鲍威尔和史蒂文斯将在全部五个案子中发表意见书,而其他人可以随意加入或发表反对意见。

回到办公室后,斯图尔特、史蒂文斯和鲍威尔的法官助理们开始起草意见书。工作进展得很快。鲍威尔的格雷格案意见书很大程度上重述了他在费曼案中的论点,即各州应该享有决定死刑问题的自由。在他和惠特曼把这番论述扩充成一份完整的意见书的过程中,鲍威尔告诉惠特曼,他想表达一点:“社会有这样做的需求。社会有复仇的需求。”

“您不能在意见书里这么写。”惠特曼说道。

“这样说是很真诚的。”鲍威尔答道。

“这样说是错误的。”

“你只是比我更信基督教罢了。”

最终,这一段被修改成了这样:

> 一定程度上,死刑是社会对一些格外冒犯的行为产生的道德义愤的表达。许多人可能并不喜欢这种功能,但是,如果一个社会要求它的公民依靠法律程序而不是私力救济来应对自己所遭受的侵害,那么这种功能就是不可或缺的。复仇的本能是人类天性的一部分,而用刑事司法制度来引导这种本能,能够实现促进法治社会的稳定这一重要目标。当人们开始相信,一个有组织的社会不愿意或不能对罪犯施以他们应受的刑罚时,混乱的种

> 子——私力救济、自警主义和私刑的种子——就会被种下。报应已经不再是刑罚的首要目的了，但它同样不是一种被禁止的目的，也不是一种有违于我们对人的尊严的尊重的目的。事实 415
> 上，当一个社会认定死刑在一些极端案件中是恰当的刑罚时，它正是在表达，特定犯罪本身就是对人类的严重冒犯，以至于对它唯一恰当的反应就是死刑。

让惠特曼感到懊恼的是，许多人后来告诉她，他们最喜欢的就是意见书中的这一部分。

就在鲍威尔将要取得他最伟大的一次胜利之前，他开始感受到良心上的压力了。如果在格雷格案、普罗菲特案和朱里克案中维持原判，那就意味着近 700 个被判死刑的人将面临着处决。这让鲍威尔感到很难受。几个月以来，他都在逃避这个现实。在这届开庭期早些时候，鲍威尔曾对惠特曼说，如果最高法院维持了死刑，那么各州的州长将会赦免本周的死刑犯，因此不会有人被执行死刑。但是，他的这种信心是没有依据的。惠特曼认为只有一个解释：鲍威尔不愿意为他的行为即将造成的后果承担责任。

4 月中旬，他又有了一个新的想法，可以让他的双手不必沾上鲜血。鲍威尔提议，1976 年这批死刑案的判决只适用于将来的被告人和将来的死刑判决。现在已经被判死刑的被告人将被重新量刑，尽管他们是依据有效的州法律被判处死刑的。4 月 16 日，在写给惠特曼的 416
一份备忘录中，鲍威尔解释了他的逻辑："我认为，我们至少可以推测，有一部分死刑判决是由坚信本院会彻底废除死刑的陪审团甚至法院作出的。"鲍威尔又写道："事实上，在大法官会议之前，我自己也不知道我的几位兄弟会如何投票。考虑到这种模糊性，我不知道，如果法律得到了明确，而不是这样悬而未决的话，各州是否还会作出所有这些死刑判决。"鲍威尔的这种逻辑，与斯图尔特对强制死刑法律为何死灰复燃的解释异曲同工。因此,鲍威尔觉得自己的这位朋友可能会支持他的提议。

两周后,鲍威尔写信给斯图尔特称,“在当时,没有人——没有任何立法者、法官或者陪审员——能够确定本院最终会如何应对死刑问题”。因此,他写道:“至少存在这样一种可能,那就是一些微妙的,甚至是无意识的影响,尤其是一些不确定性,已经渗透到了立法机关、司法机关和陪审团的决策中。”此外,鲍威尔还担心这种大规模的死刑执行会如何影响公众对最高法院的看法。“几百份死刑判决经本院确认后被执行,这将引起一场巨大的轰动。我的猜测是,各州的州长,至少是大部分的州长,将会大规模地行使行政赦免权。但是,我们不能确定死刑犯会全部被赦免,哪怕是特定某一个州的死刑犯。”

鲍威尔告诉惠特曼,斯图尔特“对这个想法表示赞同”,并且他和斯图尔特打算“拓宽这场讨论的基础”。但是,鲍威尔的这个计划却没有任何法律依据。最高法院的判决中,曾有少数几个是溯及既往的。例如,最高法院有时会认为,如果一个被告人被判刑时依据的是后来已经被认定为违宪的程序,那么他有权享受修改后的法律带来的好处。但是,在格雷格案中,最高法院要宣告一种程序合宪,而不是违宪。将这样一份判决的效力限制在将来的案件中,这是前所未有的做法。“将这一判决仅适用于将来这一主张显然是出自情感,而不是出自逻辑或法律。”惠特曼说道。鲍威尔也向她和斯图尔特承认了这
417 一点。“虽然自我们上次谈话之后,我又考虑了这个问题,但我还是想不出任何有权威支持的理由。”他对斯图尔特说道。鲍威尔得出的“初步结论”是,“即使在没有先例的情况下,最高法院也只需行使它的终极权力和职责”。但是,鲍威尔还是盼望着斯图尔特或许能想出一种“更传统的、更有学术基础的理由”。然而,斯图尔特做不到,而这个想法很快也就消失了。

从5月到6月,鲍威尔、斯图尔特和史蒂文斯一直在对他们的意见书进行微调。在5月5日的大法官会议结束后,伯格立刻宣布,三人组将共同撰写同一份意见书,“宣布第八修正案本身并没有剥夺州政府或联邦政府使用死刑的权力”。两天后,斯图尔特纠正了伯格的说法,并告诉同僚们,虽然“每份意见书都会否认‘第八修正案和第十四修正案在任何情况下都禁止施加和执行死刑’这一说法”,但三位大法官将撰写五份不同的意见书:三份维持原判——用于格雷格案、朱里克案和普罗菲特案;两份推翻原判——用于伍德森案和罗伯茨案。

这些意见书中充满了矛盾之处。5月31日,鲍威尔在格雷格案的意见书中插入了一段话,称LDF在再次提出关于死刑的总体合宪性的论点时,“不像从前那样确信了”。在最终版里,这一段变成了:“在费曼案之后的四年里,事态的发展已经大大削弱了他们的论点所依赖的那些假设。”鲍威尔的话暗示着最高法院推翻了费曼案判决。同时,在伍德森案意见书的草稿中,斯图尔特又强调了费曼案判决的重要性。他写道:“费曼案判决要求,自由裁量权必须得到适当的指引和限制。”这又暗示着费曼案判决依然有效。

同样,在死亡有多么不同这个问题上,几份意见书之间似乎也存在矛盾。斯图尔特在伍德森案的意见书中特别强调了这一点。他呼吁把所有的刑事被告人当作个体的人来对待。但是,鲍威尔却表示,虽然“死刑在严重程度和不可撤销性这两方面是独一无二的”,但
这并不影响死刑在某些案件中的适用依然是恰当的。“在本案中,我 418
们只关注死刑在谋杀案中的适用,而当犯罪行为人蓄意剥夺了一条生命时,我们不能说罪刑在任何情况下都是不相当的。这是一种极端的刑罚,它适用于最极端的犯罪。”

这些矛盾是显而易见的,却也是早已注定的。6月底,大法官们开

始传阅备忘录,声明自己将加入哪一份意见书。在这个过程中,一切都如人们所料。怀特将单独写作,在格雷格案、朱里克案和普罗菲特案中发表协同意见,并在伍德森案和罗伯茨案中发表反对意见。布莱克门表示,他也要单独写作,并打算直接引用他在费曼案中的反对意见。6 月 29 日,伦奎斯特宣布他将加入怀特的意见书。第二天,伯格表示他也打算这样做。最终,布莱克门表示,他也加入怀特在罗伯茨案中的反对意见。

布伦南和马歇尔表示将在格雷格案、朱里克案和普罗菲特案中发表反对意见,并且在伍德森案和罗伯茨案中分别撰写意见书。自此,一段漫长而孤独的合作关系开始了。在接下来的十五年里,他们一同在 1841 件死刑案中发表了反对意见。有时,布伦南会顺着同僚们的思路展开联想,比如麦克莱斯基诉肯普案,以及斯坦福诉肯塔基州案——斯坦福案支持了对十六七岁的被告人的死刑适用。而有时,他似乎又和同僚们在不同的频道辩论,比如在格雷格案中。"死刑最致命的宪法缺陷在于,它将人类这个物种的成员当作非人类来对待,当作可以随意处置和抛弃的物品来对待。"布伦南写道。"因此,它违背了一个基本前提——哪怕最邪恶的罪犯也是一个人,拥有人普遍拥有的人格尊严。"布伦南引用了阿尔贝·加缪的反死刑论文《反思断头台》(*Reflections on the Guillotine*)中的一句话:"显然,这种形式的正义带给人的惊愕不亚于犯罪本身,而这种新的'官方'谋杀完全无法纠正这种对社会的侵害。相反,它在第一次犯罪的基础上,又为社会带来了第二次玷污。"马歇尔在格雷格案中自己写了一份反对意见,但从此以后,他几乎每一次都加入了布伦南的意见书,或者直接发表
419 一段样板式的声明:"死刑在任何情况下都是残酷而不寻常的惩罚,是被第八修正案和第十四修正案所禁止的。"

由于他们通常不愿意参与关于死刑合宪性的具体讨论,布伦南和

马歇尔两个人在这一问题上逐渐被边缘化了。耶鲁大学的罗伯特·伯特称这种行为为“一种反死刑的守夜祈祷——一种几乎是无声的祈祷,更接近于公民不服从的传统。他们将自己视为蛮荒时代的先知”。

1976年7月2日,最高法院公布了判决。这一天,法庭座无虚席。人们已经排了几个小时甚至整夜的队,只求能在第一时间听到最高法院的判决。人群中弥漫着一种恐慌感。除大法官们和他们的法官助理之外,对于其他所有人来说,这些历史性案件的最终结果都是未知的,也是充满悬念的。尽管如此,观众席上的许多人似乎已经猜到了即将发生的事情。在更衣室里,大法官们沉默地换着衣服。他们常常会在进入法庭之前彼此闲聊几句,但在这个星期五,所有人都一言不发。马歇尔几乎都没有抬头。就连天气也一同渲染着合适的气氛。通常来说,在这个季节,首都的天气还是比较宜人的。但是在这天,乌云又一次将法院大楼笼罩在一片不祥的黑暗之中。10点刚过,大法官们面色庄重地走了出来。法警命令观众肃静,但这其实并没有必要:所有人都已经安静下来了。几位大法官在皮椅上来回晃动,焦急地等待着程序的开始。

过了一会儿,沃伦·伯格说道:“格雷格诉佐治亚州案、普罗菲特诉佛罗里达州案、朱里克诉得克萨斯州案以及伍德森诉北卡罗来纳州案的判决结果将由斯图尔特大法官先生、史蒂文斯大法官先生和鲍威尔大法官先生宣布。”反死刑者们立刻意识到,这是个坏消息。他们本来对斯图尔特和史蒂文斯还抱有希望,但鲍威尔的立场却是毫无悬念的。他们已经达成了协议。几乎可以肯定,他们的协议将对死刑予以部分或全部的支持。

当伯格请斯图尔特宣布这批判决中的第一份即格雷格案判决 420
时,法庭变得死一般的寂静。当斯图尔特简述判决意见时,他的声音是沙哑的,双手也颤抖着。斯图尔特轻轻地宣读着。“首先,对于‘以死刑惩罚谋杀罪在任何情况下都是残酷而不寻常的,都是违反宪法的'这一主张,我们予以了考虑。"

"我们决定驳回这一主张。"

大法官们通常不会当庭宣读反对意见。但是,瑟古德·马歇尔宣读了他的反对意见。他首先谈到了过去四年里美国发生的事。"自费曼案判决以来,的确已经有三十五个州制定了新的法律,允许对特定犯罪适用死刑。"马歇尔说道。"我必须承认,事态的这种发展对于评估美国人对死刑的道德接受度有着重要的影响。但是,如果按照我的主张,死刑的合宪性取决于**知情的**公民的意见,那么我们就不能把这些新死刑法律的颁布当作决定性的证据。在费曼案中,我曾经提出,美国人民对判断死刑的道德性所必需的关键信息并不知情。最近的一项研究证实,美国人民对死刑知之甚少,并且那些知情的公众所持的观点会是截然不同的。"

马歇尔的情绪逐渐激动了起来。公众舆论如何并不重要,因为死刑是一种过度的惩罚。"过度的惩罚是违法的,即使公众情绪可能会支持它。"他说。"本案的问题仅仅在于,死刑对于实现刑罚的正当立法目的是不是必要的,或者说,一种较轻的刑罚——例如终身监禁——是否也能实现这些目的。在法院看来,能够确保死刑不过度的两种刑罚目的,一是普遍性的威慑,二是报应。"马歇尔认为威慑作用
421 并没有确凿的证据。同时,他也对鲍威尔提出的"不处死谋杀犯就会导致自警主义"的担忧表示了质疑。"如果说,只有死刑才能阻止美国人民用私刑解决问题,这是令人无法相信的。"马歇尔说道。对于"没有死刑,人们就无法意识到谋杀是错的"这种说法,马歇尔表示了嘲讽。同时,他敦促人们谦虚地面对人可能会犯错这个事实。马歇尔认为,如果说有些人该死,这是一回事,但如果说应该由社会来作出这个判断,那就是另外一回事了。

正如斯图尔特、史蒂文斯和鲍威尔所说,法院决不能以满足“社会的报应本能”为终极标准。马歇尔愤怒地说道:“要满足第八修正案的要求,死刑必须与第八修正案核心的人类尊严这一基本概念相符。”他解释道:“使用死刑的目的必须符合我们对于人类尊严的尊重。按照这样的标准,如果仅仅因为作恶者该死就剥夺他的生命,这种做法一定是不合法的,因为这种刑罚的基础恰恰就是对作恶者的尊严和价值的彻底否认。”

马歇尔讲完后,大法官们带着进来时的肃穆表情,一言不发地离开了法庭。马歇尔感到筋疲力尽、心灰意冷。他甚至没有回自己的办公室,而是开着他在 1967 年被任命到最高法院后给自己买的那辆二十英尺的米黄色凯迪拉克,直接回到了他位于巴克罗夫特湖的家。当天是马歇尔的 68 岁生日,但他却没有心情庆祝。

当判决被公布出来的时候,戴维 · 肯德尔正在最高法院,在保存着法院卷宗的书记员办公室附近。他认识在那里工作的人们,因为他曾做过怀特的法官助理。而这些人也知道他对这批案件有多么感兴趣,因此,在大法官们宣读判决的同时,他们就给了肯德尔几份判决意见。肯德尔花了几秒钟就明白了判决结果。当他理解了判决意见之后,他的心沉了下去——他们几乎输掉了一切。

当天晚些时候,肯德尔与阿姆斯特丹交流了一下。阿姆斯特丹此 422
时已经读过意见书了。肯德尔本以为阿姆斯特丹会感到很绝望。恰恰相反,阿姆斯特丹看起来心情不错。伍德森案判决让他有了一些信心,因为他觉得这一判决为 LDF 提供了来日再战的机会。阿姆斯特丹不屈不挠的乐观精神,以及他不为偶尔的成功而欢喜也不被偶尔的失败击垮,总能专注于“做事情”——像他经常说的那样——的超人般的能力,让肯德尔感到非常震惊。

那个周末,美国迎来了它的两百周年国庆。从周六到周日,肯德尔一直在妻子的兄弟位于纽约市的公寓里。在那里,他可以看到美丽的河景。看着高桅帆船驶入纽约港,肯德尔陷入了深深的自怜之中。仿佛输了案子还不够糟似的——而这本身已经很糟了——肯德尔意识到,接下来,他的日子会变得非常非常艰难。格雷格案判决意味着几百起死刑案将被发回重审,而这将为 LDF 带来堆积成山的工作,“并且我们当时人手很不够”,肯德尔回忆。

戴维斯也感到很痛苦。朱里克案判决格外让她难过。“这个判决告诉我,他们不想再继续他们在费曼案中开始的工作了。现在他们放手了,打算把这件事交给各州来决定,而朱里克案判决就是证明。”这个周末,戴维斯一直在思考 LDF 是否可以再努一把力,把朱里克案与其他案件区分开来,并且开始盘算着写一份重审申请书。她辗转难眠。她知道,她很难说服阿姆斯特丹将朱里克案与其他案子区分开来。即使她能说服他,她觉得最高法院能投票决定重新考虑死刑问题的概率也极小。他们已经作出了决定。

显然,大法官们相信,死刑的合宪性问题已经被永久地解决。自由主义者们现在只能舔舐自己的伤口了。威廉·道格拉斯的朋友们现在已经几乎认不出他了。大多数的日子里,他只是坐在一张躺椅上,裹着毯子和电热毯,哀叹着自己逝去的青春。运气特别好的时
423 候,他能睡个好觉,梦到在喀斯喀特山脉徒步。而运气不好的时候,他虚弱得甚至无法按响用来呼叫护士的蜂鸣器。

威廉·布伦南也失去了斗志。在动身前往楠塔基特岛之前,他在新泽西州律师协会于花花公子大峡谷度假酒店举办的年度会议上发表了演讲。布伦南呼吁各州法院在最高法院没能尽到职责时及时介入。但他讲到三分之一处时,感到听众对他的发言似乎并不感兴趣,就坐下了。“我说去他的吧,就干脆放弃了。”布伦南回忆。不久后,医生们发现他的左声带上长了一个恶性肿瘤。

而马歇尔整个周末的大部分时间都在凝视着窗外的巴克罗夫特湖。周六下午，他看了会儿电视，又和儿子玩了一局大富翁游戏。他打电话给他的朋友布伦南，但电话并没有接通。晚上，马歇尔很早就上床了，却一直无法平静下来。在他终于成功入睡之后，他也只睡了几个小时。凌晨4点钟，他醒来了，感到胸口有些疼痛。然后，马歇尔就开始绕着房子踱步，希望能感觉好一点，但散步并没有让他好转。三个小时后，他有点担心了，便给医生打了电话。医生让马歇尔去一趟医院。在贝蒂斯达海军医院，医务人员为他做了一系列检查。虽然马歇尔有肥胖的问题，并且一辈子都在吸烟，但他还没有遭遇过心脏病发作。这个周末，他遭遇了第一次。而接下来的三天里又发生了两次。他担心自己恐怕时日无多了。

“就这样了吗？”马歇尔问医生。

“毫无疑问。”医生答道。

这些判决的结果甚至也影响到了刘易斯·鲍威尔。这个周末，鲍威尔和妻子乔在弗吉尼亚州的里士满参加乔治·吉布森（George Gibson）一年一度的国庆日聚会。吉布森曾是鲍威尔在律所的合伙人之一。他邀请的客人包括弗吉尼亚大学法学院教授J.哈维·威尔金森（J. Harvie Wilkinson）、里士满的著名新闻工作者弗吉尼厄斯·达布尼（Virginius Dabney）、《里士满时讯报》（*Richmond Times-Dispatch*）的
出版人坦南特·布赖恩（Tennant Bryan），以及鲍威尔从前的另一位合 424
伙人贾斯廷·穆尔（Justin Moore）。大家都很尊敬鲍威尔。他简短地谈了谈刚刚结束的这一届开庭期。所有人都能感受到，鲍威尔对这一判决很满意，对他作为最高法院领导者的新身份也很满意。

但是，不久之后，鲍威尔却流露出了更多的悔恨之情。7月16日，阿姆斯特丹申请重新审理这一批死刑案，并且请求在重新开庭辩论之前暂缓执行死刑。LDF依据鲍威尔巡回法官的身份向鲍威尔递

交了重审申请书。吉姆·金蒂认为,这些申请书应该递交给斯图尔特,也就是相对多数意见的作者。鲍威尔却不同意。意见书是由他、史蒂文斯和斯图尔特共同撰写的。不管怎样,斯图尔特此时正在外地。鲍威尔告诉金蒂,他自己会处理这份申请。

按照最高法院的规矩,只有当收到申请书的大法官相信有四位大法官会支持重审申请时,暂缓执行的申请才会被批准。鲍威尔知道这一点;他还知道,绝不会有四位大法官投票支持重审格雷格案、普罗菲特案或朱里克案。尽管如此,鲍威尔还是想批准暂缓执行申请。他认为,审查标准还应该包含一项,那就是一份判决的执行是否会造成无法弥补的损害。而在这批案件中,答案是肯定的。此外,鲍威尔还觉得,鉴于这份申请提出的问题如此重要,最高法院全体应该对这些问题予以正式的考虑。“这才是符合规则的、恰当的做法。”他在笔记中写道。

鲍威尔首先给伯格打了电话,而伯格的反应“很迅速,也很暴躁”。伯格表示,鲍威尔的行为将震动整个法律界,对法院作为一个机构的形象产生负面影响,并让死刑犯们产生不该产生的期待。伯格觉得,暂缓执行死刑甚至可能为新一轮基于宪法的上诉提供理由。“它可能会引来另一种主张,认为制造虚假的希望本身就是残酷而不寻常的惩罚。”首席大法官对鲍威尔说道。

伯格的反应让鲍威尔感到惊诧而沮丧。鲍威尔表示,他要问问其他大法官的看法。布伦南告诉鲍威尔,他会批准这一申请,但布莱克门、伦奎斯特和怀特都表示将投票驳回申请。鲍威尔觉得,自己还是不要向医院里的马歇尔提出这个问题了。7 月 20 日,伯格传阅了一份
425 备忘录,语气比和鲍威尔通电话时要客气多了。伯格表示,他不介意召开一次最高法院特别庭审,尽管他认为签发暂缓执行令会制造虚假的希望。他重申了自己的担忧,即如果签发暂缓执行令后又不批准重

审申请，这种做法可能“本身就是残酷的”。

斯图尔特对鲍威尔说，他“怎样都行”。斯图尔特表示，他理解这位朋友的担忧，但伯格可能是对的，暂缓执行可能确实会制造虚假的希望。史蒂文斯对鲍威尔说，不管怎样都会支持他。

虽然支持重审这批案件的呼声并不强烈，但鲍威尔还是在7月22日签发了暂缓执行令。但同时，他也在努力降低人们的期待。“签发暂缓执行令的决定与我在本案中的立场没有关系。”鲍威尔写道。“它只是反映出，我相信这些案件的性质是特殊的。”10月4日，在新一届开庭期开始之际，最高法院经过投票，驳回了重审申请。于是，鲍威尔的懊悔并没有改变事情的结局，但他的懊悔却不会就此停止。

而在幕后，同一批重审申请在LDF也引起了一阵不小的恐慌。败诉方通常都会请求最高法院重新审理，而这些请求也通常都会被驳回。但是，这一批申请却远非一般的重审申请。最高法院为死刑法律宣告了一个新的方向。限制自由裁量权的法律是可以接受的，而强制死刑法律是不可接受的。当LDF起草上诉意见书、准备法庭辩论时，这还只不过是最高法院可能采取的多种方案之一。看到最高法院的判决后，LDF才觉得，对于佐治亚州和佛罗里达州的法律是否为陪审团提供了有意义的指导这个问题，它没有给予足够的关注。LDF希望最高法院能再更仔细地考虑一下这个问题。

而佩吉·戴维斯却有着另一种担忧。为什么朱里克案被归到了酌定死刑法律这一类呢？它具有强制死刑法律的所有特征。为了将朱里克案与其他案件区分开来，戴维斯与阿姆斯特丹和肯德尔有过一番争论。阿姆斯特丹选择继续对死刑的合宪性发起攻击，这也许是 426
对的，但按照职业道德的要求，LDF必须尽力为每一位当事人提供最好的法律代理。杰里·朱里克并不需要LDF对死刑发起又一次猛烈抨击。他需要LDF证明他的案子应该按照伍德森案的标准来判决，而不是按照格雷格案的标准。

戴维斯给阿姆斯特丹和肯德尔写了一封言辞恳切的请求信。“在过去的一周里，我不禁一次又一次地想：如果我只代理了杰里·莱恩·朱里克的话，我会写一份什么样的重审申请？而每当我想到这件事，我都感到很不安，因为我觉得我完全可以对得克萨斯州的法条进行更有力的抨击。”戴维斯承认，这份申请得到批准的可能性很小。“当然，对于任何案件来说，在重审中胜诉的概率都是极小的。”她写道。“但我认为得克萨斯州的案子还是有一点希望的，而我们的重审申请虽然对这一批判决整体进行了强有力的批判，但却没有把关于得克萨斯州法律的论点充分地提出来。”

戴维斯的请求没有得到理会。最终的重审申请只强调了这批案件之间的共同点，而没有强调它们之间的区别。阿姆斯特丹认为，如果对得克萨斯州签发暂缓执行令，却不对佛罗里达州和佐治亚州签发暂缓执行令，之于 LDF 是没有太大帮助的。而戴维斯反问他，尽力提出对朱里克最有利的主张为何会对佛罗里达州和佐治亚州的案子产生负面影响。她认为这样做不会产生任何负面影响。她还想知道，在他们已经遭受了毁灭性打击的情况下，重审申请被驳回如何能对他们造成更大的损害？但是，阿姆斯特丹依然没有改变主意。

在最高法院公布格雷格案判决后的那个周末，托尼·阿姆斯特丹又进入了工作状态。在位于斯坦福大学的办公室里，他开始编写一本继续对抗死刑的指南。阿姆斯特丹花了一个月的时间写完了这本现代版的“绝境锦囊”。这本一百多页的指南为律师们简述了他们可以对死刑提出的每一种合理的批判。阿姆斯特丹这项工作涵盖的范围之广令人惊叹，而他竟然在他最大的成就被摧毁后立刻完成了这项工
427 作。戴维·肯德尔表示：“无论从智力角度来看，还是从情感角度来看，这都是我见过的最令人难以置信的成就之一。”

而更令人难以置信的是,在这份文件里,阿姆斯特丹预言了接下来四十年里几乎所有与死刑相关的重要判决的结果。这份指南采用了一种复杂的编码方式。阿姆斯特丹在每一项主张下面都加上了题为"主张的说服力/策略性考量"的一部分。例如,第 A-2-1-F 项主张提出,因为死刑"对于他所犯下的罪行来说是极为不相称和过度的",所以这一死刑判决违反了第八修正案。在评估这一主张的说服力时,阿姆斯特丹写道:"对于非谋杀的犯罪,较强;对于帮助犯,一般;对于非故意的杀人犯罪,一般偏弱。"事实证明,这一预测在每个方面都准确得惊人。

在接下来的一年里,戴维·肯德尔出庭辩论了科克尔诉佐治亚州案,并胜诉了。在本案中,最高法院推翻了针对强奸成年女性犯罪的死刑。怀特撰写了相对多数意见书,认为强奸罪与谋杀罪不可相提并论。"对于谋杀罪的被害人来说,生命结束了;而对于强奸罪的被害人来说,生活可能远远没有原来幸福,但通常来说,它并不会终止,也不是不可修复的。"此时的鲍威尔依然心绪不宁。他同意这个结论,因为科克尔的罪行并不算格外残忍,但他还是发表了部分反对意见,因为他认为,"在少数的强奸案中,如果罪行过于骇人听闻、后果过于严重,以至于社会应当用最终极的刑罚来惩罚它",那么死刑可能有时是合适的。

1982 年,阿姆斯特丹关于帮助犯的预言应验了。在一场抢劫致人死亡的案件中,厄尔·恩蒙德(Earl Enmund)负责驾车帮助抢劫者逃逸。最高法院最终推翻了他的死刑判决。1987 年,阿姆斯特丹所作的"一般偏弱"的预测也应验了。最高法院在由艾伦·德肖维茨出庭辩论的蒂森诉亚利桑那州案中对恩蒙德的先例加以了限制。在蒂森案中,最高法院认为,对于那些参与实施重罪的人,即使是在他们没有直接杀人的情况下,如果他们对人的生命表现出漠不关心的态度,那么适用死刑也可能是合理的。

这本新的“绝境锦囊”提出，对精神错乱者适用死刑，可能会被认
428 定为违宪。而在1986年，最高法院正是这样判决的。它还提出，处死患有精神疾病的人可能会违反第八修正案。2002年，在阿特金斯诉弗吉尼亚州案（*Atkins v. Virginia*）中，最高法院认定，对心智障碍者适用死刑是违宪的。这本指南为阻止对犯罪行为人中的弱势群体适用死刑提供了一个总体策略，而这一策略间接导致了最高法院2005年在罗珀诉西蒙斯案中的判决。该判决禁止对犯罪时不满18周岁的犯罪行为人适用死刑。

阿姆斯特丹甚至预言了最高法院后来对种族问题的处理。对于因为死刑的“量刑中存在种族歧视的模式和做法”，所以死刑违反第八修正案的主张，阿姆斯特丹的评价是，它“在法律上具有说服力，但在事实上非常难以证明”。事实的确如此。

1987年，LDF差一点就在麦克莱斯基诉肯普案中胜诉了。在麦克莱斯基案中，LDF基于戴维·鲍尔达斯针对佐治亚州死刑量刑制度中的种族歧视进行的回归分析研究，又一次对死刑提出了质疑。刘易斯·鲍威尔投出了关键性的一票，并撰写了多数意见。虽然鲍威尔认为鲍尔达斯的研究很有说服力，但他还是对LDF的论点引申下去的后果感到担忧。在法庭辩论之前，鲍威尔的法官助理莱斯利·吉洛（Leslie Gielow）曾在交给他的备忘录中写道：“一旦为这类主张开了门，就会威胁到整个刑事司法系统的运行。”鲍威尔在旁边的空白处写道：“是的！”两周后，吉洛告知鲍威尔，马歇尔和布伦南的团队都认为关于量刑中种族歧视现象的证据足以支持第十四修正案所要求的对歧视的初步证明。吉洛写道：“即使是认同这种第十四修正案理论的人，也认识到我们将无法限制这一理论的适用。”鲍威尔在边上草草地写道：“同意，无法限制。”当天，吉洛交给鲍威尔一份研究报告，探讨了

能否将第八修正案相关判决限制在死刑案范围内的问题。她写道："由于麦克莱斯基提出的这一主张——这是社会和经济剥削所带来的悲哀的附产物——有无限的适用空间,我们在判断一种惩罚是否残酷 429
或不寻常时,不能将整个系统作为一个整体来考虑。"鲍威尔又一次表示了认同。

此时,到了职业生涯的晚期,鲍威尔已经对死刑持有非常严肃的保留意见了,但他没有在麦克莱斯基案中表达出这些意见,因为这样做将会激起一场革命。鲍威尔撰写的意见书维持了麦克莱斯基的判决,因为没有证据表明种族歧视对他个人的具体案件产生了影响。此外,量刑的不平等是由陪审团的自由裁量权导致的,而鲍威尔又一次为自由裁量权进行了辩护。"陪审团的决策本来就是无法预测的,这并不意味着这些决策就应该遭到批判。"鲍威尔写道。他又补充道："刑事司法系统中的自由裁量权对刑事被告人有很大的好处。"

阿姆斯特丹称麦克莱斯基案判决为"我们这个时代的德雷德·斯科特案判决",但他早在 1976 年就有所预见了。同时,阿姆斯特丹也预见到,死刑的执行会重新开始。600 多个被判死刑的人正急需帮助,而人数很快还会增加。没有人会等着 LDF 舔舐伤口。败诉的判决并没有为 LDF 带来自我批判或从长计议的机会。其他人想批判他们就可以批判他们;学者们也可以评价 LDF 的影响:毕竟,他们有充足的时间。但他没有。新一场争分夺秒的比赛已经开始了。

果然,7 月 19 日,在犹他州的奥瑞姆(Orem),一个名叫加里·吉尔摩(Gary Gilmore)的人抢劫并谋杀了一个名叫麦克斯·詹森(Max Jensen)的加油站工作人员。第二天晚上,他又抢劫并谋杀了普罗沃的一名汽车旅馆经理。10 月,陪审团判处吉尔摩死刑。从陪审团作出裁决的那一刻起,智商高达 133 的吉尔摩就开始主动要求死亡,这令他的律师们感到很苦恼。他写下了迎接死亡的诗句,并且曾两次尝试自杀,其中有一次还是在法院下令暂缓执行他的死刑之后。这个案子引起了全世界的关注。斯汀(Sting)写下了歌曲《让夜降临》,作为对吉尔摩的死亡愿望的一首颂歌。而诺曼·梅勒(Norman Mailer)以吉尔摩的案子为原型写下了小说《刽子手之歌》(*The Executioner's Song*),并因此获得了普利策奖。

430 1977 年 1 月 17 日清晨,就在格雷格案判决后六个月,五名步枪手手持点 30 毫米口径的猎鹿步枪,穿过一块割有几条缝的帆布幕开了火。五支步枪中,有一支被装上了空弹。另外四支则装着钢壳子弹。刚刚刮过胡子的吉尔摩穿着一件黑色 T 恤、一条白裤子,以及一双红、蓝、白相间的运动鞋。他说,“动手吧”(Just do it)。他的遗言给耐克的联合创始人丹·威登(Dan Wieden)留下了不可磨灭的印象。随着子弹射入目标,犹他州政府完成了美国自 1967 年以来的第一场合法的死刑执行。

两年多后,在 1979 年 5 月,佛罗里达州州长鲍勃·格雷厄姆(Bob Graham)签署了约翰·斯潘克林克(John Spenkelink)的死刑执行令。斯潘克林克原本是个小罪犯,他谋杀了一个名叫约瑟夫·西曼基维茨(Joseph Szymankiewicz)的不受欢迎的人。斯潘克林克主张自己是正当防卫,称西曼基维茨在一个汽车旅馆的房间里强奸并抢劫了他,还强迫他玩俄罗斯轮盘。斯潘克林克成为全国的名人。《时代周刊》和《纽约时报杂志》都报道了他的故事,而包括艾伦·阿尔达(Alan Alda)和琼·贝兹(Joan Baez)在内的许多人都曾为他发声。

斯潘克林克的上诉涉及几个熟悉的问题。LDF 提出,普罗菲特案判决只是说佛罗里达州的法律**可能**是合宪的。在实践中,LDF 表示,这项新法依然在被随意地、歧视性地适用,违反了第八修正案。美国最成功的反死刑出庭律师米勒德·法默(Millard Farmer)恳求 LDF 不要只强调这一点,而是要把注意力放到斯潘克林克身上可以用来减轻惩罚的大量证据上。斯潘克林克小的时候就非常崇拜自己的父亲，一名曾在战场上受到过创伤的第二次世界大战老兵。11岁时，斯潘克林克发现自己的父亲死在了自家的车库里，是窒息自杀身亡的。他的犯罪行为从那以后就开始了，而心理学家们认为，这些行为很大程度上是由这次创伤导致的。但是，斯潘克林克的律师们在庭审时却完全没有出示这些证据。法默认为，上诉应该聚焦于一审中的这些失误，而不是更大的法律问题。LDF无视了他的建议。总的来说，法默认为，LDF应该将资源用于在一审中规避死刑判决，并且上诉应该侧重于每个案子的具体问题，而不是系统性的主张。LDF同样无视了这些建议。法默哀叹LDF的影响力竟如此持久。在他看来，阿姆斯特丹 431
神明般的地位使得他的追随者们无法看到他决策的失误。法默说："美国法律领域最富有才华和热情的一群人正不顾多方呼声，继续崇拜着LDF为他们展示的那口金棺材，对它趋之若鹜。"

1979年5月25日，抗议者聚集在位于雷福德的佛罗里达州监狱农场门外。在监狱中，他们启动了被称为"老斯巴基"(Old Sparky)的电椅。时隔十五年，这把电椅又重新投入了使用。没过多久，约翰·斯潘克林克的心脏停止了跳动。他成为十年来全美国第一个违背本人意志被处死的人。泄洪闸门就此打开了。

在1977年之后的三十五年里，美国各州共处决了约1300名男女罪犯。虽然在当时，这些死刑判决还没有被执行，但阿姆斯特丹已经有所预料，并且感受到了压在他身上的重担。"你对每一个人都会感到内疚，因为每一天的时间实在太短了，你的能力也实在太不足了。"他说。"无论你多么努力，你都不得不承认，虽然生活就是如此，但你也许还是可以更努力一些的。"

后记

如果历史有『如果』

几乎每一个参与了这段历史的人,都曾在某个时刻 432
问过一个关于“如果”的问题。威廉·布伦南在职业生涯末期一直被这些问题所困扰。这些问题中有许多都与阿贝·福塔斯有关。林登·约翰逊曾以驻联合国代表的职位作为交换,请阿瑟·戈德堡为他的朋友福塔斯让出位置。如果戈德堡顶住了压力,没有同意呢?那么福塔斯就会在 1968 年才成为接任厄尔·沃伦的候选人。几乎可以肯定,他的提名一定会被参议院通过。如果福塔斯在此时才加入最高法院,他就不会有机会作出后来终结了他职业生涯的失德行为,而理查德·尼克松也就不会有机会任命沃伦·伯格为首席大法官。如果首席大法官是福塔斯而不是伯格,并且戈德堡依然在最高法院的话,布伦南认为,“整个国家的面貌”可能都会不一样。

即使不设想出这样一个复杂的、反事实的故事,人们也会好奇这些死刑案的结果是否还有其他的可能性。厄尔·沃伦的传记作者伯纳德·施瓦茨直接提出:“如果戈德堡大法官没有修改他的报告,而是原封不动地用它来质疑死刑的合宪性,那会怎样呢?”如果

戈德堡没有按照沃伦的要求缩小问题的范围，那么施瓦茨猜测，第
433 八修正案问题就会由沃伦法院来决定，而在他看来，沃伦法院会更加认同这一主张。事实上，沃伦在退休之后的确表示，他一直“十分反感”死刑。

如果 LDF 暂缓它的宪法诉讼运动，转而把精力集中在基层或州上诉法院呢？阿里耶·奈尔、艾伦·德肖维茨和其他很多人都先后提出过类似的行动方案。或者，如果 LDF 将资源集中用于在一审程序中为被告人提供帮助，并且在上诉时更加关注个体而非系统性主张呢？

如果威廉·道格拉斯在博伊金案和马克斯韦尔案中成功地与其他大法官达成了妥协呢？那么这个问题就会在阿贝·福塔斯下台、伯格成为首席大法官之前得到解决。如果在麦高萨案之后，布伦南和道格拉斯战胜了布莱克，于是最高法院未经审理就直接驳回了关于第八修正案的那批案件呢？那样的话，就既不会有费曼案判决，也不会有格雷格案判决了。这两份判决对刑事被告人是有利的吗？

如果波特·斯图尔特在费曼案中发表了他原本想发表的那份简短的意见书呢？拜伦会忍心将几百人送上刑场吗？如果斯图尔特和怀特之间没有达成妥协呢？各州会对费曼案判决作出不同的反应吗？斯图尔特还会像在格雷格案中那样，感觉自己受到了束缚吗？如果伯格在 1976 年没有赌那么一把，把五个案子都交给怀特，而是将它们分配给了不同的大法官们，又会怎样呢？这种分工方式会带来不同的结果吗？至少朱里克案的结局是否会不同？

最后，如果死刑的合宪性可以由每个大法官在生命的最后时刻，基于一生全部的智慧来判断，那又会怎样呢？那样的话，我们几乎可以肯定，历史会有所不同，因为在判决 1976 年那批死刑案的所有大

法官中，有三位后来改变了对死刑的看法，其中包括臭名昭著的“三人组”中的两人。

* * * *

在司法生涯的末期，哈里·布莱克门对死刑表现出了越来越多的 434
不满。1986 年，在达登诉温赖特案中，证据表明检察官曾在结案陈词中称被告人为动物，并透露出他是正在休假的服刑人员。最高法院维持了被告人的死刑判决，而布莱克门发表了一份尖刻的反对意见。“在格雷格诉佐治亚州案判决以来的十年里，本院已经反复重申，当州政府试图剥夺被告人的生命时，第八修正案对程序可靠性的要求应当格外苛刻。”布莱克门写道。“然而，法院今天的判决却表明，它不仅能容忍程序中的不完美，而且对公平性和可靠性的要求极低，以至于尽职的检察官们甚至会对这样的程序感到不安。”

接下来的一年，布莱克门又在麦克莱斯基诉肯普案中和马歇尔、布伦南以及史蒂文斯一同发表了反对意见。当年，布莱克门曾怀疑“统计数据永远也无法拯救”比利·马克斯韦尔。而现在，当鲍威尔担心一旦支持麦克莱斯基的上诉，就会为更多的宪法主张打开闸门时，布莱克门却并不认可这种担忧。“这并不是剥夺麦克莱斯基的平等保护权的理由。”布莱克门写道。“如果支持他的上诉能够迫使我们更加仔细地考查种族因素在刑事司法制度中产生的影响，那么这对整个制度，甚至整个社会，都是有好处的。”

1994 年，布莱克门对死刑表达了永久性的反对。此前的那个夏天，布莱克门的法官助理安德鲁·夏皮罗建议布莱克门彻底放弃任何为构建一种合宪的死刑法律所作的努力。夏皮罗指出，费曼案判决提出的禁止随意性的要求，与伍德森案判决提出的量刑时必须考虑个体情况的要求之间存在不可调和的矛盾。他写道：“自第八修正案被适用于死刑以来，二十年的经验告诉我们，试图将这一制度理性化的努力已经失败了。”此时，年近 85 岁的布莱克门表示了认同，并让他的法官助理们找一个合适的案子来表达这一观点。夏皮罗的继任者米歇尔·亚历山大选择了卡林斯诉柯林斯案(*Callins v. Collins*)，这是一起
435 普通的死刑案。于是，在卡林斯案中，布莱克门延续了阿瑟·戈德堡的传统，针对法院驳回调卷令申请的决定发表了反对意见。在亚历山大的帮助下，布莱克门写道：

> 从今往后，我将不再试图修复死刑制度。在过去的二十多年里，我一直在和本院的多数派一起尝试——事实上，我一直在艰难地努力——制定一些规则，让死刑能够在真正意义上，而不只是在表面上，变得更加公平。我不能继续沉浸在“我们已经达到了我们想要的公平程度”的幻想中了。无论是在道德层面，还是在智识层面，我都认为，我有义务承认死刑这场试验已经失败了。现在，在我看来，有一点是不证自明的，那就是没有任何程序规则和实质性规定结合在一起能够弥补死刑本身固有的宪法缺陷。

在发表这份反对意见的四天前，布莱克门去看望了布伦南。此时的布伦南已经退休了，身体很虚弱。布伦南读了布莱克门的意见书，说道：“谢谢你的礼物。”接下来的一年，当南非宪法法院宣告死刑违宪时，它引用了布莱克门在卡林斯案中发表的意见，以证明人类是无法设计出一种摆脱了随意性的死刑量刑制度的。

1995 年，布莱克门数次接受了他的前任法官助理、现在的耶鲁法学院教授哈里·柯(Harry Koh)的采访。布莱克门告诉柯，虽然他个人对死刑的感受一直没有变过，但他开始相信，死刑是无法被公平地适用的。当柯问他，如果重新面对费曼案，他会如何投票时，布莱克门说，这是“一个有趣的问题”。时间已经重塑了他对费曼案的记忆。当他回忆起这个案子的时候，他仿佛是在不断地否定自己。“我们并没有深入死刑问题。”布莱克门对柯说道。“我写了一份反对意见。这个

案子得到了充分的辩论。当时，那场辩论几乎是一种折磨。它迫使人们直面死刑问题。当时，我对死刑已经抱有很强烈的看法了。事实 436
上，我想我在上诉法院时就写过至少三份对死刑表达反感的意见书。这并没有什么用，但如果我没记错的话，这个案子主要聚焦于程序问题。当时，在我看来，他们主要的主张是法条过于模糊。我希望我的记忆是准确的。”

对于这位前大法官对 LDF 的首席律师的印象，时间也发挥了它治愈性的魔力。在布莱克门的回忆中，阿姆斯特丹是“一个很严肃、很真诚的律师。他出庭辩论时一点幽默感也没有，但你很清楚他的立场是什么。我一直很喜欢他，现在也很想念他”。在聊到格雷格案的法庭辩论时，布莱克门表示，他记得“死亡是不同的”这个主张。他说：“我不知道他为什么迟迟不提出这个主张，但最终他还是提出来了，而我也觉得这是个很好的主张。”布莱克门对柯说道：“死亡的确是不同的。我不知道阿姆斯特丹是否觉得这样说会削弱他的论点，但我觉得这个说法使这个案子的分析变得更清晰了。”

多年后，当阿姆斯特丹听到这些话时，他评论道：“我想，他在我身上看到了他内心理想主义的那一部分，而他一直觉得，这一部分是他作为一个法官所必须努力抑制的。”

大约在同时，刘易斯·鲍威尔也经历了一次更加出人意料的转变。1986 年，也就是最高法院判决麦克莱斯基诉肯普案的前一年，在让哈里·布莱克门感到苦恼的达登诉温赖特案中，鲍威尔也表现出了在死刑问题上有所动摇的迹象。最高法院在驳回达登的上诉前，曾在行刑前的最后一刻签发了一张暂缓执行令。虽然最高法院在十年前的上一次上诉中就已经考虑并驳回了达登的所有主张，但暂缓执行令还是得到了布莱克门、史蒂文斯、马歇尔和布伦南四个人的支持。此时，鲍威尔已经和布伦南成为很好的朋友。虽然四票足以让最高法院受理达登的上诉,但这四票却不足以保住他的性命。按照最高法院的规则,虽然签发调卷令只需要四票,但签发暂缓执行令却需要五票。鲍威尔觉得这毫无道理。他认为,达登的主张“根本是不成立的”。同
437 时,达登的律师们一直等到最后一刻才提交暂缓执行申请——死刑辩护律师们经常这样做,目的是让自己的当事人尽量活得久一些——这让鲍威尔感到很不满。然而,尽管鲍威尔对这些律师的伎俩感到很不屑,对这个案子也很不看好,但他还是在午夜前一分钟投出了他的一票,支持暂缓执行达登的死刑。

第二天早上,鲍威尔向同事们传阅了一份备忘录。“昨晚的经历困扰着我——也许也困扰着我们所有人。”鲍威尔的这份备忘录主要谈到了暂缓执行申请程序的荒唐性,但在这场关于最高法院内部程序的讨论中,鲍威尔却附上了自己对死刑的最新思考。(这个问题一定折磨着他,因为它和这份备忘录的主旨一点关系也没有。)“我对死刑的合宪性毫不怀疑,”鲍威尔写道,“但我严重怀疑它现在能否实现威慑和报应目的,即我们在格雷格案判决中列出的两种首要的刑罚目的。”布莱克门在自己收到的那份复印件上纠正了“首要”一词的拼写,并写道:“我们其他人也一样!”

1988 年,鲍威尔在美国律师协会刑事司法部门发表了关于死刑的演讲。在详细讲述了最高法院处理这一问题的历史之后,他又批判了死刑案件中的严重拖延问题,认为这种拖延会削弱死刑的报应和威慑功能。“不管是什么原因造成的,这种拖延都让人们很难对我们的刑事司法系统产生信心。”他说。虽然鲍威尔重申他坚信死刑是合宪的——“作为格雷格案判决的作者之一,也作为最近的麦克莱斯基诉肯普案判决的作者,我坚持认为死刑是可以依据宪法得到合法的适用的”——但他的热情已经有所消减。他称死刑为一种“没有任何其他民主国家认为是必要的”制度,并总结道:“国会和各州立法机关应该认真考虑,在死刑

的执行充满偶然性和随意性的情况下,保留死刑是不是符合公共利益。”

在 1990 年的一次采访中,鲍威尔则更进一步。他直接表明:“如
果我是州立法机关的议员,我会投票反对死刑。”1991 年夏天,在与自 438
己的传记作者、弗吉尼亚大学法学院教授约翰·杰弗里斯谈到自己的职业生涯时,鲍威尔又进了一步。在访谈的结尾,杰弗里斯问鲍威尔,有没有哪个案子是他想要改变自己的投票的。

“有,麦克莱斯基诉肯普案。”鲍威尔说。

“你的意思是,你现在愿意接受基于统计数据提出的主张了?”杰弗里斯问道。

“不,我会在任何死刑案中都投另一方。”

“在**任何**死刑案中?”

“是的。”

“包括费曼诉佐治亚州案?”

“是的。我现在认为,死刑应当被废除。”

鲍威尔解释称,死刑“无法实现任何有用的目的”。鲍威尔在对美国律师协会的讲话中提到的那些担忧改变了他的想法。死刑偶然的、零星的适用让他感到很苦恼。同样,死刑案件无休无止的诉讼过程,以及由此产生的死刑执行的拖延,也让他感到很苦恼。“这会使整个法律制度丧失信誉。”鲍威尔说。费曼案判决和格雷格案判决没有实现它们原本的目的。鲍威尔曾建议最高法院不要插手死刑的规制问题,但鉴于它已经插手了,而这样做也就相当于是在宣称死刑可以得到理性的适用,那么现在,最高法院最好承认自己的失败,并彻底废除死刑。

而“三人组”的第三位成员也在自己职业生涯的末期改变了观点。1995 年,哈里·布莱克门在接受哈里·柯的采访时曾表示,约翰·保罗·史蒂文斯对死刑也抱有疑虑。布莱克门告诉柯,史蒂文斯“对死刑的合宪性深感担忧”。后来,这个话题在法律界引起了广泛的猜测。

2008 年,史蒂文斯在贝兹诉里斯案中公开提出了自己对死刑的保留意见。在贝兹案中,最高法院支持了肯塔基州的注射死刑执行方
439 案。虽然史蒂文斯表示,他的担忧并不足以"让我们拒绝遵循作为现行法的一部分的判例",但经验已经向他证明,死刑代表着"一种对生命的无意义的、非必要的终结,它对任何社会或公共目的所作的贡献都微乎其微"。格雷格案判决列出了三个刑罚目的:剥夺犯罪能力、威慑以及报应。其中的每一个都不再适用了。终身监禁、不得假释的规定越来越普遍,这意味着各州不再需要通过死刑来实现剥夺犯罪能力的目的。"虽然对这一领域的实证研究已经进行了三十年,但依然没有可靠的统计数据表明死刑的确能够威慑潜在的犯罪者。"史蒂文斯写道。最后,人们试图使用更加人道的死刑执行方式,但这却意外地变成了一把双刃剑。"这种趋势,"史蒂文斯写道,"虽然是好的,也是第八修正案所要求的,但是它事实上却削弱了公众对报应理论的支持本身所基于的前提。"

2010 年 10 月,刚退休不久的史蒂文斯在接受美国国家公共电台记者尼娜 · 托顿伯格(Nina Totenberg)采访时表示,他对自己在朱里克案中的投票感到后悔。"我想,有一票是我想改变的,那就是维持了得克萨斯州死刑法律的那一票。"史蒂文斯表示,当时他和他的盟友们以为,他们维持的这项法律只允许对范围很窄的几类罪犯适用死刑,并且用他的话来说,这项法律所规定的程序"能够避免让检方享有不当的优势"。但是,随着最高法院的人员构成越来越倾向于保守,可判死刑的被告人的范围扩大了。不仅如此,最高法院还允许更多对检方有利的程序存在。"我们没有预料到这一判决将如何被解读。"史蒂文斯说。"我认为那是一个错误的决定。"

在接受桑德拉 · 戴 · 奥康纳的采访时,史蒂文斯又重申了自己的遗憾。他说,回想他的大法官生涯,他想要改变的只有一票。

“是哪个案子中的一票?”奥康纳问。

“是关于得克萨斯州死刑的那个案子。”史蒂文斯答道。“在我来
到最高法院的第一年里,我们判决了五件死刑案。我们将两个州的强
制死刑法律宣告违宪,并维持了另外两个州的非强制性法律。回想起
来,我认为,我们应该将得克萨斯州的法律——也就是第五个案子中 440
受到质疑的法律——归到强制性那一类,并宣告它违宪。我认为,我
们在那个案子中犯下了一个错误。”

从这段话来看,朱里克案的投票结果原本有可能是五比四,朱里克胜诉。史蒂文斯并没有说过他对自己在格雷格案中的投票感到后悔,因此,这个“职业生涯末期”版本的投票结果将是五比四,佐治亚州胜诉。但是,如果鲍威尔没有组成“三人组”的话,史蒂文斯会忍心投出将数百人送上刑场的关键性一票吗?如果他不会——而他对托顿伯格和奥康纳所说的话表明他很有可能不会——那么这段历史就会有一个完全不同的结局了。

致　谢

2007 年,当我开始构思这本书的时候,我觉得费曼案和格雷格案 441
的故事应该是很有意思的,但我不确定我是否能有机会成为这段故事的讲述者。令我惊讶的是,几乎每一个我想采访的人都接受了我的采访。这些对话让我激动不已,而我从每一场对话中都学到了新的东西。我要感谢所有与我分享了自己的故事的法官助理们和律师们。我要特别感谢佩吉·戴维斯、艾伦·德肖维茨、罗纳德·乔治、戴维·肯德尔,以及迈克尔·梅尔茨纳。他们与我分享了他们个人保存的各种文件。我还要特别感谢多萝西·比斯利。她在阿迪朗达克接待了我和我的家人。这些对话一起组成了我人生中最棒的一段学习经历,并且改变了我。就连我自己对这本书的想法也被改变了。我有一种感觉,这种个人成长和进化的潜能对今天仍在进行的关于死刑的辩论也会产生影响。

我优秀的经纪人萨姆·斯托洛夫(Sam Stoloff)是这本书的伟大守护者。我深深地感谢他。我衷心感谢诺顿出版公司的阿兰·萨列尔诺·梅森(Alane Salierno Mason)、丹尼斯·斯卡非(Denise Scarfi),还有杰出的排版编辑苏·卢埃林(Sue Llewellyn),她的一生本身就值得写一本书。感谢阅读了本书草稿并提出了修改意见的厄休拉·本特利(Ursula Bentele)、斯坦·因戈贝尔(Stan Ingber)、杰弗里·柯什梅尔(Jeffrey Kirchmeier)和瓦莱里·韦斯特(Valerie West)。我的朋友、我曾经的研究生学生扎克·申托(Zach Shemtob)也对本书作出了非常多的贡献。他在学术上取得了巨大的成功,这令我毫不意外。

442 无论是在这本书上,还是在其他所有的事情上,我都要感谢我的父母马特(Matt)和谢里(Sherry)。他们对我所有的追求都予以了鼓励,不管这些追求有多么异想天开。我的父亲还阅读并评论了本书最初的草稿之一。

这项工作花的时间太长了。当它开始时,我还是单身,而今天,我已经结了婚,有了三个孩子。我可爱的孩子们苏丽亚(Suria)、埃蒙(Eamon)、马蒂(Mattie)和我聪明而又美丽的妻子瓦利(Valli)都以无数种方式支撑着我。在这六年的时间里,我的妻子耐心地与我探讨了这本书的每一个方面。没有她,我永远也无法完成这本书。我很幸运,能够在家里完成大部分的写作工作,而如果我不能常常亲一亲、逗一逗我可爱的马蒂,我也无法完成这项工作。我人生的下一个目标就是让她明白,她的爸爸并不是长在这把人体工学跪椅上的。

我最需要感谢的是迈克尔·梅尔茨纳和他无与伦比的妻子赫利。迈克尔是我联系采访的第一个人。在读过他的回忆录之后,我就相信,并且今天也依然相信,如果没有他的帮助,我是无法讲述这个故事的。迈克尔对我表现出了毫无保留的信任。他和我分享了他保存的文件,并且为我介绍了你刚刚读到的故事中的许多人。在过去的六年里,我们无数次地聊起家庭、政治、历史、体育,以及你能想象的几乎其他所有话题。神奇的是,我们从来没有讨论过死刑是否合乎道德的问题(虽然我大概能猜出他的立场)。与迈克尔的友谊,是这本书送给我的最好的礼物。

关键案例列表

安德森诉加利福尼亚州案(1972年)

加利福尼亚州最高法院判决,依据州宪法废除了死刑。同年,该判决被17号提案推翻。

布兰奇诉得克萨斯州案(1972年)

费曼案的关联案件之一。

博伊金诉阿拉巴马州案(1969年)

被告人对抢劫罪的死刑提出宪法异议。最终,法院以被告人认罪并非自愿为由,支持了被告人的主张。

克兰普顿诉俄亥俄州案(1971年)

麦高萨案的关联案件之一。

福勒诉北卡罗来纳州案(1976年)

对北卡罗来纳州依据对费曼案判决的解释,将北卡罗来纳州的死刑法律改为强制性死刑的判决提出的异议。本案于1974年开庭辩论,但在威廉·道格拉斯患病后被搁置。

最终,在最高法院公布伍德森案判决后,福勒的死刑判决于1976年被撤销。

费曼诉佐治亚州案（1972年）

判决推翻了佐治亚州的死刑量刑制度。票数比为五比四，且本案中有五份单独的多数意见。最高法院合并审理了杰克逊案、布兰奇案和费曼案。

贾乔诉宾夕法尼亚州案（1966年）

一致判决，撤销了因“非法向他人开枪罪”判处的罚金，因为这项法律缺乏标准。

格雷格诉佐治亚州案（1976年）

判决支持了佐治亚州修改后的死刑量刑制度。票数比为七比二。由斯图尔特、鲍威尔和史蒂文斯撰写的多数意见强调，佐治亚州已经对费曼案判决提出的关于随意性的担忧作出了反应。布伦南和马歇尔发表了反对意见。

杰克逊诉佐治亚州案（1972年）

费曼案的关联案件之一。

朱里克诉得克萨斯州案（1976年）

格雷格案的关联案件之一。在本案中，最高法院支持了得克萨斯州修改后的死刑法律。

洛克纳诉纽约州案（1905年）

判决认为，第十四修正案中的正当程序条款中暗含了“合同自由”，因此，判决推翻了纽约州限制面包师工作时长的法律。票数比为五比四。

马克斯韦尔诉阿肯色州案(1970年)

最初,马克斯韦尔的上诉是基于阿肯色州死刑量刑制度中的种族歧视问题整体提出的。最终,法院以威瑟斯普恩案判决为由,以法院意见的形式推翻了他的量刑。

麦高萨诉加利福尼亚州案(1971年)

法院驳回了被告人依据第十四修正案对加利福尼亚州的死刑法律提出的异议。哈伦撰写了多数意见。

普罗菲特诉佛罗里达州案(1976年)

格雷格案的关联案件之一。在本案中,最高法院支持了佛罗里达州修改后的死刑法律。

罗伯茨诉路易斯安那州案(1976年)

伍德森案的关联案件之一。在本案中,最高法院否决了路易斯安那州修改后的死刑法律,认为它实际上是强制性的。

鲁道夫诉阿拉巴马州案(1963年)

在这起涉及对强奸罪适用死刑的上诉中,阿瑟·戈德堡针对调卷令的驳回发表了反对意见。

特罗普诉杜勒斯案(1958年)

票数比为五比四。由厄尔·沃伦撰写的多数意见认为,依据“不断演进的文明标准”,剥夺公民资格是一种残酷而不寻常的惩罚。

威姆斯诉美国案(1910年)

票数比为四比二。法院推翻了被告人因伪造公共文件被判处十五年监禁的判决。多数派认为,第八修正案的解释要以不断演进的文明标准为依据。

威瑟斯普恩诉伊利诺伊州案(1968年)

票数比为六比三。斯图尔特撰写了判决意见,推翻了伊利诺伊州的死刑案陪审员挑选程序。

伍德森诉北卡罗来纳州案(1976年)

票数比为五比四。最高法院宣告强制死刑法律违宪。布伦南和马歇尔,以及斯图尔特、鲍威尔、史蒂文斯一同组成了多数派。

注 释

略语表

略语	全 称
AG	Arthur Goldberg Papers, Pritzker Legal Research Center, Northwestern University Law School, Chicago, Ill.
HAB	Harry A. Blackmun Papers, Manuscript Division, Library of Congress, Washington, D. C.
HB	Hugo A. Bedau Papers, M. E. Grenander Department of Special Collections and Archives, Stare University of New York, Albany, N. Y.
HLB	Hugo L. Black Papers, Manuscript Division, Library of Congress, Washington. D. C.
LEP	Lewis F. Powell Papers, William C. Hall Law Library, Washington and Lee Law School, Lexington, Va.
MM1	Michael Meltsner Papers, 1961–2008, Archives and Special Collections, Northeastern University Libraries, Boston,Mass.
MM2	Michael Meltsner Papers, 1965–1974, Rare Book & Manuscript Libraty, Columbia University, New York, N. Y.
PD	Peggy Davis Files, New York University, New York, N. Y.
PS	Potter Stewart Papers, Yale University Library Maunscript and Archives, New Haven, Conn.
TM	Thurgood Marshall Papers, Library of Congress, Washington, D. C.
WB	William Brennan Papers, Library of Congress, Washington, D. C.
WOD	William O. Douglas Papers, Library of Congress, Washington, D. C.

序　言

ix. 治愈“死刑这一‘癌症’”: *New York Times*, “Overruling a Cancer,” July 3, 1972, p.16.

第一章　一个大胆的想法

6. “我的家人亲戚中没有人是律师”:David Stebenne, *Arthur J. Goldberg: New Deal Liberal* 这本书对戈德堡大法官的生平进行了很好的概述。第 4—11 页讲述了戈德堡的个性形成时期。引文来自第 5 页。

8. 戈德堡还担心无辜者被处死的问题:Arthur J. Goldberg, “The Death Penalty and the Supreme Court.” *Arizona Law Review* 15 (1973): 355, 362.

8. 因为陈旧的法律原则而被判死刑:“我们对宪法的不断演变的理解,常常会要求最高法院将曾经被允许的做法宣告违宪。当这样的定罪导致了死刑时,被处死的人是无法复生的。”同上注。

10. “1947 年就存在的那些问题现在还存在着”:Hutchinson, *The Man Who Once Was Whizzer White*, p. 339.

10. “法官们把自己在我们这个政体中的地位看得太高了”:同上注,第 8 页。

10. “最高法院的自由派们有一个问题”:同上注,第 346 页。

11. 戈德堡的投票记录:Russell W. Galloway, Jr., “Third Period of the Warren Court: Liberal Dominance (1962-1969),” *Santa Clara Law Review* 20 (1980): 773.

11. 批判洛克纳案的理论基础:霍姆斯、法兰克福特和布兰代斯很大程度上都要归功于詹姆斯·布雷德利·塞耶,如 Noah Feldman, *Scorpions*, p. 105 所述。

12. “当人们想做一件事”: *Time*, “Nation: Felix Frankfurter,” September 7, 1962, p.29.

14. 仅仅把它理解为自由派与保守派的冲突是不够的。在最初的这个案子里,这两个人对结果的意见是一致的,但理由不同。法兰克福特形成自己的司法克制理论正是为了批判洛克纳案判决。而布莱克想要推翻洛克纳案判决是因为人们最初对第十四修正案中的“人”这个词的理解一定不会包含公司。

15. “最高法院都不该干涉州政府的行为”: *Louisiana ex rel. Francis v. Resweber*, 329 U.S. 459, 464 (1947).

15. 最高法院关于第八修正案的判决汇编:Lain, “Deciding Death,” pp. 10-12.

16. “这就是我们这部《权利法案》的精妙之处了”:德肖维茨在 *The Best Defense*, p. 306 复述了这段对话。

16. 切火鸡的手艺: *Forbes*, “First Job: Alan Dershowitz,” May 23, 2006.

17. 做法官助理的那一年:关于德肖维茨对死刑问题的关注,以及他早年与贝兹伦法官一起做的工作,请见 Dershowitz, *The Best Defense*, pp. 305-13.

19. 四位大法官的投票:这个所谓的“四票规则”是一条惯例,而不是一条法律。它的目的是防止最高法院的多数派全面掌控最高法院对案件的受理。自从国会 1891 年通过了《司法法》,赋予了最高法院自行决定受理哪些上诉的权力以来,就有了这项规则。

---

* 注释中的页码为英文原书页码,即本书边码。

20. 不难想象沃伦会反对死刑：沃伦在这一问题上的投票记录正反参半。作为州长，他对一名因强奸罪被判死刑的年轻黑人男性予以了减刑。沃伦问一审法官，如果被告人是一名白人男性，他是否还会被判处同样的惩罚。法官答道："当然不会"，于是沃伦撤销了他的死刑判决。但同时，他也支持立法限制死刑犯在最后关头提出上诉的机会。关于沃伦与一审法官之间有关种族的对话，请见 Earl Warren, *The Memoirs of Earl Warren* (New York: Doubleday, 1977), p. 212.

21. 种族隔离就是这样被取消的："Is Racial Segregation Consistent with Equal Protection of the Laws? *Plessy v. Ferguson* Reexamined," *Columbia Law Review* 49 (May 1949): 629–39; "Segregation in Public Schools: A Violation of 'Equal Protection of the Laws,'" *Yale Law Journal* 56 (June 1947): 1059–67.

21. "如果说在当下的社会环境里"：Gerald Gottlieb, "Testing the Death Penalty," *Southern California Law Review* 34 (Spring 1961): 268–81. 戈特利布的文章再版发表于 Hugo Bedau, *The Death Penalty in America* (New York: Anchor Books, 1964), pp. 194–213.

21. 戈特利布是唯一一个这么说的人：也许，唯一的例外是亚历山大·比克尔。他在 1962 年出版的 *The Least Dangerous Branch* (New Haven: Yale University Press, 1962)一书中加入了关于死刑的一段。

22. 德肖维茨展示了证据：德肖维茨将报告的公开发表版本重印在了自己的 *Shouting Fire: Civil Liberties in a Turbulent Age* (Boston: Little, Brown, 2002)一书第 279—289 页。

22. "消灭在性犯罪的死刑适用中，白人与非白人之间存在的、公认的差距"：Goldberg, "Memorandum to the Conference," 493, 505.

22. "我向大家传阅这份报告"：同上注。

24. "我们读它是因为它有很高的文学价值"：Goldberg to Dedication Diner of the Jewish Publication Society of America, February 10, 1963, PS, Box 585.

25. 沃伦和布莱克对戈德堡的报告的反应：Epstein and Kobylka, *Supreme Court and Legal Change*, p. 332.

25. 沃伦对于最高法院插手死刑问题是否明智的判断：例见 Dershowitz, *The Best Defense*, p. 308: "沃伦是个精明的政客，他永远都会关注公众是否接受最高法院的判决意见。他相信，任何关于死刑可能违宪的暗示都会削弱最高法院在去种族隔离问题上和其他争议领域的判决的公信力。"

26. "现在提这个问题是非常不合时宜的"：Banner, *The Death Penalty*, p. 250.

26. "学究戈德堡"：Simon, *The Antagonists: Hugo Black, Felix Frankfurter and Civil Liberties in Modern America*, p. 256.

27. "他觉得这是违宪的，我也觉得"：Douglas, *The Douglas Letters*, p. 189.

27. "最好让这件事平息一段时间"：Epstein and Kobylka, *Supreme Court and Legal Change*, p. 332; Douglas, *The Douglas Letters*, p. 189.

27. 布伦南给戈德堡的建议：Stern and Wermiel, *Justice Brennan*, p. 414.

27. 戈德堡和沃伦之间的妥协：Haines, *Against Capital Punishment*, p. 27.

28. "艾伦，你会很失望的"：Gordon, "Nothing Less Than the Dignity of Man," p. 33. 关于戈德堡对沃伦的回应，又见 Meltsner, *Making of a Civil Rights Lawyer*, pp. 207–8 以及 Alan Dershowitz interview (June 14, 2010).

28. 弗兰克·李·鲁道夫的上诉：*Rudolph v. Alabama:* 375 U.S. 889 (1963).

30. 他邮寄了自己的报告：Epstein and Kobylka, *Supreme Court and Legal Change*, p. 43.

第二章　美国最重要的律所

33. 讨论戈德堡的反对意见意味着什么：LDF 的律师们对德肖维茨的报告还不知情。

33. “可能有着深远影响的想法”：*New York Times*, “3 Justices Question Legality of the Death Penalty for Rapists,” Oct. 22, 1963, p. 41.

33. “呼唤法律的忧思精神”：*Washington Post*, “Death Penalty for Rape,” Oct. 23, 1963, p. A20.

33. 民意调查数据：盖洛普在网上对死刑问题的民意调查结果进行了极好的概括：http://www.gallup.com/poll/1606/death- penalty.aspx. 另一个可以参考的文献是 http://www.pollingreport.com/crime.htm. 还有一个很有用的历史参考资料是 David W. Moore, *Americans Firmly Support Death Penalty, Gallup Poll Monthly 357* (June 1995): 23-25. 关于这个问题的学术文献，一个早期的、影响力很大的例子是 Neil Vidmar and Phoebe Ellsworth, “Public Opinion and the Death Penalty,” *Stanford Law Review* 26 (June 1974): 1245.

34. “只会鼓励更多的人成为强奸犯”：Dershowitz, *The Best Defense*, p. 309.

34. “如果让我猜一下的话”：Herbert L. Packer, “Making the Punishment Fit the Crime,” *Harvard Law Review* 77 (1964): 1071, 1081-1082.

34. “如果说第八修正案完全禁止死刑作为一种惩罚存在”：“The Cruel and Unusual Punishment Clause and the Substantive Criminal Law,” *Harvard Law Review* 79 (1966): 635, 639.

34. “如果我们没法拒绝这些案子”：Meltsner, *Cruel and Unusual*, p. 31.

35. “死刑问题并不在基金会的议程上”：同上注，第 15 页。

35. 格林伯格却不同意：Muller, “The Distorting Influence of Death,” p. 164.

35. ACLU 在死刑问题上并没有立场：Epstein and Kobylka, *Supreme Court and Legal Change*, p. 45; Dorsen, *Frontiers of Civil Liberties*, p. 269.

36. “全面支持黑人革命”：Samuel Walker, *In Defense of American Liberties*, p. 266.

36. 弗伦克尔认为这个机构需要限制：同上注，第 266—267 页。

36. “逻辑上，只要你能证明”：Dorsen, *Frontiers of Civil Liberties*, p. 271.

36. “与民主制度的基本价值不符”：同上注，第 278 页。

36. ACLU 正忙着为因信仰原因反对越南战争的人辩护：Epstein and Kobylka, *Supreme Court and Legal Change*, p. 48.

37. 格林伯格提出的第一步计划：Meltsner, *Cruel and Unusual*, pp. 34-35.

38. 洛克菲勒……签署了……减刑令：*Times*, “The Law: Clemency in Arkansas,” Jan. 11, 1971.

38. 阿肯色州法院拒绝了这一证据：*Maxwell v. Bishop*, 370 S. W. 2d 118 (1963).

38. 沃尔夫冈指挥 LDF 聘请了一些学生：Haines, *Against Capital Punishment*, p. 28; Epstein and Kobylka, *Supreme Court and Legal Change*, pp. 49-51; Meltsner, *Cruel and Unusual*, p. 78; Foerster, *Race, Rape, and Injustice*, pp. 2-3.

38. 学生们研究了案件记录：Marvin Wolfgang and Marc Reidel, “Race, Judicial Discretion, and the Death Penalty,” *Annals of the American Academy of Political and Social Science* 407 (1973): 119-33; Epstein and Kobylka, *Supreme Court and Legal Change*, p. 50.

39. “在最好的情况下也是难以理解的”：*Maxwell v. Bishop*, 257 F. Supp. 710, 720 (E. Dist. Ark. 1966).

39. “引人深思而又大胆的”：*Maxwell v. Bishop*, 398 F2d 138, 147 (8th Cir. 1968).

42. “竭尽全力想要打得更好”：Nadya Labi, “A Man Against the Machine,” *NYU Law School*

Magazine, Autumn 2007, p. 14. 这篇文章是阿姆斯特丹教授曾提到的关于他的生平事迹最为详尽的报道。其他有价值的信息来源包括：Meltsner, *The Making of a Civil Rights Lawyer*, pp. 201-202; Meltsner, *Cruel and Unusual*, pp. 78-86; Haines, *Against Capital Punishment*, pp. 31-32. 这个故事得到了对梅尔茨纳教授和乔恩·阿姆斯特丹的访谈的支持，一定程度上也得到了对阿姆斯特丹教授的访谈的支持。

42. 阿姆斯特丹起草了贝克诉卡尔案的判决意见：例见 James Simon, *The Antagonists*, p. 251.

43. "为了从内部视角学到点东西"：Epstein and Kobylka, *Supreme Court and Legal Change*, p. 49, 其中提到了 Frederick Mann, "Anthony Amsterdam: Renaissance Man or Twentieth Century Computer?" *Juris Doctor*, no. 3 (1973): 30-33.

43. "您的案卷一定是装订错了"：Meltsner, *Cruel and Unusual*, p. 80.

44. "那一代人中最优秀的律师"：Lazarus, *Closed Chambers*, p. 90.

44. "上帝创造托尼时"：Labi, "A Man Against the Machine," p. 12.

44. "在革命结束以后，我就会开始代表资本家说话了"：*Time*, "The Law: Advocate for Underdogs," May 25, 1970.

45. "个人非常厌恶死刑，对接下来的几个案子感到很为难"：Michael Meltsner interview (December 4, 2010).

45. "一旦我们解决了黑人面临的问题"：*Maxwell v. Bishop*, 398 F.2d. 138, 148.

46. "呕"：David Von Drehle, "Death Penalty Divide Frustrated Blackmun: Papers on Lockett Case Show How He Came to See Split Between Fairness, Consistency," *Washington Post*, March 15, 2004, p. A04.

46. "高个子，28，精明圆滑"：Labi, "A Man Against the Machine."

46. 最高法院暗示了它愿意考虑这个问题：例如，最高法院曾命令密苏里州在一所研究生院中实现种族融合：参见 *Missouri ex rel Gaines v. Canada*, 305 U.S. 337 (1938)。梅尔茨纳教授在 *Cruel and Unusual* 一书的第 66 页阐述了最高法院为布朗案奠定的基础。用梅尔茨纳的话来说，最高法院已经"逐渐削弱了法律基础"。其他相关案件还包括 *Sweatt v. Painter*, 339 U.S. 629 (1950)，以及 *McLaurian v. Oklahoma*, 339 U.S. 637 (1950)。

47. "是托尼·阿姆斯特丹的思想和心灵所带来的能量"：Labi, "A Man Against the Machine," p. 13.

第三章　悲伤的终结

48. “种族永远是需要考虑的因素”：Eric Muller, “The Legal Defense Fund's Capital Punishment Campaign: The Distorting Influence of Death,” p. 162.

49. “大家觉得，死刑的可怕显而易见，你根本无须去计算那些数字”：同上注。

49. “一旦我们有了获得缓期执行令的能力”：Anthony Amsterdam interview (January 20, 2010). 杰克·格林伯格也强调了 LDF 感受到的一种将它的专业知识延伸至非黑人被告人的道德义务。他写道：“一旦提出了这些主张，那么仅仅代表一部分被告人提出这些主张，并寄希望于他们能从未来某一时间宣布的新规则中获利就是不够的了。并且，你不能忽视那些使一个陪审团判处一个人死刑、而不判处另一个人死刑——甚至是以任何罪名判处任何一个人的死刑——的偏见。这些偏见不仅仅是种族方面的。”Greenberg and Himmelstein, *Varieties of Attack on the Death Penalty*, p. 116.

49. “对于任何一个旁观者来说，种族问题在 LDF 的议程上一直都是首要问题”：Muller, “The Legal Defense Fund's Capital Punishment Campaign,” p. 182.

50. “看吧，这是一个民权组织”：同上注，第 181 页。

50. 死刑问题从来不会吸引资金投入：Jack Greenberg interview (November 2, 2009).

50. 格林伯格批准了款项的使用：Greenberg, *Crusaders in the Court*, pp. 440–44; Haines, *Against Capital Punishment*, p. 31; Epstein and Kobylka, *Supreme Court and Legal Change*, p. 54.

50. LDF 在 1960 年一整年的预算：Meltsner, *Making of a Civil Rights Lawyer*, p. 89.

51. “更像社会工作，而不是法律工作”：同上注，第 29 页。

53. “布朗案是个成就”：Muller, “The Legal Defense Fund's Capital Punishment Campaign,” p. 186.

53. 就像“往一个机器里倒沙子”：Meltsner, *Cruel and Unusual*, p. 71.

54. “当一个法官知道自己的决定会影响其他类似的被告人时”：Muller, “The Legal Defense Fund's Capital Punishment Campaign,” p. 169. 马勒提到了 LDF 的前任理事长约翰·C. 博格院长于 1985 年 2 月 21 日在耶鲁法学院的一次研讨会上发表的演讲。

55. “如果我当选了，我可能就要签发你们的死刑执行令了”：Mello, *Deathwork: Defending the Condemned*, p. 25; Meltsner, *Cruel and Unusual*, p. 127.

55. “他们要么一起提出诉求，要么分头被送上电椅”：Meltsner, *Cruel and Unusual*, p. 133.

56. 麦克雷被 LDF 说服了：*Adderly v. Wainwright*, 46 F.R.D. 97 (1968).

56. “在其他州采取行动可能时机还不成熟”：Epstein and Kobylka, *Supreme Court and Legal Change*, p. 55.

57. “我对集体诉讼的态度”：Schwed, *Abolition and Capital Punishment*, p. 111.

58. “对其他五百名死刑犯的担心”：Meltsner, *Cruel and Unusual*, p. 122.

59. “去你×的信”：Meltsner interview (December 4, 2010).

59. “某些个体的某些主张可能会被淹没”：Greenberg, *Judicial Process and Social Change*, p. 444.

60. 为“反死刑法律运动带来它所缺少的凝聚力”：Meltsner, *Cruel and Unusual*, p. 114.

60. “这样一场会议”：Tony Amsterdam to Jack Greenberg, July 28, 1967. 又见 Schwed, *Abolition and Capital Punishment*, p. 112（LDF 想要“限制那些不了解情况或不小心的律师，避免他们为了保护自己的当事人而在考虑不周的情况下直接对死刑的合宪性提出异议”。）

61. “关于死刑的斗争”: Greenberg and Himmelstein, *Varieties of Attacks on the Death Penalty*, p. 120.

61. “在那些死刑犯人数非常少的州”:同上注,第 118 页。

63. 20 个州都在考虑废除死刑的提案:关于这一段时期内各州的行动, Lain, *Furman Fundamentals*, pp. 19-23 做了一个很好的概述。

63. “慢慢地,死刑在美国正在走向死亡”: *Time*, “Killing the Death Penalty,” July 7, 1967.

64. “真正的区别不在”: *Witherspoon v. Illinois*, 391 U.S. 510, 520 (1968).

65. “永久地终结佐治亚州的死刑”: Lazarus, *Closed Chambers*, p. 98.

65. “可能会消灭死刑”: HLB, *Witherspoon v. Illinois* case file. See also Gordon, *Nothing Less Than the Dignity of Man*, p. 46.

65. “这是在为死刑制度准备好的棺材上又钉了一颗钉子”: Meltsner, *Cruel and Unusual*, p. 124.

65. “一旦我们使死刑执行暂停了”: Haines, *Against Capital Punishment*, p. 30; Wolfe, *Pileup on Death Row*, pp. 244-25.

65. “在没有死刑执行的情况下,每过一年”: Meltsner, *Cruel and Unusual*, p. 71.

65. “我们在迫使各个法院直面”: *Newsweek*, “Renaissance Lawyer,” July 17, 1972.

66. 最高法院认为,标准的缺失是致命问题: *Giaccio v. Pennsylvania*, 382 U.S. 399 (1966).

67. “本判决意见的作者”: *Maxwell v. Bishop* 398 F.2d 138, 153 (8th Cir. 1968).

67. 当《时代周刊》采访阿姆斯特丹时: *Time*, “The Law: Advocate for Underdogs,” May 25, 1970, p. 72.

68. “公众良知能够允许法律说什么”: Brief of Amicus Curiae NAACP Legal Defense and Education Fund, *Boykin v. Alabama*, p. 38. Quoted in Meltsner, Cruel and Unusual, p. 182.

69. 当代文明标准将不会允许死亡成为一种惩罚手段:同上注,第 39—40 页。

69. “在这里,我们看到了”:同上注,第 39 页。

第四章　近在咫尺的胜利

71. 布伦南每天早上都会重复这个日常：赛思·斯特恩和斯蒂芬·韦尔米尔(Stephen Wermiel)在布伦南大法官精彩的传记中写道，在1957年，布伦南“养成了一个舒适的习惯”，那就是在6点之前，穿着“旧衣服”散步。每天早上散步是医生的建议。Stern and Wermiel, *Justice Brennan*, p. 132. 斯特恩和韦尔米尔称，这种做法一直延续到了60年代中期(同上注，第276页)。布伦南的前法官助理罗伯特·奥尼尔也这么说。Andrew J. Stephens, "Chamber of Secrets: Professors Reflect on Clerking Experiences," *Virginia Law Weekly* 58, no. 15 (February 10, 2006): 1-2. 曾于1971—1972年担任布伦南法官助理的泰勒·阿什沃思表示：“在1971年，布伦南大法官很大程度上依旧保持着清晨来到最高法院之前散步的习惯。他每个工作日早上9点钟与法官助理们见面，并且常常会基于他散步时的思考发表一些评论。”Email on file with author. 1969年3月6日，华盛顿的天气不错，所以布伦南很可能散了个步。

72. 布伦南代理了一个女人：Stern and Wermiel, *Justice Brennan*, pp. 410-11.

72. 布伦南明显是站在法兰克福特一方的：同上注，第102页。斯特恩和韦尔米尔的传记对年轻时的布伦南大法官进行了极佳的生动描述。

72. 一个因入室盗窃而可能面临死刑的黑人男子的上诉案：*Fikes v. Alabama*, 352 U.S. 191 (1957).

73. 投票反对最高法院受理来自堪萨斯州的迪克·希克考克和佩里·史密斯的上诉案：Stern and Wermiel, *Justice Brennan*, p. 412.

73. 沃伦法院对公民自由进行革命性扩张的主力：Dennis J. Hutchinson, "Hail to the Chief: Earl Warren and the Supreme Court," *Michigan Law Review* 81 (1983): 922, 923. Stephen Gillers, "The Warren Court—It Still Lives," *The Nation*, September 17, 1983, p. 207.

73. 这个说法与神学家约翰·瑞安如出一辙：Stern and Wermiel, *Justice Brennan*, p. 166.

73. 他既没有引用过天主教思想家们的话：同上注，第166页。

73. 他鼓励自己的孩子交一些非天主教徒的朋友，且三个孩子都与非本教派的人结了婚：同上注，第166页。

73. “他们已经把黑人放进学校，现在又把上帝赶了出去”：Stern and Wermiel, 同上注，第167页。

74. 最高法院认定，宪法禁止：*Abington Township School District v. Schempp*, 374 U.S. 203 (1963).

74. 约翰·拉塞尔在举办于华盛顿圣马修大教堂的红色弥撒责骂了布伦南：Kenneth Dole, "Bishop Raps Neutral Stand on Religion," *Washington Post*, January 27, 1964. 又见 Stern and Wermiel, *Justice Brennan*, pp. 174-75. 斯特恩和韦尔米尔在第164—177页讲述了布伦南在平衡自己的天主教信仰和自己在最高法院的角色时面临的困难。

74. “你根本不知道”：Stern and Wermiel, *Justice Brennan*, p. 172 (discussing the Epiphany Church episode generally).

74. “我从来没想到过”：同上注，第372页。

74. 布伦南和贝兹伦相识：同上注，第97页。

74. 贝兹伦……经常在早上和布伦南一起散步：同上注，第179页。

75. 通过贝兹伦和克龙海姆,布伦南结识了埃德蒙·马斯基:同上注,第178—180页。
75. 布伦南甚至和贝兹伦、赖特、戈德堡还有他的同僚阿贝·福塔斯一起投资:同上注,第319页。
75. 贝兹伦……把讲稿寄给布伦南:同上注,第241—248页(谈到了贝兹伦对布伦南产生的整体影响)。
75. "真正的问题……其实就是……我们是否要继续削弱对他们的保护":*Washington Post*, "Brennan Urges Greater Rights for Defendants," May 10, 1963.
76. "法律正在重获新生":Stern and Wermiel, *Justice Brennan*, p. 233.
76. "振奋人心、令人感激的":同上注,第412页。
76. "你真的什么也做不了":同上注,第309页(描述了布伦南的绝望感)。
76. "不反对死刑":Fred P. Graham, "Mitchell Vows Vigorous Law Enforcement in U.S.," *New York Times*, January 22, 1969.
77. 加利福尼亚州最高法院认定死刑并不违反该州的宪法:*In re Anderson*, 447 P.2d 117 (Cal. 1968).
77. 斯坦利·莫斯克在司法领域的偶像:California State Archives State Government Oral History Program, available at http://www.sos.ca/gov/archives/oral- history/pdf/mosk.pdf, p. 90.
77. "我的本性让我很想":*In re Anderson*, 447 P.2d at 132 (Mosk, concurring).
77. 散完步之后:斯特恩和韦尔米尔在第132页提到了布伦南早上边吃早餐边读报纸的习惯。关于布伦南对巧克力的喜爱,同上注,第51页。
80. "如果一个文明社会不能说清楚":同上注,第154页(托布里纳的协同意见)。道格拉斯提到的那份"反对意见"严格来讲是一份协同意见。托布里纳大法官同意下级法院违反了威瑟斯普恩案判决,但他认为法院应该更进一步。
80. 布伦南和哈伦的关系不错:参见 Woodward and Armstrong, *The Brethren*, p. 46, and Stern and Wermiel, *Justice Brennan*, pp. 148-49(提到了他们一起抽烟、一起打高尔夫)。
80. 哈伦……不喜欢沃伦法院的走向:Stern and Wermiel, *Justice Brennan*, p. 185. 对于贝克案,哈伦写道:"最高法院的独立性,以及它超然于政治变迁的态度,一直是它的稳定性和生命力最主要的来源。"
80. "有些原本出于善意的人好像认为":*New York Times*, "Harlan Cautions on Role of the Court," August 14, 1963.
81. 他们多年前在一次司法会议上认识:Stern and Wermiel, *Justice Brennan*, p. 155(还提到斯图尔特打电话向布伦南寻求建议)。
81. 过于"本能地信奉自由主义"了:同上注,第357页。
81. "如果本院要宣告死刑违反宪法":*Witherspoon v. Illinois*, 391 U.S. 510, 532 (Black, dissenting).
82. "这种不人道的行为":Meltsner, *Cruel and Unusual*, p. 166.
83. 福塔斯和马歇尔都觉得,如果最高法院要求各州列出量刑标准,这些标准会对检方更有利:Dickson, *The Supreme Court in Conference*, p. 611.
83. "没什么结论,也没太有启发性":Epstein and Kobylka, *Supreme Court and Legal Change*, p. 63.
83. 哈伦提议将这个案子暂时搁置:Schwartz, *Unpublished Opinions of the Supreme Court*, pp. 394-444; Schwartz, *Super Chief*, pp. 734-42.
85. "软骨头":参见 Murphy, *Wild Bill*, pp. 63, 75, 194. 墨菲撰写的精彩传记是对道格拉斯的

一生最完整可靠的叙述,也是这一形象的来源。

85.“我只是一个普通人,而比尔是一个天才”:同上注,第 365 页。

85.“不受干扰权”:道格拉斯大法官认定存在“不受干扰权”是在 *Public Utilities Commission v. Pollak* ,343 U.S. 451 (1952)一案中。菲利克斯·法兰克福特没有参与这一判决。

85.对于任何限制色情出版物的法律……都持绝对的反对态度:*Roth v. United States* , 354 U.S. 476 (1957); 反对“蓝色法规”:*McGowan v. Maryland* , 360 U.S. 420 (1961).

86.“道格拉斯的人生就像是小说中的内容”:Murphy, *Wild Bill* , p. 515. S

86.“刻薄的混蛋”:Kalman, *Legal Realism at Yale* , p. 113.

87.“突然直挺挺地站起来,就因为在梦里听到了那个蜂鸣器的声音”:Murphy, *Wild Bill* , p. 409.

87.“人类生命的最低形式”:同上注,第 347 页。

88.“他最大的错误就是太过固执”:Jeffrey T. Leeds, “A Life on the Court,” *New York Times Magazine* , October 5, 1986, p. 24.

88.道格拉斯就将自己定位成了一个孤独者:Feldman, *Scorpions* , p. 323.

88.“绝对不会!”:Murphy, *Wild Bill* , p. 351.

90.“这个案子令我非常苦恼”:WOD, Memorandum to the Conference, April 4, 1969, WOD.

90.“我当然是同意你的”:Abe Fortas to William Douglas, April 7, 1969, ibid.

91.“存在合宪性问题”:Harlan to Douglas, April 9, 1969, ibid.

91.“在这个问题上”,马歇尔说道:“我们还没有能力”:Marshall to Fortas, April 21, 1969. TM, Box 57, File 13 (*Maxwell v. Bishop*).

91.道格拉斯 4 月 22 日的备忘录:WOD Memorandum to the Conference, April 22, 1969, WOD.

91.“如果最高法院决心要废除死刑”:Schwartz, *Unpublished Opinions* , p. 427.

92.“正当程序要求必须有预先存在的量刑标准”:Schwartz, *Super Chief* , p. 741.

92.不愿意“在这么重要的案子里成为决定性的第五票”:同上注,第 748 页。

94.“人命关天的时候,正当程序的要求也就更高”:这场法庭辩论唯一保留下来的记录参见 Meltsner, *Cruel and Unusual* , pp. 202–06.

96.大法官们决定将两个核心问题留到下一年的一个新案子中解决:William J. Brennan, “Constitutional Adjudication and the Death Penalty,” *Harvard Law Review* 100 (1986): 313, 317–18.

97.“这两个案子的事实……都不是好兆头”:Meltsner, *Cruel and Unusual* , p. 228.

97.“最终只成为……一个小小的脚注”:Brennan, “Constitutional Adjudication and the Death Penalty,” p. 318.

97.“向废除死刑迈出谨慎一步”:Meltsner, *The Making of a Civil Rights Lawyer* , p. 195.

第五章　开洗衣房的权利与生命权

99. “囚犯死亡的首要原因”:Dean E. Murphy, “San Quentin Debate: Death Row vs. Bay Views,” *New York Times*, Dec. 18, 2004, p. A1.

99. “这是不是意味着,一个已经被定罪量刑的人应该立刻被执行死刑呢?”:HAB to himself, September 14, 1971, HAB.

104. “法院安静的一天”:Meltsner, *Cruel and Unusual*, p. 231.

104. “这是对死刑的一次间接的攻击”:Banner, *The Death Penalty*, pp. 256–57. 又见 Dickson, *The Supreme Court in Conference*, pp. 614–616.

106. “我读了法官备忘录和上诉意见书之后”:HAB to himself, November 4, 1970, HAB.

106. “我们的职能并不是”:参见 *McGautha v. California*, 402 U.S. 183, 195 (1971).

108. “在很大程度上是象征性的”:同上注,第 217 页。

109. *Yick Wo v. Hopkins*: 118 U.S. 356 (1886).

112. 第四巡回上诉法院作出裁判,认定将……强奸犯判处死刑是违宪的:*Ralph v. Warden*, 438 F.2d 786 (4th Cir. 1970).

112. 洛克菲勒说,其实他在和他们见面之前就已经下定决心了:Meltsner, *Cruel and Unusual*, pp. 235–26.

112. “我相信,处决罪犯”:同上注,第 237 页。

113. 这一判决实际上是停止了阿拉巴马州所有的死刑执行:*Brown v. State*, 264 So. 2d 529 (1971).

113. 戈德堡和德肖维茨批评了最高法院,认为它不应该回避博伊金案和马克斯韦尔案:Arthur Goldberg and Alan Dershowitz, “Declaring the Death Penalty Unconstitutional,” *Harvard Law Review* 83, (1970): 1773–1819.

114. “说实话,我必须承认,当麦高萨案被决定时”:Brennan, “Constitutional Adjudication and the Death Penalty,” p. 321.

114. 在整个 20 世纪 60 年代,布伦南写了 67 份反对意见:Stern and Wermiel, *Justice Brennan*, p. 351.

114. “越来越尖酸了”:同上注,第 351 页;Fred P. Graham, “Justices are Losing Their Cool,” *New York Times*, April 11, 1971.

114. 斯图尔特认为不能恢复:Woodward and Armstrong, *The Brethren*, p. 206.

115. “一劳永逸地向整个国家表明”:Banner, *The Death Penalty*, pp. 257–58.

115. “找出四个比较清晰的案子”:Brennan, “Constitutional Adjudication and the Death Penalty,” p. 322. 对于谁负责挑选 1971—1972 年这批死刑案的问题,各个大法官有着不同的记忆。1986 年,布伦南在哈佛法学院讲课时回忆道,负责这项工作的是他和斯图尔特。但是,在最高法院公布麦高萨案判决后一周,威廉 · 道格拉斯在给自己的法官助理的留言中提到,他拒绝以驳回调卷令的方式处置剩下的三个案子,而是组建了一个委员会,从三类案件——强奸案、抢劫案,以及“常规的谋杀案”——中各选一个,放在 1971 年 10 月开庭辩论。道格拉斯表示,委员会成员包括他自己、布伦南、怀特以及斯图尔特。道格拉斯的文集中并没有更多的证据表明他参与了 1971 年这批案件的挑选。并且,考虑到麦高萨案后这次大法官会议的时间,以及道格拉斯暑期提前离开最高法院、到西北部太平洋沿岸地区度假的习惯,他应该不会太多地参与案件的挑选过程。而怀特似乎有所参与。6 月 8 日,布伦南和怀特一同撰写并向大法官会议传阅了一份备忘录。Brennan and White Memorandum to the conference, June 8, 1971, WOD, Box 1486.

115. “我无论如何也想象不出”:Douglas to conference, June 3, 1971, TM, Box 64, File 5.

116. 让法院有机会在宣告谋杀罪的死刑合宪的同时:Brennan and White Memorandum to the Conference, June 8, 1971, WOD, Box 1486.

117. “精神科医生一致认为,他的神志清醒到可怕的程度”: *Time*, “The Death Penalty: Cruel and Unusual,” January 24, 1972, p. 66.

119. “并不想要一系列的判例”:Urofsky, *The Douglas Letters*, pp. 194–95.

119. 布伦南指示迈克·贝克尔起草一份备忘录:Stern & Wermiel, *Justice Brennan*, p. 418; Becker interview (June 21, 2011).

119. 当他在秋天回来时,他打算用这些研究成果写成一份反对意见:Brennan, “Constitutional Adjudication and the Death Penalty,” p. 322.

第六章　年轻的律师们

124. 布伦南曾经对朋友说,如果一位女性被任命为大法官:Stern & Wermiel, *Justice Brennan*, p. 388.

124. “他们中的一些人满怀着对于何为正确、何为错误的根深蒂固的观念”:William Rehnquist, “Who Writes Decisions of the Supreme Court,” *U.S. News & World Report*, December 13, 1957, p. 74.

125. “在过去的十年里,最高法院作为一个机构已经遭到了严重的破坏”:Fred Strebeigh, *Equal: Women Reshape American Law* (New York: Norton, 2009), p. 375.

125. “比民权运动领袖们想要的要慢一点”:Jeffries, *Justice Lewis F. Powell, Jr.*, p. 2.

126. “所有宣扬、实践和容忍违法行为的人”: *U.S. News & World Report*, “Civil Disobedience: Prelude to Revolution,” October 30, 1967, pp. 66-69.

126. “我们会讨论到你”:Woodward and Armstrong, *The Brethren*, p. 161.

126. “我知道这是一种不受欢迎的、不人道的立场”:William Rehnquist, “A Random Thought on the Segregation Cases,” S. Hrg. 99-1067, Hearings Before the Senate Committee on the Judiciary on the Nomination of Justice William Hubbs Rehnquist to be Chief Justice of the United States (July 29-31 and August 1, 1986).

126. “一个杰出的人身上的一个污点”:132 Cong. Rec. 23548 (1986) (speech of Senator Paul Sarbanes). Available at http://www.loc.gov/rr/law/nominations/rehnquist- cj/statements.pdf.

127. “一段艰难的时光”:“Rights Lawyers: Bracing for the Lean Years”: *New York Times*, December 19, 1971, p. E8.

127. 许多法官助理非常关注死刑问题:Stern and Wermiel, p. 419.

132. “如果我们否认第八修正案的这一动态特性,就会造成难以想象的结果”:Brief for Petitioner, *Aikens v. California*, p. 17. Available as 1971 WL 134168.

133. “如果一种惩罚得到了普遍的、公平的、一致的适用”: *Time*, “The Death Penalty: Cruel and Unusual,” January 24, 1972, p. 66.

133. “我们把死刑执行的现场隐藏起来,是因为我们不愿看到它们”:Brief for Petitioner, *Aikens v. California*, p. 48.

133. “那些被选择处死的人”:同上注,第 51 页。

134. “极为巧妙的”:Banner, *The Death Penalty*, p. 260.

137. “我痛恨死刑”:Alan Dershowitz interview (June 14, 2010).

138. “他是美国司法部副部长”:Williams, *Thurgood Marshall*, p. 314; 马歇尔对最高法院大法官工作的疑虑:同上注,第 5 页。

139. 作为一个享乐主义者,马歇尔一直很努力地生活着:同上注,第 193 页。

139. 马歇尔……巩固着自己和林登·约翰逊的友谊:同上注,第 193 页。

139. 马歇尔的体重已经超过了 230 磅:同上注,第 246 页。

139. 他把自己手中的尼克松第二次就职典礼的门票送给了别人:同上注,第 352 页。

139. “如果你为一名被控谋杀白人的黑人被告人争取到了终身监禁”:同上注,第 59 页。

141. 马歇尔维持过一个死刑判决:同上注,第 351 页。

141. 第二巡回上诉法院维持了原判：*Jackson v. Denno*, 309 F.2d 573 (2d Cir. 1962).

141. “并不反对死刑”：Williams, *Thurgood Marshall*, p. 351.

141. “最彻底的渐进主义者”：同上注，第 186 页。

141. 布伦南常常劝说马歇尔：同上注，第 351 页。

第七章 烹 刑

144. 在鲍威尔就任的第一天,马歇尔来到他的办公室:Woodward and Armstrong, *The Brethren*, pp. 204–5.

144. “我妻子茜茜”:同上注,第 205 页。

145. 这给了布伦南一点希望,让他觉得斯图尔特也许可以被说服:Epstein and Kobylka, *Supreme Court and Legal Charge*, p. 76; Woodward and Armstrong, *The Brethren*, p. 216.

145. 布伦南开始琢磨他是否能说服布莱克门也改变观点:斯特恩和韦尔米尔称,布伦南开始向布莱克门真挚地示好是在 1974 年。Stern and Wermiel, *Justice Brennan*, p. 383.

145. “阿姆斯特丹先生,”他说,“你准备好就可以开始了”:如第八章所述,艾肯斯诉加利福尼亚州案最终没有被最高法院判决,因此,最高法院和 Oyez Project 都没有保存本案的法庭辩论记录。我对这场法庭辩论的重述是基于罗纳德·乔治保存的录音。他很慷慨地把这段录音分享给了我。

146. 来自南卡罗来纳州的威廉·史密斯就以语言模糊为由对第八修正案提出过反对:Michael D. Dean, “State Legislation and the ‘Evolving Standards of Decency’: Flaws in the Constitutional Review of Death Penalty Statutes,” *University of Dayton Law Review*, 35 (2010): 379.

146. “用多数派的价值判断来保护少数派不受多数派价值判断的侵害,这是毫无意义的”:Ely, *Democracy and Distrust*, p. 69. 富兰克林·齐姆林和戈登·霍金斯也表达过类似的观点:“如果一种限制多数派和立法意志的手段不能被用来制衡这种意志,那么它还有什么意义呢?”Zimring and Hawkins, “Capital Punishment and the Eighth Amendment,” p. 941.

148. 安东宁·斯卡利亚说,死刑的合宪性归根结底取决于大法官们的看法和直觉:*Atkins v. Virginia*, 536 U.S. 304, 348–49. 法院多数派在科克尔诉佐治亚州案中表达了不同的观点:“关于第八修正案的判断不应该是,也不应该像是,每一位大法官的主观看法。” *Coker v. Georgia*, 433 U.S. 584, 592 (1986). 但斯卡利亚的说法很难否认。科琳娜·巴雷特·莱恩教授认为:“现实地来说,大法官们并不会遵循法律原则,是法律原则在遵循大法官们的意志。”她的说法代表了学术界很多人的观点。Lain, “Deciding Death,” 1, n. 9.

148. 一些学者认为,阿姆斯特丹的回答从长远来看其实对废除死刑运动是**不利**的:William W. Berry Ⅲ, “Following the Yellow Brick Road of Evolving Standards of Decency: The Ironic Consequences of Death- is- Different Jurisprudence,” *Pace Law Review* 28 (2007): 15.

160. “最新的数字是 697 人”:这一数字来自公民反对谋杀合法化联盟的道格拉斯·莱昂斯,引用这一数字的还有 Richard Halloran, “Death Penalties Argued in Court,” *New York Times*, January 18, 1972, p.15. 在为迈克尔·梅尔茨纳的 *Cruel and Unusual* 一书撰写的书评中,雨果·亚当·贝多提出,这一数据具有一定的不确定性。Bedau, “Challenging the Death Penalty,” *Harvard Civil Rights and Civil Liberties Law Review* 9 (1974): 626.

163. “不错的姑娘”:Greenhouse, *Becoming Justice Blackmun*, p. 106.

第八章　九个律所

166. 是他听过的最出色的一场:Woodward and Armstrong, *The Brethren* , p. 209.

166. “你不能坐在法院大楼里操控整个刑事司法系统的运行”:同上注,第 210 页。

167. “我们所有人对死刑都持一些保留意见”:Banner, *The Death Penalty*, p. 260.

168. “我见过的任何一位首席大法官都绝对做不出来的行为”:Jeffries, *Justice Lewis F. Powell* , p. 338.

168. “目前来看,我无法维持死刑的合宪性”:德尔·迪克森对费曼案大法官会议的叙述是基于道格拉斯的会议笔记而重新构建的。WOD, Box 1541, Case File O.T. 1971, “Argued Cases.”

171. “当你读《隐秘的江湖》的时候”:Perry, *Deciding to Decide* , p. 143.

172. “波特是不会按下杀死近 700 人的开关的”:Woodland and Armstrong, *The Brethren* , p. 216.

173. “副首相”:Stern and Wermiel, *Justice Brennan* , p. 453.

173. 而布伦南则认为怀特太过专注于对错:最能生动展现这一点的就是布伦南将重要的平权法案案件——巴基案——交给了他自己,而不是怀特。同上注,第 452—453 页。

173. “我想废止”:William H. Jeffries, Jr., interview (October 12, 2009); Benjamin W. Heineman interview (October 23, 2009).

177. “他最一贯不变的哲学就是”:Jeffries, *Justice Lewis F. Powell* , p. 262.

177. 哈伦的法官助理们在世纪协会重聚:PS, Box 586.

177. “最高法院不是一个由理想主义的守卫者们组成的机构”:Roger K. Newman, *The Yale Biographical Dictionary of American Law* (New Haven: Yale University Press, 2009), p. 517.

177. 在斯图尔特去世后,海涅曼发表了一篇文章:Ben W. Heineman Jr., “A Balance Wheel on the Court,” *Yale Law Journal* , 95 (1986): 325-27.

178. “是个谜”:Meltsner, *Cruel and Unusual* , p. 157.

178. 密歇根州立大学教授哈罗德·斯佩思和迈克尔·阿尔特菲尔德量化了这个问题:Harold J. Spaeth and Michael F. Altfeld, “Influence Relationships Within the Supreme Court: A Comparison of the Warren and Burger Courts,” *Western Political Quarterly* 38 (1985): 70-83. 又见 Michael F. Altfeld and Harold J. Spaeth, “Measuring Influence on the U.S. Supreme Court,” *Jurimetrics Journal* 24 (1984): 236-47.

179. 而哈伦也只影响了斯图尔特:斯佩思和阿尔特菲尔德证明了哈伦还对查尔斯·惠特克大法官和哈罗德·伯顿大法官产生了影响,但他们在斯图尔特成为大法官之前就退休了。

179. 布莱克门和伯格……有 68 次都投了同样的票:Stern and Wermiel, *Justice Brennan* , p. 353.

179. “属于斯图尔特-怀特法院的一年”:Hutchinson, *The Man Who Once Was Whizzer White* , p. 358.

180. “功能就是保护整个社会”:Stern and Wermiel,*Justice Brennan* , p. 418.

180. “宪法的天才之处并不在于……任何固定的含义”:同上注,第 505 页。布伦南大法官在 1985 年发表了这次讲话。乔治城大学的这次研讨会邀请发言者们谈一谈某个文本如何影响了他们的生活。

181. “死刑问题和毒瘾入罪的问题是一样的”:Goldberg and Dershowitz, “Declaring the Death Penalty Unconstitutional,” p. 1783.

181. 布伦南的判决意见……没有提到种族问题:Stern and Wermiel, *Justice Brennan*, p. 221.

181. “我不知道把警察暴力问题变成一个种族问题是否合适”:同上注,第 238 页。

182. “即使是当死刑被用来”:Goldberg and Dershowitz, “Declaring the Death Penalty Unconstitutional,” 1796.

183. “总的来说,虽然公众”:Larry A. Hammond to Lewis F. Powell, undated memorandum, LFP.

184. 1972 年 2 月 18 日,加利福尼亚州最高法院作出了同样的判断: *California v. Anderson*, 6 Cal 3d 628 (Cal. 1972).

185. “全体都松了一口气”: Muller, “The Legal Defense Fund's Capital Punishment Campaign,” p. 178.

186. “这是一次不错的尝试,本”:Jeffress interview (October 12, 2009).

186. 它暗含的基本概念“完全是人的尊严”: *Furman v. Georgia*, 408 U.S. at 270 (Brennan, J., concurring).

189. 道格拉斯自己的法官助理们也有着:Interview on background.

190. “我们对于宪法的探究”: *Furman v. Georgia*, 408 U.S. at 375 (Burger, J., dissenting).

191. “就不会有烹刑出现”:1971-72 Term History, p. 118. 布伦南的法官助理们为法院每一年的开庭期都编写了历史(以下简称“Term History”)。这些资料大多可以在国会图书馆找到。

193. 自己对这一段的疑虑:Greenhouse, *Becoming Justice Blackmun*, pp. 32-35(谈到了波普案)。

193. 重新打印了一份:Greenhouse, *Becoming Justice Blackmun*, p. 162.

193. 人们已经普遍认为他是最高法院最自由派的大法官:同上注,第 235 页。

194. 布莱克门在 55% 的案件中都同意布伦南的意见:同上注,第 186 页。

194. “害羞者的大法官”:同上注,第 249 页。

194. “并不是所有好的做法都源于宪法”:同上注,第 51—52 页。

196. 斯图尔特和怀特称赞了这份草稿:Jeffries, *Justice Lewis F. Powell*, p. 412.

196. “如果那些反对您的意见的人只能提出这些论点的话”:Larry A. Hammond to Lewis F. Powell, May 24, 1972, LFP.

第九章 “离心机”怀特

202. “如果你觉得我很厉害的话”:Hutchinson, *The Man Who Once Was Whizzer White*, p. 29. 哈钦森为怀特编写的传记是唯一公开发表的怀特的传记,也是怀特童年和职业早期形象的主要参考资料。

203. “看起来像古希腊的天神一样”:同上注,第 136 页。

203. 他没有表现出更大的志向:同上注,第 227 页。

205. “我认为约翰·肯尼迪的核心政治原则就是”:同上注,第 328 页。

205. “我从来就不明白人们口中的”:同上注,第 259 页。

205. “是他看中的那一类人”:Jeffrey Rosen, “The Next Justice,” *New Republic*, April 12, 1993, p. 21.

205. “保守派和中间派都是说话的人脑子里的概念”:ABC Transcript 3056, March 19, 1993; Hutchinson, *The Man Who Once Was Whizzer White*, p. 444.

206. 其背后更大的目的是推翻奴隶制:德斯蒙德和穆尔在 *Darwin's Sacred Cause* 这本书里非常好地阐述了达尔文的思想对奴隶制产生的影响。达尔文谴责了奴隶制的残暴和白人男性“想要将黑人男性变成一个非人的物种,一种需要被束缚的野兽”(第 xvii 页)。1859 年发表的《物种起源》将黑人从自然的底层解放了出来——至少从智识层面上。自然选择的理论表明,没有哪个物种或种族是比其他的低级的。一个物种或种族可能会不同,或者适应某一套自然条件,但并没有更好。“说某一个动物比另一个动物高级,这是很可笑的。”达尔文写道。(参见 Darwin, *Notebook B: Transmutation of Species*, in Paul H. Barrett, Peter J. Gautrey, Sandra Herbert, David Kohn and Sydney Smith, *Charles Darwin's Notebook, 1836–1844*, Ithaca: British Museum [Natural History] and Cornell University Press, 1987.)“在我看来,‘物种’这个词不过是人们为方便起见,为一系列非常相似的个体随意取的名字。”在一个物种内部,每个个体之间只是有所不同,而拥有优势特性的个体就会存活下来。虽然这常常被称为“进化理论”,但《物种起源》真正的目的是要打破“某种超自然智能指引着进化”这种观点,也就是让·巴蒂斯特·拉马克(Jean-Baptiste Lamarck)、赫伯特·斯潘塞和其他“进化论者”所推崇的观点。达尔文描述的这种过程是自然的,并且在很大程度上是由运气决定的(因此,它也令人极其不安)。关于达尔文的世界观及其影响,参见 Louis Menand, *The Metaphysical Club*, pp. 120–28. 这是我最喜欢的书之一,我推荐所有人阅读。

206. 达尔文的思想开始如悄然生长的藤蔓一样:在历史领域,查尔斯·比尔德深入标准的美国独立战争叙事背后,揭露了制宪者们经济方面的动机。社会学家马克斯·韦伯将对上帝的研究从神学转移到了对宗教的社会后果以及它与资本主义的关系上来。在语言学领域,I. A. 理查兹和 C. K. 奥格登所著的 *The Meaning of Meaning* 一书揭示了语言的模糊性。在人类学领域,布罗尼斯拉夫·马林诺夫斯基和弗朗兹·博厄斯将关注点转移到了惯例、信仰和制度的功能上。在政治科学领域,查尔斯·梅里亚姆开创了行为学派,一个由数据驱动的、聚焦于个体而不是制度的领域。

在达尔文影响力的增长过程中,一个关键性的却常常被忽视的人物是约翰·霍普金斯大学的逻辑学家和讲师查尔斯·皮尔斯。他是最早认识到达尔文的工作的重大意义的人之一。皮尔斯意识到,达尔文的研究从根本上挑战了 19 世纪西方文化的智力基础。如果如达尔文所说,知识永远处于被观察、被修改的状态,那么“知识”这个概念本身就需要被修改。“确定性”需要被赋予不同的含义,而“因”“果”的概念也是,而这些概念影响了众多领域,包括法律领域。这都是极其令人不安的。虽然皮尔斯在学业上没能取得好的成就(约翰·霍普金斯大学在1884年解雇了他),但他的思想带来了很大的影响。皮尔斯在哈佛学习期间和昌西·赖特成为朋友。赖特后来成立了形而上学俱乐部。

206. 一个有名的例子是,威廉·詹姆斯开始在实验室中:詹姆斯拥有美国历史上最非凡的头脑之一,影响力非常大。他和知识界的名人们都保持着密切的联系,其中包括他自己的教父拉尔夫·沃尔多·埃摩森、伯特兰·拉塞尔、马克·吐温和约翰·杜威。杜威让实用主义成为一个家喻户晓的词。在哈佛工作的三十五年里,詹姆斯从根本上改变了心理学领域。在那之前,心理学还是哲学家的领地。詹姆斯将它从推测的领域带到了实验的领域来。詹姆斯和他的同事们被称为“新心理学家”,他们在实验室中验证行为问题。他们开始对人类行为采取一种功能的视角,将行为看作是对环境的适应。新心理学是由证据驱动的。它力求将科学的方法应用到社会问题的研究中,并且以知识的主观性为前提。

206. “确信导致暴力”:Menand, *The Metaphysical Club*, p. 62.

207. 弗兰克认为确信感是一种错误:Kalman, *Legal Realism at Yale*, p. 8.

208. “概括性的命题无法决定具体的案件”: *Lochner v. New York*, 198 U.S. 45, 76 (1905) (Holmes, dissenting).

208. 哈佛法学院的师生比是1比75:Kalman, *Legal Realism at Yale*, p. 12.

209. 现实主义有着非常广泛的影响:Joseph Singer, “Legal Realism Now,” *California Law Review* 76 (1988): 465, 467.

209. 许多现实主义者认为这种观点是自相矛盾的:Feldman, *Scorpions*, p. 63.

210. “他的课节奏很快,令人着迷”:Hutchinson, *The Man Who Once Was Whizzer White*, p. 154.

210. “问出了我所见过的最难的问题”:Jeffery Rosen, “The Next Justice,” *The New Republic*, April 12, 1993, p. 24.

210. “他是个很现实主义的人”:同上注。

210. “对于怀特来说,远离意识形态、远离教条主义显然是很重要的”:Hutchinson, *The Man Who Once Was Whizzer White*, p. 457.

210. “那些具体细节中隐藏的、难以捉摸的匠心独具之处”:同上注,第7页。

210. “怀特一向认为”:同上注,第365页。

211. “你的文笔很好”:同上注,第363页。

211. *Pennsylvania v. Union Gas Co.*, 491 U.S. 1 (1989).

211. “我认为对‘残酷而不寻常’条款的这种适用”: *Robinson v. California*, 370 U.S. 660, 689 (1962).

212. “我不太算是他那个圈子里的人”:同上注,第341页。

212. “最高法院作出的唯一一个不合法的判决”:同上注,第368页。

213. “让肯尼迪总统很失望”:同上注,第341页。

213. 发表于《纽约时报》的一篇评论:Robert M. Cover, “Your Low-Baseball Quiz,” *New York Times*, April 5, 1979, p. A23.

213. “有着一个才不配位的人难能可贵的坦诚”:Jeffrey Rosen, “The Next Justice: How Not to Replace Byron White,” *New Republic*, April 12, 1993, p. 24.

213. “对阐明一种宪法愿景毫无兴趣”:同上注。

213. “怀特之所以很难被归类”:Mary Ann Glendon, “Partial Justice,” *Commentary*, August 1994, p. 22. 为怀特辩护的还有加州大学洛杉矶分校的门罗·普赖斯。他认为,怀特的写作体现了“法官的决策不应该是预先编排的、过于容易预测的”这一信念(Monroe Price, “White: A Justice of Studies Unpredictability,” *National Law Journal*, February 18, 1980, p. 24)。另外,怀特的前法官助理、后来成为了哥伦比亚大学法学院院长的兰斯·利布曼也为怀特进行辩护。利布曼在《纽约时报杂志》发表了一篇文章,主要探讨了两个问题。“他是两种意识形态之间的墙头草吗? 还是说,他在自己的路上走,只是有时和一边重合,有时和另一边重合?”利布曼认为是后者,但他认为,很难用一种容易理解的语言来描述怀特自己的道路。(Lance Liebman, “Swing Man on the Supreme Court,” *New York Times Magazine*, October 8, 1972, p. 16.)

214. “神乎其神”:Hutchinson, *The Man Who Once Was Whizzer White*, p. 214.

214. “哇,你不是”:同上注,第 1 页。

214. 怀特没有影响任何人,也没有被任何人所影响:Spaeth and Altfeld, “Influence Relationships Within the Supreme Court: Burger Courts,” p. 78.

214. “我这辈子从来没有为一个案子而苦恼过”:Hutchinson, *The Man Who Once Was Whizzer White*, p. 349.

215. “你尊重人的权利”:Menand, *The Metaphysical Club*, p. 63.

第十章 闪 电

218.“当他回来的时候”:Benjamin Heineman interview (October 23, 2009).

219.“其他各位大法官的意见书”:PS, Box 428.

221.“闪电是一个合适的比喻吗”:Benjamin Heineman to Potter Stewart, undated, PS.

222. 水平相去甚远:Woodward and Armstrong, *The Brethren*, p. 218.

222.“我加入法院的判决”:*Furman v. Georgia*, 408 U.S. at 310 (White, J., concurring).

222. 删掉“完全”这个词:Woodward and Armstrong, *The Brethren*, p. 218.

223.“只能算是一条不错的建议”:*Furman v. Georgia*, 408 U.S. at 269 (Brennan, J., concurring).

223.“一个大新闻”:1971 Term History, pp. 147-48.

223.“波特不得不付出一些代价”:同上注。

224.“噢,好吧,PS”:David Von Drehle, “Death Penalty Divide Frustrated Blackmun: Papers on Lockett Case Show How He Came to See Split Between Fairness, Consistency,” *Washington Post*, March 15, 2004, p. 404.

224. 鲍威尔也向布莱克门、伯格和伦奎斯特发送了“加入意向书”:PS, Box 428.

224.“今天的判决”:*Furman v. Georgia*, 408 U.S. at 465 (Rehnquist, J., concurring).

225.“写得极好”:Lewis F. Powell to Harry A. Blackmun, June 6, 1972, PS, Box 428.

225.“如你所知,我对你这篇精彩的论述”:Lewis F. Powell to Harry A. Blackmun, June 17, 1972, PS, Box 428.

227.“我们明确表示暂不考虑”:*Furman v. Georgia*, 408 U.S. at 310 (Stewart, J., concurring).

227. 实际上推翻了麦高萨案,只是没有明说而已:Woodward and Armstrong, *The Brethren*, p. 218.

228. 他们即将发表一份公函:1971 Term History, WB, pp. 147-50.

228.“我想,如果说第八修正案”:*Furman v. Georgia*, 408 U.S. at 249 (Douglas, J., concurring).

229.“我本来希望这件事可以完全过去”:1971 Term History WB, p. 151.

230.“我输掉了整个法院”:Hammond interview (November 9, 2009).

233.“我们常常需要掐自己一下”:1971 Term History, WB, p. 160.

第十一章　吉　日

234. “专业预测者们”认为,最高法院会维持谋杀罪的死刑:*Time*,“The Death Penalty: Cruel and Unusual,” January 24, 1972, pp. 54–55.

234. “都是建立在一厢情愿之上,而不是基于任何现实的期望”:“Bad News for the 648 on Death Row,” *New York Times*, May 9, 1971, p. E8.

234. “就目前的情况来看,最高法院”:Anthony Lewis, “A Legal Nightmare,” *New York Times*, March 22, 1971, p. 33.

234. 最高法院历史上最惊人的新闻:"Mixed Reviews," *New Republic*, July 15, 1971, p. 7.

234. “废除死刑的热情不断增长”:Donald Zoll, “A Wistful Goodbye to Capital Punishment,” *National Review*, December 3, 1971, p. 1351.

237. “费曼案判决的理由和方式都是没人能预料到的”:Michael Meltsner, *The Making of a Civil Rights Lawyer*, p. 215.

237. “大法官们……撤销了最高法院全部120件待审死刑案的原判”:*Stewart v. Massachusetts*, 408 U.S. 845, 932–41 (1972). 最高法院下令,所有案件的原判“凡是维持了死刑判决的,一律撤销,发回重审”。又见 *Moore v. Illinois*, 408 U.S. 786 (1972).

237. 这就意味着,全美国几乎每一名死刑犯都有权得到重新量刑:依据强制死刑条款被判死刑的被告人除外。他们将不会被重新量刑。加利福尼亚州最高法院在安德森案中撤销了几份这样的判决。我们不清楚剩下的死刑犯还有多少。Bedau, “Challenging the Death Penalty”的脚注35及相应的正文谈到了这一问题。

237. “我们这里看起来就像是在庆祝登月成功一样!”:Meltsner, *Cruel and Unusual*, p. 290.

238. “好极了,大法官先生们”:Haines, *Against Capital Punishment*, p. 23; Martin Waldron, “Ruling Cheered on Florida Death Row,” *New York Times*, June 30, 1972, p. 14.

238. “很长时间以来,我都只想着死亡这一件事”:*Time*,“Closing Death Row,” July 10, 1972, p. 45.

239. “我们成功了”:Dershowitz, *The Best Defense*, p. 311.

239. “一旦你代理了被判处死刑的人”:Labi, “A Man Against the Machine,” p. 14. 关于因费曼案判决而被减刑的人后来的命运如何,参见 James Marquart and Jon Sorenson, “A National Study of the Furman- Commuted Inmates: Assessing the Threat to Society From Capital Offenders,” *Loyola of Los Angeles Law Review* 23 (November 1989): 5–28.

241. 这天晚上,LDF……举行了庆祝活动:关于这场活动,又见 Jack Greenberg, *Crusaders in the Courts*, p. 451.

241. “忽然间成为最高法院中那个难以捉摸的摇摆人物”:B. Drummond Ayres, Jr., “The Swing Justice,” *New York Times*, June 30, 1972, p. 16.

242. “美国的死刑已经终结了”:Dickson, *The Supreme Court in Conference*, p. 619.

242. “在这个国家,不会再有下一次处决了”:Epstein and Kobylka, *The Supreme Court and Legal Change*, p. 80; Woodward and Armstrong, *The Brethren*,p. 219.

242. 其真正的含义是“歧视”:关于种族问题对费曼案的影响,参见 Banner, *The Death Penalty*, pp. 255–66. 引文出自页265。

242. 道格拉斯在给托马斯·莱昂纳多斯……的信中写道:William Douglas to Thomas Leonar-

dos, July 21, 1972, WOD.

242. “这一判决是美国司法的一个转折点”: *New York Times*, June 30, 1972, p. A6.

242. “美国将不再有死刑”: *New York Times*, June 30, 1972, p. 14.

242. “立法机关很难……恢复死刑”: Arthur Goldberg, “The Death Penalty and the Supreme Court,” *Arizona Law Review* 15 (1973): 355, 366–67.

243. “明天,战役还会继续”: Anthony Amsterdam to Michael Meltsner, June 30, 1972, MM 1.

第十二章　梦醒时分

247. “最高法院的裁判要旨不能被理解为”：Epstein and Kobylka, *The Supreme Court and Legal Change*, p. 84.

247. “冷血的、有预谋的、有计划的谋杀”：Meltsner, *Cruel and Unusual*, p. 291.

247. “在这个国家的最高法院中，一多半的成员”：同上注，第 290 页。

247. 费曼案判决证明大法官们应该每六年重新选举产生：同上注，第 291 页。

248. “曾经会犹豫着不敢开枪”：同上注。

248. “混乱、强奸和谋杀的许可证”：同上注。

248. “旧时代”的严苛程度：同上注。

248. “社会有权得到死刑威慑作用的保护”：*Congressional Digest*, “Controversy over Capital Punishment,” January 1973, p. 11.

248. 有几位国会议员表示：Meltsner, *Cruel and Unusual*, p. 291.

250. 华莱士……认为最高法院应该宣告死刑违宪：Baxley interview (March 3, 2010).

251. “关键的诀窍就是写出一条美国最高法院能认可的法律”：*Time*, “The Law: Death Rattles,” November 20, 1972, p. 72.

251. 到 1972 年年底为止，巴克斯利的委员会已经起草了十九份草案：同上注。

251. 司法部长们以 32 比 1 的投票结果：*Newsweek*, “Rebirth of Death?” December 18, 1972, pp. 23–24.

251. 我们认为，要想恢复死刑：同上注。

253. 在一场开始于 11 月 28 日的匆忙举行的特别立法会议上：Epstein and Kobylka, *The Supreme Court and Legal Change*, p. 85. 查尔斯 · 伊尔哈特和艾斯丘成立的特别工作组的其他成员都全面地介绍了佛罗里达州的经验。参见 Charles Ehrhardt et al., “The Future of Capital Punishment in Florida: Analysis and Recommendations,” *Journal of Criminal Law and Criminology* 64 (1973): 2; Charles Ehrhardt and L. H. Levinson, “Florida’s Legislative Reponse to *Furman:* An Exercise in Futility,” *Journal of Criminal Law and Criminology* 64 (1973): 10.

254. “这些人让我开始认真地思考，赢下费曼案到底是不是一件好事”：Anthony Amsterdam to Michael Meltsner, October 9, 1972, MM 1. 又见 Meltsner, *Cruel and Unusual*, p. 91.

255. “17 号提案使用的是一种至今为止在这个国家几乎闻所未闻的修宪程序”：Anthony G. Amsterdam, “The Death Penalty and a Free Society,” *New York Times*, November 4, 1972, p. 33.

255. 17 号提案以 67.5% 的支持率通过了：Goldberg, “The Death Penalty and the Supreme Court,” p. 367.

255. “加利福尼亚人民迅速而断然地作出了反应”：*People v. Frierson*, 25 Cal. 3d 142, 189 (1978).

256. 费曼案之前最新一次的哈里斯民调中：这次民调的概述参见 http://www.pollingreport.com/crime/htm. 我在自己编写的课本 *Capital Punishment: A Balanced Examination*, 2nd ed., p. xxix. 这次哈里斯民调是 1973 年 6 月进行的。

256. “一次情绪的激增”：Louis Harris, “Majority of Americans Now Favor Capital Punishment,” press release, The Harris Survey, June 11, 1973.

256. “死亡的重生”：*Newsweek*, “Rebirth of Death,” December 18, 1972, pp. 23–24.

256. “恐惧与反动的结合”：“The Tide of Reaction,” *New York Times*, January 15, 1973, p. 28.

257. “将是一条合宪的死刑法律”:“Kleindienst Sees Move to Restore Death Penalties,” *New York Times*, January 5, 1973, p. 65.

257. “是时候让软弱的法官们”:“Playing to the Fear of Crime,” *New York Times*, March 13, 1973, p. 39.

257. “收割政治利益的绝佳方法”:同上注。

257. “在应当适用死刑时自动适用死刑”:John Herbers, “Nixon Crime Plan Sent to Congress: President Asks Harsh Steps Without Pity,” *New York Times*, March 15, 1973, p. 1.

257. “有效的、必要的社会补救措施”:Epstein and Kobylka, *The Supreme Court and Legal Change*, p. 84.

257. “它的合宪性存疑”:同上注,第 87 页。

258. 迈克·奥卡拉翰……收到了一次热烈的掌声:同上注,第 89 页。

258. 州政府诉沃德尔案:*State v. Waddell*, 194 S.E. 2d 19 (1973).

259. 如果能为罗伯特·肯尼迪的司法部写一部历史,那一定会是本很好的书:Meltsner interview (December 4, 2010). 维克托·纳瓦斯基也在他的回忆录 *A Matter of Opinion* 的第 83 页印证了这段关于《肯尼迪司法部》的起源的故事。

260. “直到不久之前,多数法学院还在孜孜不倦地培养法学生与外面世界的隔绝”:*Newsweek*, “Renaissance Lawyer,” July 17, 1972, p. 81.

261. “条理清晰、引人入胜”:Welsh White, “Books: *Cruel and Unusual*,” *Columbia Law Review* 74 (1974): 319, 323.

261. “鼓舞人心的思维冒险故事”:*Time*, “The Death Killers,” September 17, 1973, p. 94.

261. “对法院程序和法律策略的解释为所有面向大众读者进行法律写作的人都树立了新的标准”:Dan Moskowitz, “A Tug of War for the Nation's Soul,” *Business Week*, September 15, 1973, pp. 29–30.

261. “这本书太漂亮了,迈克尔”:Anthony Amsterdam to Michael Meltsner, October 1, 1973, MM1.

261. “死刑就像一个已经破碎的鸡蛋,已经无法再拼起来了”:Testimony of Michael Meltsner in Behalf of the New York Civil Liberties Union Before the New York Assembly Standing Committee on Codes, December 4, 1973, MM2.

261. “与这种‘合法谋杀’的数量成反比”:Michael Meltsner, “Cruel and Unusual Punishment,” *New York Times*, October 11, 1974, p. 39.

261. “冲淡了废除死刑主义者们的情绪”:Anthony Amsterdam, “The Case Against the Death Penalty,” *Juris Doctor*, November 1971, p. 4.

262. “人们不一定是想要执行死刑”:“The Law: Reconsidering the Death Penalty,” *Time*, April 12, 1976, p. 61.

262. “过于乐观了”:Goldberg, “The Death Penalty and the Supreme Court,” p. 367. 杰克·格林伯格也作出了相似的估计,参见 Muller, “The Legal Defense Fund's Capital Punishment Campaign,” p. 179。

262. 这是哈里斯开始就这一问题进行调查以来最高的数字:Louis Harris, “Increasing Support for Executions,” press release, The Harris Survey, February 7, 1977. 这篇新闻稿还很好地概括了此前的哈里斯民调。

262. 美国国会参议院……通过了尼克松总统的死刑法案:Warren Weaver, “Death Penalty Restoration Is Voted by Senate, 54–33,” *New York Times*, March 14, 1974, p. 1.

第十三章　反扑的背后

264. 这一理论几乎可以肯定是错误的：这种理论倒是有几个支持者。例见 Joseph H. Rankin, "Changing Attitudes Toward Capital Punishment," *Social Forces* 58, no. 1 (1979): 194, 207. 科琳娜・莱恩也在她的重要文章"*Furman* Fundamentals"的第 49—50 页讨论了这个问题。

264. 在 1973 年 1 月的一次民调中："51% in Survey Say That Crime Has Increased in the Last Year," *New York Times*, January 16, 1973, p. 6.

265. 美国的犯罪率在从 1985 年到 1990 年发生了短暂的回升之后，就持续四年稳步下降：在 http://www.disastercenter.com/crime/uscrime.htm 和其他一些地方都可以看到统一犯罪报告系统的数据。

265. 学者们几乎一致认为费曼案判决是激起这次舆论反扑的唯一因素：科琳娜・莱恩在"*Furman* Fundamentals"一文第 50—53 页很好地概括了这一点。

266. "虽然其他因素可能产生了一些影响"：Robert M. Bohm, "American Death Penalty Opinion: Past, Present and Future," in Acker, et al., *America's Experiment With Capital Punishment*, pp. 27-54.

266. "最高法院的费曼案判决在促使"：Carol Steiker, "Capital Punishment and American Exceptionalism," *Oregon Law Review*, 81 (2002): 97, 108.

266. "这一判决意在收回布朗案判决提出的要求，而人们普遍也是这样解读的"：Meltsner, *Making of a Civil Rights Lawyer*, p. 84.

267. "一个校区必须承担的责任是"：*Green v. County School Board of New Kent County*, 391 U. S. 430, 438 (1968).

267. 在布朗案判决后十年：Rosenberg, *The Hollow Hope*, p. 50.

267. 种族隔离指数：Massey and Denton, *American Apartheid*, p. 20. 又见 Nathan Glazer, "A Tale of Two Cities," *The New Republic*, August 2, 1993, p. 39.

268. 种族融合的程度呈几何式增长：Rosenberg, *The Hollow Hope*, p. 345.

269. 三分之二的美国黑人表示，自己与非洲黑人之间比与美国白人之间感觉更亲密：Schulman, *The Seventies*, p. 58.

269. 将两者联系在一起的，是对最高法院的憎恨之情：关于死刑与当时的其他社会问题之间的问题，参见 Neil Vidmar and Phoebe Ellsworth, "Public Opinion and the Death Penalty," *Stanford Law Review* 26 (1973): p. 1245。

269. 抗议者们开始出现在威廉・布伦南和布莱克门公开露面的每一个场合中：Stern and Wermiel, *Justice Brennan*, p. 376.

270. 询问了自己女儿们的观点：Greenhouse, *Becoming Justice Blackmun*, p. 83（谈到了布莱克门的整个思维过程）。

270. 希波克拉底誓言并不禁止这类手术：希波克拉底誓言禁止以堕胎为目的，为女性提供阴道栓剂。阴道栓剂是一种可推入阴道或直肠内、被盆底肌群固定住的医疗器具。子宫帽是阴道栓剂的一种。

270. "我已为牺牲做好了准备"：Tinsley E. Yarbrough, *Harry A. Blackmun: The Outsider Justice*, p. 278.

270. "我理解这些批评的信"：Greenhouse, *Becoming Justice Blackmun*, p. 135.

270. "我从来没有遭遇过这样的人身攻击"：同上注，第 134 页。

271. “将堕胎纳入宪法的保护”：Jeffries, *Justice Lewis F. Powell*, p. 352.

271. 鲍威尔试着宽慰布莱克门：Hammond interview (November 9, 2009).

272. “如果你知道代顿的这位女士”：Richard M. Scammon and Ben J. Wattenberg, *The Real Majority*, p. 491.

273. “我们的社会项目已经够多了”：Schulman, *The Seventies*, p. 41.

274. 查尔斯·富兰克林和利亚尼·科萨斯基用数据表明：Charles H. Franklin and Liane C. Kosaski, “Republic Schoolmaster: The U.S. Supreme Court, Public Opinion and Abortion,” *American Political Science Review* 83 (1989): 751-71.

274. 蒂莫西·约翰逊和安德鲁·马丁两位教授发现：Timothy R. Johnson and Andrew D. Martin, “The Public's Conditional Response to Supreme Court Decisions,” *American Political Science Review* 92 (1998): 299-309. 关于这个话题，参见 Valeria Hoekstra, *Public Reaction to Supreme Court Decisions*。

276. 耶鲁大学的罗伯特·伯特教授强调：Robert Burt, “Disorder in the Court,” *Michigan Law Review* 85 (1987): 1741-1819.

276. “与其说是一个案件，不如说是一场没有好好编曲的歌剧”：Robert Weisberg, “Deregulating Death,” p. 315.

276. 克拉伦斯·托马斯表示，在他的理解中，费曼案：*Graham v. Collins*, 506 U.S. 461, 479-84 (1993). 又见 Meltsner, *The Making of a Civil Rights Lawyer*, p. 208.

276. 瑟古德·马歇尔认为费曼案和罗伊案：Williams, *Thurgood Marshall*, p. 354.

277. “最高法院有一段奇怪的滞后时间”：Zimring interview (April 18, 2010).

277. 科克尔诉佐治亚州案：433 U.S. 584 (1977). 埃里克·马勒认为，这一判决没有提到种族问题，是很讽刺的。Muller, “The Legal Defense Fund's Capital Punishment Campaign,” p. 182.

277. “开始把 LDF 的律师们看作是反死刑主义的狂热分子”：Anthony G. Amsterdam and Jerome Bruner, *Minding the Law*, p. 198.

278. “费曼案以一种令人费解的方式达到了与许多反死刑者的期望相反的效果”：James Q. Wilson, “Is It Unusual? Is It Just? Or is it Only Cruel?” *New York Times*, October 28, 1973, p. 273.

278. “如果州立法活动也能得到像 LDF 在诉讼中的投入一样多的资金支持”：Neier, *Taking Liberties*, p. 198.

278. 埃里克·马勒称，LDF 应该首先在政治层面上达成反死刑的共识：Muller, “The Legal Defense Fund's Capital Punishment Campaign,” p. 177. 迈克尔·梅尔茨纳在 *The Making of a Civil Rights Lawyer* 的第 194—197 页对此作出了回应。

279. “……我们也显然不会让他们未经司法上诉就死去”：Meltsner, *The Making of a Civil Rights Lawyer*, p. 196.

279. “我从来没有问过这个问题”：Amsterdam interview (January 20, 2010).

279. ACLU 直到 20 世纪 70 年代初都没有太多地参与此事：Epstein and Kobylka, *The Supreme Court and Legal Change*, p. 90; Neier, *Taking Liberties*, p. 206.

279. “衣着得体的、虔诚的黑人”：Haines, *Against Capital Punishment*, p. 30.

279. “LDF 并没有担心会有舆论反扑”：Epstein and Kobylka, *The Supreme Court and Legal Change*, p. 90.

279. “我们对舆论的爆发感到很惊讶”：同上注。

279. “没有人预料到各州立法机关对这一判决的反应”：同上注，第 91 页；Paul Reidinger, “A Court Divided,” *ABA Journal*, January 1987, p. 50.

第十四章　证明威慑力与合理性

282. 尽管马歇尔承认塞林的研究中存在一些瑕疵：多数统计数据都把所有的命案分为一类，将可判死刑的杀人犯罪和不可判死刑的杀人犯罪混在了一起。此外，很多命案都没有被侦破，而警察常常会将谋杀误认为是意外死亡或自杀。参见 *Furman v. Georgia*, 408 U.S., p. 349-50 (Marshall, J., concurring)。

282. "我们就是在逃避"：同上注，第 353 页（Marshall, J., concurring）。

282. "许多统计学研究都表明"：同上注，第 308 页（Stewart, J., concurring）。

283. "他们实际上是想说，整个进化的过程"：同上注，第 430 页（Powell, J., concurring）。

283. "将举证责任转移到州政府一方"：同上注，第 396 页（Burger, J., concurring）。

284. "这些统计数据几乎不能证明任何事情"：同上注，第 455 页（Blackmun, J., concurring）。

284. "有助于证明"：同上注，第 454 页（Powell, J., concurring）。

284. "明确地表达出了律师们对有关死刑任何方面的新社会科学研究的兴趣"：Hugo A. Bedau, Report to the SAGE Foundation, MM1, October 1, 1973.

285. 研究者对死刑的支持者们提出的问题越具体：Vidmar and Ellsworth, "Public Opinion and the Death Penalty," pp. 1245-70.

285. 阿姆斯特丹开始让贝多征集有关刑事案件的新闻报道的研究：Anthony Amsterdam to Hugo Bedau et al., MM1, April 12, 1973.

285. 贝多还试着募集资金：对于 LDF 各个研究项目的概述，参见 Epstein and Kobylka, *The Supreme Court and Legal Change*, pp. 92-93。

285. LDF 展开了内部商议，讨论是否应该建议怀特：Peggy Davis to David Kendall and Jack Himmelstein, PD, January 3, 1974.

285. "谋杀犯们就会横渡特拉华河和哈得孙河"：Resolution on the Retirement of Professor Hugo Bedau. Available at ase.tufts.edu/faculty/pdfs/retiredfaculty/bedau.pdf.

286. "一个法学家最想知道的可能就是"：Daniel Patrick Moynihan, "Social Science and the Courts," *Public Interest* 54 (1979): 12-31.

288. "一个真正有用的犯罪行为理论"：Gary S. Becker, "Crime and Punishment: An Economic Approach," in *Essays in the Economics of Crime and Punishment*, ed. Gary S. Becker and William M. Landes (New York: Columbia University Press, 1974).

290. 一名检察官在电视上看到了埃尔利希的一段采访：Epstein and Kobylka, *The Supreme Court and Legal Change*, p. 97, n. 14.

290. 埃尔利希的研究……发表在《美国经济评论》上：Isaac Ehrlich, "The Deterrent Effect of Capital Punishment: A Question of Life or Death," *American Economics Review* 65 (1975): 397-417.

290. 博克觉得没有必要再等待同行评议了：Epstein and Kobylka, *The Supreme Court and Legal Change*, p. 97.

292. "你我会问自己"：Anthony Amsterdam, "Do We Really Need to Kill People to Teach People that Killing People is Wrong?" *Vital Speeches* 43 (1977): 677-682.

293. "如果你是托尼·阿姆斯特丹"：Zimring interview (April 28, 2010). 虽然齐姆林主持了会议，并且看到了研究的重要性，但他本人并没有承担任何研究项目，因为他在死刑问题上的立场并不取决于死刑是否能够威慑犯罪。福尔斯特也有所抗拒。“我不想成为一个讼棍。”他在 2010 年回忆道。“我不想借反驳别人来成就自己的事业。”

294. “对于许多问题的研究来说，最简单的方法才是最好的方法”：David C. Baldus and James W. Cole, “A Comparison of the Work of Thorsten Sellin and Isaac Ehrlich or the Deterrent Effect of Capital Punishment,” *Yale Law Journal* 85 (1975): 173.

297. “所有支持死刑威慑力的实证证据”：William J. Bowers and Glenn L. Pierce, “The Illusion of Deterrence in Isaac Ehrlich's Research on Capital Punishment,” *Yale Law Journal* 85 (1975): 1996.

297. 他接着攻击了鲍尔斯和皮尔斯，批判他们虚伪：具体来说，埃尔利希抨击的是他们对他的对数变换提出的批判。鲍尔斯和皮尔斯承认，一旦使用自然数，他们的回归分析结果就会被破坏。在埃尔利希看来，他们从此得出的结论是死刑没有威慑作用，而不是对数形式更优，这是很可笑的。埃尔利希还指出，如果像他们所说的那样，去掉 20 世纪 60 年代的数据，那么他的样本容量就会减小，而回归分析的可靠性也会因此降低。Isaac Ehrlich, “Deterrence, Evidence and Inference,” *Yale Law Journal* 85 (1975): 209–27.

297. 激烈地抨击了鲍尔达斯和科尔：鲍尔达斯和科尔曾指责埃尔利希在他的一次分析中没有将一些变量控制不变。埃尔利希表示，这些变量是外源性的，如果将它们控制不变，那么他的分析将失去意义。在他看来，这个错误表明，身为法学教授的鲍尔达斯和科尔根本不知道自己在说什么。“鲍尔达斯和科尔的这个错误揭露了一个事实，那就是他们对于自己声称要评估的那种研究方法有着根本上的误解。”埃尔利希写道。同上注，第 221 页。

297. 至于塞林，埃尔利希表示，他完全依赖：在埃尔利希看来，过于依赖法律地位的问题就在于，在许多保留了死刑的州：“死刑执行的风险自始至终都是小到可以忽略不计的”。所以，塞林的成对比较分析显示发生命案的风险没有发生太大的变化，这也是不足为奇的。因此，塞林以此推断死刑并不影响谋杀率，这是没有根据的。鲍尔斯在试图证实塞林的研究结果时重复了这个错误。他选择了九组一般认为比较相似的州，发现犯罪的情况是相似的。“但是，一个非常简单的事实是，在这九个组别中，有八个组别的州自始至终**全部**都没有执行过一次死刑。”埃尔利希写道。同上注，第 223 页。

298. 他也同意埃尔利希将 20 世纪 60 年代的数据包含在研究中的做法：鲍尔斯和皮尔斯曾在各个不同的时段里验证了埃尔利希的模型，发现没有证据证明死刑的威慑作用。佩克认为这是公平的。但是，他表示，鲍尔斯和皮尔斯忽略了一个更加显而易见的结论，那就是死刑的效果在 20 世纪 60 年代期间发生了变化。事实上，彼得 · 帕赛尔（Peter Passell）和约翰 · 泰勒已经在向哥伦比亚大学经济系传阅的一篇论文讨论稿中找到了证据，证明了这一变化。（不过，总体来说，帕赛尔和泰勒发现，关于死刑威慑力的证据并不充分。）对于全国数据的适用，佩克认为这是很常规的，并且表示，埃尔利希的分析中没有哪一部分“会阻碍他的模型被适用于分解的数据”。佩克的意思大概就是，如果鲍尔达斯和科尔想要分别用各州的数据来验证埃尔利希的模型，那就让他们试试看吧。至于他们所称的数据中心存在的问题，联邦调查局用来事后调整数据的程序与人口调查局的做法相似，因此这个选择不算重要。Jon K. Peck, “The Deterrent Effect of Capital Punishment: Ehrlich and His Critics,” *Yale Law Journal* 85 (1976): 359–67.

298. 而成对比较法“很难将问题置于结构中分析”：成对比较法还无法避免溢出的问题。如果 A 州有死刑而 B 州没有，那么潜在的谋杀犯可能会移居到 B 州。这会制造出一种死刑具有威慑力的假象。同上注，第 363—364 页。

299. “美国计量经济学家名人录”:其中包括麻省理工学院的富兰克林·费希尔、北卡罗来纳大学的加里·科克以及杜克大学的丹尼尔·纳金(Daniel Nagin)。专家小组中还包括詹姆斯·Q. 威尔逊、马尔文·沃尔夫冈、耶鲁的社会学家阿尔伯特·赖斯,以及心理学家保罗·米尔(Paul Meehl)。

299. “现有研究并未发现能够证明死刑威慑力的有效证据”:国家科学院的报告中包含对福尔斯特、维克托·费拉托夫(Victor Filatov)以及劳伦斯·克莱因所著的文献的评论。这三人后来获得了诺贝尔经济学奖。他们批判埃尔利希的研究“在使用各种手段操纵数据这方面简直是令人惊叹的”。至于经济学能带来多少帮助的问题,他们完全站在了犯罪学家们这一边。谈到埃尔利希的谋杀函数,他们表示:“我们怀疑这种方法是否有助于对犯罪行为的理解。”他们认为,用于研究吸烟与癌症之间的关系的方法更有用,因为它不局限于效用的计算,并且为探索其他变量、情感行为和社会现象留下了空间。“计量经济学的学者们很早就应该明白,重要的经济学结论很少能够从单个公式的估算中得出。”

299. “埃尔利希的研究成果是……的产物”:Brian Forst, “Capital Punishment and Deterrence: Conflicting Evidence,” *Journal of Criminal Law and Criminology* 74 (1983): 927, 939.

299. “他并没有做什么不可原谅的事”:Zimring interview (April 28, 2010).

300. 即使在今天,也只有最大胆的学者才敢说这场争辩已经有了定论:在学术界,一切都没有变。刑事司法领域的学者们依然是前警察、监狱工作人员、律师、哲学家和社会学家的大杂烩,而他们也几乎一致地认为死刑没有威慑作用。在过去的二十年里,主要的刑事司法期刊共发表了十多篇认为死刑没有威慑作用的文章。2008 年的一项调查显示,在各犯罪学会的前任主席中,有 88% 认为死刑不能预防谋杀。刑事司法学者们依然不太认可经济学家可能作出的贡献。总体来说,他们像阿姆斯特丹一样,认为潜在的谋杀犯们并非理性的行为人。

然而,在经济学家中,支持威慑作用假说的却大有人在。经济学期刊上发表的很多研究都认为有充分的证据证明死刑能够预防谋杀。埃默里大学的乔安娜·谢泼德就是当代辩论中的一个中心人物。2004 年,她对正在考虑立法将联邦死刑扩张至恐怖主义行为的众议院司法委员会称:“在经济学领域,有一个非常强烈的共识。过去十年里的所有当代经济学研究都发现死刑有威慑作用。”她的同事保罗·鲁宾在 2006 年向参议院司法委员会表示:“所有经过评审的研究都发现,威慑作用是存在的。”

经济学家们对犯罪学家们也充满了鄙视,认为他们缺乏组织、缺乏纪律,对犯罪行为缺乏洞察力。1996 年,普林斯顿大学的约翰·迪路里奥(John DiLulio)写道,专业的犯罪学家们“大多缺乏相应的定量和形式建模技能,无法为旧有的争论带来新的启发,也无法为方法论上较为复杂的问题提供分析性的、有说服力的答案”。这两个阵营常常表现得就像对方不存在一样。谢泼德表示:“这两个阵营常常无视对方的研究。”

在这场旷日持久的大戏中,许多演员都没有变化。就连背景都没有变化。芝加哥大学一直处于这出大戏的中心。2006 年,在一次对话中,加里·贝克尔和他的对手理查德·波斯纳加入了乔治·W. 布什和奥尔·戈尔关于威慑力的辩论中。在《斯坦福法律评论》中,著名的芝加哥大学法学教授(也是后来奥巴马政府的一位官员)卡斯·桑斯坦(Cass Sunstein)和同事艾德里安·福缪尔(Adrian Vermeule)主张,死刑在道德上是必需的,因为研究表明死刑有威慑作用。

死刑威慑作用的问题依然困扰着研究者们。耶鲁法学院的约翰·多诺霍是当代这场辩论中的一位有趣的、直言不讳的人物。多诺霍对一些证明威慑作用的公认证据持高度怀疑的态度。但是,如果简单地把多诺霍归为刑事司法学者一类,那就太过草率了。相反,多诺霍警告,任何对知识分子所作的分类都是有局限性的,特别是我在犯罪学家和经济学家之间所作的区分。认可威慑力证据的法律职业者有很多,桑斯坦只是一个例子。而多诺霍则是一个不认可这些证据的经济学家。虽然多诺霍是一位法学教授,但他取得了耶鲁大学的经济学博士学位。他所做的工作中,有很多可以被划分为保守派。2000年,多诺霍和史蒂文·莱维特发表了一篇饱受争议的论文。他们在其中主张,20世纪90年代犯罪率的下降,有一半是因为最高法院在罗伊案中保护了堕胎权。尽管如此,多诺霍依然认为,威慑作用没有得到证明,也不太可能得到证明。

多诺霍利用了纽约州在死刑问题上所作的实验来阐明为威慑作用建模存在的问题。在1994年的州长竞选中,乔治·帕塔基(George Pataki)作出了支持死刑的宣言。而他的对手、已连任三届的马里奥·科莫(Mario Cuomo)曾数次否决了试图在纽约州恢复死刑的法案。帕塔基在竞选中赢得了胜利。1995年,他将死刑法律签字生效。九年后,州最高法院宣布,该项法律因违反了州宪法而无效。在1995年到2004年,纽约州的陪审团们将几名谋杀犯判处了死刑,但其中并没有人被执行死刑。

多诺霍提出了一个问题,那就是对威慑作用的研究是应该将纽约州包含在对照组中(因为并没有人被执行死刑)还是应该将它包含在实验组中(因为死刑在法律上是存在的)。考虑到纽约州的人口数量,而多数实验都依据人口数量进行了加权,这个如何将纽约州归类的先决问题是至关重要的。对于路易斯安那州立大学的纳西·莫坎(Naci Mocan)和卡杰·吉廷斯(Kaj Gittings)所作的一项证明威慑作用存在的研究来说,结果完全取决于是否将纽约州包含在样本里。多诺霍表示,这个模型是非常敏感的,正如埃尔利希的研究完全取决于是否将20世纪60年代的数据包含在内一样。这件事告诉我们,莫坎和吉廷斯将纽约州包含在内的决定是一个主观的判断。

接下来,多诺霍又提出了一个问题,即潜在的罪犯们对死刑有多少了解。经济学的模型假设他们了解死刑,但是在纽约州,这样的一个罪犯需要真正见多识广才能做到这一点。有几位地区检察官都曾发誓永远不会争取将被告人判处死刑,其中包括曼哈顿的罗伯特·摩根索和布朗克斯的罗伯特·约翰逊。而让问题变得更加复杂的是,在1995年到2004年,这些行政区比地区检察官积极争取死刑的布鲁克林等行政区犯罪率下降更多。曼哈顿或者布朗克斯的潜在罪犯会对居住在有死刑的州还是没有死刑的州的诱因作出反应吗?

此外,这一切都是基于罪犯是理性的这一前提,而这一前提本身就是有很大争议的。已经有充分的研究证明,整体来讲,罪犯们偏好风险。他们比其他人更冲动。他们的判断力常常遭到毒品和酒精滥用的破坏。他们倾向于无视未来的考虑。北卡罗来纳的教授查尔斯·迪安主张,罪犯们之所以长期犯罪,是因为他们一直都只关注当下,而多数成年人却会在成长中改掉这种习惯。当然,托尼·阿姆斯特丹40年前就是这样说的。

多诺霍和哥伦比亚大学的杰弗里·费根,以及其他一些学者,整理了一份长长的列表,列举了各种棘手的方法论问题。在谋杀案发生后很久,死刑才会被执行,那么当年的死刑执行风险怎么会与当年的谋杀率相关呢?数据是否可靠?40年后,统一犯罪报告系统的问题还是没有得到解决。各州在向联邦调查局报告犯罪时行动并不统一。在1997年,只有73%的美国人居住在报告逮捕记录的行政区划中。佛罗里达州在1998年没有向联邦调查局报告任何谋杀案,在1989年仅报告了五个月,以及在1997和1999年每年两个月。而同时,正如费根所指出的那样,佛罗里达州是最活跃的死刑州之一,因此,该州数据的缺失事关重大。

最后,也是最恼人的一个问题,谋杀函数的定义是否恰当?不妨以得克萨斯州为例。孤星之州的谋杀率在20世纪90年代和21世纪初发生了下降。有人将此归因于得克萨斯州死刑执行数量的增加。但得克萨斯州同样大幅提升了监禁率,而人们通常认为这也会减少犯罪。总的来说,高的犯罪率通常会与更多的警察、更激进的治安措施、更严格的枪支法律、更长的监禁时间、三振出局法、严酷的监禁条件以及对刑满释放人员更严苛的待遇相关联。所有这些政策举措都被证明会影响谋杀率。但所有已发表的谋杀率公式都远远没能考虑到这些因素。当一个州实施了多种控制犯罪的手段时,研究者如何能知道哪一种才是产生了效益的手段呢?

更麻烦的是,如果一些措施会产生抵消作用呢?假设为了应对犯罪率的升高,某个州聘用了更多的警察,并开始处死更多的罪犯。治安措施是有效的,但州政府不知道的是,死刑的执行煽动起了人们的暴力倾向,部分地抵消了治安措施带来的好处。由于没有达到它想要达到的结果,州政府又聘用了更多的警察,处死了更多的罪犯。而事实上,治安措施的边际效用是增加的,死刑执行的边际效用是减少的。换句话说,新聘用的警察所制止的犯罪比死刑执行所激发的犯罪要多。在这项举措的最后,这个州会因为它所作的努力而实现犯罪率的降低。它也许还会认为是死刑带来了犯罪率的降低。当然,在某种意义上,它**的确是**犯罪率降低的原因。死刑适用频率的增加导致州政府聘用了更多的警察,而更多的警察则降低了犯罪率。但它只是间接地、意外地带来了犯罪率的下降。

此外,所有这一切都没有考虑到一种很合理的可能性,那就是某个完全不同的因素在驱动着整个系统。在犯罪浪潮后,共和党人往往更容易在竞选中获得胜利。在上面的例子中,不难想象一个共和党人的当选既是聘用更多警察的原因,也是增加死刑适用的原因。但如果罪犯们的反应针对的是共和党州长的当选,而不是政策的改变呢?研究表明,这是有可能的。这样的话,我们会说是治安措施的加强导致了犯罪率下降,还是选举导致了犯罪率下降呢?但这依然无法解开这个因果关系的结。如果这个州长的当选是因为一系列的社会和经济因素,而这些因素本身也会影响犯罪率呢?那样的话,我们要如何分辨鸡和蛋的关系呢?

至少可以说,理顺因果关系是一件很难的事。在死刑的语境下,许多学者认为,这种被统计学家称为"内生性"的问题是无法克服的。这恰恰就是国家科学院在1976年的报告中批判埃尔利希之处。埃尔利希的研究结果基于一个简单的事实,那就是在20世纪60年代,死刑执行率和犯罪率都上升了。但相关性不能证明因果性。如果是某种其他因素同时导致了死刑执行率和谋杀率的下降呢?劳伦斯·克莱因和他的同事们批判道:"埃尔利希假设经济因素影响犯罪行为,但犯罪因素却不会通过他选取的那些经济变量影响经济行为。"换句话说,埃尔利希没有分清鸡和鸡蛋。

但这也不是这个问题的最终定论。内生性问题打击了统计学家们,却没有使他们陷入瘫痪。应对复杂的因果问题,最理想的方法就是进行一次真实的社会实验,而不是试着从数据中进行推论。总的来说,进行这样的实验在伦理上是不可能的。在1976年发表的一篇文章中,汉斯·蔡塞尔为这种实验可能的样子提出了一个有趣的例子。一个州可以下令,任何被判死罪且生于奇数日的公民将被判死刑,而生于偶数日的罪犯则只会面临终身监禁。如果生于奇数日的人犯罪更少,那就证明死刑有威慑作用。除了这种随机分配惩罚的做法显然存在的伦理问题,蔡塞尔还猜测,有前瞻性的母亲们可能会在偶数日选择剖宫产。

一种被称为工具变量分析法的统计学方法提供了一种可能的解决方案。这种方法的起源有一定的争议。人们常常将它归功于数学教授菲利普·G·赖特。他在1928年一本风格轻松的专著*The Tariff on Animal and Vegetable Oils*的附录二中阐述了这个想法。另有一些人相信,这种方法应该归功于赖特的儿子、重要的基因统计学家休厄尔。他曾利用工具变量分析法分析玉米和猪肉周期。这两个变量之间有着复杂的因果关系。

这个想法具体如下:不妨先设想一个犯罪与惩罚领域外的例子。想象有一位流行病学家想要确定饮酒与死亡率之间的关系。这位科学家可以分析全国的数据,并且很可能会发现,随着酒精消耗量增加,死亡率也增加。但是,如果将较高的死亡率归咎于酒精消耗量的增加,那就错了。这就是混淆了相关性和因果性。不难想象另一个因素——比如经济衰退——既会导致人饮酒,也会导致人死亡。研究者面临的挑战是,驱动整个系统的是饮酒还是经济衰退,抑或其他什么因素。

解决方法就是使用一个"工具变量",一个与自变量有关,却不是因变量的变量。在上面的这个例子中,研究者可以分析酒精税与死亡率的关系。研究酒精税很有用,因为它能预测酒精的摄入量——税率越高,酒精消耗越少——却又和经济衰退没有关系。如果酒精税的降低使得死亡率升高,那么我们就可以认为死亡率的升高与酒精的消耗之间存在着因果关系。

20 世纪 70 年代,当埃尔利希进行他的开拓性研究时,工具变量分析法还不甚普遍。研究者们并没有很快意识到它的价值。就连菲利普·赖特和休厄尔·赖特也没有真正认识到他们的这项创造在研究因果关系问题上有多么大的用处。从 20 世纪 90 年代开始,经济学家们开始更多地使用工具变量来解决内生性问题。1994 年,埃默里大学的一个包括谢泼德、鲁宾和哈希姆·德兹巴克什(Hashem Dezhbakhsh)在内的研究团队使用工具变量分析法探讨了人们所指出的埃尔利希研究中的缺陷。埃默里大学的研究团队发现,平均每一次死刑执行能够救下十八个人的性命。在接下来的几年里,另外几个研究团队或重复了这一研究,或独立地使用工具变量分析法证明了死刑的威慑作用。所以问题已经得到回答了,不是吗?

先别急着下结论。工具变量分析法并没有终结这场因果关系的辩论;它只是改变了它的语境。今天,威慑力研究的辩论在于发现威慑作用存在的那些研究所依赖的工具变量是否恰当。"恰当"意味着这个变量对于整个系统来说真正是外部的。但一个变量是否真正是外部的,很大程度上也是一个主观判断。例如,在前文的例子中,研究者使用酒精税作为工具变量,理由是酒精税直接影响酒精的消耗,却不受经济衰退这一外因的影响。但谁又能说经济衰退不是整个系统的一部分呢?也许经济衰退使立法者们对收税更加容忍。也许收税会导致经济衰退。这并不难想象。如果是这样的话,那么研究者拥有的就并不是一个工具变量,而是一个新的内生性问题了。这就是当代威慑力辩论的主要争论点。

不妨考虑一下埃默里大学研究团队回应对埃尔利希的批判的两个例子。第一个例子,国家科学院的专家小组,以及其他一些人,认为埃尔利希的谋杀函数受到了内生性问题的影响。比如,死刑判决的概率和谋杀率可能是相互关联的。一个因素可能会影响另一个因素,或者它们可能都受到同一个外部因素的影响。为了解决这个问题,埃默里大学的研究团队使用了一个变量来代表一个人被逮捕后被判死刑的概率——那就是共和党候选人在上一次竞选中获得的票数。他们的逻辑是,即使陪审团作出死刑判决的概率和谋杀率受到同一个因素的影响,这个因素也不会影响投票行为。换句话说,选举结果就是一个有效的工具变量。而约翰·多诺霍则持相反的观点。他指出,有大量的研究表明,在犯罪率上涨之后,共和党人会在竞选中表现得更好。因此,他认为,很容易想象投票行为可能与犯罪率和陪审团行为处于同一个因果链中。

第二个例子,埃默里大学的团队使用整个州在司法和法律系统上的开支来代表被告人在被判死刑后被执行死刑的概率。同样的,他们的逻辑是政府开支并不是因果链的一部分。但杜克大学的菲利普·库克和其他一些学者证明了死刑执行更多的州会在上诉程序上开支更大,而这也就意味着死刑判决的概率影响着被认为是外部变量的这一变量。为了证明这一点——也为了证明死刑可以有多么昂贵——纽约州于1995年到2004年在死刑制度上花费了1.7亿美元,却没有执行一份死刑。

在批判者看来,这些问题是致命的。多诺霍写道:"不合适的工具变量不能解决内生性问题。如果找不到有效的工具变量,研究者就必须评估内生性问题有多么严重。如果研究者束手无策的话,那么他们就必须得出一个结论,那就是死刑的影响是不可能得到有效的估计的。"费根表示同意。"这件事中最核心的错误是一个因果推理的错误:人们试图从一系列有缺陷的、有限的观察数据中推断出因果关系,并且没能辨别影响谋杀率的各项重要的、相互对抗的因素。"关于因果关系的辩论依然在继续。路加在说出那句"你们律师将有祸了"时,一定是想到了这种事。

最后,如果我不指出研究者们倾向于发现自己想要发现的这一点,那就是我的失职了。丹尼尔·莫伊尼汉发表于《公共利益》上的文章——仅凭这篇文章的精致程度,它也值得一读——指出了这一现象。"社会科学学者们,"莫伊尼汉写道:"在剖析自己时总是没有在质疑彼此的客观性时那么敏锐。"汉斯·蔡塞尔批评最高法院在格雷格案中的结论只是"为不愿舍弃报应论这种古老的观点提供一些理智的支持"。但是,当马萨诸塞州最高法院在1975年的奥尼尔案中拒绝采纳格雷格案判决所采纳的那些关于威慑力的证据时,蔡塞尔和LDF的律师们却很高兴。他们批判美国最高法院的判决缺乏客观性,却以同样的理由认可了马萨诸塞州最高法院的判决,这种做法除满足意愿之外很难找到其他的解释。

如果说这些迥然不同的研究还有希望能进行融合,这个希望就寄托在上文提到的埃默里大学研究团队中的乔安娜·谢泼德身上。2007年,谢泼德重新分析了她和同事们曾依赖的这些数据。不过,这一次,谢泼德关注的不是全国的死刑执行风险,而是各州具体的估计值。她的结论与之前的结论并没有形成冲突。但是,它从根本上改变了之前的结论所描述的局面。谢泼德发现,威慑作用在全国范围内是存在的,但这种威慑作用是由仅仅六个州里的威慑作用所驱动的。在八个州里,谢泼德发现,死刑执行对谋杀率并无影响。在另外十三个州里,死刑执行甚至导致了谋杀率**上升**。2004年的那项研究对于全国性数据的依赖掩盖了各州之间的差别。

为什么死刑在某一些州能够威慑犯罪,而在另一些州却不能呢?要回答这个问题,关键在于谢泼德观察到威慑作用的几个州比她没有观察到威慑作用的几个州处死的人要多得多。谢泼德发现,死刑执行数必须达到一个阈值——在她所研究的1977—1996年这一时段,这个阈值至少是9——才能产生威慑作用。这项研究的一个政策意义在于,如果各州想要实现威慑效果,它们就必须处死很多人。谢泼德写道:"如果一个州不愿意确立一个大规模的死刑执行方案,那么它可以考虑废除死刑。"不过,她的研究对于犯罪行为的本质,以及对统计学的错误使用和误解可能带来的伤害来说,有着更广泛的意义。

最后一个例子,一位科学家被问了这样一个问题:"桌上的小滑块的移动速度有多快?"科学家回答:"零英里每小时。"外行人听了可能只会想到一个静止不动的物体。但这并不是真实情况。事实上,两个人正以同样的力度向相反的方向推这个滑块。由于他们力气一样大,滑块并没有移动。此时的数据——零英里每小时——是准确的,但它并不能描述滑块的状态,这种状态不是传统意义上的静止不动。

如果谢泼德是对的,那么死刑的威慑作用中也存在着这样复杂的一系列力量。数据可能会帮助我们找出针对哪一类罪犯,或在哪些地区,威慑作用整体上是有效的。但“他被威慑了”或“他没有被威慑”这种描述就像“滑块以零英里每小时的速度移动”一样具有误导性。死刑的威胁只是促使一个罪犯犯罪或威慑他不要犯罪的无数社会因素之一。即使是死刑本身也不是一个简单的因素。它既有可能威慑一个潜在的罪犯,也有可能煽动他犯罪。这两种可能性并不互斥。和所有的人类一样,潜在的罪犯不总是理智的,也不总是不理智的。死刑执行的威胁可能会威慑一些冷静地计算着某项犯罪的成本和收益的潜在罪犯,就像加里·贝克尔在1968年设想的那样。而对于其他的潜在罪犯——或是同样一些人处于冲动状态时——死刑存在的事实可能会释放出一种信号,让他们觉得暴力是一种为社会所接受的冲突解决手段。事实上,许多研究都从死刑执行后短期内的谋杀率上涨中发现了支持“残暴化”假说的证据。

谢泼德的研究表明,死刑执行的确会使社会残暴化。事实上,她认为,在没有威慑作用的州,这种“反威慑”或残暴化的现象是很显著的。在没有威慑作用的州,谢泼德发现,死刑执行每年会额外带来250起谋杀案。她的直觉告诉她,死刑会促进一种暴力环境的营造。她认为,死刑“为以复仇为目的的杀人行为树立了一个模范,而很多个体会效仿这种模范”。

同时,死刑也会起到威慑作用。但当死刑执行率较低时——比如在加利福尼亚州、俄勒冈州和犹他州——威慑作用是较小的。因此,在这些州,死刑的使用看起来似乎鼓励了谋杀行为。只有在佛罗里达州、得克萨斯州和南卡罗来纳州这些处死了很多人的州,“潜在的罪犯们才会相信州政府对于这种惩罚是认真的”,并减少他们的犯罪活动。当死刑执行数超过了阈值时,威慑作用变强了,超过了残暴化作用。只有在这个时候,死刑看起来才是有效的。谢泼德指出,在没有达到死刑执行阈值的州,被处死的那些谋杀犯的死是没有意义的,甚至还在1977年到1996年导致了5000名无辜者的死亡。

在得出这些结论的过程中,谢泼德偶然间在研究威慑作用应该使用全国的数据还是各州的数据这个问题上与鲍尔达斯和科尔站在了同一个立场上。在1975年发表的批判性文章中,鲍尔达斯和科尔指责埃尔利希默认在美国任何地方,哪怕是在没有死刑的州发生的死刑执行都有着同样的威慑作用。谢泼德也提出了类似的主张,认为早期的论文只关注全国平均值,会掩盖“各州之间”的重要“差异”。这并不是说其他的经济学论文是错误的。它们只是缺乏描述性,就像“滑块没有在移动”这个说法具有误导性一样。早期的论文将有威慑作用的州的大量死刑执行与没有威慑作用的州的少数死刑执行混在了一起。因此,死刑看起来似乎是威慑了犯罪。但这掩盖了真相——即在一些州存在威慑作用,在另一些州存在反威慑作用。用谢泼德的话来说,全国层面上的威慑作用是由“几个死刑执行量大、威慑作用强的州”所驱动的。“在大多数地方,”她说,“死刑要么使谋杀率升高,要么就没有任何作用。”

谢泼德的研究成果有助于弥合总是发现威慑作用存在的经济学家和总是发现威慑作用不存在的犯罪学家和社会学家们之间的分歧。事实可能是,研究结果很大程度上——甚至完全——取决于数据的聚合程度。为了验证这一假设,谢泼德重新检验了过去十年里的几项主要研究。果然,她发现,经济学家们倾向于使用全国的数据,而社会学家和犯罪学家们则聚焦于每一个州。如果这些研究者选取了一个没有威慑作用的州——而按照谢泼德的分析,这样的州有很多——那么他们当然就找不到威慑作用的证据。从个人的角度,谢泼德曾在一次访谈中表示,她对死刑没有什么强烈的看法。“对我来说,这一切都是因为人们会对激励作出反应——这一点都不稀奇。找到威慑力的证据与支持一种政策之间是有着很大的区别的。”

宾夕法尼亚大学犯罪学和统计学教授理查德·伯克是在经济学和犯罪学两个领域都备受尊重的几个人物之一。他表示,整个困局都可以用某项研究的数据中是否包含了得克萨斯州这一件事来解释。如果数据中包含得克萨斯州,那么研究者就会发现威慑作用存在。如果数据值不包含得克萨斯州,那么研究者就会发现威慑作用不存在。自 1976 年以来,全美国大约有 1100 次死刑执行。其中,三分之一以上来自得克萨斯州。得克萨斯州有着如此强的威慑效果,以及如此大的人口数量,以至于它的结果主导了任何包含它的研究。

最终,有一点可能是可以肯定的:死刑有威慑作用,但只有对某些人——具体来说,那些无法被终身监禁、不得假释的惩罚威慑的人——在某些地方、某些时候、某些条件下才是有作用的,但我们不知道是在哪些地方、哪些时候以及哪些条件下,并且当这种作用存在时,我们几乎可以肯定它是很微小的,也几乎可以肯定它不比其他的惩罚选择更加有效或更加低成本。

当然,所有这一切可能都是在回答一个错误的问题。即使我们有可能最终确定死刑是否有威慑作用,这也很难终结这场公共政策辩论。功利主义者需要评估死刑相对于其他惩罚和非惩罚选择的成本和效益。并且,当然,不是所有人都是功利主义者。作为刑事司法领域 30 多本书和 100 多篇论文的作者,富兰克林·齐姆林将这一点表述得很生动:"我根本不管死刑有没有威慑作用。"哪怕是最精细的、最有说服力的社会科学,也无法改变这个核心的观念。

301. "常识告诉我们……得到了最新统计学数据的支持":Ernest van den Haag, "For the Death Penalty," *New York Times*, p. A21.

302. "总统显然反映了许多加利福尼亚人的想法":"McGovern Differs With Nixon's Plan for Death Penalty," *New York Times*, March 12, 1973, p. 25.

302. "我认为支持死刑的原因就在于它能够挽救生命":Election 2000 Presidential Debate with Republican Candidate Governor George W. Bush and Democratic Candidate Vice President Al Gore (Oct. 17, 2000). Transcript available at http://www.debates.org.

303. "我们完全可以假设":*Gregg v. Georgia*, 428 U.S. 153, 185 (1976).

305. 美国法学会表示,美国需要一部模范刑法典:Paul H. Robinson and Markus Dubber, "The American Model Penal Code: A Brief Overview," *New Criminal Law Review*, Volume 10, No. 3 (Summer 2007): 319-41.

306. "赫伯特·韦克斯勒一直以反对死刑为原则":韦克斯勒将这一点告知了迈克尔·梅尔茨纳以及其他一些人。Meltsner interview (December 4, 2010).

307. 韦克斯勒……16 岁时就进入了纽约市立学院就读:关于韦克斯勒的童年,参见 Tamar Lewin, "Herbert Wechsler, Legal Giant, Is Dead at 90," *New York Times*, April 28, 2000, p. C21。

307. "扰乱的是整个社会的价值观念":Herbert Wechsler, "Sentencing, Correction, and the Model Penal Code," *University of Pennsylvania Law Review* 109 (1973): 465, 473.

307. "复仇的欲望":Anders Walker, "American Oresteia: Herbert Wechsler, the Model Penal Code, and the Uses of Revenge," 2009 *Wisconsin Law Review* (2009): 1017, 1018 citing Jerome Michael and Herbert Wechsler, *Criminal Law and Its Administration: Cases, Statutes and Commentaries* (New York: Foundation Press, 1940), p. 16.

308. 韦克斯勒是报应论者,但他的理由却是功利主义的:研究韦克斯勒的重要学者、圣路易斯大学法学院的安德斯·沃克(Anders Walker)教授提出,有三个事件在韦克斯勒世界观的形成中发挥了作用。第一件事发生在韦克斯勒的童年,在禁酒时期的纽约。《禁酒法案》定义了第十八修正案所禁止的酒精饮料,也为每一个家庭保留了 10 加仑圣餐酒的配额。犹太人领袖们提出了反对,认为这侵犯了他们的宗教自由。当持反犹太人态度的市政府禁酒办公室拒绝颁发葡萄酒许可证时,用韦克斯勒的话说,他的家庭"肆意地"反抗了这项法律。从这件事中,韦克斯勒认识到,缺乏公众支持的法律是没有效果的。

在做法官助理期间,韦克斯勒为这一观点找到了进一步的支持。当时,最高法院受理了"斯科茨伯勒男孩们"的上诉。韦克斯勒又一次看到了公众私自执法的危险。各个家庭饮用圣餐酒的问题并没有那么严重,而斯科茨伯勒男孩们却面临着多次私刑暴乱的威胁,急需被保护。

韦克斯勒成为南方私刑的坚决反对者,后来又凭借在《耶鲁法律杂志》上发表了一篇呼吁联邦反私刑立法的文章在学术界取得了一定的地位。斯科茨伯勒男孩案还让韦克斯勒看到了公众舆论会对法律问题造成多大的影响。代理了斯科茨伯勒男孩们的国际劳工保卫联盟(the International Labor Defense)为自己的当事人发起了一场大规模的宣传运动。阿尔伯特·爱因斯坦、赫伯特·乔治·威尔斯和马克西姆·高尔基都曾为这些男孩发声,而男孩们也在有保守倾向的最高法院赢得了上诉。第三件事就是韦克斯勒在纽伦堡的经历。参见 Anders Walker, "American Oresteia," p. 1025。

308. 对违法者的宽大处理可能会引发私刑:Jerome Michael and Herbert Wechsler, *Criminal Law and Its Administration*, p. 16.

308. "赤裸裸的权力机关":Herbert Wechsler, "Toward Neutral Principles of Constitutional Law," *Harvard Law Review* 73 (1959): 1-35.

308. "正当性账户":Stanley Ingber, "The Interface of Myth and Practice in Law," *Vanderbilt Law Review* 34 (1981): 309, 339-40.

310. "在佐治亚州,任何不判处死刑的决定都是正当的":"Note: Discretion and the Constitutionality of the New Death Penalty Statutes," *Harvard Law Review* 87 (1974): 1690-1719.

310. 西尔伯曼向 LDF 提交了一份草稿,征求 LDF 的意见:Peggy Davis to David Silberman, April 17, 1974, PD.

311. "自由裁量权并没有被消除":Michael Meltsner, "Cruel and Unusual Punishment," *New York Times*, October 11, 1974, p. 39. 科琳娜·莱恩教授在 *Furman Fundamentals* 的脚注 337 以及相应的正文中概括了当时学术界的主要观点。

311. "如果不是在这么严肃的语境下,这甚至是很可笑的":John Hart Ely, *Democracy and Distrust*, p. 175.

311. LDF 曾尝试动员……李·汉密尔顿:Peggy Davis to Lee Hamilton, May 20, 1974. PD.

311. 1995 年《哈佛法律评论》的一篇文章:Carol S. Steiker and Jordan M. Steiker, "Sober Second Thoughts: Reflections on Two Decades of Constitutional Regulation of Capital Punishment," *Harvard Law Review* 109 (1995): 355-438.

311. 谋杀警官……是一个加重情节:关于这个问题的概述,请见 Death Penalty Information Center Website, http://www.deathpenaltyinfo.org/aggravating- factors- capital- punishment- state。

313. "1972 年后的死刑犯":David McCord, "Judging the Effectiveness of the Supreme Court's Death Penalty Jurisprudence According to the Court's own Goals," *Florida State University Law Review* 24 (1996): 545, 593.

313. "用清晰的、客观的标准":*Coley v. State*, 231 Ga. 829, 833 (1974).

313. "最高法院确立的法律规则是一种表面工程":Steiker and Steiker, "Sober Second

Thoughts," p. 429.

313. "一种理性制度的表象使得当时(以及今天)刑事司法系统中的各种行为人……都更加乐于接受自己的角色":为了解释马克思主义为什么没能在西欧生根发芽,葛兰西提出了一种霸权的想法。其要旨就是,人们可能会很大程度地内化一些想法和态度,以至于对主流制度的任何挑战都是完全不可想象的。费曼案和格雷格案判决确立了一种合理性的霸权,并在各个层面上将死刑的量刑正当化了。这样,人们便更加乐于接受他们各自的角色了。

314. "一场在法律方面看起来复杂精巧的刑事审判":Weisberg, "Deregulating Death," p. 395.

314. "他们施加的惩罚看起来好像":同上注,第 393 页。

314. 用形式主义的幻想来提供虚假的安慰:韦斯伯格曾生动地说:"我们不能用虚幻的法律科学语言为我们的决定镀金,来缓解我们在将他人判处死刑时不可避免会产生的道德上的矛盾心理。"同上注,第 312 页。

315. "在你们的面前有一个天平":同上注,第 363—364 页及第 378 页。两个案件分别是 *State v. Caldwell*, 135 Ohio St. 424, 425-27 (1939)和 *People v. Hamilton*, No. 25591 (Cal. Super. Ct. Contra Costa Cty., Sept. 30, 1981) Transcript Vol. 19- B at 8。

316. "它使得……这一决定的性质变得几乎数学化了,也使这一决定变得更加容易了":韦斯伯格直接将此与斯坦利·米尔格拉姆的"服从实验"进行了类比。在这一实验中,一名"科学家"在一场所谓的学习训练中要求志愿者们对实验对象施以越来越强的电击。米尔格拉姆发现,对研究参与者们是否愿意施加痛苦影响最大的因素是这名科学家的专业权威性,而这一点体现在他的语言和外表中。LDF 或许在无意中促使法院担任了这种让人放心的科学家的角色,并通过量刑标准安抚了死刑陪审团的焦虑情绪。

316. "暴力最危险的方面就在于它的理性":Michel Foucault, "Truth is in the Future," in Sylvère Lotringer, ed. *Foucault Live (Interview, 1961-1984)*, p. 299.

316. 哈伦……想表达的正是这个意思:Weisberg, "Deregulating Death," p. 311.

316. "死刑之于其他所有法律":Normal Mailer, "Until Dead: Thoughts on Capital Punishment," *Parade*, February 6, 1981, p. 6.

317. "佐治亚州的陪审团不会再":*Gregg*, 428 U.S., p. 197.

第十五章　英雄末路

319. “是一个名字里有字母 u 的黑人”：Jeffries, *Justice Lewis F. Powell, Jr.*, p. 417.
320. 特拉华州司法部长对费曼案判决的解读：*Time*，“The Law: Death Rattles,” November 20, 1972, p. 72.
321. 已经有三十一个州恢复了死刑：三十一个州的列表请见“List of the 31 State Backing Death Penalty,” *New York Times*, April 21, 1975, p. 47。
321. 检察官们和陪审团们已经判处了 253 人死刑：Leslie Oelsner, “Supreme Court Begins Review of the Death Penalty,” *New York Times*, April 22, 1975, p. 21.
321. 吉米・卡特……表示支持死刑：*Newsweek*, “Carter Meets the Questions,” February 2, 1976, p. 18.
321. 他对拉里・金说：*CNN Live*, “Interview With Former President Jimmy Carter,” November 2, 2005, transcript available at http://archives. cnn. com/TRANSCRIPTS/0511/02/lkl. 01. html; Carter's Nobel Lecture: Oslo, December 10, 2002, available at http://nobelprize.org/nobel_prizes/peace/laureates/2002/carter- lecture.html.
321. “我本人认为死刑是一种恰当的、合适的惩罚”：Carol A. Morton, “205 Prisoners Await Fate on Death Row,” *Ebony*, April 1975, pp. 114-21.
322. 但博克却并不认可布莱克留下的遗产：Bork, *The Tempting of America*, pp. 69-100. 在自己的书中，博克引用了阿瑟・施莱辛格的话：“布莱克和道格拉斯这一方似乎更在意依据他们自己先入为主的社会观念来解决具体的案件。”同上注，第 69 页。
323. “巩固和延伸费曼案判决”：Hugo Adam Bedau, *The Courts, The Constitution, and Capital Punishment*, cited in Epstein and Kobylka, *The Supreme Court and Legal Change*, p. 97.
331. 这篇报道还是正确地指出：Warren Weaver, “Supreme Court Postpones Review of Death Penalty,” *New York Times*, June 24, 1975, p. 1.
332. “传话给大法官会议”：Urofsky, *The Douglas Letters*, p. 195.
333. “极其艰难的决定”：Stern and Wermiel, *Justice Brennan: Liberal Champion*, p. 384.
333. 他想要坚持到：Greg Diskant interview (September 22, 2009).

第十六章　香肠工厂

337.“调卷令的签发,可以说是一种恩典”: *Wade v. Mayo* , 334 U.S. 672, 680 (1948).

338.“纠错策略”:S. Sidney Ulmer, “The Decision to Grant Certiorari as Indicator to Decision ‘On the Merits,’ ” *Polity* 4 (1972): 429-47.

338. 格伦登 · 舒伯特……认为:Glendon A. Schubert, “The Study of Judicial Decision Making as an Aspect of Political Behavior,” *American Political Science Review* 52 (1958): 1007-25.

338. 索尔 · 布伦纳认为:Saul Brenner, “The New Certiorari Game,” *Journal of Politics* 41 (1979): 649-55.

339.“嗯,如果你愿意花时间”:Herbert M. Kritzer, “Interpretation and Validity Assessment in Qualitative Research: The Case of H. W. Perry's Deciding to Decide,” *Law and Social Inquiry* 19 (1994): 687, 689.

340. 现存的少数几个由政治学家针对死刑案件进行的研究:最重要的一个是 Epstein and Kobylka, *The Supreme Court and Legal Change* 。

340.“它们总是得到特殊的处理”:Perry, *Deciding to Decide* , p. 92.

341.“理想的做法是,找到一个”:James B. Ginty, “Memorandum for the Chief Justice,” June 10, 1975, LFP.

341. 杰克 · 豪斯强奸: *House v. The State* , 232 Ga. 140; 205 S.E. 2d 217 (1974).

343.“是否存在实施暴力犯罪的可能”: *Jurek v. Texas* , 428 U.S. 262, 269 (1976).

344.“这个案子不是个好选择”:Lewis F. Powell memorandum to file, “Capital Cases,” January 16, 1976, LFP.

344. 伯格当晚要参加:Warren E. Burger Memorandum to Conference, January 9, 1976, LFP.

344.“大法官们都觉得他们需要”:关于这次大法官会议,请见《隐秘的江湖》第 431 页。

344.“给人带来的观感就不太一样了”:Potter Stewart Memorandum to the Conference, “Capital Cases,” January 19, 1976, LFP.

345. 蒂莫西 · 麦科克代尔的上诉案: *McCorquodale v. The State* , 233 Ga. 369 (1974). 1980 年,在特罗伊 · 格雷格的死刑执行的预定时间前不久,麦科克代尔和格雷格一同越狱了。格雷格死在了一次酒吧争执中。据说,麦科克代尔要么直接导致了格雷格的死亡,要么也曾参与其中。

346.“如果你想找”:Jeffries, Lewis F. Powell, Jr., p. ix (preface to the 2001 edition).

346.“有一天,我一定会向爸爸证明”:同上注,第 23 页。约翰 · 杰弗里所著的鲍威尔的权威传记是鲍威尔童年和职业生涯的主要参考资料。

347.“在我看来”:同上注,第 30 页。

347. 鲍威尔曾经就读的学校和常去的教堂都是白人专享的:同上注,第 234 页。

348.“我不支持”:同上注,第 140 页。

348. 他从未想过挑战现状:同上注,第 139 页。

348.“一个……精英主义者”:同上注,第 240 页。

348.“分析辩证法是行不通的”:同上注,第 41 页。

348.“不容易受到抽象概念的影响”:同上注,第 42 页。

348. 是否已经写完了他的死刑意见书:Woodward and Armstrong, *The Brethren* , pp. 204-5.

349. “大规模”:Jeffries, *Justice Lewis F. Powell*, p. 409.

349. “在整件事中,他唯一在意的就是”:Whitman interview (November 12, 2010).

349. 鲍威尔非常不喜欢:Stern and Wermiel, *Justice Brennan*, p. 443.

350.《隐秘的江湖》这本书的一个主题:左翼和右翼的同僚们都常常嘲笑伯格。布伦南称伯格在大法官上的发言是“一场绝对的悲剧”,是“令人极其尴尬的”(第 466 页)。斯图尔特为伍德沃德和阿姆斯特朗的书提供了主要的推动力。在伍德沃德不懈地向斯图尔特提出访谈的请求后,他们一起聊了两个晚上。然后,伍德沃德表示,斯图尔特“基本上列出了整本书的提纲”。(J. Anthony Lukas, “Playboy Interview: Bob Woodward,” *Playboy*, Feb. 1989, p. 51.)

351. “他毕生对控制权的渴望”:Jeffries, *Justice Lewis F. Powell*, p. 432.

351. “我和波特说话时感到格外自如”:同上注,第 263 页。

352. “鲍威尔法院”:Herman Schwartz, *Packing the Court*, p. 122.

352. “这完全是事实”:Jeffries, *Justice Lewis F. Powell*, p. 533.

352. “美国最有权力的人”:Aric Press, “A Reagan Court,” *Newsweek*, July 15, 1985, p. 69; see also Bronner, *Battle for Justice*, pp. 21–22.

第十七章　审时度势

354. 密歇根州诉莫斯利案:423 U.S. 96 (1975).

354. 法莱塔诉加利福尼亚州案:422 U.S. 806 (1975).

354. 美国诉帕克案:421 U.S. 658 (1975).

354. “最高法院近期的判决缺乏哲理”:Francis A. Allen, “Quiescence and Ferment: The 1974 Term in the Supreme Court,” *Journal of Criminal Law and Criminology* 66 (1976): 391, 393.

355. “没有什么能阻止任何一个州”:*Michigan v. Mosley*, 423 U.S. 96, p. 121.

355. “愤怒的、失意的、悲伤的”:UPI, “Supreme Court Shifts Away from Brennan,” *Jacksonville Times-Union and Journal*, June 6, 1976.

355. “据密切观察者们预测,最高法院”:“American Notes: New Life for Death,” *Time*, February 2, 1976, p. 12.

356. “再给我找一个刘易斯·鲍威尔来”:Jeffries, *Justice Lewis F. Powell*, p. 419.

356. “极高的学术水平”:*Hearings Before the Judiciary Committee on the Nomination of John Paul Stevens*, p. 19 (available at www.gpo.gov).

359. 全国有 600 多名:“34 States and U.S. Have Capital Punishment Laws,” *New York Times*, July 3, 1976, p. 7.

359. 执行死刑的装置大多已经被拆除了:Banner, *The Death Penalty*, p. 266.

359. 马萨诸塞州最高法院已经依据州宪法废止了强制死刑制度:*Commonwealth v. O'Neal*, 339 N.E.2d. 676 (1975).

359. LDF 也在该案中提供了支持:Peggy Davis to Morris Shubow, May 29, 1974, PD.

359. “也许……公众可以被说服”:Peggy Davis to Aryeh Neier, PD.

360. “在为他工作期间”:Davis interview (January 10, 2011).

360. “在强制死刑条款上的胜算大于”:Kendall interview (December 9, 2010).

361. “我觉得,我们参与这些案件的所有人都太过相信我们自己的主张了”:在当时,戴维斯也同意阿姆斯特丹不对史蒂文斯提出反对的本能判断。在他被提名后,她向阿姆斯特丹写道:“我同意,我们无法阻挡史蒂文斯。如果他被阻挡了,福特也会找到另外什么人的。我还觉得,另外的这个人会更糟。我认为利瓦伊起到了一些缓和的作用,而这种作用下次可能就没有了。”

361. 在提交给最高法院的上诉意见书中:LDF 以引用的形式将它在福勒案中的意见书吸收了进来。福勒案的意见书强调了死刑的残酷性,并针对它的野蛮性和无效性提出了类似的主张。

363. “几乎可以提出他想提出的任何类型的主张”:*Gregg v. Georgia*, Brief of the NAACP Legal Defense Fund, Inc., as Amicus Curiae (*Gregg* Amicus Brief), 1976 WL 178715, p. 38.

363. “值得注意,却并不令人惊讶的是”:同上注,第 44 页。

363. “在对犯罪行为本身和被告人都进行了考量后”:*Gregg v. State*, 233 Ga. 117 (1974).

363. “随着时间的推移”:*Gregg* Amicus Brief, p. 46.

364. “我们刚刚所描述的这种制度”:同上注,第 66 页。

365. “怎么能宣称”:同上注,第 32 页。

366. 博克引用了他在鲍威尔诉得克萨斯州案的意见书:在鲍威尔案中,一个因公共场合醉酒而被捕的 66 岁的擦鞋工被判处了 20 美元罚金,而最高法院维持了这一判决。反对意见认为,得克萨斯州是在因鲍威尔的疾病而惩罚他。马歇尔写道,反对派的观点最有问题的地方在于,如何才能确立一项关于刑事责任的宪法原则。“如果勒罗伊·鲍威尔不能被判定公共场合醉酒罪的话。”马歇尔写道:“那么我看不出一个州如何能判定一个人的谋杀罪,如果这个人虽然在其他方面看起来行为表现得很正常,却受到了一种杀人‘冲动’的折磨的话。这种冲动可能是‘一种很强烈的影响’,但‘并不完全是无法抵抗的’。”但是,马歇尔同样担心“让醉鬼们在没有得到短期监禁所带来的清醒作用的情况下就被放回到街上”的可能性。马歇尔又说道:“在我们谴责现有的做法之前,也许我们应该首先能够明确承诺,我们能为这些不幸的人提供一个更好的世界。”

367. “上诉方要争取的显然不是”:同上注,第 69 页。

367. “都是不可能的”:同上注,第 81 页。

369. “在福勒案的法庭辩论中,阿姆斯特丹曾试探性地提出过这个论点”:LDF 内部将如何区分死刑和其他惩罚的问题称为“抓住提格纳(Tigner)诉得克萨斯州案的线头”。这指的是法兰克福特在 1940 年写下的一份判决意见。在该案中,最高法院支持了一项反垄断起诉,尽管该案所适用的法律将农产品排除在外。人们引用这份判决意见常常是为了说明:“宪法并不要求在现实中或观念上不同的东西在法律上被当作相同的东西来对待。”(Amsterdam email to author, October 9, 2012.)

369. “固执地依赖着”:在 *The Supreme Court and Legal Change* 这本书中,爱泼斯坦和科比尔卡补充道,阿姆斯特丹和 LDF“他们被绝对主义者们的专横所蒙蔽,没有看到策略性迂回的必要性,坚信赢得这一次大的胜利就是为未来的胜利奠定先例基础”,并且,他们拒绝重新审视之前的胜利,这就“致命性地限制了他们在那些胜利遇到威胁时转移阵地的能力”。关于爱泼斯坦和科比尔卡对 LDF 策略的讨论,请见第 106—115 页,第 127—136 页,以及第 311 页。

369. 爱德华·拉扎勒斯也认为:Lazarus, *Closed Chambers*, p. 114.

370. 梅尔茨纳在回忆录中写道:“批判自由裁量的决策方法可能会破坏刑法的基础,因为刑法在各个层面上都依赖自由裁量。面对公众对废除死刑的敌意,这一决定虽然很艰难,但这种困难与一个破坏了整个惩罚体系所传达出的安全感的判决所招致的谩骂相比,已经算很小了。”Meltsner, *The Making of a Civil Rights Lawyer*, p. 215.

370. “无意间会带来一个不幸的遗留问题”:Muller, “The Legal Defense Fund's Capital Punishment Campaign,” p. 183. LDF 可能会问,马勒是不是在说,他们应该什么也不做?不仅如此,杰克·格林伯格还在 1985 年的一次访谈中提到,LDF 曾尝试将它对刑事司法系统的批判加以延伸。“在赢了费曼案之后,我们曾尝试将费曼案的基础理论延伸至死刑问题之外。我们并没有作出大范围的努力,因为人们都忙于格雷格案中出现的那批案件的诉讼。但我们的确尝试了。这些尝试没有任何结果。”同上注。

370. 赫伯特·帕克就指出了这一矛盾:Herbert Packer, “Making the Punishment Fit the Crime,” *Harvard Law Review* 77 (1964): 1071-82.

370. “因为高估了胜算才失败”:Jon Amsterdam interview (January 27, 2011).

370. 很难将死刑和长期监禁……区分开来:2004 年,我在一篇法律评论文章中详细地探讨了这个问题。参见 Evan J. Mandery, “Innocence as a Death Penalty Issue,” *Criminal Law Bulletin* 40 (2004): 78-82。对于“死亡是不是独特的”这个问题,最显而易见的答案是“是”。表面看来,它在某些意义上的确是独特的。如果法律被修改了,或者新的证据被发现了,那么在监狱里的人还可以被放出来,但已经被处死的人却不能。但这只是差异的程度而已。并不是说,对于已经去世的人来说,我们就什么都做不了。政府依然可以试着恢复他的名誉,或者向他在世的亲属支付赔偿。况且,从监狱里被放出来的人也并非完全得到了应有的补偿。这一点是很关键的。

当事故中的受害人起诉加害人时,法律制度的目标是让这些原告恢复到他们在没有遭遇事故的情况下会处于的状态。这就带来了一些可怕的问题,比如失去一个手指或一只胳膊相当于多少钱。对于短期监禁的判决来说,这个问题是可以回答的。不难想象,一个人可能会愿意为了 1000 美元在监狱里度过一个晚上,或者为了 100 万美元而在监狱里度过一年的时间。但有谁会愿意为了任何一笔钱而在监狱里度过 20 年或 30 年的时间呢?况且,没有哪个州的政府会支付能让被释放的囚犯得到充分恢复原状的赔偿款。多数州政府根本不会支付任何赔偿款。虽然被执行了死刑的人与被判有期徒刑的人的确处境有区别,但这种区别是不是真正意义上的不同,这就是另一个问题了。

371. “这个比喻是很真实的”:Amsterdam interview (January 20, 2010).

第十八章　重头戏

372. "我不知道我们其他人为什么"：*Time*，"The Law: Reconsidering the Death Penalty," April 12, 1976, p. 61.
375. "没有任何法律能够合法地施加死刑"：鲍威尔大法官在法庭辩论期间会记下详细的笔记。这些笔记保存在华盛顿与李大学的鲍威尔大法官个人档案里。这些笔记是极好的资源，它们记载了他对法庭辩论的实时反应。布莱克门大法官也有记笔记的习惯，并且这些笔记也保存在他的档案里，但这些笔记是用他独特的速记法记下的，没有鲍威尔的笔记那么详细。
380. "大法官们对各州的司法部长评价都不高"：Perry, *Deciding to Decide*, p. 127.
388. "从法官那里听到的最友好的问题了"：Bork, *The Tempting of America*, p. 275.
393. 阿姆斯特丹在这个问题上已经变得过于情绪化：Jeffries, *Justice Lewis F. Powell*, p. 422.
397. 斯潘塞诉得克萨斯州案：385 U.S. 554 (1967).

第十九章　掌握中间派

400.“现在我知道听耶稣基督本人讲话是什么感觉了”:Jeffries, *Justice Lewis F. Powell*, p. 422.

400.“疯子”:同上注。

400.阿姆斯特丹……很无礼:Woodward and Armstrong, *The Brethren*, p. 434.

402.“这个国家需要的”:同上注。

404.伯格觉得,将意见书交给怀特来写,能够巩固他对死刑的支持:同上注,第 435 页。

404.“我接受费曼案判决,把它作为先例看待”:Jeffries, *Justice Lewis F. Powell*,p. 424.

404.“作为一个律师,我非常尊重先例”:同上注,第 291 页。

405.“会发生的最坏的情况”:Christina Whitman to Lewis Powell, “Death Penalty Cases,” March 27, 1976, LFP.

406.“反映了州立法机关在努力尝试制定量刑标准”:Lewis Powell memorandum to file, April 1, 1976, LFP Papers.

407.“不像……那样在意司法克制了”:Jeffries, *Justice Lewis F. Powell*, pp. 424-25.

409.鲍威尔对于在哪吃饭有着非常特别的要求:关于鲍威尔的就餐习惯和对单片眼镜餐厅的喜爱,同上注,第 346、426 页。这个说法也得到了克里斯蒂娜·惠特曼的补充(2010 年 11 月 12 日)。

409.“据我所知……从来没有发生过”:Perry, *Deciding to Decide*, p. 150.

410.“史蒂文斯表示,朱里克案判决”:Sandra Day O'Connor, “Sandra Day O'Connor Interview John Paul Stevens,” *Newsweek*, December 17, 2020, p. 38.

410.“我们已经达成协议了”:Whitman interview (November 12, 2010).

411.“如果一种程序”:*Woodson v. North Carolina*, 428 U.S. 280, 304 (1976).

412.“作出一个道德上的决定”:Weisberg, “Deregulating Death,” p. 323.

413.“如果是这一系列案件与……可能存在着固有的冲突”:*Walton v. Arizona*, 497 U.S. 639, 664 (1990) (Scalia, J., concurring). 一些学者将这些案件加以调和,依据的是之前提到的适用过宽和适用过窄之间的区别。他们的主张是,费曼案判决试图减少的是适用过宽的问题——也就是将不该判处死刑的人判处死刑的问题。而伍德森案判决产生的是适用过窄的问题——也就是没有将应该被处死的被告人判处死刑的问题。这同样可以与将无辜者定罪和将有罪者无罪释放之间的区别作一个大致的类比。

413.“而是一个‘贤人会议’的话”:Warren Burger, Memorandum to the Conference, April 24, 1976, LFP Papers.

413.“这不是一顿午餐能解决的事”:Jeffries, *Justice Lewis F. Powell*, p. 265.

414.“一定程度上,死刑是……的表达”:*Gregg v. Georgia*, 428 U.S. at 183, quoting *Furman v. Georgia* 408 U.S. at 308, and *Williams v. N.Y.*, 337 U.S. 241, 248 (1949).

416.“我认为,我们至少可以推测”:Jeffries, *Justice Lewis F. Powell*, p. 428.

416.“没有人——没有任何立法者、法官或者陪审员”:Lewis Powell to Potter Stewart, May 1, 1976, LFP.

416.“对这个想法表示赞同”:Lewis Powell to Christina Whitman, April 16, 1976, LFP.

417.“宣布第八修正案”:Potter Stewart to Warren Burger, May 7, 1976, LFP (referencing the May 5 memo).

418. “最致命的宪法缺陷”：*Gregg v. Georgia*, 428 U.S. at 230 (Brennan, J., dissenting).

419. “一种反死刑的守夜祈祷”：Burt, “Disorder in the Court,” pp. 176–79. 布伦南并不喜欢这个新角色，并且渐渐对马歇尔也产生了不满。“他来到最高法院的时候到底发生了什么?”他问道。“我不确定，但他看起来好像没那么有兴趣。他有一些擅长的领域，并且当他真正投入一个案子中时，他会把工作完成得极其出色。但当他没有兴趣的时候，不论我做什么，他好像都觉得没什么关系。”(Stern and Wermiel, *Justice Brennan*, p. 431).

422. 这个周末，戴维斯一直在思考：Peggy Davis to John Blue, November 10, 1976, PD.

423. “我说去他的吧”：Stern and Wermiel, *Justice Brennan*, p. 436 (discussing the conference generally).

423. 而马歇尔整个周末的大部分时间：MacKenzie, “Marshall: Ready For Court Term,” *Washington Post*, September 5, 1976, p. 46.

423. “就这样了吗?”：Williams, *Thurgood Marshall: American Revolutionary*, p. 360 (discussing the weekend).

424. “这才是符合规则的、恰当的做法”：Lewis Powel, “My Notes on My Own Views,” July 20, 1976, LFP.

424. “很迅速，也很暴躁”：Confidential File Memo, July 26, 1976, p. 2, LFP. 又见 Jeffries, *Justice Lewis F. Powell*, p. 429.

425. “本身就是残酷的”：Warren Burger to the Conference, July 20, 1976, LFP.

426. “一次又一次地想”：Peggy Davis to Anthony Amsterdam, David Kendall and James Nesbitt, undated, PD.

427. “对于谋杀案的被害人来说，生命结束了”：*Coker v. Georgia*, 433 U.S. 584, 598 (1977).

427. “在少数的强奸案中”：Jeffries, *Justice Lewis Powell*, p. 436. 在柯克案中，鲍威尔写道：“在一个恰当的案子中，如果我们能够进行一次比相对多数派在本案中进行的那种探讨更加有辨别力的探索，我们可能会发现，陪审团和立法机关都把这种极端惩罚留给了那些给被害人造成了严重的、长久的伤害的特别恶劣的强奸案。” *Coker*, 433 U.S. at 604 (Powell, J., concurring).

428. “一旦为这类主张开了门”：Leslie Gielow to Lewis Powell, October 1, 1986, LFP.

428. “同意，无法限制”：同上。

428. “由于……这一主张……有无限的适用空间”：Leslie Gielow to Lewis Powell, October 14, 1986, LFP.

429. “本来就是无法预测的”：*McCleskey v. Kemp*, 48 U.S. 279, 311 (1987).

429. “我们这个时代的德雷德·斯科特案判决”：Adam Liptak, “A New Look at Race When Death Is Sought,” *New York Times*, April 29, 2008, p. A10.

431. “不顾多方呼声”：http://www.goextranet.net/Seminars/BlackHole/DeathRowUSA/Spenkelink.htm. 关于法默，详见 Meltsner, *The Making of a Civil Rights Lawyers*, pp. 217–20.

431. “对每一个人都会感到内疚”：Labi, “Man Against the Machine,” p. 17.

后记　如果历史有“如果”

432. “整个国家的面貌”:Stern and Wermiel, *Justice Brennan*, p. 317.

432. “如果戈德堡大法官没有修改他的报告”:Bernard Schwartz, *The Unpublished Opinions of the Warren Court*,” p. 443.

433. “十分反感”:Banner, *The Death Penalty*, p. 239.

434. “本院已经反复重申”:*Darden v. Wainwright*, 477 U.S. 168, 188 (Blackmun, J., dissenting).

434. “这并不是……的理由”:*McCleskey v. Kemp*, 481 U.S. 279, 365 (Blackmun, J., dissenting).

434. “二十年的经验告诉我们”:对这段历史的精彩叙述,参见 Greenhouse, *Becoming Justice Blackmun*, pp. 174–81。

434. 米歇尔·亚历山大选择了卡林斯诉柯林斯案:同上注,第 177—179 页。

434. 卡林斯诉柯林斯案:510 U.S. 1141, 1145 (1994) (Brennan, J., concurring).

435. “谢谢你的礼物”:Stern and Wermiel, *Justice Brennan*, p. 542. 对于意见书发表后的这句感谢,琳达·格林豪斯所述的时间线略有不同。

435. 南非宪法法院宣告死刑违宪:*State v. Makwanyane and Mchunu*, CCT/3/94 (1995).

435. “我们并没有深入死刑问题”:Harry A. Blackmun Oral Interview Project, June 2, 1995, pp. 189–90 (available at lcweb.2.loc.gov).

436. “一个很严肃、很真诚的律师”:同上注。

436. “我想,他在我身上看到了”:Labi, “Man Against the Machine,” p. 19. 在一次采访中,阿姆斯特丹还回忆道,布莱克门的妻子曾在他的某一次法庭辩论结束后在最高法院的食堂称赞了他。

436. 鲍威尔已经和布伦南成为很好的朋友:Stern & Wermiel, *Justice Brennan*, p. 476.

437. “昨晚的经历”:Greenhouse, *Becoming Justice Blackmun*, p. 168.

437. “我们其他人也一样!”:同上注。

437. “不管是什么原因造成的,这种拖延”:Lewis F. Powell, “Commentary,” *Harvard Law Review* 102 (1989): 1035, 1040; “Congress and the state legislatures”: ibid., p. 1046.

437. “如果我是州立法机关的议员”:Don J. DeBenedictis, “The Reasonable Man,” *ABA Journal*, October 1990, p. 69.

438. “我现在认为,死刑应当被废除”:Jeffries, *Justice Lewis F. Powell*, pp. 451–53.

438. 贝兹诉里斯案:*Baze v. Rees*: 533 U.S. 35 (2008).

439. “拒绝遵循作为现行法的一部分的判例”:ibid., p. 87 (Stevens J., concurring).

439. “我想,有一票是我想改变的”:http://www. npr. org/templates/story/story. php? storyId = 130332059 (October 4, 2010). 美国国家公共电台发布了托顿伯格采访史蒂文斯大法官的不同版本。在一个版本中,他似乎更多地表达了他的悔恨。他说,他后悔“维持了那项死刑法律”。http://www.npr.org/templates/transcript/transcript.php? storyId = 130198344 (October 4, 2010). 几乎可以肯定,这是一个编辑错误,因为史蒂文斯从来没有在其他任何地方公开对格雷格案判决表示后悔。不过,他倒是在多个场合表达过对朱里克案判决的后悔。例见 George Stephanopoulos, “Retired Justice John Paul Stevens on His ‘Wrong’ Vote on Texas Death Penalty Case,” September 28, 2011 (http://abcnews. go. com/blogs/politics/2011/09/for-

mer- justice- john- paul- stevens- i- was- wrong- on- the- death- penalty/); Sara Olkon, "Event with Justice Stevens Recounts Remarkable Supreme Court Career," *UChicagoNews*, October 4, 2011。

439. "是关于得克萨斯州死刑的那个案子": O'Connor, "Sandra Day O'Connor Interviews John Paul Stevens," *Newsweek*, January 3, 2011, p. 38.

参考文献

访　谈(INTERVIEWS)

安东尼·G. 阿姆斯特丹(Anthony G. Amsterdam)
乔恩·阿姆斯特丹(Jon Amsterdam)
C. 泰勒·阿什沃思(C. Taylor Ashworth)
威廉·J. 巴克斯利(William J. Baxley)
小洛夫特斯·E. 贝克尔(Loftus E. Becker, Jr.)
多萝西·托思·比斯利(Dorothy Toth Beasley)
雨果·贝多(Hugo Bedau)
克雷格·M. 布雷德利(Craig M. Bradley)
爱德华·E. 卡恩斯(Edward E. Carnes)
埃利奥特·柯里(Elliott Currie)
佩吉·库珀·戴维斯(Peggy Cooper Davis)
罗伯特·L. 戴茨(Robert L. Deitz)
艾伦·M. 德肖维茨(Alan M. Dershowitz)
格雷格·L. 迪斯康特(Gregory L. Diskant)
诺曼·多尔森(Norman Dorsen)
彼得·埃德尔曼(Peter Edelman)
布赖恩·福尔斯特(Brian Forst)
罗纳德·乔治(Ronald M. George)
杰克·格林伯格(Jack Greenberg)
拉里·A. 哈蒙德(Larry A. Hammond)
小本杰明·W. 海涅曼(Benjamin W. Heineman, Jr.)
杰克·希梅尔斯坦(Jack Himmelstein)

理查德・L. 雅各布森(Richard L. Jacobson)

小威廉・H. 杰弗里斯(William H. Jeffress, Jr.)

戴维・K. 肯德尔(David E. Kendall)

迈克尔・梅尔茨纳(Michael Meltsner)

格伦・皮尔斯(Glenn Pierce)

路易斯・M. 赛德曼(Louis M, Seidman)

乔安娜・谢泼德(Joanna Shepherd)

约翰・W. 施皮格尔(John W. Spiegel)

罗纳德・A. 斯特恩(Ronald A. Stern)

小波特・斯图尔特(Potter Stewart, Jr.)

塞缪尔・沃尔克尔(Samuel Walker)

罗伯特・韦斯伯格(Robert Weisberg)

克里斯蒂娜・B. 惠特曼(Christina B. Whitman)

富兰克林・E. 齐姆林(Franklin E. Zimring)

最高法院辩论记录

最高法院法庭辩论的记录保存在由美国大学出版社(University Publications of America)出版并更新的《美国最高法院法庭辩论大全》(*The Complete Arguments of the Supreme Court of the United States*)中。另一个重要的资料来源是芝加哥肯特法学院的 Oyez Project,它保存了很多法庭辩论的录音。本书中对法庭辩论的重现主要依据的是这些记录和录音。为了增强可读性,我做了一些小小的改动,并且,我所展示的当然只是各场法庭辩论的摘录。最高法院的大法官会议是没有录音的。因此,历史学家们必须从大法官们的笔记中拼凑出这些会议的内容。一个很重要的参考资料是德尔·迪克森(Del Dickson)的《大法官会议中的最高法院》(*The Supreme Court in Conference*)一书。这本书收集了现存的记录,重现了一些重要案件的辩论过程。本书对于司法会议的重建参考了迪克森的书,以及大法官们的记录,尤其是有着认真记笔记习惯的哈里·布莱克门和刘易斯·鲍威尔所作的记录。

主要参引著作及文章

Acker, J. R., and C. S. Lanier. "Parsing This Lexicon of Death: Aggravating Factors in Capital Sentencing Statutes. *Criminal Law Bulletin* 30, no. 2 (1994): 107–52.

Adamany, D., and Grossman, J. B. "Support for the Supreme Court as a National Policymaker." *Law & Policy* 5, no. 4 (1983): 405–37.

Amsterdam, A. G., and J. S. Bruner. *Minding the Law*. Cambridge, MA: Harvard University Press, 2000.

Assembly of Behavioral and Social Sciences Panel on Research on Deterrent and Incapacitative Effects, A. Blumstein, J. Cohen, and D. Nagin, eds. *Deterrence and Incapacitation: Estimating the Effects of Criminal Sanctions on Crime Rates*, National Academy of Sciences, 1977.

Acker, James R., Robert M. Bohm, and Charles S. Lanier, eds. *America's Experiment with Capital Punishment: Reflections on the Past, Present, and Future of the Ultimate Penal Sanction*. Durham, NC: Carolina Academic Press, 1998.

Ancel, Marc. *The Death Penalty in European Countries: Report*. Council of Europe, 1962.

Baldus, D. C., and J. W. L. Cole. "A Comparison of the Work of Thorsten Sellin and Isaac Ehrlich on the Deterrent Effect of Capital Punishment." *Yale Law Journal* 85 (1975): 170–86.

Banner, S. *The Death Penalty: An American History*. Cambridge, MA: Harvard University Press, 2002.

Barry, R. V. "*Furman* to *Gregg*: The Judicial and Legislative history." *Howard Law Journal* 22 (1979): 53–118.

Bedau, H. A. *The Courts, the Constitution, and Capital Punishment*. Lexington, MA: Lexington Books, 1977.

———. *The Future of the Death Penalty: The Need for a National Project in Social Science Research and Capital Punishment*. Unpublished Report, 1973.

Bedau, H. A., and E. Currie. *Social Science Research and the Death Penalty in America: An Interim Report*. Unpublished Report, 1973.

Berk, R. "New Claims about Executions and General deterrence: Déja Vu All Over Again?" *Journal of Empirical Legal Studies* 2, no. 2 (2005): 303–30.

Bork, R. H. *The Tempting of America*. New York: Free Press, 1997.

Bowers, W. J., and G. L. Pierce. "The Illusion of Deterrence in Isaac Ehrlich's Research on Capital Punishment." *Yale Law Journal* 85, no. 2 (1975): 187–208.

Bowers, William J., Glenn L. Pierce, and John F. McDevitt. *Legal Homicide: Death as Punishment in America, 1864–1982*. Boston: Northeastern University Press, 1984.

Brennan, W. J. "Constitutional Adjudication and the Death Penalty: A View from the Court." *Harvard Law Review* 100, no. 2 (1986): 313–31.

Brenner, S. "Granting Certiorari by the United States Supreme Court: An Overview of the Social Science Studies." *Law Library Journal* 92 (2000): 193–201.

Brenner, S., and J. F. Krol. "Strategies in Certiorari Voting on the United States Supreme Court." *Journal of Politics* 51, no. 4 (1989): 828–40.

Bronner, E. *Battle for Justice: How the Bork Nomination Shook America*. New York: Union Square Press, 2007.

Burris, S. "Death and a Rational Justice: A Conversation on the Capital Jurisprudence of Justice John Paul Stevens." *Yale Law Journal* 96, no. 3 (1987): 521–46.

Burt, R. A. "Disorder in the Court: The Death Penalty and the Constitution." *Michigan Law Review* 85, no. 8 (1987): 1741–1819.

Cameron, S. "A Review of the Econometric Evidence on the Effects of Capital Punishment." *Journal of Socio-Economics* 23, no. 1 (1994): 197–214.

Culver, J. H. "Capital Punishment Politics and Policies in the States, 1977–1997." *Crime, Law and Social Change* 32, no. 4 (1999): 287–300.

Daniels, S. "Social Science and Death Penalty Cases: Reflections on Change and the Empirical Justification of Constitutional Policy." *Law & Policy* 1, no. 3 (1979): 336–72.

Dershowitz, A. M. *Shouting Fire: Civil Liberties in a Turbulent Age*. Boston: Little, Brown, 2002.

———. *The Best Defense*. New York: Vintage, 1983.

Desmond, A. J., and J. R. Moore. *Darwin's Sacred Cause: Race, Slavery and the Quest for Human Origins*. Chicago: University of Chicago Press, 2011.

Dezhbakhsh, H., P. H. Rubin, and J. M. Shepherd, "Does Capital Punishment Have a Deterrent Effect? New Evidence from Postmoratorium Panel Data." *American Law and Economics Review* 5, no. 2 (2003): 344–76.

Dezhbakhsh, H., and J. M. Shepherd. "The Deterrent Effect of Capital Punishment: Evidence from a Judicial Experiment." *Economic Inquiry* 44, no. 3 (2006): 512–35.

Dickson, D. *The Supreme Court in Conference (1940–1985): The Private Discussions Behind Nearly 300 Supreme Court Decisions*. New York: Oxford University, 2001.

DiIulio, J. J. "Help Wanted: Economists, Crime and Public Policy." *Journal of Economic Perspectives* 10, no. 1 (1996): 3–24.

Donohue, J., and S. D. Levitt. "The Impact of Legalized Abortion on Crime." *Quarterly Journal of Economics* 116, no. 2 (2001): 379–420.

Donohue, J., and J. J. Wolfers. "The Death Penalty: No Evidence for Deterrence." *The Economists' Voice* 3, no. 5, (2006).

Donohue, J. J., and J. Wolfers. "Estimating the Impact of the Death Penalty on Murder." *American Law and Economics Review* 11, no. 2 (2009): 249–309.

———. "Uses and Abuses of Empirical Evidence in the Death Penalty Debate." *Stanford Law Review* 58, no. 1 (2006): 791–846.

Dorsen, N. *Frontiers of Civil Liberties*. New York: Pantheon Books, 1968.

Douglas, W. O. *The Douglas Letters: Selections from the Private Papers of Justice William O. Douglas*. Edited by M. I. Urofsky, with the assistance of P. E. Urofsky. Bethesda, MD: Adler & Adler, 1987.

Ehrhardt, C. W., P. A. Hubbart, L. H. Levinson, and W. M. K. Smiley. "Aftermath of *Furman*: The Florida Experience." *Journal of Criminal Law and Criminology* 64 (1973): 2.

Ehrlich, I. "Capital Punishment and Deterrence: Some Further Thoughts and Additional Evidence." *Journal of Political Economy* 85, no. 4 (1977): 741–88.

———. "The Deterrent Effect of Capital Punishment: Reply." *American Economic Review* 67, no. 3 (1977): 452–58.

———. "Deterrence: Evidence and Inference." *Yale Law Journal* 85 (1975): 209–27.

———. "The Deterrent Effect of Capital Punishment: A Question of Life and Death." *American Economic Review* 65, no. 3 (1975): pp. 397–417.

Ely, J. H. *Democracy and Distrust: A Theory of Judicial Review*. Cambridge, MA: Harvard University Press, 1980.

Epstein, L., and J. F. Kobylka. *The Supreme Court and Legal Change: Abortion and the Death Penalty*. Chapel Hill: University of North Carolina Press, 1992.

Fagan, J. "Death and Deterrence Redux: Science, Law and Casual Reasoning on Capital Punishment." *Ohio State Journal of Criminal Law* 4 (2006): 255–320.

Feldman, N. *Scorpions: The Battles and Triumphs of FDR's Great Supreme Court Justices*. New York: Twelve, 2010.

Foerster, B. J., and M. Meltsner. *Race, Rape and Injustice: Documenting and Challenging Death Penalty Cases in the Civil Rights Era*, University of Tennessee Press, Knoxville: 2012.

Forst, B. "Capital Punishment and Deterrence: Conflicting Evidence." *Journal of Criminal Law & Criminology* 74, no. 3 (1983): 927–42.

Fourcault, M. *Foucault Live: Interviews, 1966–84*. Cambridge, MA: MIT Press, 1996.

Franklin, C. H., and L. C. Kosaki. "Republican Schoolmaster: The U.S. Supreme Court, Public Opinion, and Abortion." *American Political Science Review* 83, no. 3 (1989): 751–71.

Garraty, J. A. *Quarrels That Have Shaped the Constitution*, New York: Harper & Row, 1964.

George, T. E., and L. Epstein, "On the Nature of Supreme Court Decision Making," *American Political Science Review* 86, no. 2 (1992): 323–37.

Goldberg, A. J. "Memorandum to the Conference Re: Capital Punishment October Term, 1963," *Southern Texas Law Review* 27 (1985): 493–99.

———. "The Death Penalty and the Supreme Court," *Arizona Law Review* 15 (1973): 355.

Goldberg, A. J., and A. M. Dershowitz. "Declaring the Death Penalty Unconstitutional." *Harvard Law Review* 83 (1970): 1773–1819.

Gordon, A. *Nothing Less Than the Dignity of Man: The Eighth Amendment Jurisprudence of the Warren Court*, 2003. (Unpublished, manuscript on file with author.)

Gray, I., and M. Stanley. *A Punishment in Search of a Crime*. New York: Avon, 1989.

Greenberg, J. *Crusaders in the Courts: Legal Battles of the Civil Rights Movement*. New York: Basic Books, 2004.

———. *Cases and Material on Judicial Process and Social Change: Constitutional Litigation*. St. Paul, MN: West Publishing Company, 1977.

Greenberg, J., and J. Himmelstein. "Varieties of Attack on the Death Penalty." *Crime & Delinquency* 15, no. 1 (1969): 112–20.

Greenhouse, L. *Becoming Justice Blackmun: Harry Blackmun's Supreme Court Journey*. New York: Times Books, 2006.

Haines, H. H. *Against Capital Punishment: The Anti-Death Penalty Movement in America, 1972–1994*. New York: Oxford University Press, 1996.

Hoekstra, V. J. *Public Reaction to Supreme Court Decisions*. New York: Cambridge University Press, 2003.

———. "The Supreme Court and Local Public Opinion." *American Political Science Review* 94, no. 1 (2000): 89–100.

Hutchinson, D. J. "Hail to the Chief: Earl Warren and the Supreme Court." *Michigan Law Review* 81 (1982): 922–30.

———. *The Man Who Once Was Whizzer White: A Portrait of Justice Byron R. White*. New York: Free Press, 1998.

Jeffries, J. C. *Justice Lewis F. Powell, Jr.* New York: Fordham University Press, 2001.

Kalman, L. *Legal Realism at Yale, 1927–1960*. Chapel Hill: University of North Carolina Press, 1986.

Klein, L. R., B. Forst, and V. Filatov. "The Deterrent Effect of Capital Punishment: An Assessment of the Estimates." *Deterrence and Incapacitation: Estimating the Effects of Criminal Sanctions on Crime Rates* (1978): 336–60.

Kluger, R. *Simple Justice: The History of Brown v. Board of Education*. New York: Knopf, 1975.

Lain, C. B. "Deciding Death." *Duke Law Journal* 57, no. 1 (2007): 1–83.

———. "*Furman* Fundamentals." *Washington Law Review* 82, no. 1 (2007): 1–74.

Lazarus, E. *Closed Chambers*. New York: Random House, 1998.

Lejins, P. P. "Thorsten Sellin: A Life Dedicated to Criminology." *Criminology* 25, no. 4 (1978): 975–90.

Liptak, A. "Does the Death Penalty Save Lives? A New Debate." *New York Times*, Nov. 18, 2007.

Lukas, J. A. *Common Ground*. New York: Random House, 1985.

Mandery, E. J. *Capital Punishment in America: A Balanced Examination*. 2d ed. Jones & Bartlett, 2011.

Marsel, R. S. "Mr. Justice Arthur J. Goldberg and the Death Penalty: A Memorandum to the Conference." *South Texas Law Review* 27 (1985): 467.

Massey, D. S. and N. A. Denton. *American Apartheid: Segregation and the Making of the Underclass*. Cambridge, MA: Harvard University Press, 1993.

McCafferty, J. A., ed. *Capital Punishment*. Cambridge, MA: Aldine-Atherton, 1972.

McCord, D. "Judging the Effectiveness of the Supreme Court's Death Penalty Jurisprudence According to the Court's Own Goals: Mild Success or Major Disaster." *Florida State University Law Review* 24 (1996): 545–605.

Mello, M. *Deathwork: Defending the Condemned*. Minneapolis: University of Minnesota Press, 2002.

Meltsner, M. *The Making of a Civil Rights Lawyer*. Charlottesville, VA: University of Virginia Press, 2006.

———. *Cruel and Unusual: The Supreme Court and Capital Punishment*. New York: Random House, 1973.

Menand, L. *The Metaphysical Club*. New York: Farrar, Straus & Giroux, 2002.

Michael, J and H. Wechsler. *Criminal Law and Its Administration: Cases, Statutes, and Commentaries*. New York: Foundation Press, 1940.

Moynihan, D. P. "Social Science and the Courts." *Public Interest* 54 (1979): 12–31.

Muller, E. L. "The Legal Defense Fund's Capital Punishment Campaign: The Distorting Influence of Death." *Yale Law & Policy Review* 4, no. 1 (1985): 158–87.

Murphy, B. A. *Wild Bill: The Legend and Life of William O. Douglas*. New York: Random House, 2003.

———. *Fortas: The Rise and Ruin of a Supreme Court Justice*. New York: William Morrow, 1988.

Nathanson, S. *An Eye for an Eye: The Immorality of Punishing by Death*. Totowa, NJ: Rowman & Littlefield, 2001.

Navasky, V. S. *A Matter of Opinion*. New York: Farrar, Straus & Giroux, 2005.

Neier, A. *Taking Liberties: Four Decades in the Struggle for Rights.* New York: Public Affairs, 2003.

Packer, H. L. "Making the Punishment Fit the Crime." *Harvard Law Review* 77, no. 6 (1964): 1071–82.

Passell, P. "Deterrent Effect of the Death Penalty: A Statistical Test." *Stanford Law Review* 28 (1975): 61–80.

Peck, J. K. "The Deterrent Effect of Capital Punishment: Ehrlich and His Critics." *Yale Law Journal* 85 (1975): 359–67.

Perry, H. *Deciding to Decide: Agenda Setting in the United States Supreme Court.* Cambridge, MA: Harvard University Press, 1991.

Powell, L. F., Jr. "Capital Punishment." *Harvard Law Review* 102 (1988): 1035.

Radelet, M. L., and R. L. Akers. "Deterrence and the Death Penalty: The Views of the Experts." *Journal of Criminal Law and Criminology* 87, no. 1 (1996): 1–16.

Rosenberg, G. N. *The Hollow Hope: Can Courts Bring About Social Change?* Chicago: University of Chicago Press, 2008.

Rubin, P. H. "Reply to Donohue and Wolfers on the Death Penalty and Deterrence." *The Economists' Voice* 3, no. 5 (2006).

Scammon, R. M., and Ben J. Wattenberg. *The Real Majority.* New York: Coward-McCann, 1970.

Schulman, B. J. *The Seventies: The Great Shift in American Culture, Society, and Politics.* New York: Free Press, 2001.

Schwartz, B. *Super Chief: Earl Warren and His Supreme Court: A Judicial Biography.* New York: New York University Press, 1983.

Schwartz, H. *Packing the Courts: The Conservative Campaign to Rewrite the Constitution.* New York: Scribner, 1988.

Schwartz, B. *The Unpublished Opinions of the Warren Court.* New York: Oxford University Press, 1985.

Schwed, R. E. *Abolition and Capital Punishment: The United States' Judicial, Political, and Moral Barometer.* New York: AMS Press, 1983.

Shepherd, J. M. "Deterrence Versus Brutalization: Capital Punishment's Differing Impacts among States." *Michigan Law Review* 104 (2005): 203–57.

Simon, J. F. *The Antagonists: Hugo Black, Felix Frankfurter and Civil Liberties in Modern America.* New York: Simon & Schuster, 1989.

Stebenne, D. *Arthur J. Goldberg: New Deal Liberal.* New York: Oxford University Press, 1996.

Steiker, C. S., and J. M. Steiker. "Sober Second Thoughts: Reflections on Two Decades of Constitutional Regulation of Capital Punishment. *Harvard Law Review* 109, no. 2 (1995): 355–438.

Stern, S., and S. Wermiel. *Justice Brennan: Liberal Champion*. New York: Houghton Mifflin Harcourt, 2010.

Stock James H., and Francesco Trebbi. "Who Invented Instrumental Variables Regression," *Journal of Economic Perspectives* 17 (2003): 177–94.

Toobin, J. *The Nine: Inside the Secret World of the Supreme Court*. New York: Anchor, 2008.

Turow, S. *Ultimate Punishment*. New York: Picador, 2002.

Tushnet, M. V. *Making Constitutional Law: Thurgood Marshall and the Supreme Court, 1961–1991*. New York: Oxford University Press, 1997.

United States Supreme Court. *The Complete Oral Arguments of the Supreme Court of the United States*. Frederick, MD: University Publications of America, 1952.

Vidmar, N., and P. Ellsworth. "Public Opinion and the Death Penalty." *Stanford Law Review* 26 (1973): 1245–70.

Vila, B., and C. Morris. *Capital Punishment in the United States: A Documentary History*. Westport, CT: Greenwood, 1997.

Walker, A. "American Oresteia: Herbert Wechsler, the Model Penal Code, and the Uses of Revenge." *Wisconsin Law Review* 2009 (2009) 1017–58.

Walker, S. *In Defense of American Liberties: A History of the ACLU*. Carbondale: Southern Illinois University Press, 1999.

Wechsler, H. "Sentencing, Correction, and the Model Penal Code." *University of Pennsylvania Law Review* 109, no. 4 (1961): 465–93.

Weisberg, R. "Deregulating Death." *Supreme Court Review* 1983 (1983): 305–95.

Williams, J. *Thurgood Marshall: American Revolutionary*. New York: Three Rivers Press, 2000.

Woodward, B., and S. Armstrong. *The Brethren: Inside the Supreme Court*. New York: Simon & Schuster, 2005.

Yarbrough, T. E., and A. Harry. *Blackmun: The Outsider Justice*. New York: Oxford University Press, 2008.

Zeisel, H. "The Deterrent Effect of the Death Penalty: Facts v. Faiths." *Supreme Court Review* 1976 (1976): 317–43.

Zimmerman, P. R. "Statistical Variability and the Deterrent Effect of the Death Penalty." *American Law and Economics Review* 11, no. 2 (2009): 370–98.

Zimring, F. E. *The Contradictions of American Capital Punishment*. New York: Oxford University Press, 2004.

Zimring, F. E., and G. Hawkins. *Capital Punishment and the American Agenda*. New York: Cambridge University Press, 1989.

———. "Capital Punishment and the Eighth Amendment: *Furman* and *Gregg* in Restrospect." *U.C. Davis Law Review* 18 (1984): 927–56.

索　引*

* 索引中的页码为英文原书页码，即本书边码。